Heavier than Heaven
Mais pesado que o céu

Charles R. Cross

Heavier than Heaven
Mais pesado que o céu
Uma biografia de Kurt Cobain

Tradução:
Cid Knipel

GLOBOLIVROS

Copyright © 2001 by Charles R. Cross
Copyright da tradução © 2002 by Editora Globo s.a.

"Serve the Servants" © 1993 by EMI Virgin Songs Inc./The End of Music, administered by EMI Music; "Poly" © 1991 by EMI Virgin Songs Inc./The End of Music, administered by EMI Music; "Even in His Youth" © 1991 by EMI Virgin Songs Inc./The End of Music, administered by EMI Music; "Aneurysm" © 1989 by EMI Virgin Songs Inc./The End of Music, administered by EMI Music; "Drain You" © 1991 by EMI Virgin Songs Inc./The End of Music, administered by EMI Music; "Lounge Act" © 1991 by EMI Virgin Songs Inc./The End of Music, administered by EMI Music; "Rape Me" © 1993 by EMI Virgin Songs Inc./The End of Music, administered by EMI Music; "Sliver" © 1989 by EMI Virgin Songs Inc./The End of Music, administered by EMI Music; "Heart-Shaped Box" © 1993 by EMI Virgin Songs Inc./The End of Music, administered by EMI Music; "Milk It" © 1993 by EMI Virgin Songs Inc./The End of Music, administered by EMI Music; "Penny Royal Tea" © 1993 by EMI Virgin Songs Inc./The End of Music, administered by EMI Music; "Smells Like Teen Spirit" © 1991 by Nirvana, © 1991 by EMI Virgin Songs Inc./The End of Music/ Murky Slough Music/ MJ Twelve Music, administered by EMI Music; "You Know You're Right" © 1993 by EMI Virgin Songs Inc./The End of Music, administered by EMI Music. Usado sob permissão. Todos os direitos reservados.

Todos os direitos reservados. Nenhuma parte desta edição pode ser utilizada ou reproduzida – em qualquer meio ou forma, seja mecânico ou eletrônico, fotocópia, gravação etc. – nem apropriada ou estocada em sistema de bancos de dados, sem a expressa autorização da editora.

Texto fixado conforme as regras do Novo Acordo Ortográfico da Língua Portuguesa
(Decreto Legislativo nº 54, de 1995)

Título original:
Heavier than Heaven

Preparação: Beatriz de Freitas Moreira
Revisão: Carmen S. da Costa
Projeto gráfico: Inc. Design
Paginação: Alves e Miranda Editorial
Índice remissivo: Luciano Marchiori
Capa: GTC Art and Design
Foto de capa: Michael Lavine

1ª edição, 2002 / 23ª reimpressão, 2024

Dados Internacionais de Catalogação na Publicação (CIP)
(Câmara Brasileira do Livro, SP, Brasil)

Cross, Charles R.
  Mais pesado que o céu : uma biografia de Kurt Cobain / Charles R. Cross ; tradução Cid Knipel. – São Paulo : Globo, 2002.

  Título original: Heavier than heaven.
  ISBN 978-85-250-3515-8

  1. Cobain, Kurt, 1967-1994 2. Músicos de rock – Estados Unidos – Biografia I. Título

02-1080
CDD-782.42166092

Índice para catálogo sistemático:
1. Músicos de rock: Biografia 782.42166092

Direitos de edição em língua portuguesa para o Brasil
adquiridos por Editora Globo s. a.
Rua Marquês de Pombal, 25
20230-240 - Rio de Janeiro/RJ
www.globolivros.com.br

Para minha família, para Christina e para Ashland

Sumário

Nota do autor 9

Prólogo. Mais pesado que o céu 13
   Nova York, estado de Nova York, 12 de janeiro de 1992

1. Gritando alto no começo 19
   Aberdeen, Washington, fevereiro de 1967 – dezembro de 1973
2. Odeio mamãe, odeio papai 31
   Aberdeen, Washington, janeiro de 1974 – junho de 1979
3. Almôndega do mês 46
   Montesano, Washington, julho de 1979 – março de 1982
4. O salsicheiro de Prairie Belt 57
   Aberdeen, Washington, março de 1982 – março de 1983
5. A vontade do instinto 76
   Aberdeen, Washington, abril de 1984 – setembro de 1986
6. Não o amava bastante 97
   Aberdeen, Washington, setembro de 1986 – março de 1987
7. Um pastelão na minha braguilha 106
   Raymond, Washington, março de 1987
8. No colégio, de novo 113
   Olympia, Washington, abril de 1987 – maio de 1988
9. Seres humanos demais 131
   Olympia, Washington, maio de 1988 – fevereiro de 1989
10. Ilegal para o rock and roll 153
    Olympia, Washington, fevereiro de 1989 – setembro de 1989

11. Doces, cachorrinhos, amor *172*
    Londres, Inglaterra, outubro de 1989 – maio de 1990
12. Te amo tanto *187*
    Olympia, Washington, maio de 1990 – dezembro de 1990
13. A biblioteca Richard Nixon *204*
    Olympia, Washington, novembro de 1990 – maio de 1991
14. Queimar bandeiras americanas *218*
    Olympia, Washington, maio de 1991 – setembro de 1991
15. Toda vez que eu engolia *234*
    Seattle, Washington, setembro de 1991 – outubro de 1991
16. Escove seus dentes *250*
    Seattle, Washington, outubro de 1991 – janeiro de 1992
17. Um monstrinho interior *267*
    Los Angeles, Califórnia, janeiro de 1992 – agosto de 1992
18. Água de rosas, cheiro de fralda *286*
    Los Angeles, Califórnia, agosto de 1992 – setembro de 1992
19. Esse divórcio homérico *303*
    Seattle, Washington, setembro de 1992 – janeiro de 1993
20. Caixão em forma de coração *319*
    Seattle, Washington, janeiro de 1993 – agosto de 1993
21. Uma razão para sorrir *336*
    Seattle, Washington, agosto de 1993 – novembro de 1993
22. A doença de Cobain *354*
    Seattle, Washington, novembro de 1993 – março de 1994
23. Como Hamlet *372*
    Seattle, Washington, março de 1994
24. Cabelo de anjo *390*
    Los Angeles, Califórnia/Seattle, Washington,
    30 de março a 6 de abril de 1994
Epílogo. Um além Leonard Cohen *408*
    Seattle, Washington, abril de 1994 – maio de 1999
Notas sobre as fontes *419*
Agradecimentos *433*
Índice remissivo *435*

Nota do autor

A CERCA DE UM QUILÔMETRO DA MINHA CASA fica um prédio que é capaz de produzir um arrepio tão macabro em minha espinha quanto um filme de Alfred Hitchcock. A estrutura cinza de um único pavimento é circundada por uma alta cerca de correntes, segurança rara num bairro de classe média de lanchonetes e apartamentos. Três empresas se alojam atrás da cerca: um salão de beleza, um escritório da State Farm Insurance e a "Stan Baker, Shooting Sports". Foi nessa terceira empresa que, em 30 de março de 1994, Kurt Cobain e um amigo adquiriram uma espingarda Remington. Mais tarde, o proprietário disse a um jornal que não sabia bem por que alguém estaria comprando uma arma como essa fora da "temporada de caça".

Toda vez que passo de carro pela Stan Baker sinto como se tivesse testemunhado um terrível acidente rodoviário e, em certo sentido, testemunhei. Os acontecimentos que se seguiram à compra da arma por Kurt me deixam com um profundo mal-estar e, ao mesmo tempo, o desejo de fazer perguntas que, por sua própria natureza, são incompreensíveis. São perguntas que dizem respeito à espiritualidade, ao papel da loucura no gênio artístico, à devastação produzida na alma pelo abuso de drogas e ao desejo de compreender o abismo entre o homem de dentro e o de fora. Essas questões são muito concretas para qualquer família atingida por problemas de dependência química, depressão ou suicídio. Para famílias envolvidas em tais trevas – entre elas, a minha –, essa necessidade de fazer perguntas que não podem ser respondidas é sua própria modalidade de obsessão.

Esses mistérios alimentaram este livro, mas, em certo sentido, sua gênese começou anos antes, durante minha juventude em uma pequena cidade de Washington, onde pacotes mensais da Columbia Records e do Tape Club ofereciam-me o rock and roll como salvação para aquele estado de coisas. Inspirado em parte por esses álbuns comprados pelo correio, deixei aquela paisagem rural para tornar-me um escritor e editor de revistas em Seattle. Do outro lado do estado e alguns anos mais tarde, Kurt Cobain descobriu uma transcendência parecida por meio do mesmo clube de disco e converteu esse interesse em uma carreira como músico. Nossos caminhos se cruzariam em 1989, quando minha revista fez a primeira matéria de capa sobre o Nirvana.

Era fácil amar o Nirvana porque, por maior que fosse sua fama e glória, eles sempre pareceram vira-latas, e o mesmo poderia ser dito em relação a Kurt. Ele iniciou sua vida artística em um trailer espaçoso copiando ilustrações de Norman Rockwell e passou a desenvolver um talento para contar histórias que infundiriam uma beleza especial em sua música. Como astro do rock, ele sempre pareceu um desajustado, mas eu gostava do modo como ele combinava o humor adolescente com a rabugice dos velhos. Vê-lo em Seattle – o que era impossível não fazê-lo, com o seu boné ridículo com abas caindo sobre as orelhas – era ver um personagem de um ramo de atividade com poucos personagens autênticos.

Houve muitas ocasiões, ao escrever este livro, em que esse humor parecia a única mecha de luz em uma tarefa de Sísifo. *Mais pesado que o céu* abrangeu quatro anos de pesquisa, quatrocentas entrevistas, numerosos armários de arquivos de documentos, centenas de gravações musicais, muitas noites de insônia e quilômetros e quilômetros percorridos de carro entre Seattle e Aberdeen. A pesquisa levou-me a lugares – tanto emocionais como físicos – a que jamais imaginava ir. Houve momentos de grande entusiasmo, como quando ouvi pela primeira vez a inédita "You Know You're Right", uma canção que eu classificaria entre as melhores de Kurt. No entanto, para cada descoberta prazerosa, houve ocasiões de pesar quase intolerável, como quando segurei nas mãos o bilhete de suicídio de Kurt, observando que ele estava guardado em uma caixa em forma de coração próximo a uma mecha de recordação de seu cabelo louro.

Meu objetivo com *Mais pesado que o céu* foi homenagear Kurt Cobain contando a história de sua vida – daquele cabelo e daquele bilhete – sem julgamento. Essa abordagem apenas foi possível devido à generosa ajuda dos amigos mais íntimos de Kurt, de sua família e de seus parceiros de banda. Quase todos que desejei entrevistar acabaram compartilhando suas lembranças comigo – as únicas exceções foram alguns que tinham planos de escrever suas próprias histórias e lhes desejo o melhor nessa realização. A vida de Kurt foi um enigma complicado, ainda mais complexo porque ele mantinha muitas partes ocultas, e essa compartimentalização foi um resultado final da dependência química e também um terreno fértil para ela. Às vezes eu imaginava estar estudando um espião, um habilidoso agente duplo que havia dominado a arte de se certificar de que ninguém soubesse todos os detalhes da sua vida.

Uma amiga minha, também dependente de drogas em recuperação, certa vez descreveu o que ela chamava de "regra do silêncio" de famílias como a dela. "Nós crescemos em domicílios", disse ela, "onde nos ordenam: 'não pergunte, não fale e não conte'. Era um código de sigilo e por causa desses segredos e mentiras uma poderosa vergonha tomou conta de mim." Este livro é dedicado a todos aqueles dotados da coragem de dizer a verdade, de fazer perguntas dolorosas e de se libertar das sombras do passado.

CHARLES R. CROSS
*Seattle, Washington,
abril de 2001*

Prólogo

Mais pesado que o céu

Nova York, estado de Nova York, 12 de janeiro de 1992

Heavier Than Heaven [Mais pesado que o céu]
Um slogan utilizado pelos promotores do concerto na Inglaterra para descrever a turnê do Nirvana em 1989 com a banda Tad. O slogan sintetizava tanto o som "pesado" do Nirvana como o peso de 140 quilos de Tad Doyle.

A PRIMEIRA VEZ QUE ELE VIU O CÉU foi exatamente às seis horas e cinquenta e sete minutos depois do momento mesmo em que uma geração inteira se apaixonou por ele. Foi, sem dúvida alguma, sua primeira morte, e apenas a primeira de muitas pequenas mortes que se seguiriam. Para a geração enamorada por ele, era uma devoção apaixonada, poderosa e obrigatória – o tipo de amor que logo de início você sabe que está predestinado a partir seu coração e terminar como uma tragédia grega.

Era 12 de janeiro de 1992, uma manhã de domingo clara, mas fria. A temperatura na cidade de Nova York acabaria se elevando aos 44 graus, mas às sete da manhã, em uma pequena suíte do hotel Omni, era quase congelante. Uma janela havia sido deixada aberta por causa do mau cheiro dos cigarros e a manhã de Manhattan havia roubado todo o calor do ambiente. O quarto em si parecia ter sido engolfado por uma tempestade: esparramados pelo chão, com a desordem de um bazar de caridade de um cego, montes de roupas, camisas e sapatos. Próximo às portas duplas da suíte, uma meia dúzia de bandejas cobertas com os restos de vários dias de refeição do serviço de quarto. Rolinhos semicomidos e fatias rançosas de queijo cobriam o tampo das bandejas e um punhado de moscas-das-frutas pairava sobre a alface murcha. Não era a situação típica de um quarto de hotel quatro estrelas – era consequência do aviso que alguém dera às arrumadeiras para ficarem longe do quarto. Eles haviam alterado a placa "Não perturbe" para "NEM PENSE em perturbar! Estamos transando!".

Não houve nenhuma transa naquela manhã. Adormecida na cama gigante de casal estava Courtney Love, 26 anos de idade. Ela estava vestindo uma combinação vitoriana e seus longos cabelos louros se esparramavam sobre o lençol como as tranças de uma personagem de conto de fadas. Ao seu lado, havia a marca funda na roupa de cama de uma pessoa que havia recentemente se deitado. Como a cena de abertura de um filme *noir*, havia um corpo morto no quarto.

"Eu acordei às sete horas da manhã e ele não estava na cama", lembrava-se Love. "Nunca fiquei tão assustada."

Quem havia desaparecido da cama era Kurt Cobain, 24 anos de idade. Menos de sete horas antes, Kurt e sua banda, o Nirvana, haviam sido o número musical do *Saturday Night Live*. Sua apresentação no programa se mostraria um divisor de águas na história do rock and roll: a primeira vez que uma banda grunge havia recebido exposição nacional ao vivo na televisão. Foi no mesmo fim de semana em que o maior lançamento do Nirvana, *Nevermind*, batia Michael Jackson no primeiro lugar das paradas da *Billboard*, tornando-se o álbum mais vendido no país. Embora não fosse um sucesso da noite para o dia – a banda estava montada havia quatro anos –, a maneira pela qual o Nirvana havia tomado de surpresa a indústria musical não tinha precedentes. Praticamente desconhecida um ano antes, o Nirvana tomou de assalto as paradas com sua "Smells Like Teen Spirit", que se tornou a canção mais conhecida de 1991, a frase de abertura na guitarra simbolizando o verdadeiro início do rock dos anos 1990.

E nunca tinha havido um astro do rock como Kurt Cobain. Ele era mais um antiastro do que uma celebridade, recusando-se a entrar numa limusine para ir à NBC e conferindo uma sensibilidade frugal a tudo o que fazia. Apresentou-se no *Saturday Night Live* com as mesmas roupas que vestia nos dois dias anteriores: um par de tênis Converse, jeans com grandes buracos nos joelhos, uma camiseta de propaganda de uma banda desconhecida e um suéter cardigã estilo Mister Rogers. Fazia uma semana que não lavava a cabeça, mas havia tingido os cabelos com Kool-Aid de morango, que fazia seus cachos louros parecerem embaraçados com sangue seco. Nunca antes na história da televisão ao vivo um artista havia dedicado tão pouco cuidado à sua aparência ou higiene, ou assim parecia.

Kurt era um misantropo complicado e contraditório, e o que às vezes parecia ser uma revolução acidental evidenciava traços de cuidadosa orquestração. Em muitas entrevistas, ele confessava detestar a exposição que recebera na MTV, embora reiteradamente ligasse para seus empresários para se queixar de que a rede não exibia seus vídeos com a frequência necessária. De modo obsessivo – e compulsivo –, ele planejava cada direção musical ou de carreira, redigindo ideias em seus diários anos antes de executá-las, ainda que, quando lhe foram conferidas as honrarias que buscava, procedesse como se fosse um estorvo sair da cama. Era um homem de vontade forte, embora igualmente movido por um vigoroso autodesprezo. Mesmo aqueles que o conheciam melhor achavam que quase não o conheciam – o que evidenciaria os acontecimentos daquela manhã de domingo.

Depois de terminar o *Saturday Night Live* e de se esquivar à festa do elenco explicando que aquele "não era seu estilo", Kurt concedeu uma entrevista de duas horas a um repórter do rádio até as quatro da manhã. Seu dia de trabalho estava finalmente encerrado e, sob qualquer padrão, havia sido um dia de sucesso excepcional: ele havia sido a atração principal do *Saturday Night Live*, tinha visto seu álbum chegar ao primeiro lugar nas paradas e "Weird Al" Yankovic havia pedido permissão para fazer uma paródia de "Teen Spirit". Esses acontecimentos, tomados em conjunto, certamente marcavam o apogeu da sua curta carreira, o tipo de reconhecimento com que apenas sonha a maioria dos artistas e que o próprio Kurt havia fantasiado quando adolescente.

Criado em uma cidadezinha no sudoeste do estado de Washington, Kurt jamais havia perdido um episódio de *Saturday Night Live* e havia alardeado a seus colegas do começo do curso colegial que um dia ele seria um astro. Dez anos depois, era a figura mais celebrada do meio musical. Logo depois de seu segundo álbum, estava sendo saudado como o maior compositor de sua geração – e apenas dois anos antes ele havia recusado um emprego de limpeza de canis.

Mas, nas primeiras horas daquela manhã, Kurt não se sentia nem realizado nem com desejo de comemorar; quando muito, a atenção havia aumentado seu mal-estar habitual. Ele se sentia fisicamente doente, sofrendo daquilo que descreveu como "ardência nauseante e recorrente" em seu estômago, piorada pelo estresse. A fama e o sucesso pareciam apenas fazê-lo sentir-se pior. Kurt e sua noiva, Courtney Love, eram o casal mais falado do rock and roll, embora parte disso fosse sobre abuso de drogas. Kurt sempre acreditara que o reconhecimento de seu talento curaria as muitas dores emocionais que marcaram sua infância; o sucesso havia demonstrado a tolice dessa ideia e aumentara a vergonha que ele sentia por sua vertiginosa popularidade coincidir com a escalada no uso de drogas.

No seu quarto de hotel, nas primeiras horas daquela manhã, Kurt havia apanhado um pequeno saco plástico de heroína branca chinesa, a havia preparado para uma seringa e a tinha injetado em seu braço. Em si, isso não era novidade, já que Kurt vinha tomando heroína regularmente havia vários meses, com Courtney fazendo o mesmo nos dois meses em que formaram um casal. Mas naquela noite específica, enquanto Courtney dormia, Kurt havia descuidadamente – ou intencionalmente – usado mais heroína do que era seguro. A overdose fez sua pele ficar com um tom verde aquoso, bloqueou sua respiração e tornou seus músculos tão rígidos quanto um cabo coaxial. Ele escorregou para fora da cama e aterrissou com o rosto numa pilha de roupas que estava no chão, parecendo um cadáver casualmente descartado por um assassino serial.

"Não era que ele tinha tomado overdose", lembrou-se Courtney. "Era que ele estava MORTO. Se eu não tivesse acordado às sete... não sei, talvez eu tivesse pressentido. Era fodido demais. Era doentio e maluco." Courtney se lançou num esforço frenético de ressuscitação, que acabaria se tornando lugar-comum para ela: ela jogou água fria em seu noivo e o esmurrou no plexo solar para que seus pulmões começassem a impelir ar. Quando suas primeiras medidas não provocaram resposta, ela passou pelo ciclo novamente, como um paramédico determinado trabalhando com uma vítima de enfarte. Finalmente, após vários minutos de esforço, Courtney ouviu um resfolegar, o que significava que Kurt estava respirando novamente. Ela continuou a reanimá-lo borrifando água em seu rosto e movendo seus braços e pernas. Dentro de poucos minutos ele estava sentado, conversando e, embora ainda muito chapado, exibia um sorriso afetado bem confiante, quase como se sentisse orgulho da sua proeza. Foi sua primeira overdose quase mortal. E havia ocorrido no mesmo dia em que ele se tornara um astro.

No curso de um único dia, Kurt havia nascido para os olhos do público, morrido na privacidade das suas próprias trevas e sido ressuscitado pela força do amor. Foi um feito extraordinário, implausível e quase impossível, mas o mesmo poderia ser dito para grande parte da sua vida extravagante, a começar pelo lugar de onde ele viera.

1

GRITANDO ALTO NO COMEÇO

ABERDEEN, WASHINGTON, FEVEREIRO DE 1967-DEZEMBRO DE 1973

> *Ele dá a conhecer seus desejos gritando alto no começo, depois chorando, se a primeira técnica não funcionar.*
> Trecho de um relato feito pela tia de Kurt Cobain quando ele tinha quinze meses de vida.

KURT DONALD COBAIN nasceu no dia 20 de fevereiro de 1967, num hospital em uma colina que dá vista para Aberdeen, estado de Washington. Seus pais moravam na vizinha Hoquiam, mas era adequado que Aberdeen ficasse como local de nascimento de Kurt – ele passaria três quartos de sua existência no raio de dezesseis quilômetros do hospital e estaria para sempre ligado profundamente a essa paisagem.

Quem quer que olhasse do Hospital Comunitário Grays Harbor naquela segunda-feira chuvosa teria visto uma terra de beleza rude, onde florestas, montanhas, rios e um oceano poderoso se cruzavam numa vista magnífica. Montes arborizados circundavam a interseção de três rios que desembocavam no oceano Pacífico não muito distante dali. No centro de tudo isso estava Aberdeen, a maior cidade no condado de Grays Harbor, com uma população de 19 mil habitantes. Imediatamente a oeste ficava a menor Hoquiam, onde os pais de Kurt, Don e Wendy, moravam em um minúsculo bangalô. E ao sul, depois do rio Chehalis, ficava Cosmopolis, de onde era a família de sua mãe, os Fradenburg. Num dia sem chuva – raro na região que recebia uma precipitação de mais de duzentos centímetros cúbicos de água por ano – podia-se ver os quase quinze quilômetros até Montesano, onde crescera Leland Cobain, avô de Kurt. Era um mundo bem pequeno, com tão poucos graus de separação que Kurt acabaria se tornando o mais famoso produto de Aberdeen.

A vista do hospital de três andares era dominada pelo sexto porto de maior movimento na Costa Oeste. Havia tantas peças de madeira flutuando no Chehalis que dava para imaginar utilizá-las para atravessar os mais de três quilômetros da foz. A leste ficava o centro de Aberdeen, onde os comerciantes se queixavam de que o barulho constante dos caminhões de madeira espantava os clientes. Era uma cidade que trabalhava e esse trabalho dependia quase totalmente da transformação comercial dos pinheiros das colinas circundantes. Aberdeen abrigava 37 estabelecimentos madeireiros diferentes, desde simples serrarias até usinas de produção de polpa – suas chaminés chegavam a fazer parecer pequeno o prédio mais alto da cidade, que tinha apenas sete andares. Logo abaixo do hospital na colina ficava a gigantesca chaminé da Usina Rayonier, a maior torre de todas, que se elevava a mais de 45 metros de altura e vomitava uma interminável nuvem celestial de efluentes de polpa de madeira.

Porém, enquanto Aberdeen zumbia em movimento na época do nascimento de Kurt, sua economia estava lentamente se encolhendo. O condado era um dos poucos no estado com uma população em declínio, já que os desempregados iam tentar a sorte em outros lugares. A indústria madeireira começara a sofrer as consequências da competição estrangeira e da superexploração florestal. A paisagem já mostrava sinais claros desse desgaste: havia faixas de florestas derrubadas nos arredores da cidade, agora simplesmente um lembrete dos primeiros colonos que haviam "tentado cortar tudo", como diz o título de um livro sobre a história local. O desemprego cobrava da comunidade um preço social mais pesado, na forma de aumento do alcoolismo, violência doméstica e suicídio. Havia 27 bares em 1967 e o centro da cidade incluía muitos prédios abandonados, alguns dos quais haviam sido bordéis antes de serem fechados no final dos anos 1950. A cidade tinha tamanha má fama pelos prostíbulos que, em 1952, a revista *Look* a chamou de "um dos pontos quentes na batalha americana contra o pecado".

No entanto, o malogro urbano do centro de Aberdeen era compensado por uma comunidade social de vínculos estreitos onde vizinhos ajudavam vizinhos, pais se envolviam nas escolas e os laços familiares permaneciam fortes entre uma população diversificada de imigrantes. As igrejas somavam maior número que os bares e eram lugares onde, como muitas cidades pequenas americanas de meados dos anos 1960, as crianças de bicicleta tinham rédeas soltas em seus bairros. A cidade inteira se tornaria o quintal de Kurt em sua infância.

Como a maioria dos primogênitos, o nascimento de Kurt foi celebrado tanto por seus pais como por toda a família. Ele tinha seis tias e tios pelo lado da mãe, dois tios pelo lado do pai e era o primeiro neto de ambas as famílias. Eram famílias grandes, e, quando a mãe de Kurt foi imprimir os anúncios do nascimento, gastou cinquenta deles só para os parentes mais próximos. Uma linha na coluna de nascimentos do *Aberdeen Daily World* no dia 23 de fevereiro registrava a chegada de Kurt para o resto do mundo: "Para o sr. e sra. Donald Cobain, avenida Aberdeen, 2830, Hoquiam, dia 20 de fevereiro, no Hospital Comunitário, um filho".

Kurt pesava três quilos e quatrocentos gramas ao nascer e seu cabelo e a cor de pele eram escuros. Dentro de cinco meses, seu cabelo de bebê se tornaria louro e seu tom de pele passaria a ser claro. A família de seu pai tinha raízes francesas e irlandesas – haviam imigrado de Skey Townland em County Tyrone, Irlanda, em 1875 – e Kurt herdou seu queixo anguloso desse lado da família. Dos Fradenburg do lado de sua mãe – que eram alemães, irlandeses e ingleses –, Kurt ganhou bochechas rosadas e cachos louros. Mas seu traço mais marcante era, de longe, seus notáveis olhos azul-celeste; até as enfermeiras no hospital comentavam sobre a beleza de seus olhos.

Eram os anos 1960, uma guerra avançava no Vietnã, mas exceto a ocasional divulgação de notícias, Aberdeen se parecia mais com os Estados

Unidos dos anos 1950. No dia em que Kurt nasceu, o *Aberdeen Daily World* destacava a grande notícia de uma vitória americana na cidade de Quang Ngai ao lado de matérias sobre o porte da extração de madeira e anúncios da JCPenney, onde uma venda no dia do aniversário de Washington oferecia camisas de flanela a 2,48 dólares. *Quem tem medo de Virgínia Woolf?* tinha recebido treze indicações para o Oscar da Academia em Los Angeles naquela tarde, mas o drive-in de Aberdeen estava exibindo *Girls on the Beach*.

Aos 21 anos de idade, o pai de Kurt, Don, trabalhava como mecânico no posto de serviços da Chevron em Hoquiam. Don era bonitão e forte, mas, com seu corte de cabelo curto e penteado para o lado e seus óculos estilo Buddy Holly, tinha um certo ar ridículo. Aos dezenove anos, Wendy, a mãe de Kurt, ao contrário, era uma beleza clássica que parecia e se vestia um pouco como Marcia Brady. O casal havia se conhecido no colegial, onde Wendy tinha o apelido de "Brisa". No mês de junho do ano anterior, poucas semanas depois da sua formatura no colegial, Wendy engravidou. Don pediu emprestado o sedan de seu pai e inventou uma desculpa para que os dois pudessem viajar até Idaho e se casar sem o consentimento dos pais.

Na época do nascimento de Kurt, o jovem casal estava morando em uma casa minúscula no quintal de outra casa em Hoquiam. Don trabalhava até tarde no posto de serviços enquanto Wendy cuidava do bebê. Kurt dormia num moisés branco de vime com um anteparo amarelo brilhante no alto. O dinheiro era curto, mas, poucas semanas depois do nascimento, eles conseguiram poupar o bastante para deixar a minúscula casa e se mudar para uma maior na avenida Aberdeen, 2830. "O aluguel", contou Don, "era de apenas cinco dólares a mais por mês, mas, naquele tempo, cinco dólares era um bocado de dinheiro."

Se houve um presságio de problemas em casa, este começou em torno das finanças. Embora Don tivesse sido designado como o "principal" na Chevron no início de 1968, seu salário era de apenas 6 mil dólares anuais. A maioria de seus vizinhos e amigos trabalhava na indústria madeireira, onde os empregos eram fisicamente exigentes – uma pesquisa descrevia a profissão como "mais mortal do que a guerra" – mas com retornos salariais maiores. Os Cobain procuravam a duras penas se manter no orçamento, embora, quando se tratava de Kurt, procurassem garantir que ele estivesse bem-vestido e até pagavam profissionais para fazerem fotos dele. Em uma série de retratos dessa época, Kurt está trajando camisa branca, gravata preta e terno cinza, parecendo O Pequeno Lorde – ele ainda tinha as bochechas gordas e roliças de bebê. Em outra, ele veste colete e paletó azuis e um chapéu mais adequado a Phillip Marlowe do que a um menino de um ano e meio.

Em maio de 1968, quando Kurt estava com quinze meses de vida, Mari, a irmã de catorze anos de Wendy, escreveu um trabalho sobre seu sobrinho para o seu curso de economia doméstica. "Sua mãe cuida dele a maior parte do tempo", escreveu Mari. "[Ela] demonstra seu afeto carregando-o, fazendo-lhe elogios quando ele merece e participando em muitas de suas atividades. Ele responde ao seu pai porque, ao vê-lo, ele sorri e gosta que seu pai o carregue. Ele dá a conhecer seus desejos gritando alto no começo, depois chorando, se a primeira técnica não funcionar." Mari registrou que a brincadeira favorita dele era um adulto se esconder e aparecer repetidamente, seu primeiro dente nasceu aos oito meses e sua primeira dúzia de palavras foram "coco, momma, dadda, ball, toast, bye-bye, hi, baby, me, love, hot dog e kittie".

Mari listava entre seus brinquedos favoritos uma gaita, um tambor, uma bola de basquete, carros, caminhões, blocos, uma bancada de pinos para martelar, uma tevê de brinquedo e um telefone. Sobre a rotina diária de Kurt, ela escreveu que "sua reação ao sono é chorar quando é deitado para dormir. Ele está tão interessado na família que não quer deixá-los". Sua tia concluía: "É um bebê feliz, sorridente e sua personalidade está se desenvolvendo desse modo por causa da atenção e do amor que está recebendo".

Wendy era uma mãe cuidadosa, lendo livros sobre aprendizagem, comprando baralhos pedagógicos e, com a ajuda de seus irmãos e irmãs, garantindo que Kurt recebesse assistência adequada. A família ampliada como um todo se reunia na celebração dessa criança e Kurt prosperava com a atenção. "Mal consigo expressar em palavras a alegria e a vida que Kurt trouxe para nossa família", lembrou-se Mari. "Ele era esse pequeno ser humano muito efervescente. Tinha carisma já quando bebê. Era engraçado, e era também brilhante." Kurt era tão inteligente que, quando sua tia não conseguiu imaginar como baixar sua caminha, ele mesmo o fez, com apenas um ano e meio de idade. Wendy estava tão apaixonada pelas travessuras de seu filho que alugou uma câmera super-8 e filmou-o – uma despesa com que a família mal podia arcar. Um desses filmes mostra um garotinho feliz e sorridente cortando o bolo de aniversário de dois anos e parecendo ser o centro do universo de seus pais.

Em seu segundo Natal, Kurt já estava demonstrando interesse pela música. Os Fradenburg eram uma família musical – Chuck, o irmão mais velho de Wendy, estava numa banda chamada os Beachcombers; Mari tocava violão e o tio-avô Delbert tinha uma carreira como tenor irlandês, chegando a figurar no filme *The King of Jazz*. Quando os Cobain visitaram Cosmopolis, Kurt ficou fascinado pelas jam sessions da família. Suas tias e tios o gravaram cantando "Hey Jude" dos Beatles, "Motorcycle Song" de Arlo Guthrie, e o tema do programa da televisão *The Monkees*. Kurt gostava de compor suas próprias letras desde garotinho. Quando estava com quatro anos, depois de voltar de um passeio até o parque com Mari, sentou-se ao piano e fez uma canção rudimentar sobre a aventura. "Nós fomos ao parque, comemos doce", dizia a letra. "Fiquei simplesmente atônita", lembrou Mari. "Eu devia ter ligado o gravador – provavelmente foi sua primeira canção."

Pouco depois de fazer dois anos, Kurt criou um amigo imaginário a quem chamava de Boddah. Seus pais acabaram ficando preocupados com sua ligação com esse amigo fantasma e, por isso, quando um tio foi enviado ao Vietnã, disseram a Kurt que Boddah também havia sido recrutado. Mas Kurt não engoliu totalmente essa história. Aos três anos, ele estava brincando com o gravador de sua tia, que estava ajustado para "ecoar". Kurt ouviu o eco e perguntou: "Esta voz está falando comigo? Boddah? Boddah?".

Em setembro de 1969, quando Kurt tinha dois anos e meio, Don e Wendy adquiriram sua primeira casa na rua East First, 1210, em Aberdeen. Era um sobrado de 92 metros quadrados com um jardim e uma garagem. Eles pagaram 7.950 dólares por ele. A residência, datada de 1923, estava situada numa vizinhança ocasionalmente apelidada em tom pejorativo de "apês do crime". Ao norte da casa de Cobain ficava o rio Wishkah, que frequentemente transbordava, e a sudeste ficava a ribanceira de mato que os moradores locais chamavam de "Morro do Think of Me" – na virada do século a ribanceira exibia um anúncio dos cigarros Think of Me.

Era uma casa de classe média num bairro de classe média, que Kurt mais tarde descreveria como "pobretão posando de classe média". O andar térreo continha a sala de estar, a sala de jantar, a cozinha e o quarto de Wendy e Don. O de cima tinha três cômodos: um pequeno quarto de brinquedos e dois dormitórios, um dos quais se tornou o quarto de Kurt. O outro estava destinado à futura irmã de Kurt – naquele mês, Wendy descobrira que estava grávida de novo.

Kurt tinha três anos quando sua irmã Kimberly nasceu. Mesmo quando já era uma garotinha, ela se parecia muito com seu irmão, com os mesmos olhos azuis hipnóticos e o cabelo louro-claro. Quando Kimberly foi trazida do hospital para casa, Kurt insistiu em carregá-la para dentro de casa. "Ele a amava muito", lembrou-se seu pai. "E, no começo, eles foram amados juntos." A diferença de três anos era ideal porque o cuidado com ela se tornou um dos principais assuntos de conversa de Kurt. Isso marcou o início de um traço de personalidade que acompanharia Kurt para o resto de sua vida – ele sempre era sensível às necessidades e sofrimentos dos outros, às vezes até excessivamente.

Ter dois filhos alterou a dinâmica da família Cobain e o pouco tempo de lazer que tinham era preenchido por visitas ou pelo interesse de Don por esportes de quadra. Don participava de uma liga de basquete no inverno e jogava numa equipe de beisebol no verão, e grande parte da vida social do casal implicava ir a jogos ou eventos pós-jogos. Por meio dos esportes, os Cobain conheceram e ficaram amigos de Rod e Dres Herling. "Eles eram uma boa família e faziam muitas coisas com os filhos", lembrou-se Rod Herling. Comparados com outros americanos dos anos 1960, eram também bastante enquadrados: na época, ninguém em seu círculo social fumava maconha e Don e Wendy raramente bebiam.

Numa noite de verão, os Herling estavam na casa dos Cobain jogando cartas, quando Don entrou na sala e anunciou: "Achei um rato". Ratos eram comuns em Aberdeen por causa da baixa elevação e da abundância de água. Don começou a confeccionar uma lança rudimentar prendendo uma faca de cortar carne a um cabo de vassoura. Isso despertou o interesse de Kurt, então com cinco anos de idade, que seguiu o pai até a lata de lixo na garagem, onde o roedor estava. Don disse a Kurt para ficar para trás, mas isso era impossível para uma criança com tamanha curiosidade e o menino continuou a avançar aos poucos até que estava segurando a perna da calça do pai. O plano era Rod Herling erguer a tampa da lata e Don utilizar sua lança para acertar o rato. Herling ergueu a tampa, Don lançou o cabo de vassoura, mas errou o alvo e a lança fincou o assoalho. Enquanto Don tentava em vão arrancar a lança, o rato – num ritmo lento e canhestro – arrastou-se pelo cabo de vassoura acima, disparou pelo ombro de Don e caiu no chão, passando correndo sobre os pés de Kurt enquanto saía da garagem. Isso aconteceu numa fração de segundo, mas a combinação do olhar no rosto de Don com o tamanho dos olhos de Kurt levaram todos a cair na gargalhada. Eles riram durante horas com esse incidente, que se tornaria uma peça do folclore da família: "Ei, você se lembra daquela vez que papai tentou espetar o rato?". Ninguém ria mais do que Kurt, mas aos cinco anos de idade ele ria de tudo. Era uma risada gostosa, como o som de um bebê sentindo cócegas, e isso era um refrão constante.

Em setembro de 1972, Kurt entrou na pré-escola na Escola Elementar Robert Gray, três quadras ao norte de sua casa. Wendy foi com ele até a escola no primeiro dia, mas depois disso ele ia sozinho; a vizinhança em torno da rua First passou a ser seu território. Ele era bem conhecido de seus professores como um aluno precoce e perguntador, com uma lancheira do Snoopy. Em seu boletim daquele ano, o professor anotara "muito bom aluno". Ele não era tímido. Quando um filhote de urso foi trazido para uma atividade de exposição à classe, Kurt foi um dos únicos garotos que posaram com ele para fotos.

O tema em que ele mais se superava era arte. Com a idade de cinco anos, já estava claro que tinha excepcionais talentos artísticos: estava criando pinturas que pareciam realistas. Tony Hirschman conheceu Kurt na pré-escola e ficou impressionado com a habilidade de seu colega de classe: "Ele conseguia desenhar qualquer coisa. Uma vez, estávamos olhando para imagens de lobisomens e ele desenhou um que parecia igual à foto". Uma série de desenhos que Kurt fez naquele ano retratava o Aquaman, o Monstro da Lagoa Negra, o Mickey e o Pluto. Todo feriado ou aniversário, a família o presenteava com materiais de desenho e pintura e seu quarto começou a assumir a aparência de um ateliê de arte.

Kurt foi incentivado na arte por sua avó paterna, Iris Cobain. Ela era uma colecionadora de ilustrações que Norman Rockwell havia feito para o *Saturday Evening Post*, na forma de pratos de Franklin Mint. Ela própria recriou muitas das imagens de Rockwell no bordado – e sua mais famosa pintura, "Freedom From Want" ["Liberdade da Necessidade"], que mostra a essência do jantar americano de Ação de Graças, ficava pendurada na parede do amplo trailer da avó em Montesano. Iris até convenceu Kurt a juntar-se a ela em um artesanato favorito: usar palitos de dentes para gravar reproduções toscas das imagens de Rockwell nas copas de cogumelos recém-colhidos. Quando esses cogumelos gigantes secavam, os rabiscos do palito de dentes permaneciam, como entalhes elaborados de gente da roça.

O marido de Iris e avô de Kurt, Leland Cobain, não era propriamente um artista – ele operava uma niveladora de asfalto, que havia lhe custado grande parte da audição –, mas ensinara a Kurt a trabalhar a madeira. Leland era um personagem ríspido e rabugento e, quando seu neto mostrou a ele uma imagem de Mickey que havia desenhado (Kurt adorava os personagens de Disney), Leland o acusou de tê-lo decalcado. "Eu não decalquei", disse Kurt. "Você decalcou, e muito", respondeu Leland. Leland deu a Kurt um novo pedaço de papel e um lápis e o desafiou: "Tome, desenhe outro para mim e me mostre como você fez". O garoto de seis anos se sentou e, sem nenhum modelo, desenhou uma ilustração quase perfeita do Pato Donald e outra do Pateta. Ele ergueu os olhos do papel com um sorriso arreganhado, igualmente satisfeito tanto por mostrá-lo a seu avô como pela criação de seu adorado pato.

Sua criatividade se estendia cada vez mais para a música. Embora ele nunca tivesse recebido aulas de piano, conseguia martelar de ouvido uma melodia simples. "Mesmo quando era um garotinho", lembrou sua irmã Kim, "ele se sentava e tocava alguma coisa que ouvira no rádio. Conseguia expressar artisticamente no papel ou em música tudo o que ele imaginava." Para incentivá-lo, Don e Wendy compraram uma bateria do Mickey, que Kurt martelava vigorosamente todo dia após a escola. Embora adorasse a bateria de plástico, ele gostava mais da bateria de verdade da casa do seu tio Chuck, já que conseguia fazer mais barulho com ela. Ele também gostava de pendurar nos ombros a guitarra da sua tia Mari, ainda que ela fosse tão pesada e fizesse seus joelhos se curvarem. Ele batia nela enquanto inventava canções. Naquele ano comprou seu primeiro disco, um compacto simples meloso de Terry Jacks chamado *Seasons in the Sun*.

Kurt adorava examinar os discos de suas tias e tios. Certa vez, quando tinha seis anos, foi visitar tia Mari e escarafunchar sua coleção de discos, procurando um disco dos Beatles – eles estavam entre seus favoritos. De repente Kurt gritou e correu em pânico até sua tia. Estava trazendo um exemplar de *Yesterday and Today* dos Beatles, com a infame "capa do açougueiro", uma ilustração mostrando os integrantes da banda com pedaços de carne em cima deles. "Aquilo me fez perceber o quanto ele era impressionável com aquela idade", lembrou-se Mari.

Ele também era sensível à tensão cada vez maior que percebia entre seus pais. Durante os primeiros anos da vida de Kurt, não houve muitas brigas em casa, mas também não houvera evidência de um grande caso de amor. Como muitos casais que se casavam jovens, Don e Wendy eram duas pessoas esmagadas pelas circunstâncias. Seus filhos se tornaram o centro de suas vidas e o pouco romance que existira no breve tempo que tiveram antes dos filhos era difícil de reacender. As pressões financeiras assombravam Don; Wendy era consumida pelos cuidados com as duas crianças. Passaram a discutir mais e a gritar um com o outro na frente dos filhos. "Você não faz ideia de como eu dou duro no trabalho", gritava Don para Wendy, que fazia eco à queixa do marido.

No entanto, para Kurt, havia muita alegria em sua primeira infância. No verão, passavam férias na cabana da família Fradenburg em Washaway Beach, na costa de Washington. No inverno, iam andar de trenó. Raramente nevava em Aberdeen, por isso iam de carro até as pequenas colinas depois da cidade madeireira de Porter e até a montanha Fuzzy Top. Seus passeios de trenó sempre seguiam um padrão similar: estacionavam, tiravam do carro um tobogã para Don e Wendy, um disco prateado para Kim e o pequeno trenó de Kurt, e se preparavam para deslizar montanha abaixo. Kurt agarrava seu trenó, tomava um lugar de partida e se inclinava do jeito que um atleta se prepara para o salto em distância. Quando chegava na base da montanha, acenava para os pais, sinal de que sobrevivera à viagem. O resto da família fazia o mesmo e todos caminhavam juntos de volta ao topo. Repetiam o ciclo horas a fio, até que escurecia ou que Kurt tombava exausto. Quando se dirigiam para o carro, Kurt os fazia prometer que voltariam no próximo fim de semana. Mais tarde, Kurt se lembraria desses momentos como as lembranças mais caras da sua infância.

Quando Kurt estava com seis anos, a família foi até um estúdio no centro da cidade para fazer um retrato formal de Natal. Na foto, Wendy está sentada no centro do quadro com um refletor atrás de sua cabeça, criando uma aura; ela está numa enorme cadeira de espaldar alto, trajando um vestido vitoriano longo de faixas brancas e rosa e babados nos punhos. No pescoço traz uma gargantilha negra e seu cabelo louro-morango está caindo sobre os ombros, repartido ao meio, sem uma única mecha fora do lugar. Com sua postura perfeita, e o modo como seus punhos seguram os braços da cadeira, ela parece uma rainha.

Kim, com três anos, está sentada no colo da mãe. Com um vestido branco longo e sapatos de couro e verniz preto, ela se apresenta como uma versão em miniatura da mãe. Ela está olhando direto para a câmera e tem o aspecto de uma criança que poderia começar a chorar a qualquer momento.

Don está em pé atrás da cadeira, próximo o bastante para estar no quadro, embora distraído. Seus ombros estão ligeiramente curvados e ele mostra um ar mais bestificado do que um sorriso legítimo. Está trajando uma camisa púrpura-clara de mangas compridas com um colarinho de quatro polegadas e um colete cinzento – é um traje que Steve Martin ou Dan Aykroyd poderiam vestir para seu quadro "wild and crazy guys" ["tipos rústicos e malucos"] no *Saturday Night Live*. Ele tem nos olhos um olhar distante, como se estivesse se perguntando por que tinha sido arrastado para o estúdio fotográfico quando poderia estar jogando bola.

Kurt está em pé mais à esquerda, na frente do pai, a cerca de meio metro da cadeira. Está vestindo um conjunto de calça e colete listrados em dois tons de azul e uma camisa vermelha de mangas compridas que é um pouco grande para ele, as mangas cobriam-lhe parcialmente as mãos. Como o verdadeiro animador da família, ele não está somente sorrindo, está rindo.

Ele parece claramente feliz – um garotinho se divertindo num sábado com a família.

É uma família de feições muito bonitas e as aparências externas sugerem um pedigree inteiramente americano – cabelo alinhado, dentes brancos e roupas bem passadas, tão estilizadas que poderiam ter saído de um catálogo da Sears do início dos anos 1970. Entretanto, um olhar mais atento revela uma dinâmica que mesmo para o fotógrafo deve ter sido dolorosamente óbvia: é o retrato de uma família, mas não de um casamento. Don e Wendy não estão se tocando e não há sugestão de afeto entre eles; é como se não estivessem no mesmo quadro. Com Kurt postado na frente de Don, e Kim sentada no colo de Wendy, poderíamos facilmente pegar uma tesoura e recortar a foto – e a família – bem no meio. Ficaríamos com duas famílias separadas, cada uma com um adulto e uma criança, cada uma com um gênero específico – as roupas vitorianas de um lado e os meninos de colarinho largo no outro.

2

ODEIO MAMÃE, ODEIO PAPAI

ABERDEEN, WASHINGTON,
JANEIRO DE 1974-JUNHO DE 1979

Odeio mamãe, odeio papai.
De um poema na parede do quarto de Kurt.

A TENSÃO NA FAMÍLIA AUMENTOU EM 1974, quando Don Cobain decidiu mudar de emprego e entrar para o ramo madeireiro. Don não era um homem corpulento e não tinha muito interesse em derrubar árvores de até sessenta metros de altura. Por isso, assumiu um cargo de escritório na Mayr Brothers. Acabou sabendo que poderia ganhar mais com madeira do que trabalhando no posto de serviços da Chevron; infelizmente, seu primeiro cargo era no nível de ingresso na empresa, remunerado a 4,10 dólares por hora, menos até do que ganhava como mecânico. Ele ganhava dinheiro extra fazendo inventário na usina nos fins de semana e, frequentemente, levava Kurt consigo. "Ele ficava dando voltas no pátio com sua bicicletinha", lembrava-se Don. Mais tarde, Kurt zombaria do trabalho do pai e diria que era um inferno acompanhar Don até o trabalho, mas na ocasião ele gostava muito de ser incluído na tarefa. Embora passasse toda a sua vida adulta tentando afirmar o contrário, o reconhecimento e a atenção do pai eram extremamente importantes para Kurt e ele queria mais, não menos. Mais tarde admitiria que seus primeiros anos dentro da família nuclear eram recordações felizes. "Tive uma infância realmente boa", disse ele à revista *Spin* em 1992, mas não sem acrescentar: "até os nove anos de idade".

Don e Wendy muitas vezes tinham de pedir dinheiro emprestado para pagar as contas, uma das principais causas de suas discussões. Leland e Iris deixavam uma nota de vinte dólares na cozinha – brincavam que era uma nota bumerangue, pois todo mês eles a emprestavam para Don comprar mantimentos e, imediatamente depois de devolvê-la para eles, Don a pedia emprestado outra vez. "Ele saía, pagava todas as contas e depois vinha até nossa casa", lembrou-se Leland. "Ele nos pagava nossos vinte dólares e então dizia: 'Droga, eu ganhei bastante esta semana. Ainda me restam 35 ou quarenta centavos'." Leland, que jamais gostou de Wendy porque a via agindo como se fosse "melhor que os Cobain", lembrava que a jovem família ia depois para o drive-in Blue Beacon na rua Boone gastar o troco em hambúrgueres. Embora Don se desse bem com o sogro, Charles Fradenburg – que operava uma niveladora de estrada para o condado –, Leland e Wendy nunca estabeleceram boas relações.

A tensão entre os dois chegou ao máximo quando Leland ajudou a reformar a casa na rua First. Ele construiu para Don e Wendy uma falsa lareira na sala de estar e instalou novos tampos de balcões, mas no processo ele e Wendy passaram progressivamente a se desentender. Leland finalmente disse ao filho que fizesse Wendy parar de importuná-lo ou ele iria embora e deixaria o trabalho pela metade. "Foi a primeira vez que ouvi Donnie responder para ela", lembrou-se Leland. "Ela ficava se queixando disto ou daquilo e finalmente ele disse: 'Mantenha sua maldita boca fechada ou ele pegará as ferramentas e irá para casa'. E dessa vez ela fechou a boca."

Como seu pai, Don era severo com os filhos. Uma das queixas de Wendy era que o marido esperava que as crianças sempre se comportassem bem – um padrão impossível – e exigia que Kurt agisse como um "homenzinho". Às vezes, como todas as crianças, Kurt era um terror. Muitas das suas artes eram insignificantes na época – escrever nas paredes, bater a porta ou provocar a irmã. Esses comportamentos geralmente resultavam numa surra, mas o castigo físico mais comum – e quase diário – era bater com dois dedos na têmpora ou no peito de Kurt. Só doía um pouco, mas o dano psicológico era profundo – fazia o filho temer maior dano físico e servia para reforçar o domínio de Don sobre ele. Kurt começou a se abrigar dentro do armário do seu quarto. Os espaços reclusos, confinados, que provocavam ataques de pânico nos demais, eram exatamente aqueles que ele buscava como refúgio.

E havia coisas das quais valia a pena se esconder: ambos os pais podiam ser sarcásticos e zombeteiros. Quando Kurt era imaturo o bastante para acreditar neles, Don e Wendy o advertiram de que ele ganharia uma pedra de carvão de Natal se não fosse bom, particularmente se brigasse com sua irmã. De brincadeira, colocaram pedaços de carvão em sua meia. "Era só uma peça", lembrou-se Don. "Fazíamos isso todo ano. Ele ganhava presentes e tudo o mais – nunca deixamos de lhe dar presentes." Entretanto, não tinha mais graça para Kurt, pelo menos tal como ele contou a história mais tarde em sua vida. Ele afirmou que certo ano haviam lhe prometido uma arma de brinquedo de Starsky e Hutch, um presente que nunca veio. Em vez disso, segundo ele, ganhou apenas um pedaço de carvão embrulhado com capricho. O relato de Kurt era um exagero, mas, em sua imaginação, ele começara a distorcer sua própria visão sobre a família.

Ocasionalmente, Kim e Kurt se davam bem, e às vezes brincavam juntos. Embora Kim não tivesse o talento artístico de Kurt – e ela sempre sentia a rivalidade de ter o resto da família prestando tanta atenção a ele –, desenvolveu a habilidade de imitar vozes. Ela era particularmente boa nas do Mickey e do Pato Donald, e Kurt se divertia muito com essas imitações. As habilidades vocais de Kim suscitavam uma nova fantasia para Wendy. "O grande sonho de minha mãe", declarou Kim, "era que Kurt e eu acabássemos indo para a Disneylândia, nós dois trabalhando lá, ele desenhando e eu fazendo vozes."

Março de 1975 foi um mês repleto de alegria para Kurt, então com oito anos de idade: ele finalmente visitou a Disneylândia e fez sua primeira viagem de avião. Leland tinha se aposentado em 1974 e ele e Iris foram passar o inverno daquele ano no Arizona. Don e Wendy levaram Kurt de carro até Seattle, colocaram-no num avião e Leland apanhou o menino em Yuma, antes de irem para o sul da Califórnia. No período maluco de dois dias, eles visitaram a Disneylândia, Knotts Berry Farm e os estúdios da Universal. Kurt ficou extasiado e insistiu que passassem três vezes pelo "Piratas do Caribe" na Disneylândia. Em Knotts Berry Farm ele desafiou a gigantesca montanha-russa, mas quando o passeio começou, seu rosto ficou branco como o de um fantasma. Quando Leland perguntou "Chega?", sua cor voltou e ele fez o passeio ainda outra vez. Na excursão até os estúdios da Universal, Kurt se inclinou para fora do trem diante do tubarão do filme de Spielberg, levando um guarda a gritar para seus avós: "É melhor vocês puxarem de volta esse lourinho ou a cabeça dele será arrancada fora". Kurt desafiou a ordem e tirou uma foto da boca do tubarão quando ela chegou a poucos centímetros de sua máquina fotográfica. Mais tarde naquele dia, no carro que ia pela via expressa, Kurt dormiu no assento traseiro, único motivo pelo qual seus avós conseguiram passar furtivamente pela Magic Mountain sem que ele insistisse para que fossem visitá-la também.

De todos os seus parentes, Kurt era mais íntimo da avó Iris; ambos compartilhavam um interesse pela arte e, às vezes, uma certa tristeza. "Eles se adoravam", lembra Kim. "Acho que intuitivamente ele sabia o inferno pelo qual ela tinha passado." Tanto Iris como Leland foram criados com dificuldade, ambos marcados pela pobreza e pelas mortes prematuras de seus pais no trabalho. O pai de Iris morrera vítima de gases venenosos na fábrica de celulose Rayonier; o pai de Leland, que era xerife de condado, morreu por um disparo acidental de sua arma. Leland tinha quinze anos na época da morte de seu pai. Ele se alistou na Marinha e foi enviado para Guadalcanal, mas depois que agrediu um oficial foi encaminhado ao hospital para uma avaliação psiquiátrica. Casou-se com Iris depois de dar baixa, mas sofreu com problemas de bebida e raiva, particularmente depois que o terceiro filho do casal, Michael, nasceu retardado e morreu em uma instituição com a idade de seis anos. "Na sexta-feira à noite ele recebia o salário e chegava bêbado em casa", contou Don. "Ele batia em minha mãe. Batia em mim. Bateu em minha avó e no namorado dela. Eram assim as coisas naquele tempo." Na época da adolescência de Kurt, Leland havia amolecido e sua arma mais perigosa era a linguagem obscena.

Quando Leland e Iris não estavam disponíveis, um dos vários irmãos e irmãs Fradenburg tomavam conta de Kurt – três tias de Kurt moravam num raio de quatro quarteirões da sua casa. Gary, irmão mais novo de Don, também era encarregado de tomar conta de Kurt algumas vezes, e certa ocasião marcou a primeira ida de Kurt ao hospital. "Quebrei o braço direito dele", relembra Gary. "Eu estava deitado de costas e ele estava em meus pés, e eu o estava atirando para o ar com meus pés." Kurt era uma criança muito ativa e, com toda a sua correria para lá e para cá, os parentes se admiravam de que ele não quebrasse também outras partes do corpo.

O braço quebrado de Kurt sarou e o ferimento não parecia impedi-lo de praticar esportes. Don incentivou o filho a jogar beisebol assim que ele começou a andar e lhe fornecia todas as bolas, tacos e luvas de que um menino precisava. Quando garoto, Kurt achava os tacos mais úteis como instrumentos de percussão, mas, com o tempo, começou a participar de exercícios físicos, começando pelo bairro e, mais tarde, em jogos organizados. Aos sete anos, ele estava em sua primeira equipe da Liga Mirim. Seu pai era o treinador. "Ele não era o melhor jogador do time, mas não era ruim", conta Gary Cobain. "Ele realmente não queria jogar, pensei. Acho que jogava para agradar ao pai."

O beisebol foi um exemplo da busca de Kurt pela aprovação de Don. "Kurt e meu pai se davam bem quando ele era criança", lembrou-se Kim, "mas Kurt não era nada parecido ao que papai pretendia que Kurt se tornasse."

Don e Wendy estavam enfrentando o conflito entre a criança idealizada e a criança real. Considerando que ambos tinham necessidades insatisfeitas trazidas de suas respectivas infâncias, o nascimento de Kurt revelou todas as expectativas pessoais do casal. Don queria a relação pai–filho que ele nunca tivera com Leland, e pensou que a participação dos dois em jogos esportivos propiciaria esse laço. Embora Kurt gostasse de esportes, particularmente quando seu pai não estava por perto, ele associava intuitivamente o amor de seu pai com essa atividade, algo que o marcaria por toda a vida. Sua reação era participar, mas fazê-lo sob protesto.

Quando Kurt estava na segunda série, seus pais e a professora decidiram que sua incansável energia podia ter uma origem médica mais ampla. O pediatra de Kurt foi consultado e o corante alimentar vermelho foi afastado da sua dieta. Quando não houve melhora nenhuma, seus pais limitaram sua ingestão de açúcar. Finalmente o médico receitou Ritalin, que Kurt tomou por um período de três meses. "Ele era hiperativo", lembrou Kim. "Ficava saltando pelas paredes, principalmente se lhe fosse dado algum açúcar."

Outros parentes sugerem que Kurt pode ter sofrido de deficiência de atenção por hiperatividade. Mari se lembrava de uma visita à casa dos Cobain em que encontrou Kurt correndo pelo bairro, batendo num tambor de parada e gritando a plenos pulmões. Mari entrou e perguntou a sua irmã: "Mas que diabo ele está fazendo?". "Não sei", foi a resposta de Wendy. "Não sei o que fazer para conseguir que ele pare – já tentei tudo." Na época, Wendy supunha que era o modo de Kurt queimar seu excesso de energia de menino.

A decisão de dar Ritalin a Kurt era, já em 1974, uma decisão controversa, com alguns cientistas argumentando que isso cria uma resposta pavloviana nas crianças e aumenta a probabilidade de comportamentos de dependência química mais tarde na vida; outros acreditam que se as crianças não recebem tratamento para a hiperatividade, podem mais tarde se automedicar com drogas ilegais. Cada membro da família de Cobain tinha uma opinião diferente sobre o diagnóstico de Kurt e sobre se o breve curso de tratamento o ajudou ou prejudicou, mas, na opinião do próprio Kurt, tal como ele mais tarde contou para Courtney Love, a droga foi importante. Courtney, a quem o Ritalin também foi receitado na infância, disse que os dois frequentemente discutiam essa questão. "Quando você é criança e toma esta droga que o faz sentir desse jeito, para onde mais você vai se voltar quando for adulto?", perguntou Courtney. "Era uma euforia quando você era criança – essa memória não vai ficar com você?"

Em fevereiro de 1976, apenas uma semana depois do nono aniversário de Kurt, Wendy informou Don de que ela queria o divórcio. Fez o anúncio numa noite de um dia de semana e saiu em disparada com o seu Camaro, deixando a Don a tarefa de explicar às crianças, uma coisa na qual ele não se esmerava. Embora os conflitos matrimoniais de Don e Wendy tivessem aumentado durante a última metade de 1974, sua declaração pegou Don de surpresa, tal como pegou o restante da família. Don entrou em estado de rejeição e se recolheu para dentro de si mesmo, comportamento que anos depois seria manifestado pelo filho em tempos de crise. Wendy sempre fora uma personalidade forte e propensa a acessos ocasionais de raiva, mas mesmo assim Don ficou chocado por ela querer romper a unidade familiar. Sua principal queixa era que o marido estava o tempo todo envolvido com esportes – ele era árbitro e treinador, além de jogar em duas equipes. "Na minha cabeça, não acreditei que isso ia acontecer", lembra Don. "Divórcio não era assim tão comum na época. Eu também não queria que isso acontecesse. Ela simplesmente quis terminar."

No dia 1º de março Don saiu de casa e alugou um quarto em Hoquiam. Esperava que a raiva de Wendy cedesse e o casamento sobrevivesse e, por isso, ele alugou o quarto por uma semana. Para Don, a família representava uma parte enorme de sua identidade e seu papel como pai marcou em sua vida uma das primeiras vezes em que ele se sentiu necessário. "Ele ficou arrasado com a ideia do divórcio", lembrou-se Stan Targus, o melhor amigo de Don. A separação era complicada porque a família de Wendy adorava Don, particularmente sua irmã Janis e o marido, Clark, que moravam perto dos Cobain. Alguns irmãos de Wendy no fundo se perguntavam como ela sobreviveria financeiramente sem Don.

No dia 29 de março, Don recebeu uma intimação judicial e uma "Petição de Dissolução de Matrimônio". Em seguida, uma enorme quantidade de documentos legais, que Don frequentemente deixava de responder na vã esperança de que Wendy mudasse de ideia. No dia 9 de julho ele foi julgado à revelia por não atender às petições de Wendy. Naquele mesmo dia, uma decisão final foi promulgada adjudicando a casa a Wendy, mas dando a Don uma hipoteca de 6.500 dólares, a serem pagos no momento em que a casa fosse vendida, que Wendy se casasse novamente ou que Kim completasse dezoito anos. Don ficaria com seu furgão Ford 1965 de meia tonelada; Wendy manteria o Camaro 1968 da família.

A custódia das crianças foi concedida a Wendy, mas caberia a Don pagar 150 dólares mensais de sustento para cada um dos filhos, além de arcar com suas despesas médicas e dentárias; também se concederam a Don direitos de "visitação razoável". Por se tratar de um tribunal de cidade pequena dos anos 1970, essa visitação não era especificada e o arranjo era informal. Don se mudou para o trailer de seus pais em Montesano. Ele continuava esperançoso de que Wendy mudasse de ideia, mesmo depois que os documentos finais foram assinados.

Wendy não faria nada disso. Quando acabava alguma coisa, aquilo estava mesmo acabado para ela, e assim não poderia ter mais nada com Don. Logo se envolveu com Frank Franich, um estivador bonitão que ganhava duas vezes mais que Don. Franich também era inclinado à violência e à raiva, e para Wendy não havia nada melhor do que ver essa maldade voltada para Don. Quando uma nova carteira de motorista de Don foi acidentalmente enviada para a casa de Wendy, "alguém" abriu o envelope, esfregou fezes na foto, fechou novamente o envelope e o enviou para Don. Esse não era um divórcio — era uma guerra, cheia do ódio, despeito e vingança de uma rixa sangrenta.

Para Kurt era um holocausto emocional — nenhum outro evento isolado em sua vida teve mais efeito na conformação de sua personalidade. Ele interiorizou o divórcio, como fazem muitas crianças. A profundidade dos conflitos de seus pais lhe fora essencialmente ocultada e ele não conseguia entender o motivo para a separação. "Ele achou que era por sua causa e assumiu grande parte da culpa", observou Mari. "Foi traumático para Kurt ver tudo em que ele confiava — sua segurança, sua família e seu próprio sustento — desfazer-se diante de seus olhos." Em lugar de expressar exteriormente sua angústia e pesar, Kurt se voltou para dentro. Naquele mês de junho, Kurt escreveu na parede de seu quarto: "Odeio mamãe, odeio papai. Papai odeia mamãe, mamãe odeia papai. Isso apenas faz você querer ficar muito triste". Esse era o menino que em criança era tão unido à sua família que lutava contra o sono, como Mari havia escrito em seu relatório de economia doméstica sete anos antes, porque "ele não quer abandoná-los". Agora, sem que tenha feito nada errado, ele tinha sido abandonado. Iris Cobain certa vez descreveu 1976 como "o ano de Kurt no purgatório".

Esse ano também foi difícil para Kurt em termos médicos. Mari lembrou que o viu no hospital durante esse período; ela soubera por sua mãe que ele estava lá em decorrência de não comer o bastante. "Eu me lembro de Kurt no hospital por problema de desnutrição quando ele estava com dez anos", disse ela. Kurt contou a seus amigos que teve de beber bário e tirar uma radiografia do estômago. É possível que aquilo que se imaginava ser desnutrição fosse o primeiro sintoma de uma desordem estomacal que o atormentaria mais tarde em sua vida. Sua mãe tinha sofrido do estômago aos vinte anos de idade, pouco tempo depois do nascimento de Kurt e, quando este começou a ter dores estomacais, supôs-se que sofria da mesma irritação estomacal de Wendy. Por volta da época do divórcio, Kurt também tinha uma contração involuntária nos olhos. A família supôs que isso estivesse associado a tensão, o que provavelmente era verdade.

Enquanto seus pais estavam se divorciando, sua vida de pré-adolescente continuava, com todos os seus desafios internos. Prestes a entrar na quarta série, ele começou a perceber as meninas como seres sexuais e a se preocupar com status social. Naquele mês de julho, sua foto saiu no *Aberdeen Daily World*, quando seu time de beisebol conquistou o primeiro lugar na Liga Aberdeen Timber depois de acumular um registro de catorze vitórias e uma derrota. O outro destaque do verão foi sua adoção de um gatinho preto que estivera vagando pelo bairro. Foi seu primeiro animal de estimação e ele o chamou de Puff.

Três meses depois da conclusão do divórcio, Kurt manifestou interesse em morar com o pai. Mudou-se para o reboque com Don, Leland e Iris, mas no começo do outono pai e filho alugaram seu próprio trailer de solteiro do outro lado da rua. Kurt visitava Wendy, Kim e Puff nos fins de semana.

Morar com o pai resolveu algumas das necessidades emocionais de Kurt — uma vez mais ele era o centro das atenções, um filho único. Don se sentia tão mal com o divórcio que o supercompensava com presentes materiais, comprando para Kurt uma minimoto Yamaha Enduro 80, que se tornou uma atração no bairro. Lisa Rock, que morava a poucas quadras de distância, conheceu Kurt naquele outono: "Ele era um menino quieto, muito simpático. Sempre sorrindo. Era um pouco tímido. Havia um campo onde ia andar com sua minimoto e eu andava ao lado dele com minha bicicleta".

A percepção de Lisa sobre Kurt aos nove anos de idade como um menino "quieto" fazia coro a uma palavra que seria reiteradamente empregada para descrevê-lo na idade adulta. Ele era capaz de ficar sentado em silêncio durante muito tempo sem sentir necessidade de jogar conversa fora. Kurt e Lisa faziam aniversário no mesmo dia e, quando ambos completaram dez anos, comemoraram com uma festa na casa de Lisa. Kurt ficou contente por ser incluído, ainda que se sentisse desajeitado e incomodado com a atenção. Ele fora destemido aos quatro anos de idade; aos dez, era surpreendentemente medroso. Depois do divórcio, ele se mantinha reservado, sempre esperando que a outra pessoa desse o primeiro passo.

Depois do divórcio e com o despertar da puberdade de Kurt, seu pai assumiu um papel de proporções elevadas. Depois da escola Kurt ficava no trailer dos avós, mas assim que Don voltava do trabalho, ficavam juntos o resto do dia; e Kurt ficava contente de fazer tudo o que Don quisesse, mesmo que isso significasse jogos esportivos. Depois das partidas de beisebol, os dois às vezes jantavam na cervejaria local. Era um laço que ambos saborearam, mas nenhum dos dois deixava de sentir a perda da família – era como se um membro do corpo tivesse sido decepado e, embora passassem o dia inteiro sem ele, nunca conseguiam afastá-lo de seus pensamentos. Seu amor recíproco naquele ano foi mais forte do que era antes ou depois, mas pai e filho ainda estavam profundamente solitários. Receoso de que poderia perder o pai, Kurt fez Don prometer que não se casaria novamente. Don deu a seu filho esta garantia e disse que os dois sempre estariam juntos.

Durante o inverno de 1976, Kurt se transferiu para a Beacon Elementary School em Montesano. As escolas de Montesano eram menores do que as de Aberdeen, e semanas depois da transferência encontrou a popularidade que havia lhe escapado anteriormente e sua intrepidez parecia querer regressar. Apesar de externamente confiante, ele se apegava a uma amargura em relação a suas circunstâncias: "Dava para notar que ele estava atormentado pelo divórcio dos pais", recordou o colega Darrin Neathery.

Quando começou a quinta série, no outono de 1977, Kurt já fazia parte integrante de "Monte", o nome que os habitantes usavam para a cidade – todo aluno da pequena escola o conhecia e a maioria gostava dele. "Ele era um menino muito bonito", lembrou John Fields. "Era inteligente e tudo saía bem para ele." Com seus cabelos louros e seus olhos azuis, Kurt se tornou um favorito das meninas. "Não era nenhum exagero dizer que ele era um dos meninos mais populares", observou Roni Toyra. "Havia um grupo de cerca de quinze meninos que saíam juntos e ele era uma parte importante desse grupo. Era realmente uma gracinha, com seus cabelos louros, os grandes olhos azuis e as sardas no nariz."

Esses atrativos externos escondiam uma luta em busca de identidade que atingiu um novo patamar em outubro de 1977, quando Don começou a namorar. Kurt detestou a primeira mulher que Don namorou e, por isso, seu pai desistiu dela. Com o narcisismo dos seus dez anos, Kurt não entendia o desejo do pai por companhia adulta ou o motivo por que Don não estava feliz com apenas os dois juntos. No final do outono, Don conheceu uma mulher chamada Jenny Westby, que também estava divorciada e tinha dois filhos: Mindy, um ano mais novo que Kurt, e James, cinco anos mais novo. Desde o começo, o namoro foi um caso de família e o primeiro encontro deles foi uma caminhada com todos os filhos em volta do lago Sylvia. Kurt foi amistoso com Jenny e os filhos dela e Don achou que encontrara seu par. Ele e Jenny se casaram.

No princípio, Kurt gostou de Jenny – ela lhe dava a atenção feminina que lhe faltava –, mas seus sentimentos positivos em relação à nova madrasta eram anulados por um conflito interno: se ele tivesse afeição por ela, estaria traindo seu amor pela mãe e por sua família "verdadeira". Como o pai, Kurt tinha se aferrado à esperança de que o divórcio seria apenas um revés temporário, um sonho que passaria. O segundo casamento do pai e o trailer agora intensamente abarrotado destruíram aquela ilusão. Don não era homem de muitas palavras e sua própria história dificultava a expressão de seus sentimentos. "Você me disse que não ia se casar novamente", reclamava Kurt a Don. "Bem, você sabe, Kurt, as coisas mudam", respondia o pai.

Jenny tentou se aproximar dele, sem sucesso. "No começo, ele tinha muita afeição para com todos", lembrou Jenny. Depois, Kurt constantemente recorria à promessa de Don de não se casar de novo e voltou a se retrair. Don e Jenny tentaram compensá-lo fazendo de Kurt o centro das atenções na casa – ele abria os presentes primeiro e era dispensado de tarefas domésticas –, mas esses pequenos sacrifícios só serviram para aumentar seu retraimento emocional. Ele desfrutava dos meio-irmãos como ocasionais parceiros para brincadeiras, mas também implicava com eles – era impiedoso com Mindy por ela ser dentuça e imitava cruelmente sua voz na presença dela.

As coisas melhoraram temporariamente quando a família se mudou para uma casa própria na rua Fleet, 413, em Montesano. Kurt tinha seu próprio quarto, que fora dotado de janelas redondas para parecer um navio. Não muito tempo depois da mudança, Jenny deu à luz outro filho, Chad Cobain, em janeiro de 1979. Agora, duas outras crianças, uma madrasta e um bebê estavam competindo pela atenção que outrora fora apenas de Kurt.

Kurt tinha rédea solta nos parques, nas alamedas e nos campos de Monte. Era uma cidade tão pequena que raramente era preciso transporte; o campo de beisebol ficava a quatro quadras de distância, a escola era logo adiante na rua e todos os seus amigos estavam por perto. Em contraste com Aberdeen, Monte parecia saída de uma peça de Thornton Wilder, uma América mais simples e mais amiga. Toda as noites de quarta-feira eram consideradas "noite da família" na casa dos Cobain. As atividades incluíam jogos de tabuleiro como gamão ou Banco Imobiliário, e Kurt ficava mais animado do que ninguém com essas noites.

O dinheiro era curto e, por isso, a maioria das férias resultava em viagens para acampar, mas Kurt era o primeiro a entrar no carro quando estavam se preparando para sair. Sua irmã Kim os acompanhava nas viagens até que Don e Wendy se desentenderam sobre se as férias significariam um abatimento no sustento dos filhos; depois disso, Kim passou a ver menos seu pai e irmão. Kurt continuou visitando a mãe nos fins de semana, mas, em vez de reuniões calorosas, essas ocasiões em geral apenas irritavam a velha ferida do divórcio; Wendy e Don dificilmente se entendiam e, com isso, os passeios até Aberdeen significavam ter de assistir à briga dos pais em torno da programação das visitas. Uma outra tristeza se abateu sobre ele certo fim de semana: Puff, seu adorado gato, fugiu e nunca mais foi visto.

Como todas as crianças, Kurt era dominado pela rotina e gostava da estrutura de coisas como a "noite da família". Mas até esse pequeno conforto o deixava em conflito: ele ansiava por proximidade e ao mesmo tempo receava que a proximidade pudesse resultar em abandono mais adiante. Ele alcançara o estágio da puberdade em que a maioria dos adolescentes do sexo masculino começa a se diferenciar dos pais e a encontrar sua própria identidade. Entretanto, Kurt ainda lamentava a perda do ninho familiar original e, por isso, libertar-se estava carregado de necessidade e temor. Ele lidava com esses diversos sentimentos contraditórios dissociando-se emocionalmente de Don e Wendy. Dizia a si mesmo e aos amigos que os odiava e, nessa causticidade, conseguia justificar seu próprio distanciamento. Mas depois de uma tarde com os amigos falando sobre os pais podres que tinha, ele ainda se veria mais uma vez participando da "noite da família" e seria o único na casa a não querer que as festividades da noitada terminassem.

Os feriados sempre eram um problema. O dia de Ação de Graças e o Natal de 1978 significavam que Kurt faria uma via-sacra por meia dúzia de casas diferentes. Se os seus sentimentos para com Jenny eram uma mistura de afeto, ciúme e traição, para com o namorado de Wendy, Frank Franich, eram de pura raiva. Wendy também começara a pegar pesado na bebida e a embriaguez a deixava mais exacerbada. Certa noite, Franich quebrou o braço de Wendy – Kim estava na casa e testemunhou o incidente – e ela foi hospitalizada. Quando se recuperou, recusou-se a dar queixa. Chuck, seu irmão, ameaçou Franich, mas havia pouca coisa que alguém pudesse fazer para mudar o compromisso de Wendy com ele. Na ocasião, muitos achavam que Wendy ficava com Franich por causa do apoio financeiro que ele garantia. Ela havia começado a trabalhar depois do divórcio como balconista da Pearson's, uma loja de departamentos de Aberdeen, mas era o salário de estivador de Franich que lhes propiciava luxos como a televisão a cabo. Antes de Franich aparecer, Wendy teve tantas contas atrasadas que sua eletricidade esteve prestes a ser cortada.

Kurt tinha onze anos e era baixo e esquelético, mas nunca se sentia mais impotente ou fraco do que quando estava perto de Franich. Ele se sentia desamparado para proteger sua mãe e a tensão de assistir a essas brigas o fazia temer pela vida dela e talvez pela sua. Tinha pena da mãe e a odiava por ter de sentir pena dela. Seus pais tinham sido seus deuses quando ele era mais novo – agora eram ídolos derrubados, falsos deuses e indignos de confiança.

Estes conflitos internos começaram a se evidenciar no comportamento de Kurt. Ele respondia aos adultos, recusava-se a fazer tarefas domésticas e, apesar de seu porte pequeno, começou a tiranizar outro menino com tamanho poder que a vítima se recusou a ir à aula. Os professores e os pais se envolveram e todos se perguntavam por que um menino tão meigo se tornara tão desagradável. Ao se esgotarem as alternativas, Don e Jenny finalmente levaram Kurt para um aconselhamento. Houve uma tentativa de terapia familiar, mas Don e Wendy jamais conseguiam chegar no mesmo horário. O terapeuta, porém, passou duas sessões conversando com Kurt. Suas conclusões eram que Kurt precisava de uma única família. "Fomos informados de que se Kurt fosse ficar conosco, precisávamos obter custódia legal sobre ele, de forma que soubesse que o estávamos aceitando como parte de nossa família", lembrou Jenny. "Infelizmente, tudo isso iria gerar problemas entre Don e Wendy quando discutissem a questão."

Don e Wendy estavam divorciados havia vários anos, mas a raiva que um sentia pelo outro continuava e, na verdade, aumentou em razão dos filhos. Tinha sido uma primavera difícil para Wendy – o pai dela, Charles Fradenburg, tinha morrido de um enfarte repentino dez dias depois de seu aniversário de 61 anos. A mãe de Wendy, Peggy, sempre fora uma reclusa, e Wendy ficou preocupada que isso aumentasse o isolamento da mãe. O comportamento estranho de Peggy pode ter resultado de um horrível incidente da infância: quando ela tinha dez anos, seu pai esfaqueou o próprio abdome na frente da família. James Irving sobreviveu à tentativa de suicídio e foi encaminhado para o mesmo hospital de doenças mentais de Washington que mais tarde aplicaria terapia de choque na atriz Frances Farmer. Dois meses depois, ele morreu de seus ferimentos iniciais – quando o pessoal do hospital não estava observando, ele rasgou as feridas de suas punhaladas. Como muitas das tragédias da família, a doença mental do bisavô de Kurt era discutida apenas em cochichos.

Mas mesmo os grandes empenhos da família Fradenburg fracassaram em reunir Don e Wendy na aflição compartilhada. Suas discussões sobre Kurt terminaram, como todas as conversas que eles tinham, com uma briga. Wendy finalmente assinou um documento que dizia: "Donald Leland Cobain será responsável exclusivamente pelo cuidado, apoio e sustento da referida criança". No dia 18 de junho de 1979, faltando apenas três semanas para se completarem os três anos da data do divórcio de Don e Wendy, foi concedida a Don a custódia legal de Kurt.

3

ALMÔNDEGA DO MÊS

MONTESANO, WASHINGTON,
JULHO DE 1979-MARÇO DE 1982

Sua comida e bebida favoritas são a pizza e a Coca-Cola.
Seu dito predileto é "desculpe-se".
De um perfil no *Puppy Press*.

EM SETEMBRO DE 1979, Kurt começou a sétima série no Colégio Montesano. Foi um marco importante e a escola começou a assumir um papel maior em sua vida. Ele começara a ter aulas de música na quinta série e, na sétima, estava tocando bateria com a banda da escola, um feito que ele procurava desdenhar diante de seus amigos embora o saboreasse. A maior parte do que estudava e praticava era de banda marcial ou bateria para pequenos conjuntos, aprendendo a tocar tambor e surdo para canções como "Louie, Louie" e "Tequila". A banda de Monte raramente desfilava – quase sempre tocava em reuniões sociais ou jogos de basquete –, mas Kurt era presença constante em todo os eventos em que ela se apresentasse.

O regente da banda, Tim Nelson, lembra-se dele como um "aluno de música regular, comum. Ele não era extraordinário, mas também não era sofrível". Kurt foi retratado naquele ano no anuário "Sylvan" de Montesano tocando tambor numa convenção. Tinha cabelo comprido até os ombros e parecia um pouco com Brad Pitt mais jovem. Suas roupas tendiam para as de um aluno de escola preparatória para a universidade – o traje típico incluía jeans boca de sino, uma camisa de manga comprida listrada e tênis Nike. Ele se vestia como qualquer outro menino de doze anos, embora fosse ligeiramente baixo e pequeno para a sua idade.

Sendo um dos meninos mais populares da escola, foi escolhido para ter seu perfil descrito na edição de 26 de outubro de 1979 do jornal estudantil mimeografado, o *Puppy Press*. O artigo tinha como cabeçalho "Meatball of the Month" ["Almôndega do Mês"] e dizia:

> Kurt está na sétima série de nossa escola. Tem cabelos louros e olhos azuis. Ele acha que a escola é legal. A aula favorita de Kurt é a de banda e seu professor predileto é o senhor Hepp. Sua comida e bebida favoritas são a pizza e a Coca-Cola. Seu dito favorito é "desculpe-se [excuse you]". Sua canção favorita é "Don't Bring Me Down", do E.L.O., e seu grupo de rock favorito, o Meatloaf. Seu programa de tevê favorito é *Taxi* e seu ator favorito, Burt Reynolds.

O "excuse you" era a versão de Kurt para o "excuse me" de Steve Martin. Isso condizia com seu senso de humor torto e sarcástico, que implicava a transposição de frases ou a formulação de perguntas retóricas absurdas – imagine-se um Andy Rooney adolescente. Exemplo típico dessas brincadeiras foi quando ele gritou para um bombeiro: "Como é que você pode estragar um incêndio tão perfeito fazendo fumaça?". Sendo um menino pequeno, seu método de sobrevivência dentro da cultura masculina adolescente era sair dos conflitos com piadas e menosprezar os atormentadores com seu intelecto superior.

Kurt via televisão sem parar. Essa era uma briga constante com Don e Jenny; eles queriam limitar suas horas diante da tela, mas ele suplicava e gritava para ver mais. Quando lhe era recusada essa liberdade, ele simplesmente visitava seu melhor amigo, Rod Marsh, que morava a uma quadra de distância, e via televisão lá. Embora *Saturday Night Live* passasse depois da sua hora de dormir, ele raramente perdia o programa da semana e, na segunda-feira seguinte, imitava na escola os melhores esquetes. Fazia também uma personificação perversa de Latka, o personagem de Andy Kaufman em *Taxi*.

No verão anterior, Kurt havia saído da Liga Mirim, mas quando chegou o inverno ele entrou para a equipe júnior de luta romana do colégio, o que agradou a seu pai. Don assistia a todas as lutas e constantemente perguntava a Kurt como ele estava se saindo. O treinador era Kinichi Kanno, o professor de arte de Monte, e Kurt entrou para a equipe tanto para passar mais tempo com Kanno como para lutar. Em Kanno, Kurt encontrava um modelo de papel masculino que incentivava sua criatividade e tornou-se o aluno predileto do professor. Um dos desenhos de Kurt foi reproduzido na capa do *Puppy Press* naquele Halloween: mostrava um buldogue, o mascote de Montesano, esvaziando um saco de doce-ou-travessura sobre uma casa de cachorro. Num toque típico dos Cobain, ele escondia uma lata de cerveja entre os doces. Para um cartão de Natal daquele ano, Kurt desenhou um retrato a bico de pena de um menininho que estava tentando pescar mas que havia prendido o anzol em suas costas – era tão bom quanto a maioria dos cartões da Hallmark. Conforme rememora a colega de classe Nikki Clark, o trabalho de Kurt era "sempre muito bom. Kanno nunca precisava ajudá-lo, já que ele parecia ser um aluno avançado". Mesmo quando não estava na aula de arte, lembra Clark, Kurt nunca estava longe de uma caneta: "Ele não parava de rabiscar nas aulas".

Seus rabiscos eram principalmente de carros, caminhões e guitarras, mas ele também começou a elaborar sua própria pornografia crua. "Uma vez ele me mostrou um esboço que ele havia desenhado", conta o colega de classe Bill Burghardt, "e era uma imagem totalmente realista de uma vagina. Eu lhe perguntei: 'O que é isto?', e ele riu". Na época, Kurt ainda não tinha visto uma vagina de perto, exceto em livros ou em revistas para adultos que os meninos trocavam entre si. Outra especialidade sua era Satã, uma figura que ele rascunhava em seu caderno todas as aulas.

Roni Toyra foi namorada de Kurt na sétima série, mas foi uma primeira paixão inocente que não chegou a ficar séria. Ele lhe deu uma amostra de sua arte para selar a união. "Havia meninos na escola que eram claramente perturbados ou párias, mas ele não era um deles", disse ela. "Acho que a única coisa diferente era que ele parecia mais quieto do que a maioria dos meninos. Não era antissocial, era apenas quieto."

Em casa, ele era tudo menos quieto, queixando-se ferozmente sobre o que ele considerava tratamento injusto por parte de Don ou Jenny. São poucos os segundos casamentos, em que os cônjuges já têm filhos, que se ajustam perfeitamente, mas esse estava sempre em terreno delicado e questões de favoritismo e justiça assombravam a família. As queixas de Kurt normalmente resultavam em discussões entre Don e Jenny ou aumentavam entre seus pais o rancor, que continuava a fermentar em torno de questões de visitação e sustento dos filhos. Don se queixava de que Wendy mandava Kim telefonar quando o seu cheque da pensão estava com um dia de atraso.

Por volta do final da sétima série, a enfermeira da escola ligou e disse que as medidas de Kurt estavam no que eles consideravam limite para escoliose ou curvatura da coluna vertebral. Don e Jenny levaram Kurt a um médico e, após um exame completo, o médico concluiu que Kurt não sofria da síndrome – ele simplesmente tinha braços mais compridos do que a maioria dos meninos do seu tamanho, o que fazia as medidas originais parecerem desviadas. Mas isto não tranquilizou Wendy. Através do sistema de comunicação da família – que se assemelhava a uma versão piorada do jogo do telefone sem fio das crianças –, ela ficara sabendo que Kurt tinha escoliose. Ficou chocada por Don não estar alarmado e Kurt não estar com o corpo inteiro engessado. Kurt decidiu acreditar no diagnóstico de sua mãe e, anos mais tarde, afirmou que teve "uma pequena escoliose no começo do colegial". Embora sua declaração esteja em conflito com os fatos, Kurt a usou como mais um exemplo de como seu pai fracassara com ele.

Como muitos filhos do divórcio, Kurt tornou-se mestre em jogar um pai contra o outro. Em 1980, Wendy estava trabalhando em Monte no gabinete do Juiz de Paz do condado e Kurt frequentemente a visitava depois da escola, quando nada, para relatar alguma nova tortura que lhe era imposta por Don ou Jenny. Quando as coisas pioraram para Kurt em Monte, ele esperou que Wendy o aceitasse de volta. Mas, na época, sua mãe estava com seus próprios problemas com Frank Franich. Ela disse a Kim que receava que se Kurt presenciasse a situação anormal em sua casa ele se tornaria gay. Anos depois, quando Kurt trouxe o assunto à baila com Wendy e Kim, sua mãe lhe disse: "Kurt, você nem imagina como era. Você teria acabado no reformatório ou na prisão".

Uma das repetidas queixas de Kurt para Wendy era que os filhos de Jenny eram favorecidos na casa. Quando o ex-marido de Jenny dava presentes para Mindy e James, Kurt sentia ciúme. Kurt imaginava que toda disciplina lhe era imposta porque ele não era filho biológico de Jenny. Dizia a seus amigos que odiava Jenny, queixava-se de sua comida e afirmava que ela racionava a quantidade de refrigerante que lhe era permitido tomar. Ele afirmava que Jenny conseguia "ouvir uma lata de Pepsi sendo aberta a três cômodos de distância" e no almoço lhe eram permitidos "apenas duas fatias de presunto Carl Buddig por sanduíche e dois Biscoitos da Vovó".

Leland Cobain fez um sermão a Don sobre o que ele também considerava um preconceito contra Kurt: "Havendo frutas na mesa, Mindy ou James podiam apanhar uma maçã e simplesmente começar a comê-la. Kurt ia fazer o mesmo e Donnie ralhava com ele por causa disso". Leland imagina que Don tinha tanto medo que Jenny o abandonasse, como Wendy o fez, que ele ficava do lado de Jenny e dos filhos dela. Don admite que a disciplina era um problema maior com Kurt do que com os filhos de Jenny, mas argumenta que isso se devia à personalidade de Kurt e não a favoritismo. Mas Don realmente receava que Jenny o abandonasse se Kurt se tornasse encrenqueiro demais: "Eu receava que aquilo chegaria a ponto do 'ou ele vai embora ou ela vai embora', e eu não queria perdê-la".

O relacionamento de Kurt com seus irmãos e meio-irmãos se tornou mais equilibrado quando ele ficou mais velho. Adorava seu meio-irmão Chad porque gostava de bebês. Batia em Mindy, mas ocasionalmente, quando não havia aula, passava o dia brincando com ela. Entretanto, quando os colegas de Kurt mencionavam sua família – vários de seus amigos achavam Mindy graciosa –, ele se apressava a corrigi-los se a chamassem de sua "irmã". Ele descrevia Mindy para seus amigos como "minha irmã, *não* – a filha da nova mulher do meu pai", dizendo essas palavras como se Mindy fosse alguma tortura que o obrigassem a suportar.

Ele e James se davam melhor, talvez porque Kurt nunca fosse encoberto pela sombra do menino mais novo. Quando outro menino batia em James, que era o rebatedor em um dos times de beisebol de Kurt, ele interferia e ameaçava o agressor. Eles também compartilhavam o mesmo interesse por filmes. No verão, a família ia a um drive-in com duas telas. Don e Jenny iam cada um com um carro, depois deixavam um deles estacionado com os meninos defronte a um filme de censura livre, enquanto assistiam a uma fita mais adulta na outra tela. Kurt ensinou James que, em lugar de se sentar para ver outra comédia de Don Knotts, eles podiam ir até o banheiro e ver uma coisa mais adulta – como *Heavy Metal*, que Kurt adorava – ficando em pé do lado de fora do terreno. Kurt gostava de contar filmes que ele já havia assistido para seu meio-irmão mais novo. Assistira a *Contatos imediatos do terceiro grau* no ano anterior e era capaz de recitar todos os diálogos do filme. "Ele costumava brincar com seu purê de batatas no jantar e lhe dar a forma da montanha do filme", lembra James.

Em 1981, aos catorze anos de idade, Kurt começou a fazer seus próprios filmes curtos, usando a câmera super-8 de seus pais. Uma de suas primeiras produções foi uma elaborada imitação de *Guerra dos mundos* de Orson Welles, que mostrava alienígenas – interpretados por figuras que Kurt modelou com argila – aterrissando no quintal dos Cobain. Ele mostrou o filme dos alienígenas a James numa tentativa infrutífera de convencer o menino mais novo de que a casa deles tinha sido invadida. Outro filme que fez em 1982 mostra um lado bem mais obscuro de sua psique: ele o intitulou *Kurt comete suicídio sangrento* e, no filme, Kurt, representando diante de uma câmera conduzida por James, finge talhar os pulsos com a borda de uma lata de refrigerante cortada pela metade. O filme tem efeitos especiais, sangue falso, e Kurt interpreta dramaticamente a cena final de sua própria morte de um modo que ele deve ter visto em filmes mudos.

Esse filme horripilante simplesmente adicionou munição às preocupações que seus pais já tinham sobre as trevas que viam dentro dele. "Havia alguma coisa errada", afirma Jenny, "alguma coisa errada com seu processo de pensamento já desde o início, alguma coisa desequilibrada." Ele conseguia discutir calmamente os tipos de acontecimento que produziriam pesadelos na maioria dos jovens: assassinato, estupro, suicídio. Kurt não foi o único adolescente na história a falar em autoimolação, mas seus amigos achavam bizarra a maneira descuidada com que brincava com isso. Um dia, ele e John Fields estavam indo da escola para casa quando Fields lhe disse que ele deveria ser um artista, mas Kurt anunciou despreocupadamente que tinha outros planos: "Vou ser um superastro da música, me matar e me apagar numa chama de glória", disse ele. "Kurt, essa é a coisa mais estúpida que já ouvi – não fale assim", replicou Fields. Mas Kurt continuou, inflexível: "Não, eu quero ser rico e famoso e me matar como Jimi Hendrix". Nenhum menino sabia na época que a morte de Hendrix não fora suicídio. Fields não foi o único amigo de Kurt em Monte que contou essa história – meia dúzia de outros conhecidos contam versões semelhantes da mesma conversa, sempre com o mesmo final sinistro.

Kurt falar com indiferença sobre o suicídio, aos catorze anos, não surpreendia ninguém na família. Dois anos antes, o tio-avô de Kurt, Burle Cobain, 66 anos, e irmão mais velho de Leland, havia usado uma pistola calibre .38 de cano curto para se balear no estômago e na cabeça. Fora Leland quem encontrara o corpo. Houve alegações de que Burle estava prestes a ser acusado de agressão sexual. Burle não era tão próximo da família como outros tios, mas Kurt falava incessantemente a respeito disso com seus amigos. Ele brincava que seu tio havia "se matado por causa da morte de Jim Morrison", embora Morrison tivesse morrido uma década antes.

O que para Kurt era uma piada, para Leland foi um golpe devastador. Um ano antes do suicídio de Burle, em 1978, Ernest, outro irmão de Leland, havia morrido de um derrame cerebral. Embora a morte de Ernest aos 57 anos de idade não fosse taxada oficialmente de suicídio, ocorrera depois de ele ter sido advertido de que morreria se continuasse bebendo. Ele insistiu e acabou caindo numa escada, provocando o aneurisma que o matou.

Não foram essas as únicas mortes que afetaram Kurt. Quando ele estava na oitava série, um menino de Montesano se enforcou do lado de fora de uma das escolas elementares. Kurt conhecia o menino; era irmão de Bill Burghardt. Kurt, Burghardt e Rod Marsh encontraram o corpo pendurado em uma árvore enquanto caminhavam para a escola e ficaram olhando para ele durante meia hora até que os funcionários da escola finalmente os afastaram dali. "Foi a coisa mais grotesca que já vi em minha vida", lembra Marsh. A partir da história da própria família e desse incidente, o suicídio se tornou um conceito e uma palavra que não mais seria indecente para Kurt. Em vez disso, simplesmente fazia parte de seu ambiente, tal como o alcoolismo, a pobreza ou as drogas. Kurt disse a Marsh que tinha "genes de suicida".

Kurt começou a experimentar drogas na oitava série, quando passou a fumar maconha e tomar LSD. Ele fumava baseados nas festas, depois com os amigos e, por fim, sozinho e diariamente. Quando chegou à nona série, era um rematado maconheiro. A maconha era barata e abundante em Monte – a maioria cultivada em casa –, e ajudava Kurt a esquecer sua vida doméstica. O que começou como um ritual social se tornou seu anestésico favorito.

Na época em que começou a tomar drogas, também passou a matar aulas regularmente. Quando gazeteava com seus amigos, compravam erva ou roubavam bebida da despensa dos pais de alguém. Mas Kurt começou a cabular as aulas sozinho ou a ir para a escola e sair após o intervalo. Ele encontrava menos seus amigos e parecia alienado de tudo que não fosse sua própria raiva. Trevor Briggs deparou com Kurt sozinho em um parque de Monte em 1980, na véspera do Ano-Novo, sentado num balanço e assobiando ao balançar-se. Trevor convidou Kurt para ir até a casa de seus pais e os dois se chaparam assistindo ao programa de Dick Clark na televisão. O ano terminou com ambos vomitando devido a uma quantidade excessiva de maconha cultivada em casa.

O que dois anos antes parecera um local bucólico para ir à escola, logo se tornou a própria modalidade de prisão de Kurt. Em conversas com seus amigos, ele agora colocava Monte e seus pais na mesma crítica severa. Tendo acabado de ler *O sol é para todos* de Harper Lee, declarou que o livro era uma descrição perfeita da cidade. No começo de 1981, um Kurt diferente havia começado a surgir, ou a *não* surgir, como mais comumente era o caso: ele passava cada vez mais tempo em isolamento. Na casa da rua Fleet, ele havia se mudado para um quarto de porão reformado. Kurt dizia a seus amigos que considerava a mudança um banimento. Em seu quarto de porão, Kurt passava o tempo com um fliperama que havia ganho de Natal, um aparelho estereofônico que Don e Jenny lhe haviam dado e uma pilha de discos. A discoteca incluía Elton John, Grand Funk Railroad e Boston. O disco favorito de Kurt naquele ano foi *Evolution*, da banda Journey.

Seus conflitos com Don e Jenny haviam chegado a um ponto decisivo. Todas as tentativas do casal de envolvê-lo com a família fracassaram. Ele começara a boicotar a "noite da família" e, sentindo-se internamente abandonado, decidiu abandonar externamente a família. "Tínhamos tarefas domésticas para ele, só coisas banais, mas ele não as fazia", lembra Don. "Começamos a tentar suborná-lo com uma mesada, a qual seria cortada caso ele não fizesse determinadas tarefas. Ele se recusava a fazer qualquer coisa. Acabou que ficou nos devendo dinheiro. Tornava-se violento, batia portas e descia como um louco pelas escadas." Ele também parecia ter menos amigos. "Notei que alguns de seus amigos estavam desaparecendo", disse Jenny. "Kurt passava mais tempo em casa, mas nem assim ficava conosco. Parecia se tornar bem mais introvertido. Ficava quieto e taciturno." Rod Marsh lembra que Kurt matou o gato de um vizinho naquele ano. Nesse incidente de sadismo adolescente – que estaria em contraste chocante com sua vida adulta –, Kurt prendeu o animal ainda vivo na lareira da casa de seus pais e riu quando ele morreu e exalou mau cheiro pela casa.

Em setembro de 1981, Kurt começou seu ano de calouro no Colégio Montesano. Naquele outono, em uma tentativa para se ajustar, apresentou-se para o time de futebol. Ele entrou na primeira seleção, a despeito de sua baixa estatura – mais do que qualquer outra coisa, um indicador de como Montesano era uma escola minúscula. Praticou durante duas semanas mas depois desistiu, queixando-se de que era trabalho demais. Naquele ano entrou também para a equipe de atletismo. Lançou o disco – um feito surpreendente, considerando seu físico – e correu os 200 metros rasos. Não era, de forma alguma, o melhor atleta da equipe – ele perdia muitos exercícios –, mas era um dos meninos mais rápidos. Estava na foto da equipe para o livro do ano, os olhos comprimidos contra a luz do sol.

Em fevereiro daquele ano, num momento de inspiração, o tio Chuck disse a Kurt que ele poderia ganhar uma bicicleta ou uma guitarra elétrica em seu aniversário de catorze anos. Para um menino que desenhava retratos de astros do rock em seu caderno, nem era preciso escolher. Kurt já havia destruído uma cítara havaiana de Don – ele a desmontara para estudar os mecanismos internos. A guitarra que Chuck comprou para ele não era muito melhor: um modelo japonês barato, de segunda mão. Ela quebrava bastante, mas, para Kurt, era o ar que ele respirava. Sem saber como encordoá-la, ligou para tia Mari e lhe perguntou se ela era encordoada em ordem alfabética. Quando a fez funcionar, ficou tocando sem parar e levou-a à escola para mostar aos colegas. "Todos lhe perguntavam sobre ela", lembra Trevor Briggs. "Eu o vi com ela na rua e ele me disse: 'Não me peça para tocar nada; ela está quebrada'." Isso não importava – tratava-se menos de um instrumento do que de uma identidade.

O atletismo também fazia parte de sua identidade; ele continuara com a luta romana, passando, quando calouro, para a equipe da universidade. O Montesano Bulldogs conquistou o campeonato da Liga naquele ano, com um registro de doze vitórias e três derrotas, embora Kurt não desempenhasse um papel importante nesse esforço. Ele passaria a evitar mais exercícios e partidas, e, na equipe da universidade, seu tamanho era uma enorme desvantagem. A atitude na equipe de dois anos antes era que a luta era uma maneira divertida de agir com violência; a equipe da universidade, por sua vez, era totalmente séria e as práticas exigiam que ele lutasse com meninos que de pronto o imobilizavam no chão. Ao final da temporada, Kurt posou para o retrato da equipe usando meiões listrados – entre os mastodontes do time, ele parecia mais o treinador do que um membro da equipe.

Foi na esteira de luta da universidade que Kurt preparou uma de suas maiores batalhas com o pai. No dia de uma partida do campeonato, como disse Kurt, subiu ao ringue com a intenção de enviar uma mensagem para Don nas arquibancadas. Conforme Kurt mais tarde o descreveu para Michael Azerrad, "esperei até que o apito soasse, olhando diretamente para o rosto [de Don] e aí instantaneamente me calei – juntei os braços e deixei o cara me imobilizar". Kurt afirmou que fez isso quatro vezes seguidas, sendo instantaneamente imobilizado em cada uma delas, e Don acabou se afastando desgostoso. Don Cobain garante que a história é falsa; os colegas de Kurt não se lembram disso e afirmam que aquele que perdesse intencionalmente teria sido afastado, se não agredido, por seus colegas de equipe. Mas Leland Cobain se lembra que Don lhe contou a história após a luta, dizendo: "Aquele merdinha simplesmente ficou ali deitado. Não reagiu".

Kurt era mestre em exagerar uma lorota de modo a contar uma verdade emocional em lugar de uma verdade objetiva. O que provavelmente aconteceu foi que Kurt teve uma luta contra um oponente melhor e resolveu não reagir, o que foi o bastante para enfurecer o pai perfeccionista. Mas o modo de Kurt contar o caso e sua descrição do olhar trocado entre ele e o pai é prova do quanto o relacionamento entre os dois havia se deteriorado nos seis anos após o divórcio. Outrora, eles haviam passado cada hora de folga juntos e, no dia em que Don comprou a minimoto, Kurt jamais havia amado ninguém mais do que ao pai. Logo adiante, na rua do Colégio Montesano, ficava um restaurante onde costumavam ir juntos – apenas os dois, uma entidade singular, uma família – e jantar em silêncio, unidos em sua solidão; um garotinho que não desejava mais do que passar o resto da vida com o pai, e um pai que apenas queria alguém que o amasse com um amor que não desaparecesse. Mas, seis anos depois, pai e filho estavam travados em uma luta romana de vontades e, como todas as grandes tragédias, nenhum dos combatentes achava que podia se dar ao luxo de perder. Kurt precisava desesperadamente de um pai e Don precisava ser querido por seu filho, mas nenhum dos dois admitia isso.

Era uma tragédia de proporções shakespearianas; não importa o quanto Kurt se afastasse do tablado da luta: pelo canto do olho, estava sempre olhando diretamente para seu pai, ou – para ser mais exato, já que o relacionamento com o pai estava praticamente morto para ele depois desse ponto – olhando para o fantasma de seu pai. Quase uma década depois de sua derrota de calouro na luta romana, Kurt dispararia uma letra amarga em uma canção intitulada "Serve the Servants", sendo as palavras ainda outro golpe em seu interminável round com seu maior oponente: "Tentei muito ter um pai, mas, em vez disso, eu tinha um papai".

4

O SALSICHEIRO DE PRAIRIE BELT

ABERDEEN, WASHINGTON,
MARÇO DE 1982-MARÇO DE 1983

Não tenha medo de cortar fundo, ponha um pouco de força nisso.
Do cartum "Meet Jimmy, the Prairie Belt Sausage Boy"
["Conheça Jimmy, o salsicheiro de Prairie Belt"].

FOI POR SUA PRÓPRIA INSISTÊNCIA QUE, em março de 1982, Kurt deixou a rua Fleet, 413, e a atenção de seu pai e madrasta. Passaria os próximos anos pulando de galho em galho na metafórica selva de Grays Harbor. Embora fizesse duas paradas de seis meses cada, durante os quatro anos seguintes ele moraria em dez casas diferentes, com dez famílias diferentes. Nenhuma delas seria para ele um lar.

Sua primeira escala foi o território familiar do trailer de seus avós paternos nos arredores de Montesano. Dali, toda manhã ele podia tomar o ônibus para a cidade, o que lhe permitia ficar na mesma escola e classe, mas até seus colegas sabiam que a transição era difícil. Na casa dos avós contava com o ouvido solidário de sua amada Iris e houve momentos em que ele e Leland compartilhavam de intimidade, mas ele passava grande parte de seu tempo sozinho. Foi mais um passo em direção a uma maior e mais profunda solidão.

Certo dia ele ajudava seu avô a construir uma casa de bonecas para o aniversário de Iris. Kurt participava grampeando sistematicamente telhas de cedro em miniatura no telhado da estrutura. Com a madeira que sobrou, Kurt montou um tabuleiro de damas rústico. Começou desenhando as formas das peças na madeira e depois entalhou-as laboriosamente com um canivete. Na metade desse processo, o avô mostrou a Kurt como operar a serra tico-tico e deixou o rapaz de quinze anos entregue a seus próprios recursos, embora observando da porta. O rapaz olhava de vez em quando para o avô em busca de aprovação e Leland lhe dizia: "Kurt, você está indo bem".

Mas Leland nem sempre era tão gentil nas palavras e Kurt se viu de volta à mesma dinâmica pai/filho que havia experimentado com Don. Leland foi rápido em temperar com críticas suas ordens para Kurt. A culpa não era só de Leland, já que Kurt às vezes era realmente um pentelho. À medida que começavam seus anos de adolescência, ele constantemente testava seus limites, e, com tantas figuras paternas diferentes – e nenhuma com autoridade última sobre ele –, acabou cansando os mais velhos. Sua família pintou um quadro de um rapaz teimoso e obstinado que não estava interessado em ouvir os adultos ou em trabalhar. A petulância parecia ser elemento inerente à sua natureza, tal como a preguiça, em contraste com todos os demais membros da sua família – até sua irmã mais nova Kim havia ajudado a pagar as contas trabalhando como entregadora de jornais. "Kurt *era* preguiçoso", lembra seu tio Jim Cobain. "Se por ser ele um adolescente típico ou porque estava deprimido, ninguém sabia."

No verão de 1982, Kurt saiu de Montesano para morar com o tio Jim ao sul de Aberdeen. Seu tio ficou surpreso por receber a responsabilidade. "Fiquei chocado com o fato de o deixarem morar comigo", lembra Jim Cobain. "Eu estava fumando maconha na época. Eu descuidava de suas necessidades, para não dizer que não tinha a menor ideia do que eu estava fazendo." Pelo menos, com sua inexperiência, Jim não era um disciplinador que pegava pesado. Ele era dois anos mais moço que seu irmão Don, mas muito mais "por dentro", com uma grande coleção de discos: "Eu tinha um sistema estereofônico muito bom e carradas de discos do Grateful Dead, Led Zeppelin e

Beatles. E eu tocava aquela belezinha bem alto". A maior alegria de Kurt durante os meses que passou com Jim foi reformar um amplificador.

Jim e sua mulher tinham uma filhinha e, por falta de espaço, logo pediram a Kurt que se mudasse. Dali, Kurt foi ficar com os irmãos e irmãs de Wendy. "Kurt era empurrado de parente para parente", lembra Jim. Ele era o suprassumo do garoto largado. Dava-se melhor com seus tios e tias do que com seus pais, embora os problemas de autoridade o acompanhassem. Seus tios e tias eram menos rígidos, embora nos lares mais descontraídos houvesse um empenho menor na coesão de uma família estruturada. Seus parentes tinham seus próprios problemas e dificuldades – não havia ninguém que tivesse espaço para ele, tanto em termos físicos como emocionais, e Kurt sabia disso.

Kurt passou vários meses com seu tio Chuck, com quem começou a ter aulas de guitarra. Chuck estava numa banda com um amigo chamado Warren Mason, um dos melhores guitarristas do porto. Sempre que ensaiavam na casa de Chuck – ensaios que sempre incluíam maconha e uma garrafa de Jack Daniel's –, Kurt ficava no canto observando, olhando fixo para Warren como um homem faminto que olha para um sanduíche de almôndega. Certo dia, Chuck perguntou a Warren se podia ensinar o rapaz e assim começou o treinamento formal de Kurt em música.

Na versão contada por Kurt, ele apenas tomou uma ou duas aulas e, nesse curto período, aprendeu tudo que precisava saber. Mas Warren lembra que as aulas se estenderam por meses e que Kurt era um aluno sério, que passava horas tentando se aprimorar. A primeira coisa com que Warren teve de lidar foi com a guitarra de Kurt – ela era mais adequada para mostrar na escola do que para tocar. Warren conseguiu uma Ibanez para Kurt por 125 dólares. As aulas de meia hora custavam cinco dólares cada. Warren fez a Kurt a pergunta que fazia a todos os seus jovens alunos: "Quais as músicas que você quer aprender?". "Stairway to Heaven", foi a resposta. Kurt já sabia tocar uma versão tosca de "Louie, Louie". Os dois trabalharam em "Stairway" e depois avançaram para "Back in Black" do AC/DC. As aulas terminaram quando as notas baixas de Kurt na escola levaram seu tio a reconsiderar essa opção de recreação nas tardes.

Kurt continuou a ir à escola em Monte até o segundo mês do segundo colegial, mas depois se transferiu para o Colégio Weatherwax de Aberdeen.

Era a mesma escola na qual sua mãe e seu pai haviam se formado, mas, apesar das raízes familiares e da proximidade da casa de sua mãe – que ficava a dez quadras de distância –, ele era um estranho ali. Construído em 1906, o Weatherwax se estendia por três quadras da cidade, com cinco edifícios independentes. A sala de Kurt tinha trezentos alunos – três vezes maior que a de Monte. Em Aberdeen, Kurt se viu numa escola com quatro facções – chapadões, atletas, vestibulandos e bitolados – e a princípio não se encaixou em nenhuma delas. "Aberdeen era cheia de panelinhas", observa Rick Gates, outro menino de Monte que se transferiu para o Weatherwax. "Nenhum de nós realmente conhecia ninguém. Embora Aberdeen fosse Hicksville comparada a Seattle, mesmo assim ainda era um degrau importante acima de Monte. Nunca conseguíamos descobrir onde nos encaixar." Mudar de escola como segundanista teria sido difícil para a maioria dos adolescentes bem adaptados; para Kurt era uma tortura.

Embora fosse popular em Monte – um vestibulando com suas camisas Izod, um atleta por seu envolvimento com os esportes –, em Aberdeen ele era um forasteiro. Mantinha seus amigos em Monte, mas, apesar do fato de vê-los praticamente todo fim de semana, seu sentimento de solidão aumentou. Suas habilidades atléticas não eram suficientes para lhe granjear notoriedade em uma escola grande e, por isso, ele abandonou os esportes. Combinado à sua insegurança pela família desestruturada e pelo estilo de vida nômade que levava, sua retirada do mundo prosseguia. Mais tarde, Kurt contaria casos recorrentes de surras tomadas em Aberdeen e do abuso constante que ele sofria nas mãos dos caipiras reacionários do colegial. No entanto, seus colegas de classe em Weatherwax não se lembram de nenhum incidente desse tipo – ele exagerava o isolamento emocional que sentia contando casos fantasiosos de violência física.

Havia pelo menos uma atração redentora em seus estudos: Weatherwax tinha um excelente currículo de artes e nessa única aula Kurt continuava a se esmerar. Seu professor, Bob Hunter, o achava um aluno extraordinário: "Ele tinha talento para desenhar, associado a uma grande imaginação". Hunter permitia que seus alunos ouvissem rádio enquanto trabalhavam – ele próprio era artista e músico –, e os incentivava a serem criativos. Para Kurt, era o professor ideal e, como o sr. Kanno antes dele, mostrou ser um dos poucos modelos de papel adulto a que o menino podia recorrer.

Nesse primeiro ano em Weatherwax, Kurt assistiu a aulas de arte comercial e arte básica, no quinto e no sexto períodos. Essas duas aulas de cinquenta minutos – logo depois do almoço – eram o único momento do dia em que certamente ele estaria na escola. Sua habilidade impressionou Hunter e, às vezes, chocava seus colegas de classe. Para um trabalho de caricatura, Kurt desenhou Michael Jackson com uma das mãos enluvadas no ar e a outra segurando o gancho das pernas. Durante outra aula, pediu-se à classe que mostrasse um objeto em seu desenvolvimento: Kurt retratou um esperma se convertendo em embrião. Suas habilidades para desenhar eram exemplares, mas sua mente distorcida era o que chamava a atenção de seus colegas. "Aquele esperma foi um choque para todos nós", lembra a colega Theresa Van Camp. "Era uma atitude mental muito diferente. As pessoas começaram a falar sobre ele, perguntando: 'O que ele pensa?'." Quando Hunter disse a Kurt que a ilustração de Michael Jackson podia não ser apropriada para ser exibida nos corredores da escola, ele desenhou uma ilustração nada lisonjeira de Ronald Reagan com um rosto em forma de uva-passa.

Kurt sempre desenhara obsessivamente, mas agora, com o incentivo de Hunter, começou a se imaginar artista. Suas garatujas se tornaram parte integrante de sua formação. Ele era perito no cartum e, nesse caminho, começou a aprender primeiro a arte de contar histórias. Um cartum recorrente desse período foi as aventuras de "Jimmy, o Salsicheiro de Prairie Belt", assim apelidado em referência a um produto de carne enlatada. Essas histórias documentavam a infância sofrida de Jimmy – um Kurt sutilmente disfarçado –, que era obrigado a tolerar pais severos. Uma edição em quatro cores, em painéis múltiplos, contava de modo não muito sutil a história dos conflitos de Kurt com seu pai. No primeiro painel, a figura do pai faz um sermão a Jimmy: "Este óleo está sujo. Eu consigo sentir o cheiro de gasolina nele. Me passe uma chave de nove milímetros, seu nojentinho escroto. Se você vai morar aqui, vai viver segundo minhas regras e elas são tão sérias quanto o meu bigode: honestidade, lealdade, dedicação, honra, valor, disciplina severa. Deus e a pátria, é isto o que dá aos Estados Unidos o primeiro lugar". Outro painel mostra uma mãe gritando: "Estou dando à luz o seu filho e abortando sua filha. Reunião da Associação de Pais e Mestres às sete, aula de cerâmica às duas e meia, estrogonofe de carne de boi, cachorro ao veterinário às três e meia, lavanderia, sim, sim, hummm amor, é gostoso no rabo, hummm, eu te amo".

Não fica claro se a mãe do cartum era Jenny ou Wendy, mas a decisão de fazer o curso em Weatherwax também acarretara voltar a morar com a mãe na rua First, 1210. Esse foi o mais próximo de um lar permanente a que Kurt chegou, já que o quarto dele no andar de cima permanecera intocado, um santuário dedicado aos primeiros anos com a família nuclear. A intervalos, ele passaria ali os fins de semana, continuando a decorar as paredes com pôsteres de bandas, muitos deles agora desenhados à mão. É claro que a melhor parte de seu quarto, e de sua vida, era a sua guitarra. A casa de Wendy era mais vazia do que suas outras escalas durante esses anos, o que lhe permitia praticar sem distração. Mas a trincheira doméstica estava apenas levemente melhorada – sua mãe havia finalmente se livrado de Frank Franich, embora Kurt e Wendy ainda estivessem brigando.

Wendy era uma mãe muito diferente daquela que Kurt deixara seis anos antes. Ela tinha agora 35 anos, mas estava namorando homens mais jovens e passando por uma fase que apenas pode ser descrita como o tipo de crise da meia-idade normalmente associada a homens recém-divorciados. Ela estava bebendo muito e se tornara cliente habitual de diversos bares de Aberdeen – uma das principais razões pelas quais Kurt não foi colocado imediatamente de volta a seus cuidados depois que ele deixou Don. Naquele ano, ela começou a namorar casualmente Mike Medak, de 22 anos de idade. Durante os primeiros meses em que se viram poucas vezes, Wendy nem mesmo mencionou a Medak que ela tinha filhos; na maioria das vezes ela ficava na casa dele, e ele só viu seus filhos depois de vários meses de relacionamento. "Era como se ela fosse uma mulher solteira", lembra ele. "Não era como se estivéssemos esperando a babá numa sexta-feira à noite – era como se não existissem filhos." Namorar Wendy não era muito diferente de namorar uma mulher de 22 anos.

"Nós íamos para o bar ou para a danceteria mais próxima. E íamos a festas." Wendy se queixava de como Franich quebrara seu braço, das dificuldades financeiras e da distância de Don. Um dos poucos casos que ela contou sobre Kurt foi como, aos cinco anos de idade, ele havia entrado na sala exibindo uma ereção na frente de Don e de um grupo de amigos. Don ficou embaraçado e levou seu filho para fora da sala. O incidente se tornaria uma lenda na família, e o caso ainda produzia uma risadinha em Wendy quando ela o contava.

Aos 22 anos, namorando uma mulher de 35, Medak estava nessa relação principalmente por razões físicas; para ele, Wendy era uma atraente mulher mais velha, um namoro ideal quando não se está procurando compromisso. Até Kurt, nos seus quinze anos, era capaz de perceber isto e ele foi rápido em julgar. Discutia com os amigos os namoros de sua mãe e suas palavras eram ásperas, embora não tocassem no conflito psicológico que deve ter sentido por ver sua mãe arranjar um namorado apenas sete anos mais velho do que ele. "Ele disse que odiava sua mãe, que achava que ela era uma prostituta", lembra John Fields. "Ele não concordava com o estilo de vida dela. Não gostava nada dela, e falava em se mandar. Kurt saía de casa se ela estivesse presente, já que ela gritava muito com ele."

Os irmãos de Wendy se lembram de ter se preocupado por ela estar bebendo, mas uma vez que o estilo de comunicação da família não era o do confronto, isso raramente era discutido.

Os atrativos de sua mãe também se mostraram um embaraço para Kurt. Todos os seus amigos se apaixonavam por ela e o hábito de Wendy de tomar banho de sol de biquíni no quintal os levava a espiar pela cerca. Quando os amigos ficavam para passar a noite, brincavam que, como não havia espaço suficiente, eles não se incomodariam de dormir com Wendy. Kurt esmurrava quem quer que soltasse essa brincadeira e muitas vezes o fez. Wendy também era atraente a esses rapazes porque ocasionalmente comprava bebida para eles. "A mãe de Kurt comprou birita para nós duas vezes", lembra Mike Bartlett. "Ficava entendido que beberíamos na casa." Uma vez Wendy pagou cerveja para os garotos e os deixou assistir a um vídeo do *The Wall* do Pink Floyd. "Certa vez, alguns de nós estávamos passando a noite lá", disse Trevor

Briggs, "e convencemos a mãe dele a nos comprar uma garrafa de tequila. Ficamos embriagados e saímos para dar uma volta. Quando voltamos, a mãe dele estava no sofá transando com um cara." A reação bêbada de Kurt aos quinze anos foi gritar para o amante da mãe: "Desiste, cara! Você não vai conseguir nada. Vá para casa!". Era uma brincadeira, mas não havia nada de cômico em seu desejo por uma família mais tradicional.

Naquele Natal, o principal pedido de Kurt foi o disco do Oingo Boingo, *Nothing to Fear*. Na comemoração do Natal dos Fradenburg, sua tia tirou uma foto dele segurando o disco. De cabelo curto e com feições de menino, ele parece ter muito menos de quinze anos. Tia Mari lhe deu o disco *Tadpoles* da Bonzo Dog Band, contendo a inovadora canção "Hunting Tigers Out in Indiah". Foi a canção favorita de Kurt naquele inverno e ele aprendeu a tocá-la na guitarra. Na véspera do Natal havia visitado Mari, que se mudara para Seattle, para pesquisar as lojas de discos. Um dos itens da lista de pedidos de Kurt foi o disco da trilha sonora do programa de televisão *H. R. Pufnstuf*, que ele adorava. Outro disco que ele procurava, sua tia nunca tinha ouvido falar: *Hi-Infidelity* do REO Speedwagon.

Kurt fez dezesseis anos no mês de fevereiro seguinte e passou no exame de motorista. Mas o maior acontecimento daquela primavera foi alguma coisa muito mais importante para ele do que sua licença de motorista aprendiz – foi um marco sobre o qual Kurt constantemente falou ao longo de toda a adolescência, embora jamais na idade adulta. No dia 29 de março de 1983 Kurt fez uma viagem ao Center Coliseum de Seattle para ver Sammy Hagar e o Quarterflash, o primeiro concerto a que assistiu. Sendo grande fã da emissora de rádio KISW de Seattle – o sinal podia ser bem sintonizado à noite –, Kurt adorava o "butt rock" de Hagar e também gostava muito do sucesso do Quarterflash "Harden My Heart". Ele foi na companhia de Darrin Neathery, no carro dirigido pela irmã mais velha de Darrin. "Foi um grande acontecimento porque era o primeiro concerto a que nós dois assistíamos", disse Neathery. "De algum modo, conseguimos um pacote de meia dúzia de Schmidt. Kurt e eu sentamos no banco de trás no caminho até lá e nos divertimos pra valer. Quando chegamos ao show, lembro que fiquei em pé parado nos fundos, onde eles faziam a iluminação, depois que o Quarterflash havia tocado. Estávamos simplesmente embasbacados com aquilo tudo: as luzes e a produção. Então, uma garrafa de uísque veio voando do alto das arquibancadas e se despedaçou bem ao nosso lado. Quase cagamos nas calças. Saímos nos arrastando dali e encontramos um lugar nas armações de madeira de cima para observar Sammy. Comprei uma camiseta e Kurt também." Kurt mais tarde reformularia a história e diria que seu primeiro concerto foi o da banda punk Black Flag. No entanto, o que todos os seus colegas de classe no Weatherwax se lembram foi de Kurt chegar na escola no dia seguinte vestindo uma camiseta enorme de Sammy Hagar e falando como um peregrino que tivesse acabado de chegar da Terra Santa.

Quando se encerrava o ano escolar de 1983, Kurt descobriu o punk rock e a camiseta de Sammy Hagar ficou abandonada no fundo de uma gaveta, para nunca mais sair de lá. Naquele verão viu os Melvins, e esse foi um acontecimento que mudaria sua vida. Ele escreveu em seu diário:

> No verão de 1983 [...] lembro que estava dando umas bandas em Montesano, no supermercado Washington Thriftway, quando um empacotador de cabelo curto, meio parecido com o cara do Air Supply, me passou um panfleto que dizia: "O Festival Them. Amanhã à noite no estacionamento atrás do Thriftway. Rock ao vivo grátis". Monte era um lugar não habituado a espetáculos de rock ao vivo, com seu pequeno povoado de uns poucos milhares de madeireiros e suas esposas subservientes. Cheguei com uns amigos doidões numa van. E lá estava o empacotador do Air Supply, segurando uma Les Paul com uma propaganda de revista dos cigarros Kool pregada nela. Eles tocavam mais depressa do que jamais imaginei que se pudesse tocar música e com mais energia do que meus discos do Iron Maiden podiam oferecer. *Era isto que eu estava procurando*. Ah, punk rock. Os outros doidões estavam entediados e só ficavam gritando: "Toquem alguma do Def Leppard". Meu Deus, odiei aqueles pentelhos mais do que nunca. Cheguei à terra prometida do estacionamento de um supermercado e descobri meu objetivo especial.

Kurt grifara com dois traços "Era isto que eu estava procurando".
Era sua epifania – o momento em que seu pequeno mundo subitamente se tornou um mundo maior. O "empacotador do Air Supply" era Roger "Buzz" Osborne, que Kurt conhecera como um aéreo garoto mais velho no Colégio Montesano. Quando Kurt cumprimentou Buzz depois do show, brincou com

a vaidade de Osborne e este logo estava bancando o mentor, emprestando discos de punk rock, um livro sobre os Sex Pistols e exemplares surrados da revista *Creem*. Apesar de seu registro no diário, não era uma transformação completa – Kurt ainda viu Judas Priest tocar no Tacoma Dome naquele verão. Como outros garotos em Aberdeen, ele misturava seu punk com carradas de heavy metal, embora não se gabasse sobre isso na frente de Buzz e agora preferisse camisetas punk.

Os Melvins haviam começado um ano antes, tendo seu nome sido dado, em tom zombeteiro, em homenagem a outro empregado do Thriftway. Buzz afirmava ter aprendido a tocar guitarra sozinho, ouvindo os dois primeiros discos do Clash. Em 1983, os Melvins não tinham nenhuma base real de fãs – eram importunados e ridicularizados pela maioria dos metaleiros de Grays Harbor. Entretanto, uns dez rapazes sensíveis se juntavam em volta de seu local de ensaios atrás da casa do baterista Dale Crover na rua Second, 609, oeste em Aberdeen. Essa miscelânea de fãs era chamada de "Cling-Ons" ("fiéis"), nome cunhado por Buzz para descrever tanto a bizarrice, tipo fã de *Jornada nas estrelas*, como o hábito de se apegarem a cada palavra que ele pronunciava. Pessoalmente, Buzz parecia-se mais com Richard Simmons, com seu cabelo afro de homem branco, do que com o sujeito do Air Supply.

Buzz distribuía conselhos aos "Cling-Ons", fazia fitas para eles e atuava como o Sócrates de Montesano, um estadista mais velho arengando suas opiniões sobre todas as coisas mundanas para o seu bando de seguidores. Era ele quem decidia quem podia ver os ensaios e quem era proibido de fazê-lo, e cunhava apelidos aceitos por todos. Greg Hokanson se tornou "Cokenson". Jesse Reed, que Kurt conhecera na classe do Weatherwax e de quem logo ficara amigo, se tornou "Black Reed" em homenagem à banda Black Flag, embora, como todos da turma, ele fosse branco. Kurt nunca teve um apelido que pegasse. Seus amigos nesse período sempre o chamavam de "Cobain". O fato de não ter um apelido não era sinal de que lhe atribuíssem algum status especial. De fato, era o contrário – ele não tinha apelido porque era visto como o nanico que não merecia reconhecimento.

Como Kurt, os Melvins se espraiaram geograficamente de Monte (onde Buzz morava com os pais) até Aberdeen (o espaço de ensaio de Crover). O bai -

xista dos Melvins era Matt Lukin, também de Monte, a quem Kurt conhecia da luta romana e da Liga Mirim, e que logo se tornou um amigo. Toda vez que Kurt viajava para Monte, era mais provável que ele procurasse Buzz ou Lukin do que visitasse seu pai.

Uma das viagens a Monte naquele verão foi motivada por uma coisa diferente de seu novo amor pelo punk rock – foi por uma garota. Andrea Vance era a irmã mais nova de Darrin Neathery, amigo de Kurt, e estava trabalhando certa tarde como *babysitter* em Monte quando Kurt inesperadamente apareceu. "Ele era encantador", lembra ela. "Tinha grandes olhos azuis e um sorriso de matar. Seu cabelo era muito bonito e macio. Ele o usava semicomprido. Não falava muito e, quando falava, sua fala era mansa." Assistiram a *The Brady Bunch* e Kurt brincou de luta com os meninos. Pontual, ele voltou na tarde seguinte e Andrea o premiou com um beijo. Kurt voltou todos os dias durante uma semana, mas o romance nunca passou dos amassos. "Ele era muito terno e respeitador", lembra Andrea. "Eu não sentia que ele fosse um hormônio ambulante."

Mas, sob a superfície, seus hormônios estavam esbravejando. Naquele mesmo verão, Kurt teve o que mais tarde ele descreveria como o seu "primeiro encontro sexual" com uma garota com deficiência de desenvolvimento. Conforme relatou em seu diário, ele a procurou somente depois de ficar tão deprimido quanto à situação de sua vida que pretendia se suicidar. "Aquele mês coincidiu com o epítome do abuso mental que minha mãe fazia comigo", escreveu ele. "Descobri que a maconha não me ajudava mais a fugir de meus problemas e eu estava realmente gostando de fazer coisas rebeldes do tipo roubar bebida e detonar vitrines de lojas [...] No prazo de um mês, decidi que não me sentaria no telhado de casa e ficaria *pensando* em saltar, mas que *realmente* me mataria. E eu não iria embora deste mundo sem saber de fato como era transar."

Seu único caminho parecia ser esta "garota semirretardada". Certo dia, Trevor Briggs, John Fields e Kurt a seguiram até sua casa e roubaram bebida do pai dela. Eles haviam feito isso inúmeras vezes, mas dessa vez Kurt ficou depois que seus amigos partiram. Ele se sentou no colo da garota e tocou seus seios. Ela foi para o quarto e tirou a roupa na frente dele, mas Kurt se sentiu enojado de si mesmo e da garota. "Eu tentei transar com ela, mas não sabia como", escreveu ele. "Fiquei com muita náusea com o cheiro de sua vagina e seu suor, por isso saí." Embora Kurt recuasse, a vergonha ficaria com ele para o resto da vida. Ele se odiou por tirar vantagem dela, ainda que também se odiasse por não compreender totalmente o roteiro para o ato sexual, uma vergonha quase maior para um garoto virgem de dezesseis anos. O pai da garota protestou para a escola que sua filha havia sido molestada e Kurt foi citado como suspeito. Ele escreveu em seu diário que só um pouco de acaso o livrou da acusação: "Eles vieram com um livro do ano e iam pedir a ela que me apontasse, mas ela não conseguiria porque eu não apareci para as fotos daquele ano". Ele afirmou que foi levado para a delegacia de polícia de Montesano e interrogado, mas escapou da condenação porque a garota tinha mais de dezoito anos e "não era mentalmente retardada" pelos estatutos legais.

De volta a Aberdeen, Kurt começou seu ano júnior no Weatherwax iniciando um relacionamento amoroso com Jackie Hagara, de quinze anos de idade. Ela morava a duas quadras de sua casa e ele se programava de modo a que fossem juntos para a escola. Estava tão atrasado em matemática que foi obrigado a frequentar aulas da matéria como calouro, onde se conheceram. Embora muitos garotos na classe achassem Kurt estranho por estar atrasado, Jackie gostava de seu sorriso. Certo dia, depois da aula, ele mostrou a ela um desenho que havia feito de um astro do rock numa ilha deserta. O homem estava segurando uma guitarra Les Paul com uma caixa amplificadora plugada num coqueiro. Para Kurt, aos dezesseis anos, era sua visão do paraíso.

Jackie disse que gostava do desenho. Dois dias depois Kurt a abordou com um presente: ele havia redesenhado a mesma imagem, mas no tamanho de um pôster, usando até aerógrafo. "É para você", disse ele, olhando para o chão enquanto falava. "Para mim?", perguntou ela. "Eu gostaria de sair com você uma hora dessas", explicou ele. Kurt ficou apenas ligeiramente desiludido quando Jackie lhe disse que já tinha namorado. Continuaram a ir juntos para a escola, ocasionalmente dando-se as mãos e, certa tarde, defronte da casa dela, ele a puxou para perto e a beijou. "Eu achava ele tão engraçadinho", disse ela.

Durante seu ano decisivo de júnior, até sua aparência começou a se transformar daquilo que todos descreviam como "engraçadinho" para algo que alguns de seus colegas no Weatherwax chamariam de "medroso". Ele deixou o cabelo crescer e raramente o lavava. Suas camisas Izod e os pulôveres de rugby foram deixados de lado; agora vestia camisetas feitas em casa com os nomes de bandas punk. Uma que Kurt usava frequentemente dizia "Bagunça Organizada", um slogan que ele fantasiava que seria o nome de sua primeira banda. Para vestir por cima, ele sempre tinha uma capa impermeável – usava-a o ano inteiro, quer estivesse chovendo ou fizesse um calor de verão de mais de trinta graus. Naquele outono, Andrea Vance, sua namorada desde o verão, deparou com Kurt numa festa e nem o reconheceu. "Ele estava com seu impermeável preto, tênis de cano alto, e o cabelo estava tingido de vermelho-escuro", lembra ela. "Não parecia o mesmo rapaz."

Seu círculo de amigos lentamente mudou de seus chapas de Monte para os companheiros de Aberdeen, mas com ambos os grupos a principal atividade era se intoxicar de uma maneira ou outra. Quando não conseguiam assaltar o estoque de bebidas do pai de algum deles, aproveitavam uma das muitas pessoas das ruas de Aberdeen para ajudá-los a comprar cerveja. Kurt, Jesse Reed, Greg Hokanson e Eric e Steve Shillinger desenvolveram um comércio regular com um personagem pitoresco a quem chamavam de "O Gordo", um alcoólatra inveterado que morava no decrépito hotel Morck com seu filho retardado, Bobby. O Gordo estava disposto a lhes comprar bebida desde que eles pagassem e o ajudassem a chegar até a mercearia. Esse era um processo laborioso que, na prática, parecia um pouco com um esquete de Buster Keaton e podia consumir o dia inteiro: "Primeiro", disse Jesse Reed, "tínhamos de empurrar um carrinho de compras até o Morck. Depois, subíamos até seu quarto e o acordávamos. Ele estaria com sua cueca encardida, ela fedia e havia moscas e aquilo era terrível. Tínhamos de ajudá-lo a vestir aquelas calças de lona. Depois, era preciso fazê-lo descer as escadas e ele pesava uns duzentos quilos. Era gordo demais para andar o caminho todo até a loja de bebidas, e por isso nós o colocávamos no carrinho e o empurrávamos. Se quiséssemos apenas beber cerveja, nós o empurrávamos até a mercearia, a qual, graças a Deus, ficava mais perto. E tudo o que tínhamos de fazer para ele era comprar uma garrafa da cerveja mais barata".

O Gordo e Bobby formavam uma dupla das mais bizarras, e inadvertidamente se tornaram os primeiros temas de algumas das histórias de Kurt. Ele escreveu contos sobre os dois, compôs canções imaginárias sobre suas aventuras e esboçou desenhos deles em seu diário. Seu traçado a lápis do Gordo parecia-se com Ignatius J. Reilly, o anti-herói de *A Confederacy of Dunces*, de John Kennedy Toole. O que Kurt mais gostava era de imitar a voz esganiçada de Bobby, provocando acessos de gargalhada em seus amigos. Seu relacionamento com o Gordo e Bobby não deixava de ser afetuoso; havia um grau de empatia que Kurt sentia pela sua situação aparentemente sem esperança. Para o Natal daquele ano, Kurt comprou para o Gordo uma torradeira e um disco de John Denver em Goodwill. Ao agarrar esses presentes em suas mãos gigantes com luvas para neve, o Gordo perguntou, incrédulo: "São para mim?", e começou a chorar. O Gordo passou os anos seguintes dizendo a todos em Aberdeen que amigo maravilhoso era Kurt Cobain. Essa foi uma pequena amostra de como, às vezes, mesmo no mundo sombrio de Kurt, podia surgir ternura.

Com um fornecimento regular de bebida do Gordo, Kurt continuou a abusar do álcool naquela primavera e seus conflitos com a mãe consequentemente aumentaram. As discussões eram piores quando Kurt estava chapado ou pirado de ácido, o que passou a ser constante. Greg Hokanson lembra que certa vez foi à casa dele com Jesse Reed e ouviu Wendy gritar com Kurt durante uma hora, enquanto este viajava com o LSD, completamente insensível aos gritos dela. "Wendy era terrível com ele", disse Hokanson. "Ele a odiava." Tão logo conseguiram escapar, o trio deixou a casa e foi escalar a torre da caixa d'água do "Morro do Think of Me". Jesse e Hokanson conseguiram chegar ao topo, mas Kurt ficou paralisado na metade da escada. "Ele era medroso demais", lembra Hokanson. Kurt jamais conseguiu escalar a torre.

Trevor Briggs lembra de certa noite na casa dos Cobain quando a batalha entre Kurt e Wendy se estendeu por toda a noite: "Eu acho que ela estava um pouco embriagada e subiu a escada até o quarto dele. Ela estava tentando fazer uma festa e zoar conosco. Ele ficou puto com ela por causa disso. E Wendy disse: 'Kurt, se você não tomar cuidado eu vou dizer na frente de seus amigos o que você me disse'. E ele gritou bem alto: 'Do que é que você está falando?'. Por fim, ela desistiu. Aí eu perguntei a Kurt o que ela iria dizer. Ele respondeu: 'Bem, uma vez eu comentei com ela que só porque um cara tem cabelo no saco não significa que ele seja adulto ou maduro'". Essa questão singular – ter cabelo nos testículos – era um ponto monumental de embaraço para Kurt. Seus pelos púbicos chegaram mais tarde do que para a maioria dos meninos e todo dia ele inspecionava obsessivamente os testículos, sempre vendo seus amigos cruzarem esse limiar antes dele. "Púbicos", conforme ele os chamava, era um tópico frequente em seu diário. "Ainda sem púbicos suficientes", escreveu ele. "Anos perdidos. Ideais conquistados. Ainda não desenvolvidos. Já passou muito tempo desde que nossos púbicos falharam em crescer." Nas aulas de educação física, ele preferia se trocar num boxe do banheiro do que se expor à inspeção da ala dos armários dos meninos. Quando completou dezesseis anos, finalmente os púbicos apareceram, embora devido à sua coloração ser clara não fossem tão óbvios quanto os dos outros rapazes.

Na época em que Kurt fez dezessete, Wendy se envolveu com Pat O'Connor. O'Connor era da idade de Wendy e ganhava 52 mil dólares por ano como estivador. Seu salário foi assunto de registro público, porque, logo depois que ele e Wendy se envolveram, Pat foi objeto de uma das primeiras ações judiciais de Washington para pagamento de pensão por separação. A ação era movida por sua ex-namorada, que o acusou de tê-la convencido a deixar seu emprego na usina nuclear local e depois abandoná-la por Wendy. Foi um processo sórdido que se arrastou pelos dois anos que se seguiram. Nos autos do tribunal, Pat listava seus bens como uma pequena casa, alguns milhares de dólares em poupança e um armário com três armas – essas armas, curiosamente, iriam desempenhar um papel na carreira de Kurt. A ex de Pat ganhou a causa, recebendo 2.500 dólares em dinheiro, um carro e os honorários de seu advogado.

Pat se mudou para a casa de Wendy naquele inverno. Nenhum dos filhos de Wendy gostava de O'Connor e Kurt o odiava cada vez mais. Tal como havia feito com seu pai biológico e Franich, Kurt fez de Pat o objeto de ridículo de muitas de suas canções e caricaturas. E quase desde o primeiro dia Pat e Wendy tinham discussões que faziam as disputas entre Don e Wendy parecerem leves e suaves.

Um incidente em particular serviu para fornecer uma das pedras angulares da mitologia musical de Kurt. Após uma grande briga, Wendy saiu procurando por Pat e o encontrou, segundo Kim, "traindo-a. Ele estava bêbado, como de costume". Wendy voltou correndo para casa num acesso de fúria, resmungando que era capaz de matar Pat. Em pânico, mandou que Kim juntasse as armas de Pat em um grande saco plástico. Quando Pat regressou, Wendy declarou que iria assassiná-lo. Kurt afirmou, ao contar sua própria versão do caso, que Wendy tentou atirar em Pat, mas não conseguiu descobrir como carregar a arma; sua irmã não se lembra desse detalhe. Depois que Pat saiu, Wendy e Kim arrastaram um saco de armas por dois quarteirões de sua casa até as margens do rio Wishkah. Enquanto puxavam as armas pelo chão, Wendy continuava a repetir para si mesma: "Preciso me livrar dessas armas ou vou acabar matando ele". Ela as atirou na água.

Quando Pat e Wendy se reconciliaram na manhã seguinte, Kurt interrogou Kim sobre o paradeiro das armas. Com a irmã de treze anos indicando o caminho, Kurt e dois de seus amigos pescaram os rifles na água. Quando Kurt mais tarde contou essa história, disse que trocou as armas por sua primeira guitarra, embora na verdade ele já tivesse uma guitarra desde os catorze anos. Kurt jamais deixava que alguém introduzisse a verdade para atrapalhar uma boa história; o relato de que ele trocou as armas de seu padrasto por sua primeira guitarra era simplesmente bom demais para o contador de histórias resistir. Nessa única história estavam todos os elementos de como ele desejava ser percebido como artista – alguém que transformava as espadas do reacionarismo provinciano em relhas do punk rock. Na verdade, Kurt de fato vendeu as armas, mas empregou o dinheiro apurado para adquirir um amplificador Fender Deluxe.

O incidente das "armas no rio" foi apenas um dentre muitos arranca-rabos de Wendy e Pat. A técnica de Kurt para evitar essas brigas – ou para evitar tornar-se motivo delas, já que não havia nada que Pat gostasse mais de fazer do que passar sermão em Wendy sobre o que fazer com seu filho desgarrado – era fazer um percurso rápido da porta da frente até seu quarto. Nesse sentido, ele era como a maioria dos adolescentes, embora suas entradas e saídas ocorressem em um ritmo furioso. Quando Kurt precisava aparecer para alguma tarefa doméstica – como usar o telefone ou assaltar a cozinha –, ele tentava cronometrar suas incursões de modo a evitar Pat. Seu quarto se tornou seu santuário e a descrição que alguns anos depois ele fez em seu diário sobre uma volta para casa era a um só tempo emocional e física:

> Toda vez que volto, é o mesmo *déjà vu* que me dá um arrepio na espinha, depressão total, ódio total e rancores que durariam meses, velhos cards com desenhos de roqueiros tocando guitarra, monstros e legendas na capa como: "This Bud's for You" ["Esta flor é para você"] ou "Get High" ["Vai fundo"], desenhos elaborados de narguilés, alterações de trocadilhos sexuais sobre a garota feliz jogando tênis. Olhem em volta e vejam os pôsteres do Iron Maiden com cantos rasgados e buracos preenchidos, pregos nas paredes onde ainda hoje se exibem bonés de tratorista. Depressões na mesa provocadas por cinco anos de *quarter bounce*.* O tapete manchado de cusparadas sonolentas na escarradeira, eu olho em volta e vejo toda essa porra e a coisa de que mais me lembro da minha adolescência inútil é que, toda vez que entro no quarto, passo o dedo pelo teto e sinto o resíduo grudento de um acúmulo de fumaça de maconha e tabaco.

Durante a primavera de 1984, seus conflitos com os adultos na casa chegaram a um ponto de ebulição. Kurt detestava Wendy por sua fraqueza quando se tratava de homens, tal como discordara do desejo de seu pai de se casar novamente. Ele odiava Pat ainda mais, já que este dava conselhos de uma maneira voltada a apontar para as deficiências de Kurt. Os dois homens da casa também divergiam sobre o tratamento a ser dado às mulheres. "Pat era um mulherengo", disse Kim, "e Kurt não. Kurt tinha muito respeito pelas mulheres, ainda que não tivesse muitas namoradas. Ele estava procurando alguém por quem se apaixonar." Os sermões de Pat sobre como "um homem precisa ser homem e agir como homem" eram inesgotáveis. Quando Kurt falhou por diversas vezes em viver de acordo com os padrões de Pat, foi chamado de "bicha". Certo domingo de abril de 1984, as insinuações de Pat eram

---

*Jogo dos bebedores de cerveja que consiste no lançamento, por um dos parceiros de copo, de uma moeda de 25 centavos para fazê-la cair num dos copos de cerveja e, em caso de acerto, escolher quem deve beber aquele copo. (N. do T.)

particularmente veementes: "Por que você nunca traz nenhuma garota para casa?", perguntou ele a Kurt. "Quando eu tinha a sua idade, o tempo todo havia garotas entrando e saindo da minha cama."

Depois dessa gema de conselho viril, Kurt foi para uma festa. Lá encontrou Jackie Hagara. Quando ela e uma amiga quiseram ir embora, Kurt sugeriu que fossem para a casa dele – talvez vislumbrasse uma oportunidade para lavrar um tento com Pat. Silenciosamente, ele as baldeou para cima sem perturbar os adultos. Shannon estava totalmente embriagada e passou adiante para desmaiar numa das duas camas separadas na sala de jogos ao lado do quarto de Kurt. Com a amiga incapacitada e sem conseguir andar, Kurt disse a Jackie: "Você pode desabar aqui".

Subitamente chegava o momento que Kurt estivera esperando. Por muito tempo ele havia ansiado deixar para trás suas fantasias sexuais adolescentes e declarar honestamente a seus colegas do colégio que não era mais virgem (de fato, como a maioria dos rapazes de sua idade, Kurt estivera mentindo sobre o assunto durante vários anos). Crescendo num mundo onde os homens eram raramente tocados, a não ser com o ocasional tapinha nas costas, ele estava faminto do contato de pele com pele. Em Jackie, ele havia escolhido uma colega mais do que disposta. Embora com apenas quinze anos, ela já tinha experiência e, por acaso, na noite em que se viu na cama de Kurt, seu namorado firme estava na prisão. Ela sabia o que ia acontecer em seguida assim que entraram no quarto de Kurt. Na lembrança de Jackie, houve um momento em que se olharam e o desejo encheu o quarto com toda a força de um motor de combustão interna sendo acelerado.

Kurt apagou as luzes, os dois tiraram as roupas e excitadamente saltaram para a cama e se abraçaram. Para Kurt, seria o primeiro abraço de uma mulher totalmente nua, um momento que havia muito sonhava, um momento que, em muitas noites de masturbação adolescente, nessa mesma cama, ele havia imaginado. Jackie começou a beijá-lo. No momento em que suas línguas se tocaram, a porta se escancarou e a mãe de Kurt entrou.

Não há como imaginar que Wendy pudesse ficar contente ao ver seu filho na cama com uma garota nua. Ela também não ficou nem um pouco contente ao ver outra garota desmaiada no corredor. "Dá o fora!", gritou ela. Ela havia subido para mostrar a Kurt os relâmpagos lá fora – o fato de que estava se formando um temporal havia passado despercebido para os jovens amantes –, mas, em vez disso, encontrou seu filho na cama com uma garota. Enquanto descia marchando pela escada, Wendy gritava: "Caia fora da minha casa!". Pat, por seu turno, estava completamente calado sobre o assunto, sabendo que qualquer comentário enfureceria Wendy ainda mais. Ouvindo o tumulto, a irmã Kim chegou correndo do quarto vizinho. Ela observou Kurt e Jackie calçando sapatos numa garota que estava desmaiada. "Que diabo...?", perguntou Kim. "Estamos saindo", disse Kurt a sua irmã. Ele e Jackie arrastaram a outra garota escada abaixo e saíram debaixo de uma das maiores tempestades do ano.

Quando Kurt e suas duas acompanhantes começaram a descer a rua First – o ar fresco havia reanimado a amiga bêbada –, começou a chover e, embora isso parecesse um sinal de mau agouro, antes que o sol nascesse, Kurt perderia sua virgindade. Ele já estava visivelmente trêmulo, seus hormônios em fúria misturando-se com raiva, vergonha e medo. Havia sido humilhante vestir-se na frente de Jackie, ainda ostentando uma ereção. Tal como em seu encontro com a garota retardada, o prazer e a vergonha eram impulsos igualmente fortes dentro dele, irremediavelmente emaranhados e confusos.

Dirigiram-se para a casa da amiga de Jackie. Mas tão logo entraram, o mesmo fez o namorado de Jackie, acabado de sair da prisão. Jackie havia alertado Kurt sobre o temperamento violento do seu amante e, para evitar um confronto, Kurt fingiu que era namorado da outra garota. Quando Hagara e seu namorado saíram, Kurt e a garota acabaram passando a noite juntos. Não foi a transa mais sensacional, ou assim ele diria a Jackie depois, mas foi uma relação sexual, que era tudo o que importava a Kurt. Finalmente, ele havia transposto aquela porta, o grande divisor de águas vaginal, e ele não estava mais levando uma vida que era uma mentira sexual.

Kurt saiu cedo na manhã para caminhar por Aberdeen sob a pálida luz da aurora. A tempestade havia passado, os pássaros estavam gorjeando e tudo no mundo parecia mais vivo. Ele caminhou durante horas pensando naquilo tudo, esperando chegar a hora da escola, observando o sol se elevar e se perguntando para onde sua vida estava indo.

5

A VONTADE DO INSTINTO

ABERDEEN, WASHINGTON,
ABRIL DE 1984-SETEMBRO DE 1986

It amazes me, the will of instinct.
[Me espanta, a vontade do instinto.]
Letra de "Polly", 1989.

NO COMEÇO DAQUELA MANHÃ DE DOMINGO, Kurt andou pelas ruas de Aberdeen aspirando o cheiro do sexo dela em seus dedos. Para uma pessoa obcecada com cheiros, era uma experiência inebriante. Para reviver o ato, tudo o que ele precisava fazer era esfregar os dedos na forquilha de suas próprias pernas e, quando os cheirava, o cheiro dela ainda estava ali. Sua mente já estava esquecendo o fato de que sua iniciação sexual fora uma quase catástrofe e, ao contrário, em sua memória, ele a estava convertendo em triunfo. As circunstâncias concretas não importavam – sexo malfeito ou não, ele não era mais virgem. Sendo, no fundo, romântico, também supunha que esse primeiro encontro sexual era apenas o começo de muitas travessuras agradáveis com essa garota; que era o começo de sua experiência sexual adulta; um bálsamo com o qual ele poderia contar, como a cerveja ou a maconha para ajudá-lo a escapar de sua sorte. No caminho para o Weatherwax, roubou uma flor de um jardim. Jackie viu Kurt dirigindo-se timidamente para o fumódromo do lado de fora do colégio com aquela rosa vermelha na mão – pensou que fosse para ela, mas Kurt a entregou para a garota com quem dormira, que não se impressionou. O que Kurt não conseguia entender era que Jackie é quem tinha paixão por ele. A outra garota, por sua vez, estava embaraçada por sua imprudência e, mais embaraçada ainda, pela flor. Foi uma aula dolorosa e, para alguém sensível como Kurt, confundiu ainda mais sua necessidade de amor com as complicações da sexualidade adulta.

Depois da escola, havia preocupações mais imediatas, a primeira delas a de encontrar um lugar para morar. Buzz o levou de carro para apanhar suas coisas. Como Kurt corretamente suspeitara, essa desavença com a mãe era diferente das outras – quando chegou em casa, ela ainda estava em fúria. "A mãe dele só ficou aporrinhando o tempo todo, dizendo-lhe o absoluto panaca que ele era", lembra Osborne. "Ele só ficava dizendo: 'Tá legal, mãe. *Tá legal*'. Ela deixou claro que nem queria vê-lo na casa." Enquanto juntava sua preciosa guitarra e o amplificador, colocando suas roupas numa série de sacos de lixo, Kurt começou seu último voo físico e emocional para fora da sua família. Tinha havido outros voos e seu hábito de bater em retirada começou logo depois do divórcio, mas a maioria desses passos fora ele quem dera. Dessa vez, estava indefeso e com um temor muito real sobre como poderia cuidar de si mesmo. Estava com dezessete anos, no começo do colegial, mas faltando à maioria das aulas. Jamais tivera um emprego, não tinha dinheiro e tudo o que possuía estava em quatro sacos de lixo. Ele tinha certeza de que estava partindo, mas sem a menor ideia de para onde estava indo.

Se o divórcio tinha sido sua primeira traição e o novo casamento do pai a segunda, esse terceiro abandono seria igualmente significativo. Wendy estava farta dele. Ela se queixava para suas irmãs que "não sabia mais o que fazer com Kurt". As brigas entre os dois estavam exacerbando seus conflitos com Pat, com quem estava pretendendo se casar, e ela não podia se permitir perder esse relacionamento, no mínimo por razões econômicas. Kurt sentia, talvez com razão, que mais uma vez um dos pais estava escolhendo um novo parceiro contra ele. Era uma marginalização que sempre o acompanharia: associada a suas primeiras feridas emocionais, a experiência de ser rejeitado seria algo a que ele repetidamente retornaria, jamais conseguindo se libertar inteiramente do trauma. Ela ficaria ali, logo abaixo da superfície, uma dor que cobriria o resto de sua vida com o medo da carência. Jamais poderia haver dinheiro suficiente, atenção suficiente ou – o mais importante – amor suficiente, porque ele sabia com que rapidez este podia desaparecer completamente.

Sete anos mais tarde, ele comporia uma canção sobre esse período e lhe daria o título "Something in the Way" ["Alguma coisa atrapalhando"]. Essa "alguma coisa" não era explicada pela letra enviesada, mas quase não havia dúvida de que era *ele* que estava atrapalhando. A canção sugere que o cantor está morando debaixo de uma ponte. Quando lhe pediam para esclarecer, Kurt sempre contava uma história de ter sido chutado para fora de casa, abandonado a escola e morado debaixo da ponte da rua Young. Essa acabaria se tornando uma das pedras de toque de sua biografia cultural, uma de suas peças mais poderosas de mitificação, a parte da história de Kurt fadada a figurar em qualquer descrição de sua vida em um único parágrafo: Esse garoto era tão indesejado que morava debaixo da ponte. Era uma imagem forte e carregada, tornada ainda mais veemente quando o Nirvana ficou famoso e começaram a surgir fotos nas revistas mostrando o lado de baixo da ponte da rua Young, sendo o seu caráter de local fétido aparente até nas fotos. Era um lugar onde viveria alguma coisa como um duende mitológico gigante, não uma criança. A ponte ficava a apenas duas quadras da casa de sua mãe, uma distância que, segundo Kurt, nenhuma quantidade de amor poderia atravessar.

A história de "morar debaixo da ponte", porém, tal como a das "armas em troca de guitarras", foi em grande parte embelezada por Kurt no relato. "Ele nunca morou debaixo daquela ponte", insistiu Krist Novoselic, que conheceu Kurt na escola naquele ano. "Ele vagava por ali, mas é impossível morar naquelas margens lamacentas, com as ondas subindo e descendo. Isso era seu próprio revisionismo." Sua irmã faz coro à mesma opinião: "Ele *jamais* morou debaixo da ponte. Era um ponto de encontro onde todos os meninos do bairro iam fumar maconha, mas só isso". E se houvesse *alguma* ponte em Aberdeen, sob a qual Kurt teria passado uma única noite, os moradores afirmam que teria sido a ponte da rua Sixth, um espaço muito maior a cerca de um quilômetro dali, sobre uma pequena garganta e preferida pelos sem-teto de Aberdeen. Mesmo essa hipótese é difícil de imaginar, porque Kurt era um grande lamuriento; poucos lamurientos poderiam sobreviver ao ar livre na primavera de Aberdeen, onde o clima quase não permite um dia sem chuva de monção. A história da ponte, porém, é importante, no mínimo porque Kurt a contou enfaticamente muitas vezes. Em certo momento, ele mesmo deve ter começado a acreditar nela.

A verdadeira história de onde ele passou seus dias e noites durante esse período é mais pungente ainda do que a versão dos acontecimentos dada por Kurt. Sua jornada começou na varanda de Dale Crover, onde ele dormia numa caixa de geladeira, enrolado como um gatinho. Quando não foi mais bem-vindo ali, a criatividade e a astúcia não o abandonaram: havia muitos prédios velhos de apartamentos em Aberdeen com aquecimento central nos corredores e era para lá que ele se retirava na maioria das noites. Entrava furtivamente tarde da noite, encontrava um corredor espaçoso, desatarraxava a lâmpada do teto, esticava seu acolchoado, ia dormir mas se certificava de acordar antes que os moradores começassem seu dia. Foi uma vida que encontrou seu melhor resumo num verso de uma canção que ele comporia alguns anos depois: "Me espanta, a vontade do instinto". Suas habilidades instintivas de sobrevivência o ajudavam bastante e sua vontade era forte.

Quando tudo o mais falhava, Kurt e outro garoto chamado Paul White subiam o morro até o Hospital Comunitário de Grays Harbor. Ali eles dormiam na sala de espera. Kurt, o mais ousado dos dois, ou talvez o mais desesperado, descaradamente entrava na fila da lanchonete do hospital e encomendava comida para números de quartos inventados. "Havia um televisor na sala de espera e podíamos ficar assistindo o dia inteiro", lembrou White. "As pessoas sempre pensavam que estávamos esperando um paciente que estava doente ou morrendo e nunca duvidavam da gente quando se tratava disso." Essa foi a história real por trás da verdade emocional capturada em "Something in the Way" e talvez a maior ironia em sua vida – Kurt acabara voltando ao lugar onde começara, de volta ao hospital com a vista territorial do porto, de volta ao lugar onde ele havia nascido dezessete anos antes. Ali estava ele, dormindo na sala de espera como um fugitivo, levando sorrateiramente pãezinhos da lanchonete, fingindo ser um parente consternado de alguém que estava doente, mas a única doença real era a solidão que sentia em seu coração.

    Depois de cerca de quatro meses morando na rua, Kurt finalmente voltou a morar com seu pai. Não foi fácil para Kurt e o simples fato de ter considerado voltar a morar com um dos pais mostra o seu grau de desespero. Don e Jenny souberam que Kurt estava sem casa e o encontraram dormindo em um velho sofá numa garagem no beco logo em frente à casa de Wendy. "Ele estava muito irritado com todos naquela época e queria que pensassem que ninguém o aceitaria, o que não estava muito longe da verdade", lembra Jenny.

    Em Montesano, Kurt voltou a seu quarto de porão na casa da rua Fleet. Os conflitos de autoridade com seu pai aumentaram muito – era como se o tempo que passou afastado de Don apenas tivesse tornado sua decisão mais forte. Todas as partes sabiam que a presença de Kurt ali não era um arranjo permanente – cada um havia superado a necessidade ou a vontade que tinha de estar com o outro. A guitarra de Kurt tornava a vida suportável e ele praticava durante horas. Seus amigos e sua família começaram a notar que ele estava se tornando hábil em tocá-la. "Ele conseguia tocar qualquer canção depois de ouvi-la apenas uma vez, qualquer coisa, de Air Supply a John Cougar Mellencamp", lembrou seu meio-irmão James. A família alugou *This Is Spinal Tap* e Kurt e James o assistiram cinco vezes em seguida – logo ele começou a recitar o diálogo do filme e a tocar as canções da banda.

    Enquanto Kurt estava de novo com Don e Jenny, houve ainda outro suicídio na família. Kenneth Cobain, único irmão remanescente de Leland, cada vez mais desanimado com a morte de sua mulher, deu um tiro na própria testa com uma pistola calibre .22. A perda foi quase excessiva para Leland suportar: o efeito cumulativo das mortes trágicas de seu pai, de seu filho Michael e de seus três irmãos temperaram sua confusão com uma severa melancolia. Se considerarmos a morte de Ernest como um suicídio pelo álcool, os três irmãos de Leland haviam morrido por suas próprias mãos, dois deles atirando em si mesmos.

    Kurt não era chegado a esses tios, mas havia uma mortalha fúnebre sobre a casa; parecia que a família estava amaldiçoada em todas as frentes. Sua madrasta fazia esforço para encontrar um trabalho de cortador de grama para Kurt, já que esse era o único trabalho que podia ser encontrado em Monte além de cortar madeira. Kurt aparou alguns gramados, mas logo ficou entediado. Procurou uma ou duas vezes nos classificados, mas não havia muitos empregos em Montesano. A maior empresa econômica do condado – a usina nuclear de Satsop – fracassara antes de estar completamente construída, elevando o desemprego para quinze por cento, duas vezes mais alto do que o restante do estado. As coisas chegaram ao ponto crítico quando Don anunciou que se Kurt não fosse para a escola nem trabalhasse teria de fazer o serviço militar. Na noite seguinte, Don convidou um recrutador da Marinha para conversar com seu filho.

Em vez de um homem forte e teimoso – que mais tarde na vida poderia agarrar o sujeito da Marinha pelo colarinho e atirá-lo de cabeça pela porta da rua –, o recrutador encontrou um rapaz triste e prostrado. Kurt, para surpresa de todos, ouviu a conversa-fiada. Ao final da noite, para grande alívio do pai, Kurt disse que consideraria a ideia. Para ele, o serviço militar parecia um inferno, mas era um inferno com um código postal diferente. Conforme contou Kurt a Jesse Reed, "pelo menos a Marinha podia lhe dar três PFs e uma cama". Para um garoto que vinha morando na rua e dormindo em salas de espera de hospital, a segurança de abrigo e comida sem ter de pagar um preço aos pais parecia tentadora. Mas, quando Don tentou convencê-lo a deixar o recrutador voltar na noite seguinte, Kurt disse a ele que esquecesse.

Desesperado em busca de alguma coisa, Kurt descobriu a religião. Ele e Jesse haviam se tornado inseparáveis durante o ano de 1984 e isso incluía ir juntos à igreja. Os pais de Jesse, Ethel e Dave Reed, eram cristãos evangélicos e a família ia para a Igreja Batista Central Park, a meio caminho entre Monte e Aberdeen. Kurt começou a frequentar regularmente a missa de domingo e até chegou a comparecer às reuniões do grupo de jovens cristãos nas noites de quarta-feira. Foi batizado na igreja naquele mês de outubro, embora nenhum dos membros de sua família estivesse presente. Jesse ainda se lembra de Kurt passando pela experiência de conversão evangélica: "Uma noite, estávamos caminhando pela ponte do rio Chehalis e ele parou e disse que aceitava Jesus Cristo em sua vida. Pediu a Deus para 'entrar em sua vida'. Eu me lembro claramente dele falando sobre as revelações e a tranquilidade a que todos se referem quando aceitam Cristo". Nas duas semanas seguintes, Kurt exibia o caráter de um cristão evangélico. Começou a castigar Jesse por ele fumar maconha, negligenciar a Bíblia e ser um cristão fraco. A conversão religiosa de Kurt coincidiu com um de seus muitos períodos sóbrios; sua história com as drogas e o álcool sempre consistiria em uma bebedeira, seguida por uma abstinência. Ele escreveu uma carta a sua tia Mari naquele mês, defendendo suas opiniões sobre a maconha:

> Acabo de assistir à *Reefer Madness* [Loucura de Maconheiro] na MTV [...] Foi feito nos anos 30 e, se as pessoas dessem uma tragada da droga do diabo, a marijuana, elas ficavam chapadas, matavam-se entre si, tinham casos, atropelavam vítimas inocentes com seus carros. Tinha um adolescente, que parecia o Beaver, que vinha com um papo de assassinato. Uau, isso é mais emoção do que dou conta. Era como um superexagero. Mas admito a ideia toda por trás disso. A maconha é péssima. Sei disso por experiência pessoal, porque por algum tempo eu ficava quase tão letárgico como um pedaço mofado de queijo. Acho que era um grande problema para minha mãe e para mim.

Entretanto, logo que postou a carta e se viu acomodando-se ao padrão de vida da igreja, Kurt descartou sua fé como uma calça que lhe ficara pequena. "Ele estava faminto daquilo", disse Jesse, "mas foi um momento transitório ocasionado pelo medo." Quando o medo diminuiu, Kurt começou a fumar maconha novamente. Ele frequentou a igreja por mais três meses, mas sua conversa, como lembra Jesse, "estava se voltando mais contra Deus. Depois disso, ele entrou num lance anti-Deus".

Os pais de Jesse se haviam apegado a Kurt e, uma vez que ele estava na casa deles com tanta frequência, sugeriram-lhe que se mudasse para lá. Eles moravam em North River, uma área rural a 22 quilômetros de Aberdeen. Na época, os dois rapazes pareciam trocar entre si alguma coisa que estava faltando em suas vidas. Os Reed discutiram a possibilidade de Kurt se mudar para North River, e Wendy, Don e Jenny concordaram que valia a pena tentar. Wendy disse aos Reed que ela "não sabia mais o que fazer", com o que Don e Jenny fizeram coro. "Dave Reed nos procurou", lembra Jenny, "e disse que achava que podia fazer alguma coisa por ele. Eles eram uma família religiosa e Dave achava que poderia discipliná-lo quando ninguém mais conseguia." "Nós gostávamos muito de Kurt", explica Ethel Reed. "Era um menino muito meigo; parecia apenas perdido." Em setembro, Kurt empacotou mais uma vez suas coisas – dessa vez ele tinha uma mochila de lona – e mudou-se para North River.

Os Reed moravam numa casa de 370 metros quadrados e os rapazes tinham a liberdade de um vasto espaço no andar de cima. Talvez o melhor da casa fosse o fato de ficar tão distante que eles podiam tocar suas guitarras o mais alto que quisessem. Tocavam o dia inteiro. Embora Dave Reed fosse conselheiro dos jovens cristãos – parecia o Ned Flanders de *Os Simpsons*, com seu cabelo curto e bigode –, ele não era quadrado. Reed havia tocado rock and roll durante vinte anos e participara dos Beachcombers com Chuck, tio de Kurt, e por isso era conhecido da família. A casa tinha um grande sortimento de amplificadores, guitarras e discos. Os Reed também eram menos severos que Don: deixaram Kurt viajar para Seattle com Buzz e Lukin para verem a influente banda punk Black Flag. A revista *The Rocket* considerou o show como o segundo melhor de 1984, mas, para Kurt, era segundo apenas em relação ao show dos Melvins no estacionamento. Em todas entrevistas que ele deu mais tarde em sua vida, afirmou que este foi o primeiro concerto que havia visto.

Foi ali na casa dos Reed que Kurt fez sua primeira jam session com Krist Novoselic. Novoselic era dois anos mais velho que Kurt, mas era impossível não vê-lo em Grays Harbor: com dois metros de altura, ele parecia Abraham Lincoln jovem. Krist era de origem croata e vinha de uma família marcada pelo divórcio e que, em termos de disfunção, podia competir com a de Kurt (Krist ficara conhecido como "Chris" em Aberdeen; em 1992, ele voltou a escrever seu nome conforme sua origem croata).

Kurt havia conhecido Krist no colégio e no local de ensaio dos Melvins, mas suas vidas também se cruzaram em um lugar que nenhum dos dois mencionaria novamente – a Igreja Batista Central Park. Krist vinha frequentando a igreja, mas mesmo os mais velhos como o sr. Reed sabiam que ele estava ali "só pelas garotas". Jesse convidou Krist para ir a sua casa certa tarde e os três fizeram uma sessão de improvisação. Krist estava tocando guitarra, assim como

Jesse e Kurt, e por isso a sessão soava como uma gravação de *Wayne's World* à medida que eles passavam pelas habituais imitações de Jimmy Page. Krist e Jesse trocaram de guitarras por um tempo; o canhoto Kurt ficou apenas na dele. Tocaram algumas canções originais de Kurt com a carga das três guitarras.

Depois que Kurt passou a morar com os Reed, fez diversas tentativas breves de voltar ao colégio Weatherwax. Ele estava tão atrasado em suas aulas que era inevitável que não se formasse com sua turma. Kurt contou a seus amigos que podia fingir ser retardado para frequentar classes de alunos especiais. Jesse provocava Kurt e o chamava de "Slow Brain" ["Cérebro Lento"] devido a suas notas baixas. Sua única participação real na escola era na aula de arte, o único lugar em que ele não se sentia incompetente. Apresentou um de seus projetos de curso no Show de Arte Colegial Regional de 1985 e seu trabalho entrou para a coleção permanente do Superintendente da Instrução Pública. O sr. Hunter disse a Kurt que se ele se inscrevesse poderia conseguir uma bolsa de estudos para uma escola de arte. Uma bolsa e a universidade exigiriam a formatura em Weatherwax, algo que Kurt não via como possibilidade a menos que lhe fosse concedido um ano adicional (mais tarde em sua vida, ele afirmou falsamente ter recebido diversas ofertas de bolsas de estudos). Por fim, Kurt abandonou completamente o colégio, mas não sem antes se matricular numa espécie de colégio alternativo de Aberdeen. O currículo era semelhante ao do Weatherwax, mas não havia aulas formais: os estudantes trabalhavam com os professores numa base individual. Mike Poitras deu aulas particulares a Kurt durante cerca de uma semana, mas o rapaz não ficou tempo suficiente para completar a orientação. Duas semanas depois, Kurt abandonou a escola.

Quando Kurt deixou totalmente de ir à escola, Dave Reed encontrou um emprego para ele no restaurante Lamplighter em Grayland. O salário era de 4,25 dólares por hora e ele trabalhava como lavador de pratos, ajudante de cozinha, cozinheiro de reserva e ajudante de garçom. Era inverno e o restaurante normalmente estava deserto, o que era bem conveniente para Kurt.

Foi por intermédio de Dave Reed, bem como do tio Chuck e da tia Mari, que pela primeira vez Kurt começou a imaginar que um dia poderia ter futuro no ramo da música. Dave e Chuck haviam gravado um compacto simples com os Beachcombers no início da carreira deste grupo – *Purple Peanuts*, tendo no verso "The Wheelie" – e essa era uma posse valorizada na casa dos Reed. Kurt e Jesse tocavam constantemente o disco, arremedando-o nas guitarras. O próprio Kurt estava compondo canções religiosamente – ele tinha diversos cadernos recheados de folhas de letras. Alguns títulos eram "Wattage in the Cottage", "Samurai Sabotage" e uma música sobre o sr. Reed chamada "Diamond Dave". Kurt chegou a compor uma canção zombando de um colega de classe de Aberdeen que havia cometido suicídio. O nome do rapaz era Beau – a canção era intitulada "Ode to Beau" e era cantada em estilo country e western.

Um ex-membro dos Beachcombers havia prosseguido no ramo e se tornara encarregado de promoção da Capitol Records em Seattle. No instante em que Kurt descobriu esse fato, agarrou-se a ele com unhas e dentes. Ficou na cola de Dave para que este o apresentasse, sem saber na época que um encarregado de promoção não era um caçador de talentos. "Ele sempre quis conhecê-lo porque achava que isso lançaria sua carreira", lembra Jesse. Era o começo incipiente de Kurt Cobain, o músico profissional, e seu constante pedido para ser apresentado – o que nunca aconteceu – é prova de que, aos dezessete anos, ele já estava imaginando uma carreira em música. No barracão de ensaios dos Melvins, se Kurt tivesse admitido suas ambições maiores de conseguir uma gravadora, teria sido tratado como herege. Ele guardava sua ambição para si mesmo, mas jamais deixou de considerar maneiras de ir além das suas condições.

A vida com os Reed se aproximava da recriação da família que ele havia perdido no divórcio. Os Reed jantavam juntos, frequentavam a igreja como um grupo e os talentos musicais dos rapazes eram incentivados. Uma verdadeira relação de afeto e amor era óbvia e tangível entre todos os membros da casa, inclusive Kurt. Quando Kurt completou dezoito anos, em fevereiro de 1985, os Reed fizeram uma festa de aniversário. Sua tia Mari lhe enviou dois livros: *Hammer of the Gods*, a biografia do Led Zeppelin, e uma coleção de ilustrações de Norman Rockwell. Em um bilhete de agradecimento para a tia, Kurt descreve a festa de aniversário: "Todos os rapazes do grupo de jovens da igreja vieram, trouxeram bolo para mim e Jesse, depois participamos de jogos estúpidos e o pastor Lloyd cantou algumas canções (ele é a cara do sr. Rogers). Mas foi legal saber que as pessoas gostam da gente".

No entanto, mesmo com um grupo de jovens de igreja, o pastor Lloyd e a família substituta dos Reed, Kurt não conseguiria escapar psicologicamente do abandono que sentia em relação a sua fraturada família original. "Ele era duro consigo mesmo", disse Dave Reed. Embora Kurt tivesse pouco contato com sua mãe, Dave Reed mensalmente punha Wendy a par da situação. Em agosto de 1984 ela havia se casado com Pat O'Connor, e na primavera seguinte estava grávida. Durante a gravidez, Kurt passou pela casa, e quando Wendy viu o quanto ele parecia perdido, desatou a chorar. Kurt caiu de joelhos, abraçou a mãe e disse a ela que estava bem.

E ele estava, pelo menos por enquanto, mas aí a crise voltou. Em março de 1985, Kurt cortou o dedo lavando pratos no trabalho e num acesso de pânico se demitiu. "Ele teve de dar pontos", lembra Jesse, "e me disse que, se perdesse o dedo e não pudesse mais tocar guitarra, iria se matar." Sem trabalho e com um ferimento que o afastava da guitarra, Kurt hibernava na casa. Convenceu Jesse a abandonar a escola e os dois passavam o dia todo bebendo ou se drogando. "Ele se retraía cada vez mais", lembra Ethel Reed. "Tentávamos fazer Kurt sair, mas não conseguíamos. À medida que o tempo passou, concluímos que não o estávamos ajudando e que tudo o que estávamos fazendo era fornecer um lugar para ele se afastar mais das pessoas."

A dissociação de Kurt chegou ao ápice em abril, quando certa tarde esqueceu sua chave e quebrou uma janela para entrar em casa. Isso foi a gota d'água para os Reed, que disseram a Kurt que ele tinha de encontrar outro lugar para morar. Foi um mês de abril chuvoso naquele ano em Grays Harbor, e, enquanto a maioria dos rapazes de sua idade estava preocupada com a festa de formatura ou se preparando para se formar, Kurt estava mais uma vez procurando um pouso.

De volta às ruas, Kurt retomou o ciclo interminável de alojar-se em garagens de amigos e dormir pelos corredores. Desesperado, finalmente recorreu à misericórdia do governo e começou a receber quarenta dólares por mês em gêneros alimentícios. Por meio do escritório local de desemprego, encontrou um trabalho na ACM a partir do dia 1º de maio. Era um serviço de meio período e administrado por uma subvenção local do "Trabalho de Jovens", mas ele descreveria esse breve emprego como seu trabalho diário favorito. O cargo tinha o título glorioso de zelador, mas se outros funcionários adoecessem, ele era o substituto do salva-vidas ou do instrutor de atividades. Kurt adorava o trabalho, particularmente de lidar com garotos. Embora Kurt não fosse um nadador particularmente vigoroso, gostava de fazer as vezes de salva-vidas. Kevin Shillinger, que morava a uma quadra de distância da ACM, observou Kurt ensinando garotos de cinco e seis anos a jogar T-Ball, uma modalidade de beisebol para crianças – durante toda a aula havia um sorriso enorme no rosto de Kurt. Trabalhando com crianças, conseguia encontrar a autoestima que lhe faltava em outras áreas de sua vida: ele tinha jeito com elas e estas, por sua vez, não eram preconceituosas.

Ele assumiu ainda um segundo emprego de meio período, embora raramente tenha falado sobre isso. Era um cargo de zelador no colégio Weatherwax. Toda noite ele vestia um macacão marrom e passava um esfregão pelos corredores da escola que havia abandonado. Embora o ano letivo estivesse quase encerrado no momento em que ele começou, o contraste entre a preparação de seus colegas para a universidade e suas próprias condições o fez sentir-se mais diminuído do que nunca. Ele ficou dois meses e então se demitiu.

Depois que Kurt deixou a casa dos Reed, Jesse fez o mesmo. Por algum tempo, a dupla ficou na casa dos avós de Jesse em Aberdeen. Então, no dia 1º de junho de 1985, mudaram-se para um apartamento na rua Michigan, 404, norte. Seja por qualquer padrão que se julgue, esse minúsculo conjugado de cem dólares por mês – cujas paredes eram pintadas de cor-de-rosa e por isso recebeu o nome de "o apartamento rosa" – era uma espelunca, mas era a espelunca deles. O apartamento era alugado com alguns móveis modestos, que eles complementaram com ornamentos de jardim, triciclos Big Wheel e espreguiçadeiras de quintal roubadas do vizinho. Uma janela panorâmica dava para a rua e Kurt dizia ser ela o seu cavalete público, escrevendo com sabão sobre o vidro: "666" e "Regras de Satã". Uma boneca gigante pendia de um laço e estava coberta de gel de barbear. Havia latas de gel por toda parte no apartamento; tinham sido distribuídas amostras no bairro e Kurt e Jesse descobriram que podiam aspirar os vapores das latas e ficar doidões. Certa noite, eles haviam tomado duas doses de ácido quando um xerife do condado de Grays Harbor bateu à porta e mandou que retirassem a boneca. Felizmente, o policial não entrou no apartamento: ele teria visto três semanas de pratos empilhados na pia, diversas peças de mobília de jardim roubadas, gel de barba esparramado por todas as paredes e o fruto da última travessura – cruzes roubadas de lápides do cemitério e pintadas com bolinhas.

Não seria esse o único entrevero de Kurt com a lei durante o verão de 1985. Kurt, Jesse e seus amigos esperavam como lobisomens até que a noite caísse e depois iam aterrorizar a vizinhança roubando móveis de jardim ou pichando prédios. Embora Kurt mais tarde afirmasse que suas mensagens de grafites eram políticas ("Deus é gay" e "Abortem Cristo" eram alguns de seus slogans), na verdade a maioria daquilo que escrevia era nonsense. Ele deixou um vizinho furioso pintando no casco de seu barco em letras vermelhas "Boat Ack";* do outro lado, os dizeres "Povo do barco, vá para casa". Certa noite ele pintava grafites na parede da ACM; sem nenhum toque de justiça poética, no dia seguinte recebeu a incumbência de limpá-la.

Na noite de 23 de julho de 1985, o policial Michael Bens estava patrulhando a rua Market – a apenas uma quadra da delegacia de polícia de Aberdeen – quando observou três homens e um rapaz louro num beco. Os homens fugiram quando o carro de Ben se aproximou, mas o garoto louro ficou paralisado, parecendo um animalzinho indefeso diante dos faróis do carro, e Bens o viu largar uma caneta de grafiteiro. Na parede atrás dele havia uma declaração profética: "Ain't got no how watchamacallit" ["Não consegui nenhum jeito de coisar"]. Tipograficamente, era uma obra de arte, já que as letras estavam aleatoriamente em caixa alta e baixa e todos os "Ts" eram quatro vezes maiores do que as outras letras.

Subitamente, o rapaz desatou a correr até que, duas quadras depois, o carro da radiopatrulha o alcançou. Ele foi então algemado. Deu seu nome

---

*Nonsense, como diz o autor. Um "sentido" possível seria "Barco Reconhecido", já que "Ack." é abreviação de "acknowledge". (N. do T.)

como "Kurt Donald Cobain" e era a imagem da boa educação. Na delegacia, ele escreveu e assinou uma declaração, cuja íntegra era a seguinte:

> Esta noite, estando parado atrás do SeaFirst Bank no beco ao lado da biblioteca conversando com três pessoas, escrevi no prédio do SeaFirst, não sei por que fiz isso, mas fiz. O que escrevi na parede foi: "Não consegui nenhum jeito de coisar". Agora percebo como foi estúpido ter feito isso e peço desculpas por tê-lo feito. Quando o carro da polícia entrou no beco, eu o vi e deixei cair o marcador vermelho que havia usado.

Suas impressões digitais foram tiradas, fizeram fotos de seu rosto e depois ele foi liberado, mas foi obrigado a comparecer ao tribunal para uma audiência algumas semanas depois. Recebeu uma multa de 180 dólares, uma sentença, que foi suspensa, de trinta dias de prisão, e foi advertido a não se meter mais em encrenca.

Para Kurt, aos dezoito anos, isso era mais fácil de dizer do que de fazer. Certa noite, quando Jesse estava trabalhando, os habituais "Cling-Ons" chegaram e todos improvisaram com suas guitarras. Um dos vizinhos, um grandalhão de bigode, esmurrou a parede e mandou que fizessem silêncio. No relato posterior de Kurt sobre o caso, ele disse que o vizinho batera nele impiedosamente durante horas. Foi uma dentre as muitas histórias que Kurt contava sobre o constante abuso que os caipiras reacionários de Aberdeen praticavam contra ele. "Não foi bem assim", lembra Steve Shillinger. "O cara realmente veio, pediu-lhe que fizesse silêncio, e quando Kurt bancou o engraçadinho, o sujeito lhe deu dois murros e mandou que ele 'calasse a boca'." Jesse não estava lá naquela noite, mas, no tempo todo em que conheceu Kurt, lembra de apenas uma briga: "Ele normalmente ficava ocupado demais fazendo as pessoas rirem. Eu sempre estava por perto para protegê-lo". Jesse era baixo como Kurt, mas praticara halterofilismo e tinha um físico forte.

Durante o período no apartamento rosa, Jesse provavelmente teria matado por Kurt, um fato que este aproveitava ao máximo. Certo dia, Kurt anunciou que ambos iam cortar o cabelo tipo índio. Foram até os Shillinger, arranjaram tesouras apropriadas e logo Jesse tinha um corte de cabelo indígena. Quando chegou a vez de Kurt, ele declarou que era uma ideia idiota.

"Certa vez Kurt disse que se ele pudesse escrever alguma coisa em minha testa eu poderia escrever algo na dele", lembra Jesse. "Ele pegou tinta permanente e escreveu '666' na minha testa e depois saiu correndo. Eu era sempre o idiota que todos usavam para fazer experiências. Se havia um produto químico ou uma bebida, eles sempre queriam que eu experimentasse primeiro." Havia um lado obscuro na tortura que Kurt praticava em seu melhor amigo. Apesar de toda a sua patetice, Jesse tinha conseguido se formar naquela primavera. Certa noite, quando ele estava trabalhando no Burger King, Kurt arrancou as fotos do livro do ano do amigo, colou-as na parede e riscou-as com um xis vermelho. Isso denotava mais o seu próprio autodesprezo do que seus sentimentos por Jesse. Talvez devido a um surto de vergonha por sua raiva, Kurt resolveu expulsar Jesse do apartamento. Nem veio ao caso que foi Jesse quem havia feito o depósito da taxa de caução. Em breve, Jesse estaria morando com sua avó e Kurt, sozinho. De qualquer modo, Jesse pretendia entrar para a Marinha e Kurt se sentia ameaçado por isso. Era um padrão que ele apresentaria em toda a sua vida: em lugar de perder alguém de quem gostava, ele se retirava primeiro, normalmente criando algum falso conflito como maneira de atenuar o abandono que sentia ser inevitável.

Kurt continuou a compor enquanto morou no apartamento rosa, e, embora a maioria das canções fosse de histórias levemente disfarçadas dos personagens e acontecimentos a sua volta, muitas eram bem-humoradas. Naquele verão, ele compôs uma canção chamada "Spam", sobre o enlatado de carne, e outra intitulada "The Class of 85", que era uma crítica a Jesse e à turma da formatura que ele havia perdido. Começava assim: "We are all the same, just flies on a turd" ["Somos todos iguais, apenas moscas num monte de merda"]. Embora suas canções fossem sobre um mundo insular, mesmo nessa etapa Kurt estava pensando grande. "Vou fazer um disco que será ainda maior do que o U2 ou o R.E.M.", gabava-se ele para Steve Shillinger. Kurt adorava essas duas bandas e sempre falava sobre como os Smithereens eram geniais, embora ele tomasse o cuidado de não mencionar essas influências perto de Buzz por medo de quebrar o código punk de que nenhuma música popular era importante. Ele lia todo fanzine ou revista de música que encontrasse, que não eram muitas em Aberdeen; chegou a escrever extensas entrevistas imaginárias consigo mesmo para publicações inexistentes. Kurt e Steve conversavam sobre a criação de sua própria fanzine, chegando até a rascunhar um exemplar de amostra; Steve abandonou o projeto quando percebeu que Kurt estava escrevendo resenhas positivas de discos que ele jamais tinha ouvido. Kurt também falava sobre lançar seu próprio selo de gravação e certa noite ele e Steve gravaram um amigo chamado Scotty Karate fazendo um monólogo. Como tantas de suas ideias na época, nada resultou disso.

Não havia dinheiro para publicação de fanzines ou selos de gravadoras e até o aluguel era difícil de pagar. Dois meses após a partida de Jesse, Kurt foi despejado. Seu senhorio entrou no apartamento quando Kurt não estava em casa, encaixotou os poucos pertences que ele tinha, entre os quais as cruzes e os triciclos roubados, e os deixou na rua.

Pela terceira vez em dois anos, Kurt estava sem casa. Mais uma vez ele considerou a Marinha. Trevor Briggs estava alistando para o serviço e insistiu com Kurt para que tirasse partido do sistema de amizade da Marinha, mediante o qual eles poderiam ser mandados para o mesmo campo de treinamento. O desemprego aumentara ainda mais em Grays Harbor e as opções eram limitadas para alguém de dezoito anos que abandonara os estudos. Kurt foi até o escritório de recrutamento da Marinha na rua State e passou três horas fazendo o teste vocacional ASVAB. Ele passou e a Marinha estava disposta a aceitá-lo; mais tarde, Kurt afirmou que tirara a nota mais alta já registrada no teste, mas dificilmente se pode acreditar nisso, já que o teste incluía matemática. No último minuto, como havia feito antes, Kurt refugou quando chegou a hora de se alistar.

A maioria das noites, Kurt dormia no assento traseiro do sedan Volvo batido da mãe de Greg Hokanson, jocosamente apelidado de "vulva". Quando o mês de outubro se aproximava e o tempo estava piorando, as noites eram péssimas no banco do carro. Kurt logo descobriu um novo benfeitor na família Shillinger, que, após intenso trabalho de convencimento por parte de Kurt, concordou em abrigá-lo.

Lamont Shillinger era um professor de inglês no Weatherwax e, como Dave Reed, também tinha antecedentes religiosos. Embora tivesse abandonado os mórmons anos antes, Lamont ainda tentava ser, conforme ele descreveu, "um ser humano *freelance* decente". Havia outras semelhanças com a vida na casa dos Reed: os Shillinger jantavam juntos, passavam tempo como uma família e seus filhos eram incentivados a tocar música. Kurt foi aceito como parte da família e introduzido na rotação das tarefas domésticas, o que ele fazia sem se queixar, agradecido por ser incluído. Havia certa escassez de quartos na casa dos Shillinger – eles tinham seis filhos –, e por isso Kurt dormia num sofá na sala de estar, guardando seu saco de dormir debaixo dele durante o dia. Ele passou o dia de Ação de Graças e a manhã de Natal de 1985 com os Shillinger. Lamont comprou para Kurt uma nova e muito bem-vinda calça Levi's. Mais tarde, no dia de Natal, Kurt fez uma visita à casa de Wendy – ela havia acabado de dar à luz sua meia-irmã Brianne. A recém-nascida tornava o lar dos O'Connor um lugar mais feliz, embora nem se cogitasse da volta de Kurt para lá.

Em dezembro de 1985, Kurt começou a ensaiar algumas canções que ele compusera, com Dale Crover no baixo e Greg Hokanson na bateria. Ele deu ao grupo o nome de Fecal Matter [Matéria Fecal], e foi esta sua primeira banda de verdade. Convenceu Crover a acompanhá-lo numa viagem até a casa da tia Mari para gravar algumas das canções. "Ele chegou", lembra Mari, "com um caderno enorme cheio de letras. Eu lhe mostrei como acertar umas poucas coisas, como gravar num gravador de dois rolos e ele passou direto a fazê-lo." Kurt gravou sua voz primeiro, e depois ele e Crover colocariam a parte da guitarra, do baixo e da bateria sobre o vocal. Mari ficou perturbada com a letra de "Suicide Samurai" ["Samurai Suicida"], mas colocou-a na conta de um comportamento adolescente típico. Os rapazes gravaram também "Bambi Slaughter" ["Massacre de Bambi", a história de como um menino fez negócio com os anéis de casamento de seus pais], "Buffy's Pregnant" ["Buffy está Grávida", sendo Buffy a personagem do programa de televisão *Family Affair*], "Downer", "Laminated Effect", "Spank Thru" e "Sound of Dentage". Quando voltou para Aberdeen, Kurt usou o tape deck dos Shillinger para reproduzir cópias. Ter a fita concreta nas mãos era prova tangível para ele de que tinha talento – era a primeira manifestação física da autoestima que encontrava pela música. Apesar disso, o Fecal Matter se dissolveu sem jamais fazer uma única apresentação.

A despeito das condições externas, a vida artística interior de Kurt estava crescendo aos trancos e barrancos. Ele continuou a fazer filmes usando a câmera super-8. Um curta-metragem mudo desse período mostra Kurt caminhando por um edifício abandonado usando uma camiseta da KISW "Seattle's Best Rock" e tentando se parecer com Jean-Paul Belmondo em *Acossado*, com os grandes óculos escuros. Em outro filme, ele coloca uma máscara de Mr. T e finge aspirar uma enorme quantidade do que parece ser cocaína, um efeito especial que ele criou com farinha e um aspirador de pó. Sem exceção, esses filmes eram criativos e – como tudo que Kurt criava – perturbadores. Nessa primavera, ele tentou começar um negócio decorando pranchas de skate com grafites. Chegou até a distribuir panfletos pela cidade, mas apenas um adolescente o contratou, pedindo uma cabeça explodindo. Kurt desenhou isso com satisfação – era sua especialidade –, mas o cliente não pagou e o negócio fracassou.

No dia 18 de maio de 1986, Kurt mais uma vez caiu sob o cuidado e a supervisão do departamento de polícia de Aberdeen. Às 12h30 da manhã a polícia foi chamada até um prédio abandonado na rua Market, 618, oeste, e o guarda John Green encontrou Kurt escalando um telhado, aparentemente drogado. Green lembra de Kurt como um "garoto legal, ainda que um pouco assustado". Kurt foi autuado por invasão de domicílio e por ser menor com posse de álcool para consumo. Quando os tiras descobriram que ele tinha um mandado pendente por depredação (ele não havia pago a multa pelo grafite), além de uma detenção anterior por álcool em Seattle, e que ele não podia pagar aquela fiança, colocaram-no na cadeia. A cela em que ficou parecia ter saído diretamente de um velho filme de gângsteres: barras de ferro, piso de concreto, nenhuma ventilação. Em seu depoimento, Kurt mencionou "costas ruins" quando interrogado sobre suas condições médicas e se descreveu como "19 anos de idade, 61 quilos, 1,70 metro, cabelos castanhos e olhos azuis". Ele exagerava na descrição de sua altura e peso.

Kurt usou o único telefonema a que tinha direito para chamar Lamont Shillinger e implorar a ele que pagasse sua fiança. Lamont concluiu que sua paternidade sobre Kurt Cobain havia ido longe demais e que Kurt teria de sair sozinho dessa enrascada. Mas Lamont o visitou no dia seguinte e, ainda que fosse contra sua religião, trouxe um maço de cigarros para Kurt. Incapaz de pagar a fiança, Kurt ficou na cadeia oito dias.

Anos depois, Kurt usou essa experiência para criar o folclore que acentuava sua sagacidade e adaptabilidade. Segundo ele, durante esse tempo na prisão desenhou pornografia para os outros prisioneiros se masturbarem. Sua pornografia caseira estava em tamanha demanda, conforme ele disse, que a trocava por cigarros e logo havia coletado todos os cigarros da cadeia. Nesse ponto, dizia a história, ele se tornou "o homem" que "controlava a cadeia". Ele apenas se atrevia a contar esse caso ficcional para pessoas que não o conheciam – seus amigos de Aberdeen se lembram dele tão apavorado com todas as imagens de filmes de prisão que ele havia visto ao longo dos anos que não conseguia dizer uma única palavra para outro detento durante toda a sua estada.

A vida na casa dos Shillinger logo chegaria ao fim para Kurt. Passara um ano lá e, aos dezenove anos – bem além da idade da emancipação –, ele não era nem parente sanguíneo nem filho adotivo oficial. Ele também começara a brigar com Eric Shillinger, que achava que Kurt havia ficado mais tempo do que lhe havia sido oferecido. Em certo fim de semana, os Shillinger saíram de férias sem Kurt e ao regressaram descobriram que ele havia coagido os dois cachorros da casa a defecarem na cama de Eric. Mas mesmo essa desfeita não foi a gota d'água; o final aconteceu numa noite de agosto de 1986, quando Eric e Kurt começaram a brigar por causa de uma minipizza. Segundo todas as versões, foi a briga mais séria em que Kurt jamais se meteu e ele tentou atingir Eric com um pedaço de pau. "Eu vi Eric no dia seguinte", lembra Kevin Shillinger, "e ele tinha um olho roxo. Eu vi Kurt e ele tinha os dois olhos roxos." Kurt saiu naquela noite, cuidando de um rosto inchado, e retirou-se para o espaço de ensaio dos Melvins. No dia seguinte ele pagou dez dólares para Steve trazer todas as suas coisas que haviam ficado na casa de Crover. Sua vida se reduzira a um padrão muito conhecido de intimidade, conflito e expulsão, seguida por solidão.

Um dos únicos momentos brilhantes aconteceu quando Krist Novoselic pareceu interessado em formar uma banda. Krist foi uma das primeiras pessoas a quem Kurt havia presenteado sua fita do Fecal Matter. "Ele tinha uma pequena fita demo e nela havia 'Spank Thru'", lembra Krist. "Achei a canção muito boa." Shelli Dilly, namorada de Krist, havia sido amiga de Kurt desde o colégio e o casal começou a deixá-lo desmaiar drogado ou bêbado atrás da casa, dormindo na Kombi de Krist. "Eu sempre me certificava de que havia cobertores suficientes para que ele não morresse congelado", disse Shelli. Dava-lhe também comida de graça sempre que ele entrava no McDonald's onde ela trabalhava.

No começo de setembro de 1986, Hilary Richrod, bibliotecária da biblioteca Timberland de Aberdeen, ouviu uma batida na porta de sua casa no final de uma tarde. Ela olhou pelo buraco da fechadura e viu um rapaz alto com os olhos vermelhos e Kurt, a quem ela reconheceu: ele costumava passar as tardes na biblioteca, lendo ou dormindo. Vendo aqueles dois personagens tão díspares na porta de sua casa – em uma cidade onde o arrombamento e o roubo faziam parte da vida –, ela sentiu uma pontada de alarme enquanto abria a porta. Seu alarme se intensificou quando Kurt levou a mão sob a capa. Mas o que ele tirou foi um pombo minúsculo com uma asa quebrada. "Ele está machucado e não consegue voar", disse Kurt. Richrod momentaneamente recuou. "Você é a dona dos pássaros, não é?", perguntou Kurt, parecendo quase irritado. Ela era de fato "a dona dos pássaros", administrando a organização de salvamento de pássaros silvestres de Aberdeen, mas normalmente as pessoas telefonavam para ela quando um pássaro estava machucado. Ninguém jamais tinha vindo direto até sua porta antes, certamente não dois adolescentes parecendo drogados.

Kurt lhe disse que encontrara o pombo debaixo da ponte da rua Young e que eles haviam andado quinze minutos até sua casa assim que viram o pássaro. Como eles sabiam que ela era a dona dos pássaros jamais foi explicado. Mas eles observaram atentamente quando ela começou a cuidar do animal. Andando pela casa, avistaram uma guitarra que pertencia ao marido de Richrod e Kurt imediatamente a apanhou: "É uma velha Les Paul. É uma cópia, mas uma cópia muito antiga". Ele quis comprá-la, mas Richrod disse que ela não estava à venda. Por um momento ela se perguntou se eles poderiam roubá-la.

No entanto, a única preocupação deles era o cuidado e a proteção para o pequeno pombo. Na cozinha, os dois observaram enquanto Richrod lentamente movia a asa do pássaro tentando determinar a gravidade de seu ferimento. "Ele está machucado, não está?", perguntou Kurt. Richrod tinha dois curiangos na cozinha, dois dos únicos pássaros dessa espécie em cativeiro, e ela lhes disse que os pássaros haviam aparecido numa reportagem de primeira página do *Aberdeen Daily World*.

"Eu estou numa banda", replicou Kurt, anunciando o fato como se aquilo devesse ser de conhecimento público. "Mas nem eu jamais estive na primeira página do *Daily World*. Esses pássaros chegaram um quilômetro na minha frente."

6

Não o amava bastante

Aberdeen, Washington,
setembro de 1986-março de 1987

Obviamente eu não o amava bastante, tal como agora amo.
Um registro em diário de 1987.

No dia 1º de setembro de 1986, Wendy emprestou duzentos dólares a Kurt – o bastante para um depósito e o primeiro mês de aluguel – e ele se mudou para sua primeira "casa". Essa descrição legal da estrutura na rua Second, 1000$^{1}/_{2}$ –, leste, em Aberdeen era excessivamente generosa; tratava-se de um barraco que, em muitos outros municípios, poderia ter sido condenado como inabitável nos termos de qualquer código de edificações válido. O teto estava apodrecendo, as pranchas do assoalho da varanda da frente haviam descido para o chão, e não havia nem geladeira nem fogão. A planta baixa era estranhamente dividida em cinco aposentos minúsculos: duas salas de estar, dois quartos e um único banheiro. Ela ficava nos fundos de outra casa e esse era o motivo para o estranho endereço.

Entretanto, a localização – a duas quadras da casa da mãe – era ideal para um jovem de dezenove anos que não estava inteiramente livre do controle psíquico de Wendy. A relação entre os dois havia melhorado no ano anterior. Com Kurt fora da casa, os dois se aproximaram emocionalmente; ele ainda precisava muito da aprovação e atenção de Wendy, ainda que ocultasse essa vulnerabilidade. De vez em quando, ela lhe trazia comida e ele podia ir até a casa dela para lavar suas roupas, usar o telefone ou assaltar a geladeira, tudo isso desde que seu padrasto não estivesse por perto. O barraco ficava próximo ao Exército da Salvação e atrás de um supermercado. Uma vez que lá não tinha geladeira, Kurt guardava cerveja numa caixa de gelo na varanda dos fundos até que os garotos do vizinho descobriram.

Para dividir a casa, Kurt escolheu Matt Lukin, dos Melvins. Kurt sempre desejara estar nos Melvins: morar com Lukin foi o mais próximo que ele conseguiu. A principal contribuição de Kurt para a casa foi colar uma banheira cheia de tartarugas no meio da sala de estar e fazer um furo no assoalho para que os resíduos das tartarugas escoassem para debaixo das tábuas. Lukin pelo menos usou suas habilidades de construção para tentar reorganizar as paredes. Como uma vantagem adicional, Lukin tinha 21 anos, portanto poderia comprar cerveja. O Gordo logo se tornaria uma lembrança distante.

Foi uma casa de festas e, por fim, uma casa de banda. Com Lukin como companheiro de casa, Buzz Osborne e Dale Crover os visitavam com frequência e, uma vez que a sala de estar estava cheia de equipamentos de banda, havia sessões de improviso. Uma turma variada de "Cling-Ons" dos Melvins passou a morar no barraco. Embora grande parte dos laços se centrasse em torno da meta de se embriagar, esse período tranquilo na rua Second, leste, foi o mais social da vida de Kurt. Ele se tornou amistoso com os vizinhos ou pelo menos com os garotos adolescentes, que eram vítimas da síndrome de alcoolismo fetal – o que não o impedia de lhes dar cerveja. Outro vizinho, um idoso senil apelidado de "hippie Lynyrd Skynyrd", o visitava todo dia para ouvir o disco dos grandes sucessos do Lynyrd Skynyrd de Kurt, enquanto batucava.

Para pagar o aluguel, Kurt arranjou emprego como responsável pela manutenção do Polynesian Condominium Resort na vizinha Ocean Shores. Ele tomava o ônibus para a viagem de quarenta quilômetros até a estância litorânea. Era um trabalho fácil, já que sua principal atribuição era reparar coisas e a estância de 66 quartos não estava precisando de reparos. Quando surgiu uma vaga de arrumadeira, ele indicou a namorada de Krist, Shelli. "Ele costumava dormir no ônibus", relembra. "Era engraçado porque ele realmente não fazia nada de manutenção. Ele dormia nos quartos do motel ou ia assaltar as geladeiras nos quartos depois que as pessoas saíam." Uma vantagem do emprego, além do salário inicial de quatro dólares por hora, era que ele tinha apenas de vestir uma camisa de trabalho marrom e não um uniforme atemorizante.

Ele se gabava com os amigos sobre a facilidade do cargo – descrevendo-o como "bundinha da manutenção" – e de como ele conseguia passar a maior parte do dia entrando de mansinho nos quartos e vendo tevê, mas o que não contava a ninguém era que ocasionalmente ele também tinha de limpar os quartos. Kurt Cobain, que era tão péssimo dono de casa que deveria figurar em algum tipo de galeria da fama, tinha de trabalhar como uma arrumadeira. Toda manhã, no ônibus até a estância, normalmente de ressaca, Kurt sonhava com um futuro que não incluísse esfregar privadas e arrumar camas.

O que ele de fato pensava, o tempo todo, era formar uma banda. Era um estribilho constante em sua cabeça e ele passava horas a fio tentando imaginar como ela poderia ser formada. Buzz havia montado uma – e se Buzz havia concebido uma, certamente ele também conseguiria. Em dezenas de ocasiões durante o ano de 1987, ele havia viajado como *roadie* dos Melvins para apresentações em Olympia, uma cidade universitária a uma hora de distância a leste, onde observava uma plateia entusiasta do punk rock, ainda que pequena. Certa vez, foi até Seattle com a banda e, embora isso significasse que tivesse de fazer força carregando equipamento e trabalhar sem sono na manhã seguinte, ele provou o gosto de um mundo mais amplo. Ser *roadie* dos Melvins não era nenhum trabalho glamouroso: não havia dinheiro nem tietes com quem conversar e Buzz era mal-afamado por tratar todos como escravos. Mas era um abuso que Kurt suportava de bom grado, já que havia pouca coisa que escapava de sua diligência. Ele tinha orgulho em desenvolver-se, particularmente quando se tratava do seu desempenho na guitarra; enquanto carregava o amplificador de Buzz, ele imaginava os papéis invertidos. Praticava em todos os momentos que podia e o fato de que estava melhorando era uma das únicas vias de autoconfiança que ele encontrava. Suas esperanças foram recompensadas quando Buzz e Dale lhe pediram para dar uma canja com eles em Olympia, na noite de encerramento de um clube chamado

Gessco. Embora apenas umas doze pessoas assistissem ao show – o cartaz os havia anunciado como Brown Towel, mas o nome do grupo era para sair como Brown Cow –, a noite marcaria sua estreia diante de um público pagante. No entanto, em vez de tocar guitarra, Kurt leu poesia enquanto Buzz e Dale esmerilhavam seus instrumentos.

Muitos dos hábitos autodestrutivos a que ele se entregava no apartamento rosa ainda eram visíveis no barraco. Tracy Marander, que o conheceu durante esse período, disse que a quantidade de LSD que ele ingeria era considerável. "Kurt estava tomando muito ácido, em algumas semanas até cinco vezes", relembra. Pelo menos em parte a explicação para esse aumento no uso de drogas era, curiosamente, a lealdade sindical; uma greve dos supermercados de Aberdeen na época resultou em que ou se tinha de ir de carro até Olympia para comprar cerveja ou furar um piquete de grevistas, e a opção habitual de Kurt era tomar ácido. Quando comprava cerveja, normalmente era "Animal Beer", assim chamada porque as latas Schmidt eram estampadas com imagens da vida selvagem. Quando tinha mais dinheiro, Kurt esbanjava na Rolling Rock porque, conforme dizia a seus amigos, "ela é quase 'rock and roll' escrito de trás para diante".

O ano do barraco foi um dos períodos mais longos e mais radicais do abuso de drogas por parte de Kurt. Anteriormente, o seu padrão havia sido o de cair na bebedeira e depois abster-se, mas morando no barraco ele se entregava às drogas como quase a nenhuma outra coisa. "Ele sempre estava forçando a barra", lembrou Steve Shillinger, "tomando um pouquinho mais do que os outros e tão logo não estivesse mais viajando." Quando não tinha dinheiro para maconha, ácido ou cerveja, voltava a inalar latas de aerossol. "Ele estava realmente a fim de ficar chapado: drogas, ácido, todo tipo de droga", observa Novoselic. "Ele ficava chapadão na metade do dia. Era um pirado."

Continuava também a falar em suicídio e morte precoce. Ryan Aigner morava a uma quadra de distância e lembra que desde o momento em que conheceu Kurt, todo dia havia conversas sobre morte. Certa vez Ryan perguntou a Kurt: "O que você vai fazer quando estiver com trinta anos?". "Não estou preocupado com o que vai acontecer quando eu tiver trinta anos", replicou Kurt no mesmo tom que empregaria para discutir sobre um plugue quebrado, "porque nunca vou chegar aos trinta. Você sabe como é a vida depois do trinta – eu não quero isso." Para Ryan, que encarava o mundo com o senso de possibilidades de um jovem, o conceito era tão estranho que ele ficou momentaneamente sem fala. Ryan conseguia identificar um tormento dentro de Kurt: "Ele tinha o perfil do suicida. Ele parecia suicida, andava como suicida e falava sobre suicídio".

Ao final da primavera, Kurt havia abandonado o emprego no resort. Desesperado por dinheiro, ocasionalmente trabalhava como instalador de carpetes ao lado de Ryan. Os supervisores da companhia de carpetes gostavam de Kurt e Ryan o informou que havia a possibilidade de um emprego em tempo integral. Mas Kurt rejeitou essa perspectiva porque a ideia de trabalho sério lhe era abominável, e ele tinha medo de machucar a mão de guitarrista com as facas de dois gumes usadas para cortar o carpete. "Essas mãos são importantes demais para mim", argumentou Kurt. "Posso atrapalhar minha carreira de guitarrista." Ele disse que se cortasse as mãos e ficasse incapaz de tocar, isso poria fim a sua vida.

O mero fato de que Kurt empregasse a palavra "carreira" para descrever sua música mostra o único ponto em que existia otimismo. As horas a fio praticando estavam começando a compensar. Estava compondo canções num ritmo prodigioso, rabiscando cruamente as letras nas páginas de seu caderno. Estava aprendendo tão depressa e absorvendo tanta coisa dos shows a que assistia e discos que ouvia que quase dava para ver seu cérebro arquitetando um plano. Não havia muita concentração sobre "a banda", já que não existia nenhuma unidade na época; em vez disso, arrebatado em sua animação para fazer música, organizou três ou quatro grupos simultaneamente. Uma das primeiras formações a praticar no barraco tinha Kurt na guitarra, Krist no baixo e um baterista local chamado Bob McFadden. Outra tinha Kurt tocando bateria, Krist na guitarra e Steve "Instant" Newman no baixo. Chamar a essas formações de grupo, como Kurt fez mais tarde, era um pouco de exagero: eram reais apenas na cabeça de Kurt e ele os juntava do jeito que alguém poderia montar uma fantasiosa equipe ideal de futebol. Observando que os Melvins certa noite haviam recebido sessenta dólares por uma apresentação, Kurt e Krist formaram uma banda chamada os Sellouts, que apenas ensaiava canções do Creedence Clearwater Revival, sabendo que as músicas fariam muito sucesso nos bares de Aberdeen. Kurt se referia a essas bandas como se tivessem carreiras prolongadas, quando, em sua maioria, elas apenas tocavam em ensaios. Somente uma formação, a que chamaram de Stiff Woodies, chegou a fazer uma apresentação pública, numa cervejada de garotos do colégio que os ignoraram.

Embora as jam sessions e as festas mantivessem Kurt ocupado, no início de 1987 ele já estava desenvolvendo uma atitude de impaciência com Aberdeen. Seus amigos comentaram que enquanto eles se contentavam em usar a música como uma maneira divertida de passar uma noite de sexta-feira, Kurt estava praticando um solo de guitarra ou compondo uma canção numa manhã de sábado. Tudo o que lhe faltava era um veículo para sua visão criativa, mas isso estava prestes a mudar. Ele e Krist começaram a tocar com um baterista do bairro chamado Aaron Burckhard em um grupo sem nome; Krist tocava baixo, Burckhard fazia a percussão e Kurt tocava guitarra e cantava. Era a incubação do Nirvana e a primeira aventura de Kurt como macho dominante de um grupo musical. Eles praticavam quase toda noite durante os primeiros meses de 1986, até que Kurt achasse que já haviam feito o bastante para a noite. Depois do ensaio, iam de carro até o Kentucky Fried Chicken. "Kurt adorava os Chicken Littles do KFC", lembra Burckhard. "Uma vez Kurt levou uma fita isolante e fez uma cruz invertida no interfone do drive-thru. Ficamos observando da van e rindo às gargalhadas quando os funcionários tiveram de sair para arrancar a fita."

No começo da primavera, Buzz anunciou que estava se mudando para a Califórnia e os Melvins estavam se dissolvendo. Foi um momento importante na história da banda de Aberdeen e, ao assisti-lo, Kurt deve ter achado que estava vendo um Judas em seu meio. "O que aconteceu", lembra Lukin, "foi que eu fui deixado para trás. A banda estava supostamente dissolvida, mas era só um jeito de me fazer sair. Buzz disse: 'Ah, não, nem mesmo vou para uma banda. Só estou mudando para a Califórnia'. Mas, aí, um mês depois de se mudarem, estavam tocando como os Melvins novamente. Foi duro, já que foi exatamente do mesmo jeito que Buzz me havia feito expulsar nosso baterista anterior."

O rompimento de seu companheiro de casa com os Melvins constituiria um marco importante no desenvolvimento de Kurt: todos tomaram partido nessa disputa, e Kurt pela primeira vez ousou desafiar Buzz. "Naquele dia Kurt se afastou artística e emocionalmente dos Melvins", relembra Ryan. Kurt já conseguia ver que sua própria música de influência pop jamais iria condizer com as expectativas de Buzz. Embora continuasse a falar de seu amor pelos Melvins, Kurt começara a superar Buzz como um modelo. Era um passo que precisava ser dado se ele quisesse desenvolver seu próprio comando e, embora isso fosse doloroso, libertou-o criativamente e lhe proporcionou espaço artístico.

Kurt e Lukin também estavam se irritando mais um com o outro – Kurt não gostava de alguns amigos de Lukin. Em um lance inspirado diretamente por um episódio de *I Love Lucy*, ele pegou fita crepe e a desenrolou pelo centro da casa e disse a Lukin e seus amigos que eles tinham de permanecer no lado deles. Quando um dos amigos de Lukin se queixou de que precisava atravessar a fita para ir ao banheiro, a resposta de Kurt foi: "Vá ao banheiro lá do quintal, porque este banheiro está do meu lado". Lukin se mudou. Kurt morou por algum tempo sem um companheiro de casa, até que um amigo de Olympia, Dylan Carlson, foi morar com ele. Cabelos castanhos compridos e uma barba emaranhada, Dylan parecia um pouco com Brian Wilson dos Beach Boys em seus tempos de transviado, mas o que saía de sua boca eram visões ofensivas sobre religião, raça e política. Dylan era uma figura, mas era brilhante, talentoso e afável – qualidades que Kurt admirava. Eles tinham se conhecido no show do Brown Cow e uma amizade se formara.

Dylan se mudou para Aberdeen, aparentemente para trabalhar com Kurt assentando carpetes. As tarefas deixavam a desejar: "Nosso chefe era um bêbado total", lembra Dylan. "Chegávamos de manhã para trabalhar e ele estava desmaiado no chão do escritório. Certa vez, desmaiou atrás da porta e não conseguimos abrir para entrar e acordá-lo." Os empregos se perderam mas a amizade entre Dylan e Kurt continuou. Com uma banda, um novo melhor amigo e algumas excelentes canções, foi um Kurt mais positivo que saudou 1987 e seu aniversário de vinte anos. E logo, surpreendentemente, até sua vida sexual prosperaria, quando Tracy Marander se tornou sua namorada.

Eles se uniram em torno de roedores – tanto Kurt como Tracy tinham ratos de estimação. Ele a conhecera dois anos antes do lado de fora de um clube punk em Seattle – foi o local de uma de suas detenções por alcoolismo. Ele e Buzz estavam bebendo num carro quando Tracy passou para dar um alô e Kurt ficou tão encantado que não percebeu um carro de polícia encostando. Encontraram-se durante o ano seguinte e, no começo de 1987, consolidaram um relacionamento. "Eu vinha flertando com ele por um bom tempo", diz Tracy. "Acho que ele tinha muita dificuldade de acreditar que uma garota realmente gostasse dele."

Tracy era a namorada ideal para o Kurt de vinte anos e significaria um importante marco em sua trilha para a vida adulta. Era um ano mais velha do que ele, tinha estado em centenas de shows de punk rock e sabia muito sobre música, o que era um enorme atrativo sexual para Kurt. Cabelos escuros, corpo curvilíneo e olhos grandes tão visivelmente castanhos quanto os dele eram azuis, era uma beleza feita em casa e dotada de uma atitude pé no chão. Cada um que ela encontrava se tornava um amigo; nesse ponto, como em muitos outros, ela não podia ser mais diferente dele. Kurt foi instantaneamente cativado por ela, embora desde o começo jamais sentisse que a merecia. Logo no início de seu relacionamento, as feridas internas e o seu padrão de retraimento se manifestaram. Uma das primeiras vezes em que foram para a cama juntos, ficaram deitados após a emoção do sexo, quando ela começou a dizer, vendo-o nu: "Meu Deus, você é tão magrinho". Embora não soubesse, Tracy não poderia ter dito nada que o magoasse mais. A reação de Kurt foi vestir rapidamente as roupas e sair correndo porta fora. No entanto, ele voltou.

Tracy decidiu que o amaria o bastante para que seu temor desaparecesse; ela o amaria tanto que ele seria até capaz de amar a si mesmo. Mas para Kurt esse terreno era traiçoeiro e em cada canto havia uma desculpa para a dúvida e o temor.

A única coisa de que ele gostou mais do que Tracy naquela primavera foi Kitty, um ratinho de estimação. Ele havia criado o roedor desde o nascimento, alimentando-o com um conta-gotas durante as primeiras semanas. O ratinho normalmente ficava em sua gaiola, mas em ocasiões especiais Kurt o deixava correr pela casa, já que um pouco de cocô de rato não iria manchar o encardido carpete. Certo dia, enquanto Kitty estava correndo pelo barraco, Kurt viu uma aranha no teto e mandou Kitty pegá-la. "Eu disse: 'Está vendo aquela safada, Kitty? Pegue-a, mate-a, pega ela, mata ela'", escreveu Kurt em seu diário. Mas Kitty não conseguiu atacá-la, e quando Kurt voltou com uma lata de desodorante em spray numa tentativa de matar a aranha, ouviu um som de partir o coração e, quando olhou para baixo, viu:

> Meu pé esquerdo [...] em cima da cabeça do meu rato. Ele ficou saltando por ali guinchando e sangrando. Eu gritei "desculpe" umas trinta vezes. Apanhei-o com uma cueca suja. Coloquei-o dentro de um saco plástico, achei um pedaço de pau, levei-o para fora e lhe dei umas cacetadas e o deitei de lado e pisei por todo o saco. Senti seus ossos e as entranhas se esmagarem. Levou cerca de dois minutos para livrá-lo de sua desgraça, e depois entrei na desgraça pelo resto da noite. Obviamente eu não o amava bastante, como agora o amo. Voltei para o quarto e observei as manchas de sangue e a aranha. Gritei para ela "Vai se ferrar" e pensei em matá-la, mas deixei-a ali para que acabasse se arrastando pelo meu rosto enquanto eu ficava a noite inteira deitado, sem dormir.

7

UM PASTELÃO NA MINHA BRAGUILHA

RAYMOND, WASHINGTON,
MARÇO DE 1987

Tem um pastelão na minha braguilha.
Kurt a uma multidão de quinze pessoas
no primeiro concerto do Nirvana.

A CARREIRA DE KURT COBAIN COMO BANDLEADER quase se encerrou antes mesmo de começar. Numa noite de chuva no início de março de 1987, a banda finalmente saiu de Aberdeen numa camionete-baú cheia de equipamentos com destino ao seu primeiro show. A banda ainda não tinha nome, embora Kurt tivesse passado horas a fio considerando diversas opções, entre as quais Poo Poo Box, Designer Drugs, Whisker Biscuit, Spina Biffida, Gut Bomb, Egg Flog, Pukeaharrea, Puking Worms, Fish Food, Bat Guana e Incompotent Fools (intencionalmente grafada errado), além de muitas outras. Em março de 1987 ele ainda tinha de se fixar em um nome.

Eles se dirigiam para Raymond, meia hora ao sul de Aberdeen, porém mais parecida com Aberdeen do que a própria Aberdeen; era uma autêntica cidade de madeireiros e bitolados, já que praticamente todo emprego se relacionava com madeira. Escolher Raymond para seu show de estreia era como uma produção da Broadway iniciar sua temporada nos Apalaches – era uma chance para testar coisas com uma plateia tida como não muito perspicaz ou sofisticada.

Ryan Aigner, que por sua natureza sociável se tornara seu empresário por um breve momento, havia acertado a apresentação. Ele importunou Kurt para que se apresentasse em público e, quando o amigo se esquivou, Ryan programou uma apresentação numa festa sem o consentimento prévio de Kurt. Ryan emprestou uma van de transporte de carpetes de seu emprego, colocou os equipamentos dentro e apanhou Kurt, Krist, Burckhard, Shelli e Tracy, que tiveram de se sentar entre rolos de carpete. Durante a viagem, Kurt se queixava sem parar de que a banda – que ainda tinha de tocar em outro lugar que não seu minúsculo barraco – merecia algo melhor do que essa apresentação. "Estamos tocando em *Raymond*", disse ele, pronunciando o nome da cidade com pouco-caso. "Na *casa de alguém*, ainda por cima. Eles ainda não sabem o que é rádio. Eles vão nos *detestar*." "A ideia de Kurt", observou Ryan, "era que ou a multidão iria odiá-los, o que eles aceitariam, ou iria adorá-los, o que também seria legal. Ele estava preparado para qualquer das duas coisas." Esse foi um exemplo clássico de um artifício que Kurt aplicaria ao longo de sua carreira: menosprezando o sucesso e, de fato, pintando o pior cenário possível, ele imaginava que poderia se proteger do verdadeiro fracasso. Se o evento real que ele temia fosse um desastre quase total, ele poderia declarar com algum grau de triunfo que ele havia mais uma vez passado a perna no destino. Desta vez, porém, sua previsão se mostraria acurada.

A casa estava localizada na estrada Nussbaum, 17, um caminho de cascalho a onze quilômetros de Raymond, no meio de um campo. Quando chegaram, às nove e meia da noite, Kurt imediatamente ficou receoso, vendo uma plateia de jovens que ele não conhecia. "Quando vi como era a banda", lembra Vail Stephens, que estava na festa, "eu disse: 'Ô-ô'. Eles pareciam muito diferentes da multidão em que estávamos." Foi exatamente o que Kurt havia pensado quando observou as dezenas de adolescentes com camisetas de Led Zeppelin e cabelos cortados rente na frente e comprido na nuca. Em contraste, Krist estava descalço, enquanto Kurt vestia uma camiseta do Munsters e um bracelete tachonado com pinos salientes que podia ter vindo diretamente da King's Road de Londres em 1978.

Entraram numa casa decorada com um pôster do "Che", o encarte de um disco do Metallica e um pôster do último disco de Def Leppard. Pregados numa viga estavam diversas placas de rua roubadas, entre elas um indicador da rodovia "Mile 69". Uma bateria Tama estava permanentemente montada num canto da pequena sala de estar, assim como uma caixa amplificadora Marshall, e havia um barril de cerveja do lado de fora da cozinha.

Levou algum tempo para a banda montar os instrumentos e, enquanto isso, seus integrantes não procuraram exatamente se integrar com seus anfitriões. "Ele não disse uma palavra", disse Kim Maden, referindo-se a Kurt. "Tinha o cabelo escorrido, meio gorduroso, que lhe cobria o rosto." Pelo menos, em seu retraimento, Kurt era diferente de Krist, que entrou no banheiro e começou a urinar, apesar do fato de o banheiro já estar ocupado por uma garota. Krist abriu o armário de remédios, descobriu um frasco de sangue falso para Halloween que usou para cobrir seu peito nu, procurou fita isolante para colocar sobre os mamilos e começou a saquear os remédios. Saiu do banheiro, ignorou o barril de cerveja, foi para a geladeira e, encontrando a cerveja Michelob Light, gritou: "Oba, tem cerveja da boa!". Nesse momento, Kurt começara a tocar e Krist teve de correr a apanhar seu baixo porque o primeiro concerto do Nirvana havia começado.

Iniciaram com "Downer", uma das primeiras canções que Kurt compôs. A música listava queixas clássicas de Cobain contra a condição lamentável da existência humana. "Hand out lobotomies/ To save little families" ["Distribuam lobotomias/ Para salvar as pequenas famílias"], cantou Kurt. A letra obscura se perdia inteiramente para a plateia de Raymond, que não conseguia ouvir nada além dos solos da guitarra pesada e do baixo. Kurt acelerou na execução, embora a canção e as demais que se seguiram fossem surpreendentemente profissionais. Em sua primeiríssima apresentação pública, estava tudo ali, cada pedaço do Nirvana que conquistaria o mundo nos anos que viriam: o tom, a atitude, o frenesi, os ritmos ligeiramente desencontrados, os acordes notavelmente melódicos da guitarra, as frases condutoras do baixo que garantiam o balanço do corpo da plateia e, o mais importante, a concentração hipnótica de Kurt. Ele ainda não era um executante plenamente realizado – e, de fato, os que estavam na festa não se lembram de vê-lo erguer nenhuma vez a cabeça ou de que tenha tirado o cabelo do rosto –, mas todos os blocos brutos essenciais da construção estavam presentes. Valia a pena vê-lo, ainda que somente porque ele parecesse tão denso.

Não que a plateia notasse, porque ela estava fazendo o que toda aglomeração de adolescentes faz numa festa – bebendo e conversando. De longe, o mais notável no show foi que a plateia não aplaudiu quando eles terminaram seu primeiro número. A única pessoa que pareceu animada foi Krist, que anunciou: "Parece muito bom daqui", talvez para evitar que o ego suscetível de Kurt se despedaçasse. Ryan, que estava drogado, replicou: "Parece muito melhor do que costuma parecer". "Acho que vocês deviam comprar um amplificador decente", foi o único comentário de Kurt após encerrar a primeira canção de sua autoria diante de uma plateia. "Nós já temos um amplificador decente", afirmou Tony Poukkula, que morava na casa, "só continua a detonar." Shelli gritou para Krist não tirar a calça – era a única roupa que ele estava vestindo –, enquanto Kurt brincava: "Tem um pastelão na minha braguilha". "Beastie Boys", gritou uma mulher. "Bestiality Boys", respondeu Kurt.

Quando afinavam os instrumentos entre uma música e outra, Kurt avistou Poukkula, que tinha fama de excelente guitarrista na área, preparando sua Fender e se aproximando da banda. O que Ryan não havia dito a Kurt era que a noite fora descrita para Poukkula como uma jam session. A expressão de Kurt era de horror, já que, mesmo nessa fase inicial de sua carreira, ele não queria dividir o palco. "Seria legal fazer uma jam", mentiu delicadamente Kurt para Tony, "mas você se importa se tocarmos nosso show até o fim? Na verdade eu não conheço canções populares e acho legal improvisar, mas só gosto de improvisar quando estou bêbado – desse jeito não me importo." Poukkula foi compreensivo e se sentou. Cabia então a Kurt entreter a plateia e nem Burckhard nem Krist, agora deitados sobre o console de televisão, pareciam estar prontos. "Vamos tocar só esta", ordenou Kurt, impaciente. "Vamos só acertar o jeito que vamos tocá-la." E com isso ele começou o solo inicial de guitarra de "Aero Zeppelin", supondo que seus colegas de banda o acompanhassem, o que fizeram. Quando a música prosseguiu, soava tão acabada como soaria um ano depois, quando a gravaram.

Enquanto "Aero Zeppelin" terminava, os nativos começaram a ficar impacientes. Novamente não houve aplauso e dessa vez Kurt ficou incomodado, embora, para ser justo, grande parte do incômodo viesse de Krist e Ryan, ambos tão bêbados que mal paravam em pé. A banda tinha conseguido, como o faria em muitos de seus primeiros shows, se sobrepor ao volume da plateia durante as canções; não teriam tanta sorte durante os intervalos entre as canções.

"Ei, de quem é toda essa maconha?", gritou Krist.

"Ácido. Eu quero ácido!", gritou Shelli.

"Você deve apenas beber álcool", disse uma mulher de Raymond.

"Tudo o que eu quero é um bom baseado", replicou Krist.

"Você vai ver o baseado que eu vou dar para vocês agora mesmo", ameaçou Ryan. "Façam alguns covers. Toquem qualquer coisa. Estou cansado de ver vocês bancando os bobos, retardados desse jeito. Vocês são bobos."

"Vamos tocar 'Heartbreaker'", gritou Krist, enquanto tocava a frase de introdução no baixo.

"Vocês estão de porre?", perguntou um sujeito.

"Toquem como Zeppelin tocava", gritou outro.

"Toquem como Tony Iommi", gritou ainda outro.

"Toquem alguma do Black Sabbath", gritou alguém da cozinha.

E com isso a coisa quase desandou – Kurt estava cambaleando a ponto de desmaiar. Krist continuava gritando "toque 'Heartbreaker'", a que Kurt, numa voz que parecia muito nova, gritava de volta: "Eu não sei". Mas mesmo assim eles começaram a canção do Zeppelin e o toque da guitarra de Kurt foi ótimo. A execução parou na metade quando Kurt esqueceu a letra, mas no momento em que ele parou, a plateia o incitou de novo, gritando "solo". Ele fez sua melhor imitação de Jimmy Page em "Heartbreaker" e incluiu trechos de "How Many More Times", mas quando parou nisso ainda não houve aplauso. Sabiamente, Kurt gritou "'Mexican Seafood', todo mundo", e começaram a tocar essa música de sua autoria.

Em seguida, tocaram "Pen Cap Chew" e, depois, "Hairspray Queen". Ao final desse número, Krist estava em pé sobre a televisão, fazendo com a língua uma imitação do Kiss. Enquanto Kurt e Aaron continuavam a tocar, Krist saltou pela janela para fora da casa. Parecendo um garotinho de três anos de idade jogando água com uma mangueira num dia de verão, voltou para dentro da casa e depois fez tudo isso de novo. "Foi maluquice", lembrou Krist. "Em vez de apenas fazer o show, pensamos, por que não um evento? Foi um *evento*."

O que aconteceu em seguida garantiu que aquela seria uma festa para ser lembrada. Shelli e Tracy decidiram se juntar ao estranho show esfregando as mãos no peito de Krist e se beijando entre si. Kurt rapidamente apresentou a canção seguinte: "Esta se chama 'Breaking the Law'". Eles tocaram a música que mais tarde se chamaria "Spank Thru", uma canção sobre masturbação. A plateia de Raymond pode não ter sido a mais sofisticada, mas começou a ter a sensação de que era alvo de algum tipo de gozação.

Shelli, tentando afanar algumas preciosas Michelob, teve o azar de ficar com o colar preso na porta da geladeira. Quando Vail Stephens fechou a porta e quebrou seu colar, uma briga começou. "Babaca gordo, escroto", gritou Shelli, enquanto ela e Vail se engalfinhavam na entrada da garagem. "Estávamos sendo chatos de propósito", lembrou Shelli. "Para nós eles eram uns caipiras, e não queríamos ser caipiras."

Kurt, vendo seu primeiro show se tornar um caos, pôs a guitarra de lado e caminhou para fora, igualmente divertido e enojado. Fora da casa, uma jovem atraente se aproximou de Kurt, e enquanto isso acontecia ele deve ter sentido que seus sonhos juvenis de ser um astro do rock e atrair tietes estavam finalmente se realizando. Mas, em vez de uma fã adoradora, essa mulher de cabeleira loura queria saber a letra de "Hairspray Queen". Aparentemente, achava que a música havia sido composta sobre *ela*, talvez ali mesmo. Tratava-se apenas do primeiro de muitos casos em que as letras de Kurt seriam erroneamente interpretadas. Já nessa primeira apresentação, Kurt não se mostrou gentil a uma plateia que deturpava sua verdadeira intenção. "É, eu vou lhe dizer a letra", ele falou, soando como se tivesse sido insultado. "Diz o seguinte: 'foda, boceta, mineteiro, olho do cu, comer merda, filho de uma puta, lavagem anal, escroto [...]'." A garota desatou a correr.

Kurt foi procurar Krist e o encontrou no teto da van, urinando nos carros dos outros convidados. Vendo essa demonstração e sempre preocupado inteligentemente com sua autopreservação, Kurt disse a todos que era hora de ir embora. Juntaram seus equipamentos e partiram, receando que sua retirada fosse impedida por punhos e pés de seus anfitriões. Mas a plateia de

Raymond, apesar de toda a loucura e os insultos que havia suportado, e apesar de ser considerada caipira, na verdade se mostrou mais receptiva do que muitas das plateias que pagariam para ver o Nirvana nos vários anos seguintes. Alguns chegaram a comentar: "Caras, vocês são muito bons". Ouvir essas palavras foi um elixir para Kurt. Ver seu reflexo numa plateia, mesmo que esta não fosse muito entusiasta, parecia muito mais atraente do que sua própria autocrítica, que era incessantemente brutal. Se a plateia tivesse feito alguma coisa menos do que enforcá-lo no poste de iluminação, teria sido um triunfo. A plateia – distraída que fora por rodeios, brigas de bar e um homem seminu saltando pelas janelas – havia lhe oferecido um pequeno gosto de algo pelo qual ele ansiava mais do que tudo na vida: o ópio da atenção.

Enquanto todos se apertavam na van, houve alguma discussão sobre quem no grupo estava menos bêbado, e embora Kurt fosse o mais sóbrio, ninguém confiava nele para dirigir. Ele se sentou atrás, enquanto Burckhard assumia o volante. "Todos foram para fora assistir à partida", lembra Jeff Franks, que morava na casa. "Todos se sentaram no banco traseiro da van sobre os rolos de carpete, com a porta de trás ainda aberta. Conseguimos vê-los baixando a porta enquanto aceleravam jogando cascalho com os pneus."

Dentro da van não havia janelas e, com a porta deslizante abaixada, era escuro como breu. Levaria vários meses até que tocassem novamente diante de uma plateia, mas eles já olhavam com expectativa para o seu futuro, com uma pequena parte de sua lenda já formada.

8

No colégio, de novo

Olympia, Washington,
abril de 1987-maio de 1988

Droga, estou no colégio de novo! Quero voltar para Aberdeen.
Trecho de uma carta a Dale Crover.

Dois meses depois do show em Raymond, Kurt fez outra viagem importante: abandonou Aberdeen de uma vez por todas. Ele havia passado os primeiros vinte anos de sua vida ali, mas, depois de partir, raramente voltaria. Empacotou suas coisas, que na época consistiam em pouco mais do que uma mochila de roupas, um caixote de discos e sua agora vazia gaiola de rato, e as embarcou no carro de Tracy para a viagem de pouco mais de cem quilômetros até Olympia. Embora Olympia fosse apenas um pouco maior do que Aberdeen, era uma cidade universitária, a capital do estado e um dos lugares mais excêntricos a oeste do East Village, com uma estranha mistura de roqueiros punk, artistas, pretensos revolucionários, feministas e tipos simplesmente esquisitos. Os estudantes do Evergreen State College – conhecidos universalmente como "Greeners" – criavam seu próprio currículo. Kurt não pretendia ir para a universidade, mas pelo menos tinha a idade correta para entrar. Ele iria ter uma relação conflitante com o público de arte da cidade – ansiava por sua aceitação, ainda que frequentemente se sentisse inadequado. Era um tema recorrente em sua vida.

Kurt se mudou para Olympia para morar com Tracy em um apartamento-escritório em uma velha casa convertida num triplex na rua Pear, 114 ½. Era minúsculo, mas o aluguel era de apenas 137,50 dólares por mês, incluindo serviços públicos. E a localização, a poucas quadras do centro, era ideal para Kurt, que raramente tinha acesso a um automóvel. Durante o primeiro mês procurou emprego sem muito sucesso, enquanto Tracy o sustentava trabalhando na lanchonete da fábrica da Boeing em Seattle. Ela fazia o turno da noite e a longa viagem para o trabalho significava que saía para o trabalho às dez da noite e só voltava para casa às nove da manhã. O emprego garantia uma renda fixa – algo que ambos sabiam não poder esperar de Kurt – e ela podia roubar comida para complementar seu salário. Devido ao seu horário incomum de trabalho, Tracy começou a deixar listas de "afazeres" para Kurt, e essa forma de comunicação se tornaria um ritual de seu relacionamento. Uma dessas listas que ela escreveu no final de 1987 dizia: "Kurt: varra a cozinha, atrás da caixa de areia do gato, lata de lixo, debaixo do alimentador do gato. Sacuda os tapetes, ponha os pratos sujos na pia, limpe o canto, varra o chão, sacuda os tapetes, passe aspirador e limpe o quarto da frente. Por favor, por favor, por favor". O bilhete era assinado com um coração e uma *smiley* sorridente. O bilhete de resposta de Kurt: "Por favor, ponha o despertador para as onze que eu lavo os pratos. Tudo bem?".

A princípio, Kurt ajudou com o trabalho doméstico, lavando a louça e até ocasionalmente esfregando o chão. Embora o apartamento fosse minúsculo, precisava de limpeza constante devido à coleção de bichos de estimação dos dois. Embora a população efetiva variasse ao longo dos dois anos seguintes, dependendo do tempo de vida de cada um, eles tiveram cinco gatos, quatro ratos, uma cacatua, dois coelhos e as tartarugas de Kurt. O apartamento tinha um cheiro que as visitas frequentemente comparavam desfavoravelmente a uma pet shop, mas era quase um lar. Kurt chamava o coelho de Stew [Guisado].

Ele também pintou o banheiro de vermelho-sangue e escreveu "REDRUM" na parede, uma referência a *O iluminado*, de Stephen King. Uma vez que Kurt tinha a tendência de escrever nas paredes, eles prudentemente cobriram a maioria delas com pôsteres de rock, muitos com o verso para a frente, para que assim ele tivesse mais espaço para criar. Os poucos pôsteres que exibiam a frente tinham alguma alteração em relação ao que eram. Um cartaz enorme dos Beatles agora exibia um Paul McCartney de óculos e usando cabelo afro. Acima da cama havia um pôster do Led Zeppelin ao qual Kurt acrescentara o seguinte: "Otário, mendigo, alcoólatra, nojento, lixo, degenerado, piolho, perebas, pus, pneumonia, diarreia, vômito de sangue, urina, músculo intestinal deficiente, artrite, gangrena, doença mental psicótica, incapaz de formar frases, provavelmente irá se virar sozinho num caixão na neve". Junto a essa ladainha estava o desenho de uma garrafa de vinho fortificante Thunderbird e uma caricatura de Iggy Pop. A geladeira exibia uma colagem de fotos que ele criou com imagens de carne misturadas com velhas ilustrações médicas de afecções vaginais. "Ele era fascinado por coisas que fossem grosseiras", lembrou Tracy. E embora o próprio Kurt raramente falasse sobre religião, Tracy disse: "Acho que ele acreditava em Deus, mas mais no diabo do que realmente em Deus". Havia cruzes e outros artefatos religiosos nas paredes. Kurt gostava de roubar esculturas da Virgem Maria do cemitério e de pintar lágrimas de sangue sob seus olhos. Tracy havia sido criada como luterana, e a maioria das discussões religiosas entre os dois era sobre se Deus poderia existir num mundo cheio de tanto horror, com Kurt assumindo a posição de que Satã era mais forte.

Após dois meses como dono de casa, Kurt assumiu um emprego de vida curta de 4,75 dólares por hora no Lemons Janitorial Service, uma pequena empresa familiar de serviços de faxina. Ele dizia a seus amigos que limpava consultórios médicos e odontológicos e usava a oportunidade para roubar remédios. Mas, de acordo com o proprietário do negócio, grande parte da rota em que Kurt trabalhava era de edifícios industriais com poucas chances de roubar alguma coisa. Ele usou parte daquilo que ganhou para comprar um velho Datsun enferrujado. Uma coisa era certa sobre esse serviço de manutenção: tanto no plano físico como no emocional, deixava Kurt com pouca energia para aplicar à limpeza de seu próprio apartamento, o que criou a primeira tensão entre ele e Tracy. Mesmo depois de deixar o emprego, aparentemente ele achou que não precisava mais fazer nenhuma limpeza na vida.

Em Olympia, sua vida artística interior estava se desenvolvendo em sentidos antes inexistentes. Desempregado, Kurt acionou uma rotina que ele seguiria pelo resto de sua vida. Levantava-se por volta do meio-dia e comia uma espécie de café-almoço. Kraft Macaroni and Cheese era seu prato predileto. Tendo experimentado outras marcas, seu paladar delicado havia decidido que quando se tratava de queijo e massa beneficiados, a Kraft havia conquistado seu papel de líder do mercado. Depois de comer, ele passava o resto do dia fazendo uma dentre três coisas: ver televisão, o que ele fazia sem parar; praticar com sua guitarra, o que ele fazia durante horas, normalmente enquanto via tevê; ou criar algum tipo de projeto de arte, fosse na pintura, colagem ou instalação tridimensional. Esta última atividade nunca era formal – Kurt raramente se identificava como artista –, embora ele passasse horas dessa maneira.

Ele também escrevia seus diários, embora o diálogo interno que mantinha não fosse muito tintim por tintim do seu dia, já que isso era um dispositivo terapêutico obsessivo-compulsivo pelo qual ele conseguia soltar seus mais íntimos pensamentos. A escrita era imaginativa e muitas vezes perturbadora. Suas canções e seus registros no diário às vezes se fundiam, mas ambos eram obcecados pelas funções corporais humanas: parto, urina, defecação e sexualidade eram tópicos em que ele era bem versado. Um pequeno segmento ilustra os temas familiares que ele constantemente revisitaria:

> Chef Boyardee é mais insignificante, mais forte, menos suscetível à doença e mais dominador do que um gorila macho. Ele vem me ver à noite. Abrindo obstinadamente as fechaduras e curvando as grades de minha janela. Custando-me terríveis somas de dinheiro em dispositivos domésticos antifurto. Ele vem me ver em meu quarto. Nu, barbeado e untado. Os pelos pretos do braço eriçam sua pele como frango arrepiado. Parado em uma poça de gordura de pizza. Vomitando farinha. Ele entra em meus pulmões. Eu tusso. Ele ri. Monta em cima de mim. Eu gostaria de chutar seu maldito rabo machista quente e fedorento.

Esses pensamentos íntimos, muitas vezes cheios de violência, estavam em contraste marcante com o mundo externo de Kurt. Pela primeira vez em sua vida ele tinha uma namorada firme que o idolatrava e atendia a cada uma de suas necessidades. Às vezes, a atenção que Tracy lhe dava beirava o cuidado maternal e, em certo sentido, ele precisava disso. Kurt comentava com seus amigos que ela era "a melhor namorada do mundo".

Como casal, os dois demonstravam sinais de tranquilidade doméstica. Iam juntos para a lavanderia e, quando podiam, compravam pizza para viagem na Fourth Avenue Tavern (eles moravam vizinhos a um ponto de pizza diferente, mas Kurt insistia que ela não prestava). Kurt gostava de cozinhar e frequentemente fazia para Tracy o prato que era sua especialidade, "vanilla chicken", ou fettucine Alfredo. "Ele comia o tipo de coisa que faria outras pessoas ganharem peso, mas ele nunca engordava", comenta Tracy. Seu tamanho sempre havia sido motivo de preocupação e ele escrevia para diversos anúncios das últimas páginas de revistas pedindo fórmulas para ganhar peso, mas estes surtiam pouco efeito. "Os ossos de seus quadris saltavam para fora e ele tinha joelhos protuberantes", lembra Tracy. "Não usava short a menos que estivesse fazendo muito calor, porque ele se retraía por saber que suas pernas eram muito finas." Para um passeio até a praia, Kurt vestiu uma ceroula, uma calça Levi's, uma segunda Levi's sobre a primeira, uma camisa de mangas compridas, uma camiseta e dois pulôveres de mangas compridas. "Ele queria parecer maior", disse Tracy.

A única coisa em sua vida que conseguia fazê-lo sentir-se maior era sua música, e no verão de 1987 a banda estava se consolidando. Eles ainda não haviam definido um nome permanente, chamando-se de tudo: desde "Throat Oyster" até "Ted, Ed, Fred", em homenagem ao namorado da mãe de Greg Hokanson. Eles tocaram em duas festas no início de 1987 e, em abril, chegaram a tocar na emissora de rádio KAOS da universidade em Olympia. Tracy deu uma fita do show no rádio para Jim May, da Community World Theater (CWT) de Tacoma, e insistiu com Jim para que os programasse. Tracy e Shelli contribuíram para a banda naqueles primeiros tempos em vários sentidos que não podem ser subestimados: elas desempenhavam os papéis informais de assessoras de imprensa, empresárias, promotoras e agentes de merchandising, além de seu trabalho de garantir que seus homens estivessem alimentados, vestidos e ensaiados.

Jim May propiciou à banda sua primeira apresentação extrafesta, para a qual tocaram sob o nome de Skid Row – na época, Kurt não sabia que uma banda *lite-metal* de Nova York tinha o mesmo apelido. Não importava; eles mudavam de nome a cada show, do mesmo jeito que uma socialite experimenta chapéus. Essa apresentação, embora não muito depois da festa em Raymond, mostrou a banda crescendo aos trancos e barrancos. Mesmo Tracy, que era tendenciosa, já que estava apaixonada pelo cantor, ficou impressionada pelo tanto que eles haviam se desenvolvido: "Quando começaram a tocar, minha boca caiu. Eu disse: 'Esses caras são bons'".

Eles podiam ter um bom som, mas certamente pareciam estranhos. Para essa apresentação, Kurt havia tentando ser glamouroso. Como fez em diversos shows naquele ano, ele vestia calça brilhante, uma camisa de seda havaiana e sapatos de plataforma de quatro polegadas para parecer mais alto. O músico John Purkey, por acaso, estava na CWT naquela noite e, apesar dos trajes estranhos do grupo, lembra: "[...] fiquei tomado. Ouvi a voz da pessoa cantando e ela me deixou totalmente impressionado. Eu nunca ouvira uma voz como a dele antes. Era uma voz muito distinta. Havia uma canção, 'Love Buzz', que definitivamente pegava".

"Love Buzz" tinha sido um dos elos perdidos de que a banda precisava. Krist havia descoberto a canção num disco de uma banda holandesa chamada Shocking Blue, e Kurt a adotou imediatamente e fez dela uma marca de seu grupo. Ela começava com uma batida de bateria em meio andamento, mas rapidamente passava para uma frase rodopiante de guitarra. A interpretação da canção mesclava partes iguais de transe psicodélico com uma densidade surda e reduzida da parte do baixo de Krist. Kurt tocaria o solo de guitarra atrás dele, no chão.

Começaram a tocar regularmente no CWT, embora seja exagero sugerir que tenham formado ali uma audiência. O cinema em si era uma antiga sala de exibição de filmes pornô, e a única fonte de calor era uma estufa com uma turbina movida a gás que girava ruidosamente, mesmo durante as apresentações da banda. Kurt comentou que havia o "cheiro onipresente de urina" no lugar. A maioria da plateia de seus primeiros shows vinha para ver outros grupos – na noite antes de Kurt tocar, a programação era Bleeder, Panic e Lethal

Dose. "Jim May programava esses caras quando ninguém mais lhes daria espaço", explicou Buzz Osborne. "Era ali que eles perdiam seus dentes de leite." Kurt, sempre aprendendo com Buzz, percebeu que até uma apresentação diante de seus amigos era uma chance para crescer. "Eu podia contar com eles para tocar a qualquer momento", lembrou May. "Kurt nunca recebia dinheiro nenhum, o que também era bom para mim porque eu estava fazendo somente cerca de doze shows por mês, e apenas dois deles davam dinheiro." Kurt havia sabiamente captado sua situação e percebeu que a banda conseguiria mais apresentações e mais experiência se eles tocassem de graça. Afinal, para que eles precisavam de dinheiro? Eles tinham Tracy e Shelli.

Shelli havia assumido um emprego ao lado de Tracy na lanchonete da Boeing. Ela e Krist haviam se mudado para um apartamento em Tacoma, a 48 quilômetros ao norte de Olympia. Com a mudança, a banda em breve se dissolveu. Anteriormente, com Krist e Aaron morando na área de Aberdeen, Kurt tomava o ônibus de volta para os ensaios. Mas com Krist em Tacoma e trabalhando em dois empregos (na Sears e como pintor industrial), o único que parecia ter tempo para a banda era Kurt. Ele escreveu uma carta a Krist para convencê-lo a voltar para o grupo. "Era engraçada; era como um comercial", lembra Krist. "Ela dizia: 'Venha, junte-se à banda. Sem compromisso. Nenhuma obrigação (bem, algumas)'. Aí eu liguei para ele e disse: 'Tá bem, vamos fazer de novo'. O que fizemos foi montar um espaço para ensaios no porão da nossa casa. Demos um giro por canteiros de construção, apanhamos restos e o construímos com velhos caibros de duas por quatro polegadas e carpetes velhos." Kurt e Krist já eram amigos havia algum tempo, mas essa segunda formação da banda cimentaria mais profundamente sua relação. Embora nenhum fosse particularmente bom para falar sobre suas emoções, forjaram um laço fraterno que parecia mais forte do que todos os demais relacionamentos de suas vidas.

Mas mesmo com um local de ensaio em Tacoma, à medida que se encerrava o ano de 1987 novamente se defrontaram com o problema do baterista, que os atormentaria pelos próximos quatro anos. Burckhard ainda morava em Grays Harbor e, com um novo emprego como gerente assistente no Burger

King de Aberdeen, ele não podia mais tocar com eles. Em resposta, Kurt colocou um anúncio de "Procuram-se Músicos" na edição de outubro de 1987 da *The Rocket*: "procura-se baterista sério. Atitude underground, Black Flag, Melvins, Zeppelin, Scratch Acid, Ethel Merman. Versátil pra caramba. Kurdt 352-0992". Não encontraram nenhum candidato sério e, assim, em dezembro, Kurt e Kirst começaram a praticar com Dale Crover, que estava de volta da Califórnia, e começaram a conversar sobre a produção de uma demo. Durante o ano de 1987, Kurt tinha dezenas de canções e estava ansioso para gravá-las. Leu um anúncio do Reciprocal, um estúdio que cobrava apenas vinte dólares por hora para gravação e marcou uma sessão em janeiro com o produtor em ascensão, Jack Endino. Endino não tinha a menor ideia de quem era Kurt e anotou na agenda "Kurt Covain".

No dia 23 de janeiro de 1988, um amigo de Novoselic levou a banda e todo o seu equipamento até Seattle em um caminhão forrado de sarrafos e aquecido por um fogão a lenha. Parecia uma cabana da roça carregada para dentro de uma pick-up, e era isto mesmo o que era. Ao entrar na cidade grande eles pareciam a Família Buscapé, com fumaça de lenha saindo pela traseira da carroceria; o caminhão estava tão carregado que raspava nas saliências da pista.

O Reciprocal era administrado por Chris Hanszek e Endino. As bandas Mudhoney, Soundgarden e Mother Love Bone haviam trabalhado lá e o lugar já era lendário em 1988. O estúdio em si tinha apenas 83 metros quadrados, com uma sala de controle tão minúscula que três pessoas não conseguiam se acomodar dentro dela ao mesmo tempo. "Os carpetes estavam gastos, os lambris das portas estavam todos se soltando e haviam sido pregados de volta algumas vezes, o que demonstrava sua idade", lembra Hanszek. "Dava para ver que o local tinha as marcas de 10 mil músicos que haviam esfregado os cotovelos por ali." No entanto, para Kurt e Krist era exatamente aquilo que eles estavam procurando: tanto quanto desejavam uma fita demo, procuravam estar na mesma liga que as outras bandas. Rapidamente dispensaram as apresentações e passaram a gravar quase imediatamente. Em menos de seis horas, gravaram e mixaram nove canções e meia. A última música, "Pen Cap

Chew", ficou incompleta, já que o rolo de fita acabou durante a gravação e a banda não tinha os trinta dólares adicionais para outro rolo. Endino ficou impressionado com a banda, mas não muito abertamente. Ao fim do dia, Kurt pagou a conta de 152,44 dólares à vista, com dinheiro que ele disse que havia economizado trabalhando em seu emprego de faxineiro.

O furgão foi então recarregado com o equipamento e a banda se dirigiu para o sul – neste mesmo dia tinha um show programado para o Community World Theater de Tacoma. Durante o percurso de uma hora, ouviram duas vezes a fita demo. As dez canções eram, pela ordem, "If You Must", "Downer", "Floyd the Barber", "Paper Cuts", "Spank Thru", "Hairspray Queen", "Aero Zeppelin", "Beeswax", "Mexican Seafood" e a metade de "Pen Cap Chew". Quando chegou a hora de sua apresentação, tocaram as mesmas dez canções, nessa ordem. Foi um dia de triunfos para Kurt – seu primeiro dia como um "verdadeiro" músico. Ele estivera em um estúdio em Seattle e apresentara outro show diante de um público de vinte adoradores. Dave Foster estava em outra banda do programa daquela noite e lembrou da apresentação como particularmente inspirada: "Eles foram sensacionais. Crover estava arrasador, embora fosse muito difícil ouvi-lo mais alto que a turbina a gás, já que era uma noite muito fria".

Nos bastidores, ocorreu um incidente que marcaria a noite de uma forma que Kurt não poderia ter previsto. Comparado a Krist e Kurt, Crover era um veterano, e ele e os Melvins haviam tocado diversas vezes no CWT. Ele perguntou a Kurt quanto eles estavam ganhando pela apresentação, e quando Kurt lhe disse que estavam tocando sem receber, Crover protestou. May explicou que havia tentado pagar a banda por suas últimas apresentações – o clube estava finalmente faturando um pouco mais –, mas que Kurt continuou se recusando a receber dinheiro. Crover começou a gritar, até que Kurt finalmente anunciou: "Nós *não* estamos recebendo dinheiro nenhum". Crover argumentou que mesmo que o pagamento fosse de irrisórios vinte dólares, havia um princípio em jogo: "Você nunca deveria ter feito isto, Kurt. Esses caras só estão te explorando. Você vai ser sempre explorado. Precisa receber o seu dinheiro". Mas Kurt e Krist percebiam a realidade da situação de May. May finalmente propôs um meio-termo que permitira a Kurt manter sua integridade e deixar Crover feliz: ele convenceu a banda a aceitar dez dólares para a gasolina. Kurt enfiou a nota no bolso e disse: "Obrigado". Ele saiu do clube naquela noite pela primeira vez na vida como um músico profissional, manuseando a nota durante todo o caminho de volta.

Um mês depois, Kurt comemorava seu aniversário de 21 anos experimentando finalmente o rito americano de passagem, que significava que ele podia comprar bebidas legalmente. Ele e Tracy se embriagaram – dessa primeira vez, Kurt comprou – e comeram pizza. A relação de Kurt com o álcool era um flerte bebe-de-novo/para-de-novo. Com Tracy, ele estava bebendo menos e tomando menos drogas do que no tempo do barraco em Aberdeen. Nenhum de seus amigos se lembra dele sendo o mais embriagado do grupo – a distinção normalmente cabia a Krist ou a Dylan Carlson, que a essa altura estava morando vizinho a Kurt na rua Pear –, e às vezes Kurt parecia francamente moderado. Seu outro vizinho, Matthew "Slim" Moon, parara de beber dois anos antes e, com isso, havia exemplos de sobriedade por perto. A pobreza de Kurt em 1988 implicava que ele mal podia comer, por isso um luxo como o álcool era reservado para comemorações ou quando ele podia assaltar a geladeira de alguém.

No momento em que fez 21 anos, Kurt havia temporariamente parado de fumar e era inflexível no sentido de não permitir que pessoas acendessem cigarros perto dele (ele assinou um bilhete para um amigo naquele ano como "o astro esnobe do rock que reclama de fumaça"). Ele achava que fumar prejudicava sua voz para cantar e sua saúde. Kurt sempre foi uma mistura estranha de autopreservação e autodestruição, e ao encontrá-lo numa noite era difícil imaginar que ele era a mesma pessoa que se encontraria duas semanas depois. "Certa vez fomos a uma festa em Tacoma", lembra Tracy, "e na manhã seguinte ele estava me perguntando o que ele havia feito, porque estava muito bêbado. E eu lhe disse que ele havia fumado um cigarro. Ele ficou chocado!"

Sua irmã Kim o visitou na época em que ele completou 21 anos, e eles se aproximaram de um jeito que durante anos não haviam feito, conversando sobre seu trauma comum de infância. "Ele me encheu de chá gelado Long Island na casa dele", lembra Kim. "Fiquei enjoada, mas foi divertido." Em 1988, Kurt parou de beber antes dos shows – seu foco estava sempre na banda, à exclusão de tudo o mais. Aos 21, ele era tão sério com a música quanto jamais seria. Ele vivia, dormia e respirava a banda.

Mesmo antes de a banda ter um nome permanente, Kurt estava convencido de que ter um vídeo na MTV era seu passaporte para a fama. Com esse objetivo, Kurt convenceu a banda a tocar na RadioShack de Aberdeen enquanto um amigo gravava a apresentação numa câmera de vídeo de aluguel barato, usando múltiplos efeitos especiais. Quando Kurt assistiu à fita concluída, até ele percebeu que pareciam mais amadores fingindo ser astros do rock do que músicos profissionais.

Logo depois da apresentação na RadioShack, Crover deixou o emprego na banda para voltar para a Califórnia com os Melvins. Eles sempre souberam que Crover era apenas uma solução temporária para o seu problema de baterista. O êxodo dos Melvins era indicador daquilo em que muitas bandas do noroeste acreditavam na época: isto acontecera tanto tempo depois de qualquer grupo do noroeste alcançar sucesso – o Heart tinha sido o último grande sucesso – que a mudança para um centro mais populoso parecia ser o único caminho para a fama. Perder Crover aumentou a frustração de Kurt, mas também o ajudou a encontrar uma identidade própria, e seu grupo podia ser concebido como uma coisa diferente de uma cria dos Melvins. Até a metade do ano de 1988, um maior número de pessoas em Olympia conhecia Kurt mais como *roadie* dos Melvins do que como líder de sua própria banda.

Isso estava prestes a mudar. Crover havia recomendado Dave Foster, um baterista de toque e vida pesados. Embora ter um baterista lá em Grays Harbor continuasse a ser um problema logístico, a essa altura Kurt tinha seu Datsun para ajudar. Quando o carro andava, o que nem sempre acontecia, ele chegava a Aberdeen, apanhava Foster, levava-o até Tacoma para ensaiar, e depois refazia o caminho inteiro mais tarde naquela noite, ou pela manhã, fazendo horas extras de direção.

O primeiro show da banda com Foster foi uma festa numa casa de Olympia apelidada de Caddyshack.* Uma das esquisitices de Olympia era que toda residência de estudantes nos anos 1980 tinha algum tipo de apelido – a Caddyshack ficava próxima a um campo de golfe. Diferente do programa de rádio na KAOS e do show do Brown Cow em Gessco, essa foi a primeira apresentação pública de Kurt em Olympia e ela seria parte de uma dolorosa curva de crescimento. Tocar para uma sala de estar cheia de estudantes universitários foi um choque cultural. Kurt havia tentado vestir o papel – ele trajava sua jaqueta jeans rasgada com retalhos de *A Última Ceia* costurados nas costas e um macaco plástico, Chim Chim, do cartum do *Speed Racer* colado no ombro. Foster vestia uma camiseta, jeans *stone-washed* e usava bigode. Antes mesmo que a banda tivesse chance de começar, um garoto com um cabelo tipo indígena agarrou o microfone e gritou: "Bateristas de Aberdeen são esquisitos mesmo". Embora fosse Foster quem o garoto estava criticando, o comentário também atingiu Kurt: o que ele mais queria era ser visto como uma pessoa requintada de Olympia, não um caipira de Aberdeen. O preconceito de classe seria algo que ele combateria durante toda a sua vida, porque não importava o quanto se afastasse de Grays Harbor, ele sempre se sentia marcado como um matuto. A maioria dos Greeners era de cidades grandes – como muitos garotos privilegiados da universidade, seu preconceito contra pessoas de comunidades rurais estava em contraste marcante com o liberalismo que eles professavam em relação a raças diferentes. A apresentação na Caddyshack acontecia quase exatamente um ano depois da festa em Raymond, e encontrava Kurt num paradigma que ele não esperava: sua banda era avançada demais para Raymond, mas aqui, em Olympia, não era avançada o bastante.

Ele discutiu isso com seus companheiros de banda, esperando que, se eles parecessem mais sofisticados, seriam levados mais a sério. Kurt ordenou a Foster que reduzisse sua bateria de doze peças para seis, e depois partiu para a aparência de Foster: "Você precisa dar um jeito nisso, Dave". Foster replicou, com raiva: "Não é justo fazer gozação comigo como o cara de cabelo curto – eu tenho um emprego. Nós poderíamos pintar o cabelo de verde e

*Literalmente, "barraco dos carregadores de tacos de golfe". (N. do T.)

ainda pareceríamos caipiras". Apesar do fato de dizer o oposto exato nas entrevistas, Kurt se importava muito com o que as pessoas pensavam dele. Se isso implicasse livrar-se de sua jaqueta jeans desbotada com o colarinho branco de lã, que agora ficava no armário do seu apartamento, que assim fosse. As roupas de Foster, além do bigode, não eram diferentes das de Kurt dois anos antes, o que pode explicar por que Kurt recebeu a crítica em termos tão pessoais. Kurt havia descoberto que o punk rock, além de ser anunciado como um gênero de música libertador, era acompanhado de seus próprios costumes e estilos sociais, e que esses muitas vezes eram mais restritivos que as convenções contra as quais supostamente se rebelavam. *Havia* um código de vestuário.

Talvez, em uma pequena tentativa de deixar para trás seu passado e as associações que a banda tinha com Aberdeen, Kurt propôs um nome final para o grupo. Foster ouviu pela primeira vez o novo nome quando viu um panfleto na casa de Kurt para o "Nirvana". "O que é isso?", perguntou. "Isso somos nós", replicou Kurt. "Significa conseguir a perfeição." No budismo, nirvana é o lugar alcançado quando a pessoa transcende o ciclo interminável de renascimento e sofrimento humano. Renunciando ao desejo, seguindo o Óctuplo Caminho e mediante a meditação e a prática espiritual, os crentes trabalham para alcançar o nirvana e com isso obtêm a liberação da dor da vida. Kurt se considerava budista na época, embora sua única prática dessa fé fosse ter assistido na televisão a um programa de fim de noite.

Seria sob o nome Nirvana que a banda primeiro ganharia atenção em Seattle, uma cidade com uma população de meio milhão de pessoas, onde Kurt se convenceu de que sua jaqueta Última Ceia devidamente se encaixaria. Jack Endino havia remixado a sessão do dia 23 de janeiro numa fita cassete que ele passara para alguns de seus amigos. Uma delas foi para Dawn Anderson, que escrevia para a *The Rocket* e editava o fanzine *Backlash*; outra foi para Shirley Carlson, que era uma DJ voluntária na KCMU, a emissora de rádio da Universidade de Washington; e uma terceira ele entregou para Jonathan Poneman, coproprietário da Sub Pop, um selo independente de uma gravadora do noroeste. As três fitas influiriam no futuro do Nirvana. Anderson gostou da fita o bastante para planejar escrever um artigo; Carlson pôs no ar "Floyd the Barber" na KCMU, a primeira audição da música; e Poneman conseguiu o número do telefone de Kurt com Endino. Quando ele ligou, Kurt estava em casa recebendo a visita de Dale Crover.

Era a conversa que Kurt estava esperando durante toda a sua vida. Mais tarde, ele remodelaria esses acontecimentos para sugerir que a fama chegara sem nenhuma estocada de sua parte, mas isto não podia estar mais longe da verdade. No instante em que recebeu a demo, ele começou a fazer cópias e a enviá-las para gravadores em todo o país, fazendo sondagens para um contrato. Enviou longas cartas manuscritas para todas as gravadoras que ele conseguia imaginar; o fato de que não tivesse pensado na Sub Pop era apenas uma indicação do baixo status da gravadora. Kurt estava mais interessado em ser da SST ou da Touch and Go. Greg Ginn, um dos proprietários da SST e membro da banda Black Flag, lembra de ter recebido aquela primeira fita demo pelo correio: "Minha opinião era que eles não eram assim tão originais, que eram regularmente alternativos. A banda não era ruim, mas também não era sensacional". Embora Kurt tivesse enviado dezenas de demos para a Touch and Go durante o ano de 1988, e chegasse até a chamar essas canções de "As demos da Touch and Go" em seu caderno, a fita despertou tão pequena impressão que ninguém na gravadora se lembra de tê-las recebido.

A fita causou furor maior em Poneman, que a levou a seu sócio Bruce Pavitt em seu emprego diurno – na Muzak Corporation, a empresa de músicas para elevador. A sala de reprodução de fitas da Muzak era, curiosamente, o emprego diurno predileto de muitos membros da elite do rock de Seattle, e Poneman fez uma audição da fita para os presentes, entre os quais Mark Arm, do Mudhoney. Eles lhe deram o polegar abaixado, com Arm desqualificando o grupo como "similar ao Skin Yard, mas não tão bom". No entanto, Poneman conseguiu marcar o Nirvana no final de uma programação em um pequeno clube de Seattle chamado Vogue, para um dos shows mensais "Sub Pop Sunday" da gravadora. Esses shows, com couvert a dois dólares, apresentavam três bandas, embora a promoção de cerveja fosse uma parte tão grande da atração quanto a música. Poneman perguntou se o Nirvana podia tocar no

Vogue no último domingo de abril. Kurt, tentando não parecer entusiasmado demais, rapidamente disse sim.

O Vogue era um clube minúsculo na First Avenue de Seattle, mais conhecido por seu bartender travesti. Numa administração anterior, o clube tinha tido uma vida breve como clube new wave e, antes disso, um bar de motoqueiros gays. Em 1988, a maior atração era a noite da discoteca e a isca da promoção de cerveja era do tipo três garrafas de "Beer Beer" por três dólares. Nesse sentido, o Vogue refletia a condição geralmente pobre do cenário de clubes noturnos de Seattle na época, onde havia poucos locais para bandas novas tocarem. Como escreveu Pavitt na *The Rocket* em dezembro de 1987: "Apesar da desesperada necessidade de um bom clube, Seattle raramente tem visto muitas bandas". O Vogue não tinha um cheiro de urina tão forte quanto o Community World, mas sim um tênue aroma de baunilha, resquício das muitas ampolas de vasodilatadores esmagadas no chão durante a noite de dança.

Apesar disso, Kurt Cobain não via a hora de entrar nesse palco. Como idosos que têm hora marcada no dentista, a banda se certificou de chegar cedo para esse importantíssimo show – chegando quatro horas antes da hora do show. Sem nada para fazer e conhecendo pouca gente na cidade, ficaram rodando de carro a esmo. Antes da passagem do som, Kurt vomitou no estacionamento próximo ao local. "Foi só porque ele estava nervoso", lembra Foster. "Ele não estava bebendo." Antes de serem chamados ao palco, eles tinham de esperar na van – Foster ainda era menor de idade.

Quando chegou a hora de tocar, na descrição de Foster, Kurt ficou "muito tenso". Quando subiram ao palco, ficaram surpresos de ver uma plateia tão pequena como a de seus habituais shows na CWT. "Raramente havia alguém lá", lembrou a DJ Shirley Carlson. "As poucas pessoas que estavam lá conheciam Tracy ou Kurt das festas, ou tinham ouvido a fita. Nós nem sequer sabíamos quem cantava."

Na melhor das hipóteses, foi uma apresentação opaca. "Realmente não pisamos na bola", lembra Foster, "isto é, não tivemos de parar na metade da música. Mas foi muito constrangedor, porque sabíamos que aquilo era para conseguir um contrato de gravação." Eles tocaram catorze músicas sem bis, começando com "Love Buzz", que não era uma música comum na época. Kurt achou prudente colocar o melhor material primeiro, no caso de as pessoas saírem.

Parte da plateia de fato saiu e Carlson foi uma das poucas pessoas que tinha algo de bom a dizer sobre a banda, comparando-a ao Cheap Trick: "Lembro-me de ter pensado que não só Kurt podia cantar e tocar guitarra, embora em conjunto não muito bem, mas ele tinha uma voz nitidamente tipo Robin Zander". A maioria dos membros do *establishment* do rock de Seattle considerou a banda uma droga. O fotógrafo Charles Peterson ficou tão desinteressado que não gastou nenhum filme com eles e questionou Poneman sobre a sensatez de contratar o grupo.

Talvez o crítico mais duro do desempenho da banda, como sempre, fosse o próprio Kurt. Quando o fotógrafo Rich Hansen fotografou a banda depois do show, Kurt, agora afagando um drinque, gritou: "Nós fomos um fiasco!". "Eles foram muito autocríticos de sua apresentação", lembra Hansen. "Parece que houve certa discussão em torno de que eles tivessem perdido alguns acordes. Fiquei impressionado por ver como eles eram verdes. Havia neles uma ingenuidade absoluta."

As fotos feitas por Hansen naquela noite fornecem muitas indicações sobre a aparência de show esquisito do grupo. Krist, com dois metros de altura, parece um gigante ao lado de Kurt e Foster; ele tem costeletas longas e encaracoladas, cabelo a meia altura da cabeça. Foster, com apenas 1,64 metro, chega à altura do peito de Krist e usa o tipo de roupa sobre a qual Kurt devia lhe ter dado uma aula: jeans desbotados, camiseta com um perfil de montanha em silkscreen e um boné de beisebol virado para trás com um logotipo da cerveja Corona. Ele está olhando para o vazio, talvez lembrando que precisa estar no trabalho até às sete daquela manhã. Kurt, que Hansen convenceu a sentar-se no joelho de Krist para algumas tomadas, veste jeans, uma camisa cinza virada do avesso e um suéter escuro. O cabelo louro havia crescido mais de sete centímetros abaixo do ombro. Com a barba de cinco dias por fazer, ele exibe uma surpreendente semelhança com certos retratos de Jesus Cristo. Até a expressão de Kurt em uma das fotos – um olhar dolorido e distante, como se estivesse marcando esse momento no tempo – é semelhante à imagem de Cristo em *A Última Ceia* de Leonardo da Vinci.

Na volta para casa, Kurt discutiu o show como o primeiro verdadeiro revés da banda e jurou que nunca mais ficariam tão embaraçados novamente. Chegaram a suas casas apenas às quatro da manhã, e no longo trajeto Kurt exortou seus parceiros de banda e a si mesmo que praticariam mais, comporiam novas canções e não mais fracassariam. Mas quando Poneman ligou para ele dois dias depois e sugeriu que gravassem um disco juntos, as próprias lembranças de Kurt sobre o show mudaram de repente. Duas semanas depois, Kurt escreveu uma carta para Dale Crover que tinha como cabeçalho: "Ah, e nosso nome final é Nirvana". O objetivo da carta era gabar-se e, ao mesmo tempo, procurar conselho. Foi uma das muitas cartas que ele escreveu, mas que nunca enviou, e seu conteúdo descreve em detalhe as partes da noite que ele estava escolhendo lembrar e as partes que ele havia escolhido esquecer ou reconstruir segundo seu gosto. Na íntegra, ele escrevia:

> Então, nos últimos dois meses, nossa demo foi pirateada, gravada e discutida entre todos os notáveis do cenário de Seattle. E o cara, Jonathan Poneman (lembra-se do cara que me ligou quando você estava lá no último dia?), o Sr. Dinheirão de Herança, braço direito de Bruce Pavitt e também investidor financeiro da Sub Pop Records, conseguiu um show para nós no Vogue em um Sub Pop Sunday. Grande coisa! Mas eu acho que a badalação e ser regularmente tocado na KCMU provavelmente ajudou. A quantidade de pessoas que vieram nos JULGAR, não para estar num bar, ficar bêbado, ver algumas bandas e se divertir, mas apenas observar o evento da mostra. Uma hora. Havia ali um representante de cada banda de Seattle, só assistindo, sentimo-nos como se eles tivessem fichas de notas. E assim, depois da apresentação, Bruce aperta entusiasmado nossas mãos e diz: "Uau, bom trabalho, vamos gravar um disco" e aí os flashes das câmeras espocam e a garota do *Backlash* diz: "Puxa, podemos fazer uma entrevista?", sim, claro, por que não? E aí as pessoas dizem bom trabalho, caras, vocês são geniais e agora o que se espera é que sejamos completos socialites, conhecendo gente, apresentando etc. DROGA, ESTOU NO COLÉGIO DE NOVO! Quero voltar para Aberdeen. Ora, Olympia é tão chata quanto, e posso dizer orgulhosamente que só estive no Smithfield [Café] cerca de cinco vezes neste ano. E assim, por causa desse evento zoneado, pelo menos conseguimos um contrato para um single com três músicas a ser lançado no final de agosto e um EP em setembro ou outubro. Tentaremos convencê-los a fazer um LP. Agora Jonathan é nosso empresário, consegue shows distantes para nós, no Oregon e em Vancouver. Ele está pagando todos os custos de gravação e distribuição e agora não pre-

cisamos ter contas telefônicas absurdas. Dave está se saindo bem. Em algum momento do ano que vem, a Sub Pop fará uma caravana de duas ou três bandas de Seattle para uma turnê. Isso mesmo, veremos. Pelas nossas experiências passadas, você acha que seria prudente exigir recibos para as despesas de gravação e prensagem? Mas chega de discos. Ah, só que uma noite do mês passado, Chris e eu tomamos um ácido e estávamos assistindo ao *late show* (roubado de Johnny Carson) e Paul Revere e os Raiders estavam lá. Eles estavam tão estúpidos! Dançando de bigodes tentando parecer cômicos e patetas. Aquilo realmente nos encheu o saco e eu perguntei a Chris: Você tem discos do Paul Revere e dos Raiders?

Mesmo nessa primeira fase de sua carreira, Kurt já havia começado o processo de recontar sua própria história de uma maneira que formava um eu distinto. Ele estava iniciando a criação de seu personagem maior, o mítico "Kurdt Kobain", como passara a grafar seu nome. Ele conjuraria esse fantasma cuidadosamente refinado quando precisasse se distanciar de suas próprias ações ou circunstâncias. Ele exagerava cada aspecto de um show que, por sua própria confissão, fracassara: a plateia era pequena demais para que ali estivesse "um representante de cada banda de Seattle"; os flashes das câmeras eram principalmente metafóricos, já que Hansen apenas tirou umas duas fotos. Ao descrever os chefes da Sub Pop chegando até ele, Kurt até tenta se retratar como um participante involuntário de seu próprio sucesso. Mas ele era um ator estreante nesse momento e admite que pretendia "convencer [a Sub Pop] a gravar" um disco inteiro. Vale notar que praticamente todas as expectativas comerciais que Kurt tinha em relação à Sub Pop, pelo menos no curto prazo, não foram realizadas.

9

SERES HUMANOS DEMAIS

OLYMPIA, WASHINGTON,
MAIO DE 1988-FEVEREIRO DE 1989

Too Many Humans
O título original de Bleach.

A SUB POP RECORDS HAVIA COMEÇADO no outono de 1987, tendo os discos do Green River e do Soundgarden entre seus primeiros lançamentos. Jonathan Poneman, 28 anos de idade e coproprietário, parecia uma versão mais jovem e mais rígida de Reuben Kincaid, o personagem que fazia o gerente do programa de TV *The Partridge Family*, e seus esquemas promocionais pareciam tirados diretamente do projeto empresarial de Kincaid, particularmente sua ideia de enviar grupos numa van da Sub Pop. A maioria das bandas da gravadora percebia o caráter instável de Poneman e quase ninguém lhe dava crédito. Ele havia utilizado uma pequena herança para iniciar a gravadora, fantasiando que ela seria o equivalente no noroeste da Stax ou da Motown. Ele tinha muitos pontos positivos como promotor – entre eles não se incluíam pensar pequeno e operar dentro do orçamento.

O sócio de Poneman, Bruce Pavitt, era um antigo frequentador do cenário musical do noroeste que havia ido para Evergreen. Em Olympia, Pavitt fez amizade com diversas bandas, lançou um fanzine chamado *Subterranean Pop* (mais tarde abreviado para *Sub Pop*), e começou a lançar compilações em fitas cassete. Ele interrompeu a publicação do fanzine, mas entre 1983 e 1988 escreveu uma coluna muito lida na *The Rocket*, que Kurt examinava com a atenção que a maioria dos meninos dedica apenas às sinopses das partidas de beisebol. Pavitt era o visionário artístico da Sub Pop e talhado para o papel: com os olhos de um maníaco, expressão assombrada e gosto por barbas incomuns, ele portava mais do que uma semelhança passageira com o louco monge russo, Grigori Rasputin.

Em 1988, a Sub Pop estava lançando um punhado de discos promocionais a cada trimestre, a maioria de bandas do noroeste. Esses projetos faziam pouco sentido comercial, já que os custos de produção de um single eram quase tão elevados quanto os de um disco completo, embora fossem vendidos no varejo por muito menos. A Sub Pop tinha poucas opções com uma série de bandas – muitas eram tão imaturas que não tinham material composto suficiente para encher um disco completo. Desde o início, o selo estava queimando capital como um iniciante da internet, embora tivesse topado com um pequeno nicho de mercado: singles independentes atraíam elitistas colecionadores de discos e, no punk rock, esses *connaisseurs* eram os que ditavam o gosto. Ao desenvolver uma marca distintiva para o seu selo – e ao propor uma identidade de concepção consistente para todos os seus lançamentos –, seus sócios levaram as bandas a proclamar que pertenciam à Sub Pop, quando mais não fosse, para impressionar os amigos. Como centenas de outros jovens músicos que eram ruins em matemática, Kurt tinha um conceito exageradamente romântico do que significava gravar para o selo.

As ilusões juvenis de Kurt logo desmoronaram. O primeiro encontro face a face de negócios da banda com Poneman – no Café Roma em Seattle – foi quase desastroso. Krist apareceu bebericando uma garrafa de vinho que ele tinha sob a mesa; Kurt começou tímido, mas se irritou quando percebeu que Poneman lhes estava oferecendo muito menos do que a banda queria. Não era tanto uma questão de dinheiro – todos sabiam que havia pouco –, mas Kurt esperava dar vida nova à banda lançando vários discos, EPs e singles. Poneman sugeriu que começassem com um single de "Love Buzz" para ver como a banda deslanchava a partir daí. Kurt admitiu que "Love Buzz" era sua canção mais forte gravada ao vivo, mas como compositor ele a considerava dissimulada para ser capa do seu lançamento inicial. Apesar disso, ao final da reunião, todas as partes concordaram que o Nirvana gravaria um single com Endino produzindo e a Sub Pop arcando com os custos da gravação. Para Kurt, a ideia de ter seu próprio single lançado era a realização de um sonho.

Em Grays Harbor transcorriam eventos que ameaçavam descarrilar esse sonho. Pouco depois do show no Vogue, Dave Foster teve o azar de bater no filho do prefeito de Cosmopolis. Ele passou duas semanas na cadeia, perdeu sua carteira de motorista e teve de pagar milhares de dólares em despesas médicas. Isto não poderia ter acontecido em pior hora para o Nirvana, que estava ensaiando para a sessão de gravação que se aproximava; por isso, Kurt decidiu demitir Foster. O modo como ele lidou com a dispensa diz muito sobre como ele lidava com os conflitos, ou seja, ele não lidava. Kurt sempre sentira um pouco de medo de Foster, que era mais baixo do que ele mas musculoso como Popeye. Inicialmente, a banda trouxe Aaron Burckhard de volta, mas quando ele acabou detido por embriaguez no volante no carro de Kurt, novamente anunciaram procurando bateristas. Quando encontraram um, Kurt escreveu uma carta para Foster: "Uma banda precisa praticar, em nossa opinião, pelo menos cinco vezes por semana, se ela quiser alcançar alguma coisa [...] Em vez de mentir para você dizendo que estamos nos separando, ou de deixar isso ir mais longe, temos de confessar que arranjamos outro baterista. O nome dele é Chad [...] e ele pode praticar toda noite. O mais importante é que podemos nos relacionar com ele. Vamos encarar a coisa de frente, você é de uma cultura totalmente diferente. E nos sentimos realmente na pior por não ter coragem de contar-lhe pessoalmente, mas não sabemos o quanto você ficaria com raiva". Aparentemente Kurt não teve coragem de enviar a carta: ela não foi remetida. É claro que Foster não era de uma "cultura totalmente diferente" da de Kurt – ele era da mesma cultura, embora esta pertencesse a um passado do qual Kurt procurava fugir. Foster descobriu que estava dispensado quando viu um anúncio na *The Rocket* para uma próxima apresentação do Nirvana.

Kurt e Krist encontraram Chad Channing num show no Community World Theater. "Kurt estava vestindo aqueles grandes sapatos de salto alto e calças largas azuis estilosas e cintilantes", lembra Chad. O que Kurt e Krist notaram em Chad foi sua gigantesca bateria North – era a maior bateria que eles já haviam visto, fazendo Chad parecer um anão, que, com 1,67 metro de altura e cabelo comprido, já parecia um pouco com um duende. Ser direto não era o forte de Kurt: em lugar de pedir a Chad que entrasse para a banda, ele simplesmente continuou convidando o baterista para ensaiar até que se tornou óbvio que ele estava no grupo.

Depois de um desses ensaios no andar de cima do salão de cabeleireira da mãe de Krist para que pudessem tocar a noite inteira, agora novamente programados para Aberdeen, os veteranos do Nirvana decidiram mostrar os pontos da cidade a seu novo baterista. Chad era de Bainbridge Island e, antes de entrar para o Nirvana, nunca havia estado em Aberdeen. O passeio foi um choque, particularmente no bairro em que Kurt crescera. "Foi como entrar na zona sul do Bronx", lembra Chad. "Pensei comigo mesmo: 'puta merda'. Era realmente ruim. Provavelmente o setor mais pobre de todo o estado de Washington. De repente, aquela favela instantânea."

Chad ficou mais impressionado quando passaram de carro pelo gótico colégio Weatherwax. Mostraram também ao baterista o edifício Finch, o abandonado prédio de cinco andares: Kurt disse que havia tomado ácido ali quando adolescente, embora isso pudesse ser dito sobre muitos dos pontos de Aberdeen. Apontaram para o sebo Dils Old, onde havia um cesto de discos a 25 centavos próximo a uma motosserra de seis metros. Foram tomar uma cerveja na Poorhouse Tavern, onde Krist parecia conhecer todos os presentes. "Era uma cidade provinciana", observou Chad. "Toneladas de caras com Skoal na boca, e bonés Skoal na cabeça, e camisetas rosa-choque, e camionetes com pára-lamas de borracha, e bigodes."

Quando saíram do bar, os dois nativos pretendiam levar Chad até uma casa assombrada nos montes acima da cidade. Krist apontou a van para o norte e se dirigiu para aquilo que responde pela zona elegante de Aberdeen: uma encosta de majestosas residências vitorianas construídas pelos barões madeireiros pioneiros. Mas, no topo da colina, Krist dirigiu a van para o bosque e Kurt começou a contar a história da casa assombrada de Aberdeen, um lugar que os moradores locais chamavam de "o Castelo". Ele disse que as pessoas entravam e jamais saíam de lá; um dos quartos tinha imagens de palhaços pintados nas paredes com sangue. À medida que ele falava, a encosta ia se tornando densamente arborizada, com as árvores fazendo um arco sobre a estrada estreita.

Ao chegarem ao castelo, Krist estacionou na entrada e apagou os faróis, mas manteve o motor funcionando. Na frente deles estava uma estrutura que havia sido uma casa de três andares antes da decadência provocar seu desabamento. Havia musgo no telhado, a varanda estava afundada e aposentos inteiros pareciam ter sido devorados, muito provavelmente por pequenos incêndios. No escuro, e envolta pelos galhos das árvores, pareciam realmente as ruínas de um castelo desmoronado em algum retiro distante na Transilvânia.

Quando a van ficou em marcha lenta, Chad se perguntou por que nem Krist nem Kurt haviam feito nenhum gesto de sair do carro. Apenas ficaram sentados, olhando para a casa como se estivessem olhando para uma aparição. Finalmente, Kurt se virou para Krist e disse: "Você realmente quer entrar?". "Não", replicou Krist, "tá louco? Eu não vou lá."

Conforme Chad lembrou mais tarde, ele insistiu com eles para que se aventurassem a entrar, já que as histórias de Kurt o haviam deixado curioso: "Eu estava muito ansioso para dar uma olhada e ver o que havia de tão assustador. Mas quando chegamos lá, eles apenas ficaram parados na entrada, olhando fixo para a casa, incapazes de se mover". Chad achava aquilo um desafio, parte de um ritual elaborado de autoimposição de tarefas para testar sua coragem. Ele havia decidido que por mais assustadora que fosse a casa – e ela era muito aterrorizante –, não iria ficar amedrontado demais para entrar. Mas quando olhou para o rosto de Kurt, percebeu um medo real. "Bem, pessoas morreram lá dentro", explicou Kurt. Nos quinze minutos do percurso desde o bar até a casa, Kurt havia contado histórias de horror tão convincentes que ele começara a acreditar em sua própria hipérbole. Fizeram a manobra e voltaram para a cidade e o passeio de Chad por Aberdeen estava encerrado. Krist tomava o dualismo de Kurt em seu significado aparente, mas, para Chad, o medo no rosto de Kurt foi uma das primeiras evidências de que o líder da banda era mais complicado do que aparentava.

Com a nova sessão de gravação marcada para a segunda semana de junho, Kurt estava cheio de expectativa e animação. Ele não conseguia conversar praticamente sobre nada durante o mês de maio, anunciando a aproximação da data a todos que ele conhecia, e para alguns ele não o fazia – como um novo pai tomado de orgulho, ele contaria ao carteiro ou ao balconista da mercearia. A banda fez duas apresentações naquele mês para ver se dava certo com Chad: uma visita de retorno ao Vogue e uma festa na "Witch House" para o músico Gilly Hanner em Olympia. Hanner completou 21 anos no dia 14 de maio de 1988 e uma amiga os convidou para animar a festa. "Eles não eram uma banda de Evergreen", lembra ela. "O som deles *pegava* você. Você pensava: 'Eu já ouvi isto antes', mas não tinha ouvido. Era mais rock and roll do que a maioria das músicas daquela época, sem nenhuma patetice." Na festa, Kurt se juntou a Gilly para cantar uma versão de "The Greatest Gift", do Scratch Acid, e apresentou uma versão de "Love Buzz" deitado de costas no chão. Na época, "Love Buzz" era a melhor coisa dos shows da banda – Kurt ainda estava se esforçando para definir um som original que fosse bruto o bastante para agradar suas suscetibilidades punk e ainda exibia sua letra cada vez mais complicada. Quase sempre, os shows da banda se convertiam em barulhentas sessões de feedback em que praticamente nenhuma das palavras de Kurt podia ser ouvida acima da gritaria.

Enquanto aumentavam as expectativas de Kurt para o single, problemas financeiros na Sub Pop quase condenaram o projeto ao fracasso. Certa tarde de maio, Kurt atendeu o telefone e teve a surpresa de ouvir Pavitt pedindo duzentos dólares emprestados. Era tão engraçado que não irritou Kurt, embora enfurecesse Krist, Chad e Tracy. "Estávamos chocados", lembra Chad. "Naquele momento começamos a desconfiar daqueles caras." Kurt teria ficado mais transtornado se soubesse que a Sub Pop tinha um pé atrás quanto à criatividade da banda. A gravadora queria dar mais uma olhada e, por isso, Poneman programou às pressas um show no clube Central Tavern no dia 5 de junho, numa noite de domingo. Jan Gregor, que reservou o clube, programou o Nirvana para a vaga do meio de uma noite de três bandas. Na noite da véspera,

Poneman ligou para Gregor e perguntou se o Nirvana poderia descer na programação e entrar primeiro. A explicação de Poneman: "É uma noite de domingo – nós não queremos ficar até muito tarde". Quando a banda entrou, havia seis pessoas na plateia. Chris Knab, da KCMU, era uma delas: "Bruce e Jon estavam bem defronte ao palco, balançando a cabeça positivamente. Eles devem ter visto algo que ninguém mais conseguia, porque achei que eles eram um fiasco". Essa apresentação específica – e muitas que se seguiriam – foi atrapalhada por problemas de som, o que deixou Kurt de mau humor e comprometeu seu desempenho. Apesar do som de má qualidade e do show ao vivo sem brilho, Poneman e Pavitt decidiram prosseguir com o single.

No dia 11 de junho, o Nirvana regressou ao Reciprocal para a sessão. Dessa vez, o produtor Endino sabia como grafar o nome de Kurt, mas a experiência rápida e fácil de seu primeiro demo não se repetiria. Em cinco horas, eles concluíram apenas uma canção. Parte do problema se originava de Kurt ter trazido uma fita de uma colagem sonora que ele queria colocar no single. A única maneira de isso acontecer, com o equipamento tosco do estúdio, era apertar o botão "play" no deck no ponto exato durante a mixagem.

A banda voltou no dia 30 de junho para mais cinco horas e fez uma sessão final no dia 16 de julho, que consistiu em três horas de mixagem. No final, o limite de treze horas produziu quatro faixas: "Love Buzz", uma nova versão de "Spank Thru" e duas composições de Cobain, "Big Cheese" – que estaria no lado B – e "Blandest".

A Sub Pop contratou Alice Wheeler para fotografar a banda para a capa e, durante a última semana de agosto, eles foram para Seattle na van de Krist para ali apanhar a fotógrafa. A primeira sessão de fotos oficiais da banda fora tão aguardada que os três tiraram um dia de licença do trabalho. Krist levou todos de volta a Tacoma, onde fotografaram em diversos locais, entre os quais a "Never-Never-Land", no parque Point Defiance, e na base da ponte Tacoma Narrows. Krist vestia uma camisa de mangas curtas e se destacava acima de seus dois minúsculos colegas de banda em todas as fotos. Chad vestia uma camiseta Germs, uma boina e óculos de sol redondos, o que lhe dava a aparência de líder da banda. Kurt estava de bom humor, sorrindo na maioria das fotos. Com os cabelos compridos como os de uma menina e camiseta da Harley-Davidson onde se lia "Live to Ride", ele parece jovem demais para dirigir, muito menos para estar numa banda de rock. Ele tivera um surto de acne na semana anterior, algo com que lutava desde o colégio e que lhe dava acessos de timidez. Alice lhe disse que estava usando filme infravermelho e, por isso, suas espinhas não iriam aparecer. No momento em que a banda voltava para Seattle, tinham passado tanto tempo na sessão de fotos quanto haviam passado no estúdio.

No final de agosto, Kurt recebeu outro telefonema insólito de Poneman e, como suas conversas anteriores, não conseguiu deixar de sentir que estava sendo trapaceado. Poneman informou Kurt que a Sub Pop estava começando um novo serviço de singles mediante assinaturas e planejavam usar "Love Buzz" como lançamento inicial em seu "Singles Club". Kurt mal pôde acreditar no que ouvia, discutindo o assunto mais tarde com seus parceiros de banda – ele estava indignado. Não só o single havia levado mais meses do que o planejado, como também agora não seria mais vendido em lojas. Parecia quase não ter valido o esforço. Como colecionador, Kurt apreciava a ideia do clube, mas não estava interessado em ver sua banda ser o critério de teste. Mas, uma vez que ele não possuía um contrato e a Sub Pop havia pago pela gravação, ele também não tinha muita escolha.

Pouco depois do show no Vogue em abril, Kurt havia recebido um telefonema de Dawn Anderson desejando entrevistar a banda para o seu fanzine *Backlash*. Em lugar de realizar a entrevista pelo telefone, Kurt se ofereceu para ir de carro até Seattle, dando a entender que ele já tinha negócios lá, o que não era verdade. Embora Kurt tivesse esperado anos por esse momento – e tivesse se preparado para isto com as entrevistas simuladas consigo mesmo que ele escrevera quando jovem –, em sua primeira interação com a imprensa ficou nervoso e tímido. A maior parte da entrevista de uma hora acabou sendo sobre os Melvins, um tema com que Kurt parecia estar mais à vontade do que com sua própria banda. A leitura de uma transcrição quase chega a fazer pensar que ele fosse um membro dos Melvins, não do Nirvana. "Ele idolatrava os Melvins", observa Anderson, algo que durante anos fora óbvio em Grays Harbor.

Mas, como o single da Sub Pop, que mais uma vez fora adiado no final de agosto, o artigo ficou retido durante alguns meses. Com tantos atrasos sobre os quais não tinha controle, Kurt se sentia como se ele fosse a única pessoa no mundo preparada para sua carreira musical. O artigo do *Backlash* finalmente saiu em setembro, e até Kurt ficou surpreso ao ver que na matéria de quinhentas palavras de Anderson o nome dos Melvins figurava duas vezes mais que o do Nirvana. "Eu assisti a centenas de ensaios dos Melvins", dizia Kurt. "Eu dirigia a van deles em turnê. A propósito, todos os odiavam." A matéria era elogiosa e foi útil para divulgar o lançamento próximo do single "Love Buzz", mas quando Kurt dizia: "Nosso maior receio no começo era que as pessoas pudessem pensar que éramos uma dissidência dos Melvins", um leitor descuidado poderia ter tido uma preocupação similar. Kurt explicou a estreia da banda no Vogue: "Nós estávamos rígidos [...] Sentíamo-nos como se estivéssemos sendo julgados; era como se todos ali estivessem com fichas de notas".

A referência à "ficha de nota" nessa primeira entrevista à imprensa reproduzia a imagética que Kurt havia adiantado em sua carta a Crover; ele também a empregou em entrevistas posteriores. Ela decorria de seu eu dividido, o mesmo eu que dizia que seu nome era grafado "Kurdt Kobain". O que seus entrevistadores – e os fãs que liam essas histórias – nunca souberam foi que praticamente cada palavra que ele pronunciava havia sido ensaiada: em sua cabeça, viajando com a banda na van ou, em muitos casos, efetivamente escrita em seus diários. Isto não era simplesmente artifício de sua parte ou um desejo de apresentar a imagem mais comercializável e atraente – embora, a despeito de todos os ideais punks que proclamava, como qualquer outro ser humano, ele era intrinsecamente o culpado disso –, pois grande parte de sua antecipação ocorria instintivamente. Ele havia imaginado esses momentos desde que começara a se retirar do mundo exterior após o divórcio de seus pais, passando todo aquele tempo em seu quarto escrevendo em cadernos Pee Chee. Quando o mundo lhe desse tapinhas nas costas e dissesse: "Senhor Cobain, estamos prontos para o seu *close-up*", ele havia planejado como caminharia para as câmeras, chegando até a ensaiar o modo como encolheria os ombros para dar a impressão de que havia apenas aquiescido a contragosto.

Em parte alguma a antevisão de Kurt era mais aparente do que numa biografia da banda que escreveu naquele verão para enviar com a fita demo de Endino. Ele daria muitos títulos à fita, mas o que mais frequentemente utilizava era "Safer Than Heaven" ["Mais Seguro que o Céu"] – o que isso significava, somente Kurt sabia. Ele escreveu dezenas de rascunhos da biografia e cada revisão se tornava mais exagerada. Um dos muitos exemplos era o seguinte:

> O Nirvana é de Olympia, WA, a 96 quilômetros de Seattle. O guitarrista/vocalista Kurdt Kobain e o baixista Chris Novoselic moraram em Aberdeen, a 240 quilômetros de Seattle. A população de Aberdeen é constituída por tipos lenhadores altamente intolerantes, preconceituosos, mascadores de fumo, caçadores de veados e matadores de bichas, que "não são parciais demais para excêntricos new wavers". Chad Channing [baterista] é de uma ilha de garotos ricos viciados em LSD. O Nirvana é um trio que toca rock pesado com colorações punk. Normalmente eles não têm empregos. Por isso, podem viajar a qualquer momento. O Nirvana nunca improvisou com "Gloria" ou "Louie, Louie". Tampouco tiveram de reescrever essas canções e dizer que eram de sua autoria.

Outra versão, apenas um pouco diferente, enviada à Touch and Go, acrescentava o seguinte apelo desanimado: "Estamos dispostos a *pagar* pela maior parte da edição de mil cópias de nosso LP e todos os custos de gravação. Basicamente, queremos apenas estar nesse selo. Vocês acham que poderiam, POR FAVOR, enviar-nos uma resposta de 'cai fora' ou 'não estamos interessados', para que não tenhamos de gastar mais dinheiro enviando mais fitas?". No verso da fita, ele gravou uma colagem que incluía trechos de canções de Cher, *The Partridge Family*, Led Zeppelin, Frank Zappa, Dean Martin, entre uma dezena de artistas discrepantes.

A oferta de Kurt de pagar um selo para editar seu disco mostra o seu grau crescente de desespero. Ele rascunhou uma carta para Mark Lanegan do Screming Trees pedindo ajuda (Lanegan era um dos muitos ídolos para quem Kurt regularmente escrevia em seu diário, raramente enviando essa correspondência). Ele escreveu: "É como se não estivéssemos realizando nada [...]

Acaba que nosso single sairá em outubro, mas não há muita esperança para um EP no futuro próximo, porque a Sub Pop está enfrentando problemas financeiros e a promessa de um EP ou LP neste ano era apenas uma desculpa esfarrapada para Poneman evitar que sondássemos outros selos". Kurt também escreveu a seu amigo Jesse Reed, declarando que a banda iria lançar sozinha seu LP, já que estavam enjoados demais da Sub Pop.

Apesar das frustrações de Kurt, as coisas estavam realmente melhores com a banda do que estiveram em outro momento – embora jamais estivessem rápidas o bastante para Kurt. Shelli havia rompido com Krist, o que resultou em mais tempo para Krist praticar. Kurt estava contente por finalmente ter dois outros parceiros tão dedicados à banda quanto ele. No dia 28 de outubro, chegaram para sua mais prestigiada apresentação, fazendo a abertura para os Butthole Surfers na Union Station de Seattle. Kurt havia idolatrado Gibby Haynes, líder e vocalista dos Surfers, por isso o show era muito importante para ele. Problemas de som novamente impediram que o Nirvana apresentasse seu melhor desempenho, mas o simples fato de que Kurt podia agora anunciar a seus amigos: "Minha banda abriu o show de Gibby Haynes" era mais uma evidência para ampliar sua autoestima.

Dois dias depois eles fizeram um de seus shows mais abomináveis e aquele que transtornaria o coração de Olympia. Era uma festa no K-Dorm de Evergreen na véspera do Halloween, e Kurt e Krist haviam se preparado para a ocasião derramando sangue falso em seus pescoços. Havia três bandas se apresentando antes do Nirvana: a banda Cyclods, de Ryan Aigner, a Helltrout, a banda mais recente de Dave Foster, e uma nova banda liderada pelo vizinho de Kurt, "Slim" Moon, chamada Nisqually Delta Podunk Nightmare. Na metade da apresentação do Nisqually, o baterista esmurrou "Slim" no rosto e começou uma briga. Foi um tumulto tão grande que Kurt se perguntou o que o Nirvana poderia fazer para se sobrepor a essa cena. Ele quase não teve a chance, já que a polícia do campus apareceu e acabou com a festa. Ryan Aigner interviu e convenceu os policiais a deixarem o Nirvana tocar, mas eles ordenaram que isso fosse rápido.

Quando o Nirvana finalmente ocupou o palco ou, mais precisamente, se moveram até o canto da sala que servia de palco, fizeram uma apresentação de apenas 25 minutos, mas foi um show que os transformaria de caipiras de Aberdeen na banda mais querida de Olympia. A densidade de Kurt – algo que havia faltado nas outras apresentações – encontrava uma nova profundidade e ninguém na sala conseguia tirar os olhos de cima dele. "Tão reservado como era quando estava fora do palco", lembra "Slim" Moon, "quando ele queria estar *ligado*, ele soltava tudo. E, nessa única noite, ele tocou com uma intensidade que eu jamais havia visto." Eram as mesmas canções e frases musicais que a banda já vinha apresentando havia algum tempo, mas, com a atração adicional de um obcecado vocalista, eram hipnóticas. Surpreendentemente, naquele momento ele tinha uma confiança em frente ao microfone que nunca mais alcançou em nenhum outro em sua vida. A ampla energia concentrada de Kurt parecia desovar em Krist, que saltava tanto que atingiu diversos membros da plateia com seu baixo.

Mas o golpe de misericórdia ainda viria. Ao final de sua curta apresentação, logo depois que tocaram "Love Buzz", Kurt ergueu sua guitarra Fender Mustang relativamente nova e a baixou para o chão com tamanha violência que pedaços voaram pela sala como projéteis de um canhão. Ele parou por uns cinco segundos, alçou os restos no ar e os ficou segurando enquanto olhava para a plateia. O rosto de Kurt parecia sereno e assombrado, como se fosse uma máscara de Halloween de Gasparzinho, o Fantasma Camarada, engessada no corpo de um homem de 21 anos de idade. A guitarra foi para o ar e, *plaft*, atingiu o chão mais uma vez. Kurt a largou e saiu da sala.

Ele jamais havia despedaçado uma guitarra antes, provavelmente nem mesmo pensara em tal ato, já que as guitarras eram caras. "Ele nunca explicou por que se comportou daquele jeito maluco", lembra John Purkey, "mas ele estava sorrindo. Havia uma finalidade naquilo – era como se fosse sua pequena comemoração particular. Ninguém saiu machucado, mas quando ele destroçou a guitarra, foi como se ele realmente não se importasse se machucasse alguém. Aquilo surgiu totalmente do nada. Eu estava conversando com ele depois do show e a guitarra jazia lá no chão e as pessoas ficavam catando pedaços dela." Os Greeners agora não poderiam se fartar do Nirvana.

Três semanas mais tarde, Kurt recebeu um telefonema da Sub Pop dizendo-lhe que o single "Love Buzz" finalmente estava pronto. Ele e Krist foram de carro até Seattle para apanhá-lo e Daniel House da Sub Pop lembra que ele insistiu em ouvi-lo no estéreo do escritório: "Nós o tocamos para eles e acho que nunca vi Kurt mais feliz". Tanto Kurt como Krist estavam particularmente contentes com as piadas internas sobre o lançamento: o nome de Kurt estava grafado como "Kurdt", para sempre confundindo os resenhistas e fãs, e havia uma mensagem minúscula arranhada no final da faixa que dizia: "Por que vocês não trocam essas guitarras por pás?". Era uma frase que o pai de Krist frequentemente gritaria para eles, em seu inglês rudimentar com sotaque croata, durante seus ensaios em Aberdeen.

Guitarras por pás, armas por guitarras, de Aberdeen à Sub Pop. Isso tudo parecia apenas um borrão, agora que Kurt estava segurando seu próprio disco nas mãos. Ali estava a prova tangível final de que ele era um verdadeiro músico. Como a guitarra que ele costumava levar para a escola em Montesano, mesmo quando ela estava quebrada, o resultado ou o sucesso do single tinha pouca importância: sua mera existência física era aquilo pelo qual ele se empenhara durante muitos anos.

A banda reteve quase cem da edição de mil singles de "Love Buzz", e Kurt ainda deixou uma cópia na emissora de rádio da universidade em Seattle, a KCMU. Ele tinha grandes esperanças para o single, descrevendo-o para a emissora como "um jingle maravilhosamente suave e maduro, aveludado e calmo. Incrivelmente comercial". Ele esperava que a KCMU imediatamente tocasse a trilha e, por isso, ficou ouvindo o dia inteiro. Tracy tinha vindo para Seattle para levar Kurt de carro de volta para Olympia, e enquanto se preparavam para ir para casa, a canção ainda não havia sido tocada. Quando seguiam para o sul e alcançavam o limite do sinal da KCMU, Kurt simplesmente não conseguiu esperar mais. Ordenou a Tracy que parasse em um posto de gasolina. Ali ele usou um telefone público para ligar e pedir que tocassem seu single. Se o disc jockey da emissora achou isso estranho – receber um single de uma banda e depois o pedido de um ouvinte aparentemente casual duas horas depois –, não se sabe. Kurt esperou mais de meia hora no carro e, então, finalmente, a emissora tocou "Love Buzz". "Ele ficou lá sentado, ouvindo a si mesmo saindo pelo rádio", lembra Tracy, "com um grande sorriso no rosto."

Kurt começou dezembro de 1988 num dos melhores astrais de sua vida. O single havia melhorado seu humor e as pessoas ainda estavam falando sobre o show no K-Dorm. Quando ele ia ao Smithfield Café ou à cafeteria Spar, os rapazes da universidade cochichavam entre si quando ele entrava. As pessoas começaram a lhe pedir para tocar em suas festas; elas ainda não estavam lhe oferecendo pagamento, mas estavam pedindo. E *The Rocket* havia dado à banda sua primeira resenha, chamando o single de "um danado de um primeiro esforço". A matéria da *The Rocket* era elogiosa mas alertava que, com toda a atenção que outras bandas da Sub Pop estavam recebendo, o Nirvana poderia ficar ofuscado, tanto no meio como em sua gravadora. "Marcas sérias de musicalidade vazam por toda parte", escrevia Grant Alden. "O Nirvana se situa como que à margem do som corrente no noroeste – limpo demais para ser depurado, puro demais para o metal, bom demais para ignorar." Era a primeira prova de algo de que Kurt desconfiava mas não podia confirmar sem validação externa: a banda estava melhorando.

Dentro da Sub Pop, onde os colegas de selo Soundgarden e Mudhoney eram claramente os favoritos, as ações do Nirvana subiam. O "Singles Club" se mostrara afinal uma inteligente iniciativa de marketing – a primeira prensagem de "Love Buzz" se esgotou e, embora a banda não tenha ganho um centavo com isso, era impressionante. Havia outras notícias boas: Poneman e Pavitt haviam destinado uma versão remixada de "Spank Thru" para a coleção de três EPs, *Sub Pop 200*, o lançamento de perfil mais alto do selo até então. E a Sub Pop agora estava interessada em conversar com Kurt sobre um disco completo. Havia, porém, um grande senão: uma vez que a gravadora estava quebrada, o Nirvana teria de pagar os custos diretos para a gravação. Isso era contrário ao modo como a maioria dos selos de gravação trabalhava e contrário ao modo como a Sub Pop operava com suas outras bandas. Embora Kurt nunca tivesse enviado uma de suas cartas "estamos dispostos a pagar para lançar nosso disco" para a Sub Pop, sua combinação entre ansiedade e ignorância era evidente ao mais experiente Poneman. Talão de cheque na mão, a banda animadamente fazia planos de voltar ao estúdio com Jack Endino no final de dezembro.

Uma vez que Kurt tinha um disco em que se concentrar, imediatamente começou a distanciar-se do single "Love Buzz", que apenas duas semanas antes havia sido sua posse mais preciosa no mundo. Ele conversou sobre isso com "Slim" Moon, que disse ter ficado com a impressão de que "Kurt não gostava nada do single, exceto o fato de que agora eles tinham alguma coisa que estava lançada". Kurt enviou um exemplar do single para John Purkey e incluiu o seguinte bilhete: "Aqui está nosso muito comercializado single de astro do rock, capa estúpida, confusa, foto da Sub Pop, edição limitada, apresentando Kurdt Kobain na frente e no verso. Estou contente porque apenas mil foram prensados. O LP será diferente. Muito diferente. Uma produção mais bruta e canções mais obscenas". Mesmo escrevendo para um amigo, ele falava de si mesmo na terceira pessoa. Sua relação de amor/ódio com o single espelhava sua abordagem de todo o seu trabalho. Nada que a banda fazia, fosse no estúdio ou no palco, se comparava ao modo como ela soava em sua cabeça. Kurt adorava a ideia de um disco até que este saiu e, depois, imediatamente, ele tinha de descobrir alguma coisa errada nele. Ele era apenas parte de uma insatisfação maior.

Isso era mais evidente em sua relação com Tracy. Ela o amava por inteiro, embora ele rejeitasse seu sentimentalismo e lhe dissesse que não devia amá-lo tanto. As trocas de bilhetes continuavam como o método principal de comunicação entre eles e as listas de afazeres que ela lhe deixava se tornavam mais longas, já que ele raramente fazia alguma coisa do que ela pedia, ainda que estivesse desempregado e vivendo à custa dela. Em dezembro de 1988 ela lhe deixou o seguinte bilhete: "Oi, Kurt! Estarei em casa às duas e meia ou três. Antes de ligar a tevê, você poderia arrumar a cama? Você pode dobrar minhas roupas e colocá-las em minha gaveta ou dentro do armário do lado esquerdo. 1) Coloque os jornais novos no chão, 2) Sacuda os tapetes do banheiro e da cozinha, 3) Limpe a banheira, a pia e a privada. Eu sinto muito,

muito, muito por ter sido resmungona e estar reclamando tanto ultimamente. Eu te amo, vamos tomar um (semi) porre e transar hoje à noite. Eu te amo".

Kurt e Tracy brigavam pelo confuso rompimento entre Krist e Shelli. Do ponto de vista de Kurt, isso dava a Krist mais tempo para a banda, mas, para Tracy, a separação havia afastado seu melhor casal de amigos: era como se Lucy e Ricky tivessem de observar o divórcio de Ethel e Fred. Tracy se via frequentemente preocupada de que eles seriam os próximos, no mínimo porque ela sabia que uma ruptura permitiria que Kurt dedicasse todas as suas horas de vigília à banda. Decidiu testar o compromisso dele ameaçando separar-se. Não desejava realmente isto; apenas queria que ele lhe dissesse que estava empenhado na relação. Mas qualquer teste de vontades com Kurt era um engano. Obstinado, ele reagiu em termos práticos quando ela lhe disse que ele tinha de se mudar. "Se você quiser que eu me mude, vou morar no meu carro", disse ele. Ele já morara em carros antes e moraria novamente. É claro que ela lhe disse que isso era absurdo. Mas Tracy havia começado equivocadamente um jogo de "Quem vai piscar primeiro?" com o campeão vitalício de Grays Harbor.

Mesmo com a banda finalmente acontecendo, a vida para Kurt seguia muito parecida ao que era antes: levantava-se tarde e passava o dia inteiro compondo canções ou tocando a guitarra enquanto assistia à televisão. Certa tarde, Tracy se queixou de que ele havia composto canções sobre quase tudo de seu mundo – da masturbação aos personagens de *Mayberry R.F.D.* ("Floyd the Barber") –, exceto sobre ela. Ele riu da sugestão, mas a considerou em seu diário: "Adoraria compor uma bonita canção para ela, embora eu não tenha direito nenhum de falar por ela". Na mesma página, ele era menos romântico quando se retratava como um personagem sem braços: "Eu gesticulo e resmungo por seu afeto, brandindo minhas nadadeiras em um círculo de cata-vento: meu babador está manchado por tentativas frustradas de contatar você por meio de comunicação de saliva, a baba secando em meu peito". Uma de suas muitas obsessões era "bebês de nadadeiras", crianças nascidas sem braços; ele escrevia regularmente sobre o assunto e desenhava ilustrações bizarras sobre como ele imaginava que elas seriam.

Uma semana depois, ele compôs uma canção sobre sua namorada. O estribilho dizia: "Eu não posso ver você toda noite de graça", uma referência direta às suas discussões. Curiosamente, embora ele ensaiasse e tocasse a canção na frente dela, jamais admitiu que era sobre ela. Em vez disso, ele lhe disse: "Eu só escrevo o que me vem à cabeça, e não escrevo nada sobre você nem ninguém". É claro que ele estava mentindo, mas o fato de que criaria esse presente para ela, mas não estaria disposto a arriscar a intimidade ao dar o presente, diz muito sobre a relação e sobre seu compromisso com a relação. Era como um garoto do início do colegial que deixa um presente de Dia dos Namorados para uma garota mas não tem a coragem de assinar o nome. Quando ele tocou a canção para Chad e Krist, eles imediatamente gostaram dela e perguntaram o nome. "Não tenho a menor ideia", disse Kurt. "Sobre o que é?", perguntou Chad. "É sobre uma garota", disse Kurt, e eles decidiram que isso serviria como título. De qualquer modo, a maioria dos títulos de Kurt tinha apenas uma relação secundária com a letra.

"About a Girl" foi uma canção importante no desenvolvimento de Kurt como compositor – era sua primeira canção de amor direta e, ainda que a letra fosse torcida, era tão equilibradamente melódica que nas primeiras apresentações ao vivo do Nirvana as plateias a tomavam como um cover dos Beatles. Kurt disse a Steve Shillinger que no dia em que compôs "About a Girl" ele tocou *Meet the Beatles* durante três horas seguidas para entrar no clima. Mas isso quase não era necessário: desde garotinho ele estudara a obra dos Beatles, ainda que eles fossem considerados *passé* nos círculos punk.

Ao final de 1988, as influências musicais de Kurt eram um estranho pot-pourri do punk que ele descobrira adorando Buzz Osborne, do heavy metal que ele ouvia quando adolescente, e do pop que ele descobrira na sua primeira infância, numa combinação sem pés nem cabeça. Havia enormes nacos de história da música que ele perdera simplesmente porque não havia sido exposto a eles (ainda não ouvira Patti Smith ou o New York Dolls), embora em outros pequenos nichos, como quando se tratava do Scratch Acid, ele fosse o tipo de expert capaz de citar cada uma das faixas que o grupo lançara. Ele tinha a tendência a se apaixonar por um grupo e adotar sua música acima de todas as demais, fazendo proselitismo com seus amigos como um pastor que vai de porta em porta. Krist tinha uma compreensão melhor do rock mais amplo, uma das razões pelas quais ele permanecia essencial à banda – Krist sabia o que era kitsch, ao passo que Kurt às vezes enveredava por essa categoria. No final de 1988, Kurt convidou seu amigo Damon Romero para ir ao seu apartamento, dizendo-lhe: "Tem um disco genial que eu descobri e que você *tem* de ouvir". Quando Romero chegou, Kurt apanhou o disco *Get the Knack*, do Knack, e caminhou até o toca-discos com ele. Romero, que conhecia bem esse lançamento de 1979, que não podia ser considerado mais convencional, pensou que Kurt estivesse sendo sarcástico e perguntou: "Você está falando sério?". "Não, você precisa ouvir isto – é um disco pop *impressionante*", foi a resposta impassível de Kurt. Ele colocou o disco para tocar e Romero, incomodado, ouviu os dois lados do disco, perguntando-se o tempo todo se havia algum tipo de graça ainda por vir. Mas Kurt fechou os olhos e ficou calado enquanto o disco girava, tocando bateria no ar com as mãos em uma quieta homenagem.

Logo depois que "Love Buzz" foi lançado, Kurt fez uma fita mixada para sua amiga Tam Orhmund, apresentando suas músicas favoritas no momento. O lado A continha canções de Redd Kross, Ozzy Osbourne, Queen, Bay City Rollers, Sweet, Saccharine Trust, Velvet Underground, Venom, Beatles e Knack; ele rebatizou "My Sharona" do Knack como "My Scrotum". O lado B incluía faixas de bandas tão diferentes quanto Soundgarden, Blondie, Psychedelic Furs, Metallica, Jefferson Airplane, Melvins e "AC-Fucking-DC", conforme ele escreveu o nome. Levava horas para fazer uma fita como esta, mas tempo era tudo o que Kurt possuía.

Com o presente, ele esperava interessar Orhmund a empresariar o Nirvana. Percebendo que a Sub Pop não estava cuidando de seus interesses, ele achou que Orhmund, que não tinha experiência anterior mas era expansiva, poderia representá-los melhor. A certa altura, ele e Tracy consideraram mudar-se para Tacoma com Tam. Depois de ver várias casas, Kurt desistiu da ideia quando viu um buraco de bala numa parede.

Orhmund, por sua vez, mudou-se para Seattle, o que para Kurt parecia ser a única qualificação requisitada para o gerente da banda. No dia que eles apanharam o single de "Love Buzz", pararam na casa dela e Kurt anunciou que ela seria a nova empresária do grupo. Deu-lhe uma pilha de discos e pediu-lhe que os enviasse à Touch and Go e a todos que ela achasse que ficariam interessados. Ela montou um tosco kit para a imprensa, que incluía fotos do show no K-Dorm e insignificantes recortes de matérias publicadas. Já no dia em que o single saiu, lembra Orhmund, "Kurt agia como se odiasse a Sub Pop".

Naquele outono, Kurt havia retirado na biblioteca o livro de Donald Passman, *All You Need to Know About the Music Business*. Depois de lê-lo e compartilhar as informações com Krist, ele passou a desconfiar mais de sua gravadora e decidiu que precisavam de um contrato. Na semana seguinte, Krist foi de carro até Seattle e, embriagado, esmurrou a porta de Bruce Pavitt, gritando: "Seus sacanas, nós queremos um contrato!". A Sub Pop minutou um breve contrato que entrou em vigor em 1º de janeiro de 1989. Ele exigia três discos no curso de três anos – uma programação que Kurt achou demorada demais –, e a gravadora pagaria 6 mil dólares para a banda no primeiro ano, 12 mil no segundo e 24 mil no terceiro.

A banda passou a maior parte do mês de dezembro ensaiando para a futura sessão de gravação. Uma vez que seu espaço de ensaio era em Aberdeen, a viagem podia consumir a maior parte do dia. Chad apenas ocasionalmente tinha carro e era difícil poder contar com o veículo de Kurt. Na maioria dos dias, Krist dirigia sua van de Aberdeen até Olympia para apanhar Kurt, rumava para o norte até Seattle para apanhar Chad, que tomava a balsa vindo de Bainbridge, e então voltavam todos de carro para Aberdeen. Ao final do dia, o trajeto seria o inverso. Alguns dias eles chegavam a percorrer quase 650 quilômetros para realizar um ensaio de três horas. No entanto, havia benefícios para essas viagens: elas passaram a alimentar um sentido de companheirismo e lhes propiciava tempo ininterrupto para ouvir música. "Ouvíamos Mudhoney, Tad, Coffin Break, Pixies e Sugarcubes", lembra Chad. A lista de bandas que eles ouviam era tão boa quanto qualquer outra para descrever o som do Nirvana em 1988. Eles conseguiam um som que era ao mesmo tempo derivado e original, às vezes dentro da mesma canção. Mas Kurt estava aprendendo, aprendendo depressa.

*

No dia 21 de dezembro de 1988, a banda retornou para o seu primeiro show oficial como Nirvana na cidade natal de Grays Harbor. Embora estivessem começando a atrair multidões em Olympia e Seattle, nessa apresentação eles tocaram para uma plateia de vinte pessoas, em sua maioria "Cling-Ons". O local era o salão Hoquiam Eagles, a apenas duas quadras do posto da Chevron, onde o pai de Kurt trabalhara. Krist se despiu ficando apenas de cueca e novamente derramou sangue sobre si mesmo. Tocaram a "Immigrant Song" do Led Zeppelin pela primeira e única vez em concerto e a interpretação provocou uma reação maior do que qualquer uma das composições de Kurt. O show marcou a primeira vez que a irmã de Kurt, ainda no colegial, viu seu irmão em concerto. "Sentei-me na beirada do palco, cantando junto", lembra Kim. "Perdi a voz. No dia seguinte eu deveria apresentar um relatório de um livro em sala de aula, mas não consegui."

Naquela semana, Kurt enviou aos avós Leland e Iris um cartão de Natal da Hallmark. Dentro do cartão, ele acrescentou um bilhete, pondo-os a par de seu progresso profissional:

> Queridos avós há muito perdidos: Sinto muita saudades de vocês. O que não é nenhuma desculpa por não visitá-los. Estou muito ocupado morando em Olympia, quando não estou em turnê com minha banda. Acabamos de lançar um single e ele já se esgotou. Estamos gravando para um LP de estreia nesta segunda-feira, que será lançado em março. Em fevereiro, sairemos em turnê novamente na Califórnia e, depois, voltaremos em abril, só para dar um descanso. Depois, de novo na estrada. Estou mais feliz do que jamais estive. Seria ótimo saber notícias de vocês também. Feliz Natal, com amor, Kurt.

Kurt exagerou a programação de viagens da banda – seus shows ainda não eram frequentes, mas estavam aumentando de ritmo. Mas ele não estava exagerando quando se disse "mais feliz do que jamais estive". A expectativa de um marco próximo na carreira era sempre mais alegre para ele do que o acontecimento concreto, e a ideia de ter seu próprio disco completo – alguma coisa muita mais significativa do que um single, segundo ele supunha – o enchia de tal leveza que ele falava sobre suas emoções interiores, o que era raro. Era raro para ele admitir como se sentia sobre si mesmo – mais raro ainda ele se descrever como feliz.

Dois dias depois da apresentação no Hoquiam, a banda foi de carro até Seattle para gravar seu disco. Era véspera de Natal. "Não tínhamos mais nada a fazer", explica Krist. Eles passaram a noite anterior na casa de Jason Everman, um amigo de Chad e de Dylan. Kurt, como era de costume, havia composto as melodias mas poucas letras e, por isso, passou a maior parte da noite finalizando as letras. Ele disse a seus parceiros de banda que não conseguiria dormir mesmo.

Chegaram ao estúdio na tarde seguinte e trabalharam até tarde da noite. Durante essa sessão, definiram trilhas básicas para dez canções, mas Kurt não gostou de seus vocais. A única trilha de que gostou foi "Blew", que havia sido vítima de um pouco de casualidade: Krist equivocadamente baixou um tom na afinação em que a canção estava composta. O resultado foi um som que era mais pesado e profundo do que tudo que eles haviam feito antes, um erro perfeito. Como muitas das primeiras canções que Kurt compôs, a letra de "Blew" não fazia sentido – eram, como Kurt explicou mais tarde, simplesmente "coisas legais para cantar" –, mas a melodia e a letra efetivamente comunicavam desamparo e desespero, temas dominantes na maioria das canções de Kurt.

Por volta da meia-noite, a banda deu-se por satisfeita e tomou o rumo de volta para Aberdeen. No longo trajeto para casa, ouviram a gravação seis vezes em seguida. Krist deixou Kurt em Aberdeen na casa de Wendy à uma e meia da madrugada no dia de Natal de 1988. Ele planejara passar o feriado lá, antes de voltar para ver Tracy. Na superfície, o relacionamento entre Kurt e Wendy parecia ter melhorado. Naquele outono, ele escreveu em seu diário: "Nós nos damos muito bem agora que saí de casa. Eu tenho feito o que minha mãe deseja. Ela acha que eu tenho um trabalho respeitável, uma namorada, um carro, uma casa. Preciso resgatar algumas coisas velhas que deixei em casa, meu velho lar, meu *verdadeiro* lar, agora simplesmente o lar de minha mãe".

Kurt normalmente fazia à mão os presentes de Natal para sua família, tanto por preferência artística como por necessidade econômica; em 1987, ele confeccionara chaveiros. Mas nem havia o que pensar para os presentes em 1988: ele deu para todos, inclusive para suas tias e tios, cópias do single. O disco criou uma espécie de volta para casa após a formatura – ele agora tinha uma evidência para mostrar aos parentes que estava fazendo alguma coisa de si mesmo. Wendy tocou o single no aparelho estereofônico da família, mas estava claro que não ficou impressionada. Ela lhe disse que ele precisava de "algo mais a que recorrer". Kurt não daria ouvidos a nada disso.

Mais animador do que o Natal foi ainda outro show de alto nível que a banda apresentou no dia 28 de dezembro no Underground em Seattle para o lançamento da coleção *Sub Pop 200*. Mesmo enfrentando dificuldades para pagar suas bandas, a Sub Pop promovia festas perdulárias e esse evento não era exceção: era um evento com oito bandas ao longo de dois dias num clube do bairro universitário. O Nirvana esteve na primeira noite e foi apresentado por Steven Jesse Bernstein como "a banda com os vocais supercongelados". O show marcou uma das primeiras vezes em que o Nirvana estava em pé de igualdade com o resto da lista da Sub Pop – anteriormente havia sido considerada uma banda bebê. Os três ficaram em Seattle e, durante os três dias seguintes, passaram quinze horas no estúdio com Endino. Trabalhando até o cair da noite na véspera do Ano-Novo, Kurt finalmente se retirou para Olympia para começar 1989 com Tracy.

Na segunda semana de janeiro, a banda estava de volta ao trabalho para duas outras sessões de mixagem, e com isso ficaram próximos da conclusão. Depois de quase trinta horas no estúdio, tinham nove faixas. Optaram por usar três dos demos de Crover no disco e os remixaram. Kurt havia decidido que o disco teria o título *Too Many Humans*, que não era nome de nenhuma das canções, mas resumia a tese obscura de seu trabalho. No início de fevereiro a banda se dirigiu para uma turnê na Califórnia e, ao passar por San Francisco, Kurt viu um cartaz de prevenção contra a Aids que ele achou engraçado: o cartaz dizia "Bleach Your Works" [algo como "desinfete suas agulhas"]. *Bleach*, disse a seus dois parceiros enquanto a van descia pela rua. "Esse vai ser o nome do nosso novo disco."

10

Ilegal para o rock and roll

Olympia, Washington,
fevereiro de 1989-setembro de 1989

Se isto é ilegal para o rock and roll, pode me jogar na cadeia.
Um verso que Kurt escreveu numa guitarra, em 15 de julho de 1989.

NA VÉSPERA DE SEU VIGÉSIMO SEGUNDO ANIVERSÁRIO, Kurt escreveu uma carta para sua mãe dizendo: "É uma tarde chuvosa de domingo e, como sempre, não há muita coisa a fazer e, por isso, pensei em escrever uma cartinha. Na verdade, uma vez que todo dia é chuvoso e devagar, ultimamente estou escrevendo muito. Espero que isso seja melhor do que nada. Ou componho uma canção ou escrevo uma carta e estou enjoado de compor, neste momento. Bem, amanhã é o 22º aniversário (e eu ainda não sei soletrar)". Ele não acabou a carta e nem enviou o fragmento.

Apesar do tédio manifestado na carta, a vida artística interior de Kurt estava prosperando. Seu vigésimo segundo ano seria quase inteiramente dedicado à criação – na forma de música ou de arte. Havia muito ele desistira das aspirações de ser um artista comercial, mas, em certo sentido, essa liberdade possibilitava que sua arte se desenvolvesse solta. Ele não teve emprego durante a maior parte do ano de 1989, a menos que se considere emprego a administração do Nirvana. Tracy se tornara sua benfeitora, papel que ela assumiria durante a maior parte do relacionamento.

Alguém que entrasse em seu apartamento em alguma tarde do ano de 1989 provavelmente o encontraria com um pincel na mão como uma guitarra. Mas, na verdade, ele não era tanto um pintor quanto era um criador. Como pincel, ele usava qualquer instrumento que tivesse diante de si e, como tela, qualquer objeto plano que encontrasse. Ele não tinha condições de comprar telas nem papel de qualidade e, por isso, muitas de suas obras eram feitas no verso de velhos jogos de tabuleiro que encontrava em brechós. Em lugar de tinta – que ele raramente conseguia – ele usava lápis, caneta, carvão, pincel atômico, tinta spray e, às vezes, até sangue. Certo dia, uma vizinha, Amy Moon, passou e teve a surpresa de ser saudada na porta por Kurt portando o sorriso arreganhado de um cientista louco que recentemente havia gerado sua primeira criatura. Ele havia acabado de concluir uma pintura, contou-lhe, dessa vez feita com tinta acrílica, mas com um acréscimo especial, "meu ingrediente secreto". Ele contou a Amy que adicionava esse ingrediente a cada uma das suas pinturas como o toque final, o *fait accompli*, desde que ela fosse do seu gosto. O tempero secreto, explicou ele, era seu sêmen. "Minha semente está nesta pintura", contou-lhe ele. "Olhe, dá para você ver como brilha!", disse, gesticulando. Amy não ousou perguntar que método Kurt usou para aplicar sua "semente", mas ela não notou nenhum pincel ou espátula na área.

Esse ritual incomum não impediu Amy de contratar Kurt para criar uma pintura para ela; foi a única encomenda que ele aceitou em sua vida. Ela descreveu um sonho e pediu-lhe que o retratasse. Ele aceitou a tarefa e ela pagou dez dólares para os materiais. O quadro resultante foi toscamente pintado, mas era tão evocativo de seu sonho que Amy mal podia imaginar que Kurt o havia criado a partir de sua descrição. "É o meio da noite", descreve Amy, "e há uma força sinistra em operação. No fundo, árvores não muito bem definidas, apenas sombras. No primeiro plano estão os faróis de um carro e um veado recentemente abatido. Dá para ver o hálito saindo do animal e o calor abandonando seu corpo. Há uma figura feminina muito magra na frente, comendo a carne do animal que provavelmente ainda não está morto. Sua pintura é exatamente como vi o sonho."

A maioria das criações de Kurt era desconcertante, às vezes até de forma chocante. Muitas eram dos mesmos temas que ele explorara no curso de artes do colegial, mas agora havia nelas uma força mais obscura. Ele ainda pintava alienígenas e guitarras explodindo, mas seu caderno de esboços também incluía paisagens de tipo Salvador Dalí, com relógios derretendo, partes pornográficas do corpo em criaturas sem cabeça e ilustrações de membros amputados. Cada vez mais, durante o ano de 1989, sua arte começou a assumir qualidades tridimensionais. Ele corria muitos brechós de Olympia toda semana, e qualquer coisa barata e bizarra provavelmente entraria em uma de suas cons-truções. No verso da capa de um disco do Iron Butterfly ele pintou uma imagem do Batman, afixou uma Barbie nua com uma laçada em volta do pescoço e o deu para Tracy como presente de aniversário. Ele começou a colecionar bonecas, modelos de carros, lancheiras, velhos jogos de tabuleiro (alguns ele mantinha intactos, como seu adorado jogo do Evel Knievel), miniaturas de personagens de brinquedos e outros objetos variados encontrados a preços baixos. Esses objetos colecionáveis não eram acumulados ou dispostos numa prateleira: podiam ser derretidos no quintal durante um churrasco ou colados no verso de um tabuleiro de jogo. Tracy reclama que não conseguia se virar sem deparar com o olhar de uma boneca sobre ela. O apartamento inteiro começou a assumir o aspecto de um museu do kitsch de beira de estrada, mas um museu em constante estado de construção e destruição. "Ele tinha esse lance de bagunça", lembra Krist. "Sua casa inteira era uma bagunça e havia coisas por toda parte. No entanto, ele era um artista sério e essa era uma das maneiras pelas quais ele se expressava; o modo como ele filtrava o mundo. Isso acontecia de uma série de maneiras e algumas delas eram mórbidas e distorcidas. De fato, toda a arte é decadente e distorcida. Seu tema era bastante consistente. Tudo era simplesmente um pouco confuso e escuro."

Um dos caprichos favoritos de Kurt era a distorção de órgãos sexuais em figuras que ele desenhava. Corpos masculinos teriam vaginas por cabeças, as mulheres poderiam ter pênis e também seios. Um trabalho desse período mostra quatro mulheres nuas sentadas em volta de um Satã descomunal, que exibe um gigantesco pênis ereto. Embora a imagem seja desenhada a lápis, as cabeças das mulheres são recortadas de anúncios encontrados na revista *Good Housekeeping*. As figuras se tocam em uma compacta cadeia humana: uma mulher está defecando; outra tem a mão na vagina; uma terceira tem a mão no ânus da mulher seguinte e a última mulher tem um bebê saindo de seu útero. Todas possuem chifres de diabo e são desenhadas de modo tão realista que chegam a parecer obra da cooperativa de artistas da San Francisco dos anos 1990.

A maioria dos trabalhos artísticos de Kurt jamais tinha título, mas uma amostra particular desse período guardou um título em letras cuidadosamente grafadas. Desenhado em creiom preto sobre papel branco, o trabalho mostra uma figura humana em garatuja, tendo por cabeça um enorme *smiley* ceifando sua perna esquerda com um machado. O título diz: *O Sr. Sunshine Comete Suicídio*.

Embora Kurt se queixasse de tédio, 1989 foi um dos períodos mais movimentados para a banda. Ao final de 1988, o Nirvana havia feito apenas duas dúzias de shows ao longo dos dois anos de sua história, sob vários nomes e usando quatro bateristas diferentes (Burckhard, Foster, Crover e Channing). No entanto, só em 1989 eles fariam cem apresentações. A vida de Kurt se desviou para a rotina de um músico trabalhador.

A primeira turnê em 1989 foi um vaivém na Costa Oeste que os trouxe a San Francisco, onde viram o cartaz do "Bleach Your Works". Na época estavam em turnê com base em um single, uma proposta inédita, considerando a matemática de sua possível base de fãs; com menos de mil singles vendidos no mundo inteiro, a chance de uma plateia em San José, por exemplo, ter ouvido falar deles e gostar deles o bastante para ir vê-los era mais do que absurda. Algumas dessas primeiras apresentações atraíam uma plateia efetiva de meia dúzia de pessoas, normalmente músicos interessados na Sub Pop, já que o selo era um atrativo maior que a banda. Dylan Carlson acompanhou a turnê e lembra da frustração de Kurt. "Era meio que um fiasco", disse ele. "Havia muitos shows que eram cancelados." A tomada era sempre puxada pelos proprietários dos clubes, já que a banda estava disposta a tocar para o bartender e o porteiro. A maior plateia que o Nirvana teve foi quando fez a abertura para o Living Color, uma banda de rock mais tradicional com uma música de sucesso na Top 40, diante de quatrocentas pessoas. A plateia os odiou.

Se houve um percalço entre os percalços nessa primeira turnê, ele aconteceu em San Francisco. Ali a banda fez a abertura para os Melvins no Covered Wagon, um encontro que Kurt havia muito estava esperando. Mas quando descobriu que os Melvins não eram na Califórnia uma atração maior do que haviam sido em Grays Harbor, sua fé desmoronou. Como em todas as demais datas da turnê, eles batalharam para conseguir dinheiro para gasolina, um lugar para cair no sono e comida. Tracy havia acompanhado a banda até a Califórnia em seu carro, levando os amigos Joe Preston e Amy Moon. Havia sete pessoas na *entourage* da banda e mal tinham dinheiro para comprar uma *tortilla*. Alguém na rua lhes falou sobre um lugar que servia sopa gratuita. "Talvez fosse administrado pelos Hare Krishnas; Kurt ficou realmente arrepiado com aquilo", lembra Amy. Enquanto todos os outros caíam de boca na sopa, Kurt apenas olhava desalentado para sua tigela. "Ele nem provou", disse Amy. "Finalmente se levantou e saiu. Aquilo o deprimia." Comida de Hare Krishna, plateias de dez pessoas, mendicância de dinheiro para gasolina, os Melvins como fracassos comerciais, telefonema para pedir que tocassem seu próprio single – essas coisas representavam um nível de degradação que Kurt não havia imaginado ou para o qual não estava preparado. Naquela noite, as sete pessoas dormiram no chão do apartamento conjugado de um amigo.

Voltaram para Seattle para apresentar um show mais bem-sucedido em 25 de fevereiro, na Universidade de Washington. Anunciado como "Four Bands for Four Bucks" ["Quatro Bandas por Quatro Paus"], foi a maior multidão do Nirvana até então, uma plateia de cerca de seiscentas pessoas. Estavam tocando com o Fluid, o Skin Yard e o Girl Trouble, todos grupos que naquele momento estavam melhores, mas foi durante a apresentação do Nirvana que a plateia se agitou. As plateias de Seattle haviam começado a slam-dance no final dos anos 1980: isso acarretava uma espécie de twist violento e louco, normalmente realizado em frente ao palco por uma massa rodopiante de adolescentes. Quando a multidão era muito grande, ondas de pessoas começavam a chocar-se entre si, como se um furacão tivesse se formado no interior da plateia. O som frenético do Nirvana fazia a trilha sonora perfeita para o slam-dancing, já que nunca reduzia o ritmo e raramente chegava a fazer uma pausa entre as músicas. Quando o fã ocasional subia no palco e depois saltava de volta para a plateia – o chamado mergulho de palco –, a dança ritualista era completa. Kurt cantava e tocava tranquilamente enquanto dezenas de garotos saltavam sobre o palco, só para imediatamente mergulharem de volta à plateia. Às vezes havia tantos garotos saltando do palco que parecia que Kurt estava em pé no meio de algum tipo de instalação de treinamento aéreo para aspirantes a paraquedistas. Era bagunça organizada, mas era exatamente com *isso* que Kurt havia sonhado: usar sua música para criar o caos. Muitas outras bandas atraíam uma plateia slam-dancing parecida, mas poucos músicos eram capazes de permanecer languidamente no meio dessas invasões de palco como Kurt. Ele transmitia a sensação de que estava acostumado a tocar enquanto a plateia tomava conta do palco; e em Seattle isso havia se tornado tão lugar-comum que ele se acostumou.

Nesse dia, Kurt concedeu uma breve entrevista ao *Daily*, o jornal estudantil da Universidade de Washington, na qual ele se referiu ao meio artístico do noroeste, chamando-o de "a última onda do rock" e "o rearranjo final". Kurt disse ao escritor Phil West que a música da banda tinha um "elemento sombrio, vingativo, baseado no ódio". Esse artigo foi a primeira ocasião do que se tornaria um dos esportes favoritos de Kurt: vomitar mitologia para jornalistas ingênuos. "Em Aberdeen, eu odiava meus melhores amigos com paixão, porque eles eram idiotas", anunciou Kurt. "Muito desse ódio ainda está vazando." Kurt dava crédito a Tracy por sustentá-lo, mas jurava que algum dia ele iria "viver da banda". Senão, garantia ele, "simplesmente vou me retirar para o México ou Iugoslávia com algumas centenas de dólares, plantar batatas e aprender a história do rock com os números atrasados da revista *Creem*".

Naquela primavera a banda incorporou Jason Everman como um segundo guitarrista, pela primeira vez tornando-os um grupo de quatro integrantes. Kurt queria que Jason cobrisse partes da guitarra que ele achava que não estavam fazendo justiça quando suas canções se tornavam mais complicadas. Jason já havia tocado em bandas anteriores com Chad e tinha reputação de excelente guitarrista. Ele também havia caído nas graças da banda por emprestar seiscentos dólares a Kurt, usados para pagar a conta da gravação de *Bleach*. O empréstimo não tinha nenhuma condição anexa – na verdade, ele jamais foi pago –, mas Kurt relacionou Jason na capa do disco *Bleach,* ainda que este não tivesse tocado nas gravações.

Com Jason na formação, o Nirvana tocou na "Lamefest" da Sub Pop no dia 9 de junho, no Moore Theater de Seattle. Eles faziam a abertura para o Mudhoney e o Tad, os dois maiores grupos da Sub Pop, e o show marcou o lançamento oficial de *Bleach*. O Nirvana tocou primeiro – sua apresentação foi rotineira, exceto pelo fato de que Kurt embaraçou os cabelos nas cordas de sua guitarra. O ponto alto da noite foi quando Kurt presenciou os garotos fazendo fila para comprar *Bleach*.

Em meados de 1989, o cenário musical do noroeste começou a despertar a atenção internacional, azeitada por iniciativas espertas de Pavitt e Poneman, que estavam demonstrando que seu verdadeiro brilho não estava tanto em administrar um selo quanto em comercializá-lo. Seu conceito mesmo de chamar seu pacote anual de apresentações de "Lamefest" [festival dos estropiados] era uma tacada de gênio: desarmava imediatamente qualquer crítica possível, ao mesmo tempo que apelava aos fãs de música insatisfeitos que trajavam camisetas onde se lia "Loser" [perdedor] (o selo vendeu dessas camisetas a mesma quantidade que vendeu de discos). Apesar da situação deficiente da conta bancária da Sub Pop, no início de 1988 ela desembolsou dinheiro em passagens de avião para que alguns críticos ingleses de rock passassem um feriado em Seattle. Foi dinheiro bem empregado: em poucas semanas, as bandas da Sub Pop estavam nos semanários de música da Inglaterra e bandas como Mudhoney eram estrelas do movimento "grunge", pelo menos na Inglaterra. O termo servia para descrever o punk alto e distorcido, mas logo foi empregado para classificar praticamente toda banda do noroeste, mesmo aquelas como o Nirvana, que na verdade eram mais pop. Kurt detestava o termo, mas a máquina publicitária havia começado a funcionar para valer e o cenário do noroeste cresceu. Embora houvesse poucos lugares para se tocar em Seattle, cada show se tornava um acontecimento e as multidões começaram a crescer exponencialmente.

Anos depois, refletindo sobre a causa da explosão do cenário ter acontecido naquela época, Kurt especulava em seu diário: "Muito exagero bajulador por parte de múltiplos jornalistas ingleses especializados [...] catapultaram o regime da Sub Pop à fama (basta acrescentar água ou exagero) instantânea". O Nirvana normalmente era mencionado na primeira onda da imprensa de 1989, mas na maioria dos artigos – como em um na *Melody Maker* em março de 1989, intitulado "Seattle: Rock City" ["Seattle: Cidade do Rock"] – o grupo era relegado a um minúsculo boxe lateral como azarão. Quando Kurt leu as primeiras menções da imprensa inglesa, provavelmente ficou muito chocado em ver a especulação de Everett True sobre o que os membros da banda estariam fazendo se não fossem músicos: "Estamos falando de quatro sujeitos [...] que, se não estivessem fazendo isso, estariam trabalhando num supermercado ou numa madeireira ou consertando carros". Duas das três profissões listadas eram empregos em que o pai de Kurt havia trabalhado; a terceira era o antigo emprego de Buzz.

Bleach teve muito a ver com o Nirvana ter saído da sombra de seus contemporâneos. Era um disco inconsistente, incluindo canções que Kurt havia escrito quatro anos antes, logo depois de "About a Girl", mas tinha lampejos de inspiração. Em faixas lamacentas como "Sifting", a progressão dos acordes era crua, enquanto a letra concreta – quando podia ser ouvida – era esperta e inteligente. Quando a *The Rocket* resenhou o disco, Gillian Gaar destacou as diferentes direções que a banda estava seguindo: "O Nirvana derrapa de uma extremidade do espectro *thrash* para a outra, endossando o grunge de garagem, o barulho alternativo e o metal estridente sem jurar lealdade a nenhum deles". Em seu diário na época do lançamento, Kurt manifestava impressões similares: "Minhas letras são uma grande pilha de contradições. Elas são cindidas ao meio entre opiniões e sentimentos muito sinceros que tenho e refutações sarcásticas, promissoras e bem-humoradas em relação ao clichê, aos ideais boêmios que têm se exaurido durante anos. Eu pretendo ser apaixonado e sincero, mas também gosto de me divertir e agir como um idiota".

Kurt descrevia *Bleach* acuradamente como uma mistura de sentimento sincero e clichê, mas havia o bastante de cada um para conseguir que ela fosse tocada em emissoras de rádio universitárias divergentes. A banda havia usado uma das fotos tiradas por Tracy para a capa, impressa como uma imagem invertida em negativo, e a aparência era adequada para o extremo contraste entre as canções obscuras e as melodias pop. O dualismo de Kurt foi fundamental para o sucesso da banda: havia canções que soavam diferentes o bastante para que as emissoras pudessem tocar diversas faixas sem esgotar a banda. O disco decolou lentamente, mas, a seu tempo, canções como "Blew", "School", "Floyd the Barber" e "Love Buzz" se tornaram correntes nas emissoras de rádio universitárias de todo o país.

A banda ainda tinha um longo caminho a percorrer. Na véspera do "Lamefest", o grupo entrou como substituição de última hora ao Cat Butt, para uma apresentação em Portland. Rob Kader também estava no grupo, um fã de dezoito anos de idade que presenciara todos os shows da banda e que levava a banda a cantar jovialmente a canção-tema de *The Brady Bunch* durante a viagem na van. Mas, quando chegaram para a apresentação, apenas doze pessoas haviam adquirido ingressos, todas elas fãs do Cat Butt. Kurt tomou uma decisão de última hora de abrir mão da lista de músicas e anunciou para Kader: "Só vamos pedir a você, ao final de cada música, que diga qual deseja ouvir e então a tocaremos". À medida que cada música terminava, Kurt andava até a beirada do palco e apontava para Kader, que gritava o próximo número. Ao contrário de Kader – que se sentia glorioso –, o resto da plateia dava uma resposta fria à banda, exceto em uma canção do Kiss, "Do You Love Me?", que o Nirvana havia gravado recentemente para um disco de covers e que Kader sabiamente solicitou.

No final de junho de 1989, a banda carregou a van Dodge de Krist para sua primeira turnê importante, uma excursão programada para dois meses que os levaria a atravessar os Estados Unidos. Kader e um grupo de amigos organizaram para eles um bota-fora. Kader trouxe uma caixa de duas dúzias de Mountain Dew como presente de despedida, bebida preferida por eles por causa da cafeína estimulante. Eles haviam enchido a van com as novas camisetas da banda, que diziam: "Nirvana: Fudge Packin', Crack Smokin', Satan Worshipin' Motherfuckers"["Nirvana: Os Safados da Cobertura de

Chocolate, do Crack e do Culto a Satã"]. Krist e Shelli haviam acabado de fazer as pazes e a separação foi lacrimosa. E mesmo Kurt estava um pouco dividido quanto a deixar Tracy: seria o tempo mais longo que estariam separados desde que começaram a namorar.

Não tinham empresário e, por isso, Krist começara a assumir mais o trabalho de agendamento e a van era domínio exclusivo seu, governada por um conjunto rígido de regras. Uma instrução estava afixada dentro da van: "Proibido o uso de quaisquer serviços de gasolina além do da Exxon – sem exceções". Para economizar dinheiro, o ar-condicionado não poderia ser ligado e ninguém tinha permissão para dirigir a mais de 110 km/h. Nessa primeira excursão, dividiram a direção, mas Kurt raramente entrava no rodízio: seus parceiros de banda achavam que ele dirigia muito devagar. "Ele dirigia como uma velhinha", lembra Tracy. Era apenas uma das muitas contradições no caráter de Kurt; ele podia se dispor a respirar os gases de uma lata de Edge Shaving Gel, mas não a se envolver em um acidente de carro.

O primeiro show foi em San Francisco, onde se viram tocando para uma plateia pequena, mas boa o suficiente para não precisar da sopa de graça. Apesar de agora estarem excursionando escorados por um disco, a distribuição da Sub Pop era tão ruim que eles raramente encontravam seu disco à venda. Quando fizeram uma sessão de autógrafos na loja Rhino Records em Los Angeles dois dias depois, o estabelecimento tinha apenas cinco exemplares do disco em estoque. Em Los Angeles, foram entrevistados pelo fanzine *Flipside* e, ainda que o nome de Kurt estivesse grafado como "Kirk" no impresso, eles acharam que a matéria lhes dava credibilidade punk. No artigo, o autor perguntava a Kurt sobre drogas e este respondeu, soando diretamente moderado: "Acho que cheguei ao fim do que eu tinha a fazer, no que diz respeito a ácido, maconha etecétera e tal. Cheguei ao máximo nesse lance. Depois que você passa da experiência de aprendizado, entra no declive. Nunca tomei drogas como fuga, sempre tomei drogas para aprender".

À medida que rumaram para leste na direção do Meio-Oeste e do Texas, tocavam para plateias progressivamente menores – algumas até de doze pessoas –, principalmente músicos que veriam qualquer banda. "Avaliávamos nossos shows não tanto pelo número de pessoas que estavam lá", lembra

Chad, "mas sim pelo que as pessoas diziam. E muita gente dizia que gostava de nós." Eles estavam melhorando como show ao vivo, conquistando plateias que não os conheciam. Como o Velvet Underground anteriormente, logo descobririam que uma plateia de mil músicos é mais poderosa do que 10 mil fãs casuais. Quando possível, entravam em contato com outras bandas punk que conheciam para dormir no chão de suas casas, e essas relações pessoais eram tão importantes para melhorar seu ânimo quanto os próprios shows. Em Denver, ficaram com John Robinson do Fluid, que logo percebeu timidez em Kurt. "Todos ficavam na cozinha comendo, contentes por dispor de uma comida caseira", disse Robinson. "Perguntei a Krist onde estava Kurt. Ele disse: 'Ah, não se preocupe com ele; ele está sempre fora em algum lugar'. Minha casa não era tão grande assim, por isso saí procurando por ele e o encontrei no quarto de minha filha com as luzes apagadas, olhando para o vazio."

Ao passear de carro por Chicago, Kurt comprou um enorme crucifixo em uma venda de garagem – provavelmente o primeiro artigo religioso que ele não roubou. Ele estendia o crucifixo para fora da janela da van, agitava-o para os pedestres, depois tirava uma foto de suas expressões enquanto o carro se afastava. Sempre que Kurt estava no banco do passageiro na frente da van, ele segurava o crucifixo na mão como se fosse alguma arma que ele poderia precisar de repente.

Muitas noites, a banda dormia na van ou acampava ao lado da estrada e, por isso, a solidão era rara. Eles tinham dificuldade para arranjar dinheiro suficiente para gasolina e comida; desse modo, nem pensar em ficar num motel. Só conseguiam comprar gasolina quando vendiam camisetas suficientes – as camisetas "fudge-packin" salvaram a excursão. Uma noite, chegaram tarde em Washington, D.C., e encostaram a van atrás de um posto de gasolina, na intenção de passar a noite. Estava muito quente para dormir na van e por isso todos dormiram do lado de fora, no que eles pensaram fosse uma faixa de grama em um bairro residencial. Na manhã seguinte, descobriram que haviam acampado no canteiro central da estrada.

"Normalmente, tínhamos de escolher entre comprar comida ou gasolina, e optávamos pela gasolina", lembra Jason. "Quase todos nós lidávamos bem com isso, mas Kurt odiava. Ele parecia ter uma constituição frágil – ficava doente facilmente. E quando ficava doente, deixava todos na pior." A condição estomacal de Kurt se desencadeou na estrada, talvez por comer irregularmente, além de parecer apanhar resfriados constantemente, mesmo no verão. Seus problemas de saúde não se deviam a falta de cuidado; durante o ano de 1989, ele era o membro da banda com mais consciência de saúde, bebendo pouco e nem mesmo deixando seus parceiros fumarem perto dele por recear perder as faculdades vocais.

    Quando a banda chegou a Jamaica Plain, Massachusetts, hospedaram-se na casa da fotógrafa J. J. Gonson e seu namorado Sluggo, da banda Hullabaloo. O show da banda naquela noite na Green Street Station foi uma das poucas vezes que Kurt se apresentou sem guitarra – ele quebrara seu instrumento na noite anterior. Estava nervoso por causa disso, tinha tanta dor de estômago que chegou a beber Quik de morango para acalmar a inflamação, e estava com saudade de casa. Ligou para Tracy depois do show e lhe contou que queria voltar para casa. Na manhã seguinte, Gonson tirou uma foto da banda dormindo no chão de sua casa: eles dividiam um único colchão e Kurt e Krist se aconchegaram durante a noite como dois cachorrinhos.
    Sluggo tinha uma guitarra quebrada na parede e Kurt perguntou se podia ficar com ela. "O braço não está nem rompido, eu posso consertá-la", observou Kurt. Ele deu em troca a Sluggo uma velha guitarra Mustang, autografando-a primeiro: "Ei, Sluggo, obrigado pela troca. Se for ilegal para o rock and roll, pode me jogar na cadeia". Ele assinou "Nirvana", achando que seu autógrafo pessoal não valesse nada.
    Mais tarde, naquele dia, Kurt emendou a nova guitarra como Frankenstein, bem a tempo para a próxima apresentação, que também parecia saída de um conto de horror. Eles tinham combinado tocar numa festa num grêmio estudantil do MIT porque pagavam melhor que os shows em clubes. Antes do show, Kurt deitou-se numa mesa de bilhar e gritava e esperneava como um menino de dois anos fazendo birra: "Eu não vou tocar! Isso é estúpido. Somos melhores do que isso. Estamos perdendo nosso tempo". Seu ataque só diminuiu

quando Krist lhe disse que sem a apresentação não teriam dinheiro suficiente para a gasolina para voltar para casa. Como se para irritar a plateia, a banda apresentou um show frenético, embora Krist desmontasse uma placa que escrevia o nome do grêmio com ossos, jogando os ossos para a plateia. Os estudantes insistiram para que Krist pedisse desculpas e consertasse a placa. Novoselic não era do tipo que fugia de uma briga, mesmo quando estava em desvantagem, mas ele agarrou timidamente o microfone, pediu desculpas e solicitou que devolvessem os ossos. A plateia acabou adorando o show.

Foi também em Massachusetts que se manifestou o primeiro conflito aberto entre Jason e Kurt. Jason havia cometido o erro de levar uma garota para casa após a apresentação, algo considerado de mau gosto pelo resto da banda. Tanto Kurt como Krist tinham posturas surpreendentemente antiquadas a respeito de fidelidade e tietes. Eles consideravam suspeito um músico que estivesse numa banda em função das garotas – uma categoria ampla, mas que não incluía Jason.

Na verdade, Kurt e Jason sabidamente jamais haviam se dado bem porque, em diversos sentidos, os dois eram muito parecidos. Ambos tinham a tendência a se isolar e ficar remoendo sozinhos, e cada um se sentia ameaçado pela solidão do outro. Jason tinha cabelo comprido e encaracolado, que ficava agitando enquanto tocava, e Kurt disse que achava isso irritante, embora fizesse os mesmos movimentos de cabeça. Como Foster antes dele, Jason representava uma parte de Kurt que o cantor não queria ver refletida. Embora Kurt compusesse todas as músicas e se queixasse dessa pressão, nunca permitia que os outros membros da banda contribuíssem. "Ele não queria abrir mão de nenhum controle. Todos sabiam que era 'o show de Kurt'", observou Chad. Kurt pediu a Jason que criasse novos solos de guitarra, mas quando fez conforme solicitado, Kurt agiu como se ele tivesse usurpado seu papel. Em vez de conversarem a respeito, ou até de gritarem um com o outro, ambos se puseram carrancudos e indiferentes. Como em muitos conflitos em sua vida, Kurt trouxe o lado profissional para o lado pessoal e uma espécie de briga de família começou.

Em Nova York, a banda apresentou um show no Pyramid Club, como parte do New Music Seminar. Era a apresentação de mais alto nível até então, diante de um público da indústria que incluía o Sonic Youth, ídolos de Kurt. No entanto, o desempenho ficou comprometido quando um bêbado subiu ao palco, gritando no microfone e derrubando o equipamento da banda. Jason jogou o sujeito para fora do palco e saltou para a plateia para escorraçá-lo.

No dia seguinte, Kurt decidiu demitir Jason. Eles estavam hospedados no apartamento Alphabet City de Janet Billig, que era conhecido como Motel 6 do punk rock da cidade de Nova York. Jason e Chad tinham saído para passear, mas Kurt e Krist usaram o dinheiro que lhes restava para comprar cocaína, quebrando a sobriedade de Kurt ao longo de toda a excursão. Kurt decidiu que Jason estava fora da banda, embora, como era típico de seu estilo não confrontador, não anunciasse isso a ninguém além de Krist. Ele simplesmente disse aos outros integrantes que a excursão estava encerrada e que eles estavam voltando para casa – como sempre, ninguém o contestou. A banda cancelou o equivalente a duas semanas de apresentações – era a primeira vez que eles estavam desistindo de um show. A viagem de van para casa foi infernal. "Ninguém disse uma palavra durante todo o percurso", lembra Jason. "Dirigimos sem escalas, só parando para abastecer o carro." Conseguiram voltar de Nova York para Seattle, um percurso de quase 5 mil quilômetros, em menos de três dias. Kurt jamais disse a Jason que ele estava demitido – apenas não o chamou mais.

Kurt teve um encontro caloroso com Tracy. Disse a ela que sentiu sua falta mais do que imaginava e, embora não fosse do tipo que falasse sobre seus sentimentos, Tracy era uma das poucas pessoas a quem ele se revelava. Naquele mês de agosto, Kurt escreveu uma carta para Jesse Reed e se gabou da grande namorada que ela era: "Minha namorada agora tem uma Toyota Tercel 88 novinha, um micro-ondas, um processador de alimentos, um misturador e uma máquina de café expresso. Sou um vagabundo totalmente paparicado e mimado". Para Kurt, o Tercel parecia um carro de luxo.

Com o regresso de Kurt, a sensação de namoro voltou a seu relacionamento, embora, depois de morar sozinha por quase dois meses, Tracy não estivesse muito ansiosa pela rabugice de Kurt. Ela achava que o minúsculo apartamento conjugado havia se tornado pequeno para eles, particularmente com o hábito de colecionador de Kurt. No começo de agosto ela lhe escreveu um bilhete que dizia: "Não vou ficar aqui no INFERNO DE MOFO depois do dia 15. Está uma nojeira". Ainda que fosse o meio do verão no noroeste, o apartamento estava infestado de mofo.

Era surpreendente que ninguém tivesse notado o mofo, já que, com todos aqueles animais, o apartamento havia incorporado o cheiro de "um laboratório de vivissecção", conforme Damon Romero. Havia tartarugas, ratos e gatos, mas o odor mais forte vinha do coelho. Stew era uma fêmea e servia como substituta de bebê para Kurt e Tracy, mimada como filha única. Stew frequentemente conseguia escapar de sua gaiola, o que sempre os levava a fixar um aviso, advertindo as visitas de que elas poderiam estar pisando em fezes de coelho. Certo dia, no começo de agosto, Kurt estava ao telefone com Michelle Vlasimsky, empresária que eles haviam contratado para ajudar a reprogramar seus compromissos cancelados, quando o telefone ficou mudo. Kurt ligou para ela de volta um minuto depois e explicou: "O coelho desplugou o telefone". Ele brincava que o apelido do apartamento era "a Granja".*
Poucas semanas depois, "Slim" Moon viu Kurt correndo freneticamente para colocar as gaiolas de seus bichos para fora do apartamento. "Eu estava descongelando a geladeira com uma faca e acabei fazendo um furo nela e não queria que o fréon matasse os animais", explicou ele.

Quando vagou um apartamento de um quarto no mesmo prédio, mudaram para lá o museu Cobain itinerante. Custava cinquenta dólares a mais por mês, mas era maior e colado à garagem do prédio que Kurt ocupou. Havia uma bancada que ele utilizava para consertar as guitarras já quebradas e para cortar mais braços de madeira para guitarras que ele ainda iria quebrar. No prazo de uma semana, a garagem estava cheia de amplificadores, caixas de alto-falantes destroçadas e outros restos da excursão do Nirvana.

No meio de agosto, Kurt fez sua primeira tentativa de procurar ajuda médica para seu problema estomacal e para aconselhar-se sobre ganho de

---

*Em inglês, *Animal Farm* é título do livro de George Orwell, no Brasil traduzido como *A revolução dos bichos*. (N. do T.)

peso. Sua magreza se tornara uma obsessão, a ponto de ele ter comprado muitos remédios anunciados na televisão e experimentado todos sem sucesso. Consultou um especialista no Centro Médico St. Joseph de Tacoma, na Clínica de Distúrbios da Alimentação, mas apesar de inúmeros testes, nenhuma causa física foi detectada para a sua dor de estômago. Kurt ia posteriormente consultar outro médico naquele verão, mas Tracy o encontrou em casa dez minutos depois da consulta. A explicação de Kurt: "Eles queriam tirar sangue e eu detesto agulhas, por isso saí". Tracy lembra que ele tinha "um medo terrível de agulhas". Seu problema estomacal vinha e desaparecia e muitas vezes ele vomitava a noite inteira. Tracy estava convencida de que era sua dieta, que, a despeito do conselho de seu médico, consistia em alimentos gordurosos e fritos. A opinião de Tracy era compartilhada na época por Krist e Chad, que estavam sempre insistindo com Kurt para que ele comesse verduras, categoria que ele evitava totalmente. "Eu não vou comer nada verde", anunciava ele.

Na primeira semana de agosto, a banda entrou no Music Source Studio com o produtor Steve Fisk para gravar um EP para promover uma turnê pela Europa, marcada para breve. As sessões duraram dois dias e a banda já se recuperara da perda de Jason, ainda que o equipamento estivesse um pouco pior pelo desgaste da excursão. "Eles tinham aquela grande bateria North", lembra Fisk, "e o tambor de pedal estava amarrado com dois rolos de fita isolante porque havia sido golpeado com muita frequência. Eles brincavam que era o 'tambor Liberty Bell'."*

Eles gravaram cinco composições novas de Cobain: "Been a Son", "Stain", "Even in His Youth", "Polly" e "Token Eastern Song". A qualidade dessas canções representava um enorme salto adiante no desenvolvimento de Kurt como autor. Muitas de suas primeiras melodias haviam sido ladainhas unidimensionais – normalmente discursos sobre a situação lamentável da sociedade –,

---

*O sino que convocou o povo da Pensilvânia para a primeira leitura pública da Declaração da Independência americana em 8 de julho de 1776. Na oportunidade o sino rachou e por isso a referência. (N. do T.)

e uma canção como "Polly" trazia Kurt elaborando uma história de fundo emocional com base em um recorte de jornal. A canção, originalmente intitulada "Hitchhiker" ["Caroneira"], tem suas raízes num incidente real de 1987, quando uma jovem foi raptada, brutalmente estuprada e torturada com um maçarico de solda. A canção é escrita, surpreendentemente, da perspectiva e na voz do criminoso. Kurt conseguiu captar o horror do estupro ("deixa eu cortar suas asas imundas"), embora, ao mesmo tempo, destacasse sutilmente a humanidade do agressor ("ela só está tão entediada quanto eu"). Sua força literária consistia na preocupação com o diálogo interno, de modo muito semelhante ao que Truman Capote encontrou quando buscou uma medida de empatia em relação aos assassinos em seu livro *A sangue frio*. O tema da canção está em contraste marcante com a melodia, que, como "About a Girl", é terna, lenta e melódica, quase como se pretendesse desarmar a plateia, e o resultado é que o ouvinte canta inadvertidamente uma melodia agradável sobre um crime horrendo. Kurt encerra a canção com um verso que poderia ficar como epitáfio para o estuprador, para a vítima ou para si mesmo: "It amazes me, the will of instinct" ["Me espanta, a vontade do instinto"]. Anos mais tarde, depois de ver pela primeira vez o Nirvana em concerto, Bob Dylan classificou "Polly" como a canção mais corajosa de Kurt em todo o catálogo do Nirvana e aquela que o inspirou a comentar sobre ele: "O garoto tem coragem".

As outras músicas gravadas na sessão eram igualmente marcantes. "Been a Son" é uma canção sobre como Don Cobain teria preferido que a irmã de Kurt fosse menino. Tanto "Even in His Youth" como "Stain" são também autobiográficas sobre Don, abordando os sentimentos de rejeição de Kurt. Em "Even in His Youth", Kurt fala de como "Daddy was ashamed he was nothing" ["Papai tinha vergonha de não ser nada"], ao passo que em "Stain" Kurt tem "sangue ruim" e é "uma mancha" na família. "Token Eastern Song" era a única descartável – é sobre o bloqueio do autor, essencialmente uma versão cantada da carta de aniversário que ele havia escrito para sua mãe e que não enviou.

Essas canções também eram as composições musicais mais complexas de Kurt até então, com frases recheadas e variadas. "Queremos um grande som de rock", disse Kurt a Fisk, e eles conseguiram isso. Quando ouviram a fita gravada, Kurt anunciou, animado: "Estamos num grande estúdio e temos um grande som de bateria Top 40". Para comemorar, a banda perguntou se poderia saltar sobre as mesas. "A fita parecia mesmo dessa altura, significativa de alguma forma, e digna de comemoração", lembra Fisk. Ele se uniu a Kurt, Krist e Chad quando eles subiram nas mesas e pularam de alegria.

Mais tarde, naquele mês de agosto, Kurt formou uma ramificação da banda com Mark Lanegan, do Screaming Trees, Krist no baixo e o baterista Mark Pickerel do Trees na bateria. Kurt e Lanegan vinham compondo canções em parceria durante vários meses, embora a maior parte do tempo que passavam juntos fosse gasta falando sobre seu amor pelo Leadbelly. A banda ensaiou diversas vezes num espaço de Seattle que o Nirvana havia alugado em cima da estação de ônibus Continental Trailways. "Nosso primeiro ensaio deve ter sido exclusivamente dedicado ao Leadbelly", lembra Pickerel. "Mark e Kurt trouxeram fitas do Leadbelly e nós as ouvimos num pequeno sistema de som." Kurt e Krist queriam chamar a nova banda de "Lithium", embora Pickerel sugerisse "The Jury", nome que acabaram escolhendo. Mas quando o grupo entrou no estúdio no dia 20 de agosto, com Endino na produção, o projeto gorou. "Foi como se Mark e Kurt tivessem muito respeito entre si para um dizer ao outro o que fazer, ou mesmo dar sugestões sobre o que deveriam fazer", disse Pickerel. "Nenhum dos dois queria assumir a posição daquele que toma a decisão." Os dois cantores não conseguiram sequer decidir quem deveria cantar qual canção. Por fim, gravaram "Ain't It a Shame", "Gray Goose" e "Where Did You Sleep Last Night?", todas canções do Leadbelly, mas não chegaram a concluir um disco. Kurt ficou entretido com outro projeto não Nirvana: fez uma viagem curta a Portland para tocar com a banda Earth de Dylan Carlson para uma sessão de gravação em estúdio.

O Nirvana tinha de voltar à estrada e cumprir duas semanas de apresentações no Meio-Oeste. Nessa excursão, para grande espanto do grupo, as plateias eram um pouco maiores e mais entusiastas. *Bleach* havia começado a ir ao ar nas rádios universitárias e, em alguns shows, eles atraíram até duzentos fãs que pareciam conhecer as canções. Venderam muitas camisetas e de fato ganharam dinheiro pela primeira vez em sua história. Quando voltaram a Seattle, computaram sua receita contra suas despesas e foram para casa com algumas centenas de dólares. Kurt estava admirado, mostrando seus ganhos para Tracy como se trezentos dólares compensassem os anos de apoio financeiro que ela lhe dera.

    A Sub Pop planejava a primeira excursão do Nirvana à Europa para aquele verão. *Bleach* havia sido lançado no Reino Unido e recebido brilhantes resenhas. Kurt jamais havia viajado para o exterior e estava convencido de que a banda seria maior na Europa. Prometeu a Tracy que voltaria para casa com milhares de dólares e que lhe enviaria postais de todo país que ele visitasse.

11

DOCES, CACHORRINHOS, AMOR

LONDRES, INGLATERRA,
OUTUBRO DE 1989-MAIO DE 1990

Numa loja perto de você:
Nirvana. Flores. Perfume. Doces. Cachorrinhos. Amor.
De um anúncio imaginário para o segundo disco do Nirvana.

NO DIA 20 DE OUTUBRO DE 1989, Kurt chegou a Londres. Ele tinha três dias de folga antes do primeiro show e teria gostado de visitar o Museu Britânico, mas ainda era tão pobre que teve de contentar-se em ter sua foto tirada na entrada. Seus parceiros de banda exploraram os pubs britânicos, mas Kurt – que não bebia nem fumava maconha na época por causa de seus problemas estomacais – ficou no hotel com bronquite, um problema recorrente. Para tentar se curar, ele batia no peito com o punho, achando que essa violência soltaria seu catarro.

A banda estava excursionando pela Europa com o Tad, outra banda da Sub Pop, liderada por Tad Doyle, um ex-açougueiro de Idaho que pesava mais de 130 quilos. Uma vez que as duas bandas tinham em comum um som grave e pesado, e por causa da obesidade quase aberrante de Tad, um inteligente promotor de eventos do Reino Unido anunciou uma apresentação como "Heavier Than Heaven" ["Mais Pesado que o Céu"]. O jogo de palavras se tornou título oficial da turnê, usado em cartazes e nas chamadas nos jornais. Era um sumário apropriado para o ataque sonoro que ambas as bandas criavam: se apenas o volume não cativasse as pessoas, os temas obscuros de canções como "Downer", do Nirvana, e "Cyanide Bath", do Tad, certamente o fariam. Eles haviam planejado repartir a liderança alternando-se nas aberturas das apresentações, numa demonstração de fraternidade.

Kurt tinha a expectativa de fama e fortuna na Europa: em vez disso, o que encontrou foi uma turnê de orçamento baixo que exigia que a banda tocasse em 37 shows em 42 dias e em nove países diferentes, um roteiro que apenas seria possível se viajassem todas as noites. Seu veículo, alugado pela Sub Pop, era uma reduzida van Fiat de dez assentos, que tinha de carregar o equipamento, o merchandising da turnê, três membros do Nirvana, quatro membros do Tad e dois membros das equipes. Considerando a circunferência de Tad, a altura de Krist e o fato de que o baterista do Tad insistia em ficar em pé na van, o carregamento diário podia levar uma hora e parecia algo saído de uma rotina dos Irmãos Marx. Antes da partida, devido a muitos problemas gastrointestinais, Tad Doyle tinha de passar por uma sessão diária de vômito quase ritualística. Esse mal-estar era tão regular que poderia ter sido adicionado ao programa da excursão: "10h: carregar a van; 10h10: vômitos do Tad".

Kurt ficou fascinado pelo funcionamento interno de Tad. Ele estava sofrendo de suas próprias dores de estômago, mas vomitava apenas bile ou sangue. O vômito de Tad, declararia Kurt, parecia uma obra de arte. "Antes que Tad entrasse na van, Kurt apanhava a bacia de plástico", lembra Kurt Danielson, do Tad. "Ele ficava lá pacientemente, segurando aquele barril de plástico, com um brilho de prazer nos olhos. Ele olhava para Tad, ansioso, e finalmente Tad vomitava, e o vômito saía num fluxo glorioso, colorido, e Kurt o apanhava por inteiro. Ninguém mais passou a segurar a bacia – era tarefa de Kurt e era o seu prazer." Tad também tinha frequente urgência de ir ao banheiro, o que significava incursões para a margem da estrada, para grande espanto dos motoristas ingleses que passavam por um homem de mais de 130 quilos fazendo as necessidades no canteiro central da rodovia. Em certo sentido, o sistema gastrointestinal de Tad se tornou a musa de Kurt naquele outono: ele compôs a canção "Imodium" sobre o medicamento que Tad tomava para diarreia.

A evacuação continuou como tema quando a banda explorou o famoso bairro de luzes vermelhas de Hamburgo e seus supermercados pornô. Kurt também era um pouco pornógrafo amador: obcecado com o traseiro feminino, ele fotografara o traseiro de Tracy em diversas ocasiões. Ele achava sexista a pornografia comum, mas era arrebatado pela pornografia divergente, do mesmo modo que um antropólogo procura tribos ainda não descobertas. Ele era particularmente fascinado por revistas que retratavam o que ele chamava de "amor fecal", o fetiche sexual formalmente conhecido como escatofilia. "Kurt era fascinado por qualquer coisa fora do comum: qualquer coisa anômala, psicologicamente estranha ou incomum, física ou socialmente estranha", observa Danielson. "Se envolvesse funções corporais, melhor ainda. Em vez de beber ou fumar maconha, ele ficava alucinado observando as idiossincrasias peculiares da humanidade se desenrolando ao seu redor." Kurt era pobre demais para comprar pornografia, mas Tad comprou uma revista que mostrava Cicciolina, uma estrela da indústria do sexo que conquistou fama internacional após ser eleita para o Parlamento italiano. Uma revista ilustrada mostrava Cicciolina saindo de uma limusine e urinando na boca de um homem. Toda manhã, já na van, Tad sacava a revista e anunciava: "A biblioteca está aberta" – depois disso, a cobiçada revista seria passada adiante.

Essas extravagâncias adolescentes eram as únicas diversões numa programação entorpecente e desmoralizante. "Fomos a Paris, mas não tivemos tempo de ver a Torre Eiffel", lembra Chad. A programação, afirmava Kurt, parecia destinada a esgotá-los física e psicologicamente. O ritmo frenético começou a afetar seus shows: às vezes eles tocavam excepcionalmente bem (como em Norwich, onde uma multidão incontrolável os chamava de volta para bisar), e outras vezes tudo saía errado (como em Berlim, onde Kurt quebrou sua guitarra depois de seis canções). "Eles eram ora fenomenais, ora meio atrozes", lembra o empresário de turnê Alex MacLeod. "Mas mesmo quando eram atrozes, havia energia neles." A maioria das plateias era entusiasta e conhecia suas canções, e muitos shows ficaram lotados – uma novidade para o Nirvana. Mas, considerando que os locais eram pequenos, nenhuma das bandas ganhava muito dinheiro.

O que de fato conseguiram foi publicidade da imprensa, e isso, juntamente com a extensa divulgação do influente DJ John Peel, impeliu *Bleach* para os dez discos de maior sucesso das paradas de selos independentes do Reino Unido. Quando estava em Berlim, o Nirvana conquistou sua primeira matéria de capa de revista, na *The Rocket*, de Seattle. Kurt contou ao redator Nils Bernstein que suas influências na época eram "bandas bonitinhas" como Shonen Knife, os Pixies e os Vaselines, sua última e maior paixão. Ele também abordou o que descrevia como preconceito dos avançadinhos de Seattle contra o Nirvana: "Eu acho que temos sido rotulados de garotos caipiras e iletrados que comem as primas e não têm a menor ideia do que está rolando. Isso é completamente inverídico".

Embora estivesse tocando finalmente para plateias apaixonadas, Kurt foi tomado por uma terrível melancolia. Nas ocasiões em que eles podiam pagar um hotel, geralmente dividia o quarto com Kurt Danielson e os dois ficavam a noite inteira no escuro, olhando para o teto e conversando sobre que diabo os havia levado para o inferno de uma van Fiat. Kurt contava histórias fantásticas da sua infância, do Gordo, da prisão de Aberdeen e de uma estranha religião que Dylan Carlson havia criado, misturando cientologia e satanismo. Mas as histórias mais bizarras que contava eram de sua própria família: casos de Don e Wendy, das armas no rio, de seus amigos de escola paquerando sua mãe. Durante uma noite de inquietude, Kurt confessou que gostaria de estar em casa. "Eu tenho desejado ir embora desde a primeira semana desta excursão", disse ele, deitado na cama do hotel. "Eu *poderia*, sabe? Eu poderia ir para a casa da minha mãe agora mesmo, se quisesse – ela me *deixaria*. Ela me mandaria o dinheiro." Sua voz vacilava como se ele estivesse dizendo uma mentira elaborada. "*Ela* me *aceitaria*, sabe?"

Alguns dias depois, em Roma, Kurt entrou em desespero no palco. O Tad havia tocado primeiro e incendiara a plateia com a ladainha "Fuck the Pope", sempre popular entre os roqueiros punk na Itália. No momento em que o Nirvana entrou, a plateia lotada estava irritada. Mas os problemas com o sistema de som enfureceram Kurt e, depois de tocar durante quarenta minutos, ele escalou uma pilha de alto-falantes de nove metros de altura e gritou para a plateia: "Eu vou me matar!". Ninguém ali — nem Krist, nem Chad, nem Poneman ou Pavitt (que tinham vindo para a apresentação) — sabia o que fazer. Nem mesmo Kurt, que subitamente se viu diante de uma plateia gritando "pula, pula..." em inglês arrastado. Ele ainda estava dedilhando a guitarra — o resto da banda havia parado para olhar — e parecia incerto sobre o que fazer em seguida. "Ele teria quebrado o pescoço se tivesse saltado e em algum momento ele percebeu isso", observa Danielson. Kurt acabou descendo, mas sua piração não havia terminado. Nos bastidores, o promotor se queixou de que o microfone tinha sido quebrado. O empresário MacLeod contestou e demonstrou que o microfone funcionava bem — eles mal tinham dinheiro para substituí-lo. Kurt então agarrou o microfone, torceu-o como Roger Daltry e o despedaçou no chão. "Pronto, *agora* está quebrado", exclamou enquanto saía.

Ele se recuperou suficientemente para tocar em mais cinco shows na Europa, e a excursão chegou a Londres para outra "Lamefest". Kurt empenhou todas as suas forças para esse último compromisso, saltando sem parar no palco até que seus joelhos ficassem ensanguentados. Psicologicamente, a excursão terminara para Kurt depois de Roma. Como ele não tinha outro guitarrista para demitir, dessa vez basicamente demitiu sua gravadora. Pavitt e Poneman haviam ido de avião até lá: Kurt não conseguia evitar comparar as condições na van com o estilo jatinho com que esses dois viajavam. Embora o Nirvana ficasse na Sub Pop por mais um ano, um casamento em deterioração progressiva, Kurt já havia emocionalmente jogado fora sua gravadora.

No momento em que o Nirvana retornou aos Estados Unidos no começo de dezembro, Krist e Shelli tinham anunciado seu noivado, com casamento marcado para a véspera de Ano-Novo em sua casa em Tacoma. Kurt e Tracy compareceram, embora o trajeto de Olympia a Tacoma tenha sido um dos piores trinta minutos de seu relacionamento. Tracy não conseguia testemunhar o casamento de Shelli sem mencionar o tema do envolvimento com Kurt, ainda que ela soubesse que esse era um tópico destinado a magoá-la. Durante a turnê europeia, Krist ligava frequentemente para Shelli; tudo o que Tracy recebia de Kurt era um ocasional cartão-postal, embora um deles dissesse "Eu te amo" vinte vezes. Mas, no trajeto até Tacoma, a única maneira pela qual ele se referiu ao casamento foi brincando sobre ela se casar com outro. "Eu ainda gostaria de fazer sexo com você, porque eu realmente gosto", disse-lhe ele, achando que a estava elogiando. No casamento, Kurt passou a maior parte da noite sozinho no telhado saudando o novo ano, incomumente bêbado.

Naquele Natal, Kurt e Tracy haviam comemorado quase três anos juntos. Embora lhe faltasse dinheiro, havia dado de presente a ela *The Art of Rock*, um livro de mesa de cem dólares. Externamente eles pareciam um casal firme, mas alguma coisa havia mudado em Kurt, e tanto ele como Tracy sabiam disso. Quando ele regressava de excursões, levava tempo para se tornar mais afetuoso com ela, e o contraste entre o tempo que passavam separados e o tempo que passavam juntos estava testando a paciência de Tracy. Ela sentia que o estava perdendo para o resto do mundo.

E, em certo sentido, ela estava. À medida que as coisas continuavam a melhorar para o Nirvana, a banda progressivamente lhe fornecia a autoestima e o apoio financeiro que antes era ela quem lhe dava. No começo de 1990, Kurt tinha atividades relacionadas à banda que precisavam ser realizadas diariamente, e Tracy não sabia pôr à prova onde é que ela se situava na comparação. Mas, na verdade, ela também estava se afastando dele.Era uma garota equilibrada e Kurt continuava a ficar cada vez mais excêntrico. Ela se perguntava onde aquilo tudo poderia terminar. Em fevereiro daquele ano, ele escreveu em seu diário – metade fantasia e metade realidade – o que teria preocupado qualquer namorada: "Sou um homem de 23 anos e estou amamentando. Meus seios nunca doeram tanto, nem mesmo depois de receber torções nos peitos de colegas de escola fanfarrões. Faz meses que não me masturbo porque perdi a imaginação. Fecho os olhos e vejo meu pai, garotinhas, pastores alemães, comentaristas de notícias da tevê, mas nenhuma gatinha nua voluptuosa fazendo beicinho e estremecendo em êxtase. Vejo lagartos e golfinhos". Esse e outros registros semelhantes a deixavam preocupada sobre o estado mental de Kurt.

Ele nunca dormira bem, rangendo os dentes à noite e se queixando de pesadelos recorrentes. "Até onde ele conseguia se lembrar, sempre sonhara com pessoas que tentavam matá-lo", lembra Tracy. "Nos sonhos, ele está tentando afastar as pessoas com um taco de beisebol, ou pessoas com facas estão vindo atrás dele, ou vampiros." Quando ele despertava, às vezes com lágrimas nos olhos, Tracy o confortava do jeito que uma mãe acalma um menino, abraçando-o e afagando-lhe os cabelos. Ela sempre estaria ali para ajudá-lo, dizia-lhe; ela jamais iria partir. No entanto, ele ficava deitado olhando para o teto, encharcado de suor. "Ele tinha esses sonhos o tempo todo." Ela receava pelo modo como ele conseguiria se acalmar quando estivesse em turnê.

Externamente, durante o dia, ele parecia ótimo – jamais falava sobre os sonhos ruins, dando antes a aparência de alguém que sonhava apenas com a banda. O Nirvana começou o ano com uma breve sessão de estúdio onde gravaram a canção "Sappy". Já na excursão europeia falaram sobre um novo disco para o verão. Pela primeira vez na carreira de Kurt ele não era a força solitária pressionando por um novo lançamento – agora, a Sub Pop, a imprensa, a rádio universitária e até um número crescente de fãs estavam lhe pedindo músicas novas. Ele ainda estava compondo num ritmo prodigioso e as canções estavam ficando melhores. Nikki McClure se mudara para o apartamento vizinho ao dele e costumava ouvi-lo através das paredes, constantemente tocando guitarra. Certa tarde, naquele inverno, ela ouviu uma bela melodia chegando pelo respiradouro da calefação; ele ficava iniciando e parando a canção, como se a estivesse construindo na hora. Naquela noite, ela sintonizou o rádio na KAOS e ouviu Kurt tocando ao vivo a canção que estivera ensaiando durante o dia.

No dia 19 de janeiro de 1990, o Nirvana fez ainda outro show em Olympia que entraria para os livros de história, embora dessa vez por razões diferentes dos demais. O show, no salão de uma fazenda fora da cidade, juntaria o Nirvana, os Melvins e o Beat Happening. Como de costume, Kurt usava sangue falso para traçar marcas de agulha em seus braços. Por não saber direito como deveria ser um drogado, ele rabiscou marcas que lhe deram uma aparência asquerosa, mais como a de um zumbi de um filme de Ed Wood do que a de um viciado em drogas. "Ele estava usando mangas curtas, e ambos os braços, dos pulsos até as mangas, tinham aquelas equimoses", observa Garth

Reeves. "Parecia que ele tinha uma doença." Apesar disso, a tentativa de Kurt de fazer uma brincadeira teria consequências não planejadas: sua paródia se perdeu na plateia e começaram a circular rumores de que ele era *realmente* um drogado. No entanto, o show marcou uma espécie de divisor de águas: embora os Melvins encabeçassem o show, o Nirvana era agora mais popular que seus mentores. Os Melvins acabaram sua apresentação com uma versão agitada de "Rockin' in the Free World", de Neil Young. Kurt estava na fileira da frente, erguendo o punho com o restante da plateia, embora não tenha deixado de notar que um terço dela havia saído depois da apresentação do Nirvana.

Algo ainda mais chocante aconteceu na noite seguinte, quando os Melvins e o Nirvana tocaram em Tacoma, em um espaço chamado Legends. O concerto teve os ingressos esgotados e rendeu ao Nirvana um dia de pagamento de quinhentos dólares, um dos maiores cheques recebidos até então. Havia umas cem pessoas fazendo mergulho de palco, criando um verdadeiro caos. Uma das mais irritantes foi Matt Lukin, do Mudhoney, que usou seu passe para os bastidores para andar no palco e mergulhar de cabeça na plateia. A apresentação do Nirvana teve de ser interrompida três vezes para apartar brigas entre Lukin e os saltadores. "Ele é nosso amigo", ficava dizendo Kurt aos saltadores, ao mesmo tempo preocupado e embaraçado. Ao final da apresentação do Nirvana, que incluía parte de "Sweet Home Alabama" de Lynyrd Skynyrd, havia cinco guardas de segurança postados na frente da banda. Isso não pareceu estranho a Kurt, mas o que certamente o surpreendeu foi ver Mark Arm, do Mudhoney, postado à direita do palco, agitando a cabeça para a frente e para trás durante toda a apresentação do Nirvana.

Mark Arm, cujo nome verdadeiro era Mark McLaughlin, era comprovadamente *o* formador de gosto para o punk rock de Seattle. Enquanto Pavitt e Poneman haviam habilmente capitalizado o grunge, Arm, com sua banda Mudhoney e seu grupo anterior, o Green River, praticamente inventara o estilo musical e até propusera o termo "grunge", escrevendo num fanzine de Seattle no início dos anos 1980. Arm era brilhante, sarcástico, talentoso, famoso por suas festas; transpirava o tipo de confiança que levava as pessoas a pensarem que ele estava destinado ao estrelato. Em suma, ele era tudo o que um garoto inseguro de Aberdeen jamais imaginaria poder ser. Ter Arm presente em seu concerto, e vê-lo desfrutando-o, era como ter Jacqueline Kennedy Onassis dançando a noite inteira em sua festa de casamento. A adoração que Kurt tinha por Arm era óbvia para todos, mas tinha de ser mais óbvia para Buzz Osborne, que estava observando seu antigo rebanho se afastar.

Kurt havia tentado aprofundar sua amizade com Arm, com pouco sucesso. Quando se mudou para Seattle, frequentemente parava no apartamento dele, onde ficava intimidado com a coleção de singles de punk rock de Arm – o símbolo último de status no círculo. "Era óbvio que ele idolatrava Mark", lembra Carrie Montgomery, namorada de Arm. "Mark não ficou tão impressionado com isso, é claro." Na época, o Mudhoney continuava a ser a prioridade da Sub Pop e os reis do cenário musical do noroeste. Muitas gravadoras importantes estavam interessadas neles, mas o grupo garantia que ficaria com a Sub Pop – isso graças à amizade entre Arm e Pavitt.

Mesmo para o Mudhoney, porém, essa amizade foi testada durante o ano de 1990, quando os problemas financeiros da Sub Pop ameaçavam afundar a gravadora e todas as bandas que estavam com ela. Embora os discos do Tad, do Nirvana e do Mudhoney tivessem sido sólidos em vendas, estas não estavam nem um pouco perto do nível necessário para custear a enorme operação que Pavitt e Poneman haviam montado. "A Sub Pop até pediu um empréstimo de metade de nosso primeiro avanço pela Europa", lembra Steve Turner, do Mudhoney. O selo estava tão quebrado que oferecia às bandas ações em lugar dos direitos devidos. "Dissemos: 'Qual o sentido disso?'", lembra Matt Lukin. "Vocês vão estar falidos em duas semanas." Era particularmente difícil para Lukin assistir quanto a Sub Pop tratava mal seus amigos no Nirvana. "Eu vi quanto tempo Bruce ficou prometendo lançar outro disco deles e continuava a protelar", lembra Lukin. "Eles foram colocados em banho-maria."

O dinheiro que Kurt havia ganho com a excursão foi gasto rapidamente. Naquela primavera ele começou novamente a se candidatar a empregos, veiculando anúncios no *Daily Olympian* para ocupações como as de limpar apartamentos e lavar canis em clínicas veterinárias; ele chegou a se candidatar para este último cargo, mas foi rejeitado. Ele e Krist decidiram começar seu próprio negócio de faxina, ao qual chamariam "Pine Tree Janitorial". Foi um dos muitos esquemas de Kurt para enriquecimento rápido e ele chegou a ponto de desenhar um folheto para seu novo negócio com ilustrações mostrando os dois arrastando esfregões. O anúncio proclamava: "Deliberadamente limitamos nosso número de escritórios comerciais a fim de fazer pessoalmente a limpeza e não nos afobar". Apesar de espalhar panfletos por toda Olympia, nenhum cliente os contratou.

Quando não era o diretor executivo da Pine Tree Janitorial, Kurt estava compondo canções e excursionando. Partiram na primeira semana de fevereiro para uma turnê pela Costa Oeste com o Tad, a turnê mais bem-sucedida até então, atraindo plateias grandes e entusiastas em Portland e San Francisco (uma apresentação no Dia dos Namorados anunciava as bandas como "grandalhões ardentes"). Mesmo na cínica Hollywood as pessoas gritavam para entrar em seu show no Raji's. "Foi a noite em que eles conquistaram Los Angeles", lembra Pleasant Gehman, responsável pela contratação da sala. "As pessoas estavam simplesmente pasmas. O clube comportava apenas duzentas pessoas, mas eu juro que havia quatrocentas lá dentro." Em Los Angeles, hospedaram-se com Jennifer Finch, da banda L7, que os descreveu como "semelhante ao número do cachorrão e do cachorrinho no circo: Chad era minúsculo, seu cabelo descia até a bunda e seus olhos eram selvagens; Kurt era um pouco mais alto que Chad, mas com o cabelo fibroso e comprido; e depois tinha Krist, que era tão alto que o pescoço doía ao se olhar para ele".

A excursão também assistiu ao reencontro de Kurt com seu velho amigo Jesse Reed, que agora estava morando nos arredores de San Diego. Encontraram-se no McDonald's de San Ysidro, famigerado por ter sido palco de um sangrento tiroteio e lugar que Kurt insistia que fizesse parte das viagens do grupo. Jesse foi de carro com a banda para Tijuana para um show, e mais tarde naquela noite, dois dias antes do aniversário de 23 anos de Kurt, os dois velhos amigos comemoraram bebendo meio galão de birita e cheirando metanfetamina. Apesar dos permanentes problemas estomacais, no início de 1990 Kurt começou a beber novamente, e embora seu consumo de álcool ainda fosse esporádico, quando ele bebia era em excesso.

Quando Kurt regressou a Olympia, dispunha de apenas três semanas antes de sair para mais outra longa excursão, que incluiria uma escala em Wisconsin para gravar o reforço a *Bleach*. Kurt e Tracy tentaram reacender o namoro, mas a tensão era óbvia a todos que os rodeavam. "Eles não mais interagiam muito em público", lembra "Slim" Moon. Kurt se queixou para "Slim" de que Tracy queria fazer sexo com mais frequência do que ele. Para ela, fazia parte do laço do relacionamento; para ele, significava um envolvimento emocional que não podia mais manter.

Em março daquele ano, Damon Romero passou pelo apartamento uma noite e Kurt alugou um vídeo, atividade frequente para uma pessoa caseira como ele. Kurt escolheu o filme mais recente de Alex Cox, intitulado *Straight to Hell* – estrelado por Joe Strummer e Elvis Costello. Enquanto assistiam, Romero apontou para uma atriz e disse: "Ei, é a garota daquela banda de Portland". Ele estava apontando para Courtney Love. Apesar das resenhas furiosas que havia recebido da crítica, Kurt gostou do filme. "Tinha kitsch suficiente para Kurt gostar dele", lembra Romero.

No dia 20 de março, a banda entrou furtivamente numa sala de aula da Evergreen com alguns amigos para filmar o que Kurt imaginava poder ser um vídeo oficial da banda. O plano de Kurt era que a banda tocasse enquanto ao fundo seriam projetadas vinhetas que ele havia gravado da televisão. "Ele tinha horas e horas daquela coisa excêntrica", lembra o diretor Jon Snyder. "Ele havia gravado *Star Search* com uma velha fórmula Donny e Marie, trechos de *Ilha da Fantasia* e todos aqueles comerciais malucos 'Lee Press-On Nail' da madrugada." Para a primeira música, "School", a banda tocou enquanto Donny e Marie dançavam atrás deles. Para "Big Cheese", as imagens de fundo vinham de um filme mudo sobre bruxas que Kurt havia encomendado, juntamente com alguns filmes super-8 que ele havia feito em sua infância. "O filme tinha bonecas quebradas, bonecas em chamas ou coisas do tipo *Toy Story*, onde as bonecas são todas montadas de maneira errada", lembra Alex Kostelnik, que operava uma das câmeras. Kurt propôs que a gravação continuasse e fossem a Aberdeen para adicionar mais tomadas de seus fantasmas de infância. Como muitas de suas ideias, jamais foi posta em prática.

Uma semana depois, carregaram novamente a van e voltaram a excursionar. Tracy estava dormindo quando Kurt saiu, mas ela havia escrito um bilhete no diário dele: "Adeus, Kurdt. Faça uma boa excursão e uma excelente gravação. Fique por lá. Eu vou ver você dentro de sete semanas. Sinto saudade de você. Com amor, Tracy". Era um bilhete carinhoso, mas mesmo em sua afeição era perceptível uma derrota. Agora, até Tracy estava grafando o nome dele como seu alter ego "Kurdt". Ela havia perdido seu Kurt.

Em Chicago, no dia 2 de abril, a banda estreou "In Bloom". Após o show, dirigiram a noite toda para chegar a Madison, Wisconsin, sede da Smart Studios e do produtor Butch Vig. Tinham apenas uma semana para gravar o disco, mas Kurt lembrou a todos a quantidade de faixas que eles haviam conseguido gravar durante cinco horas para a sua primeira demo. A maioria das canções novas ainda estava em embrião, fato cuja importância Kurt tentou reduzir. No entanto, tinham toda a confiança de que Vig – que havia trabalhado com centenas de bandas de rock alternativas – podia transformar suas ideias. De fato, Vig impressionou-os; sendo ele próprio um baterista, conseguiu captar o som de bateria que Kurt achava que estava faltando nos outros trabalhos da banda.

Trabalhando num ritmo frenético, gravaram oito músicas, inclusive uma versão de "Here She Comes Now", do Velvet Underground, gravada para um disco de compilação. Fizeram cinco canções novas e regravaram duas antigas em poucos dias. Kurt, naturalmente, estava desapontado porque não tinham feito mais. Cinco das canções que gravaram no Smart acabariam sendo incluídas no disco *Nevermind*.

As novas canções traziam Kurt sondando as profundezas emocionais da própria vida em busca de substância e compondo sobre os personagens a sua volta. "In Bloom" era um retrato levemente disfarçado de Dylan Carlson, enquanto "Pay to Play" zombava da prática dos clubes que cobravam das bandas para que elas tocassem. "Breed" era a canção mais complexa da sessão de gravações: ela começara com o título "Imodium", sobre o remédio de Tad para diarreia, embora houvesse pouca coisa na versão gravada no Smart que a vinculasse a Tad; ao contrário, Kurt usara o título para sugerir uma continuidade excessiva de fala. Mais elaborada que as ladainhas anteriores de Kurt, a canção terminava com o verso "disse ela", implicando um diálogo captado ao qual era acrescentada outra camada de narrativa para que fosse decifrada.

Kurt havia proposto um título para o disco: *Sheep* [Ovelhas]. O nome era sua brincadeira particular com as massas que, segundo estava convencido, iriam comprar seu próximo trabalho. "Porque você não quer; porque todos os demais querem", escreveu ele em um simulacro de anúncio para *Sheep*. O anúncio dizia: "Que as mulheres possam governar o mundo. Abortem Cristo. Assassinem o maior e o menor dos dois males. Roubem *Sheep*. Numa loja perto de você. Nirvana. Flores. Perfume. Doces. Cachorrinhos. Amor. Solidariedade Geracio - nal. E Matança de Seus Pais. *Sheep*". Por volta da mesma época, ele escreveu ainda outra biografia falsa da banda, uma biografia que se mostraria curiosamente profética, ainda que estivesse recheada das suas brincadeiras de adolescente. Ele descrevia a banda como "três vezes ganhadora do Grammy, número 1 das 100 Mais das paradas da *Billbored* por 36 semanas consecutivas. Duas vezes capa de *Bowling Stoned*, saudada pelas revistas *Thyme* e *Newsweak* como a banda mais original, provocadora e importante de nossa década".

Poucas horas depois de finalizar a mixagem no Smart, estavam de volta à excursão e Vig enviou as fitas matrizes para a Sub Pop, muito embora a banda tivesse sérias dúvidas sobre se queriam que a gravação fosse lançada pelo selo. Duas semanas depois, em Massachusetts, Kurt ligou para Tracy e seguiu-se uma longa conversa telefônica – uma conversa que ambos sabiam estar próxima, mas que ela havia desejado postergar ou evitar. Ele lhe disse que as coisas não estavam funcionando entre eles e que talvez não devessem mais morar juntos. Não era um rompimento completo; a honestidade não era o modo de Kurt lidar com o conflito. "Ele achava que talvez devêssemos morar separados por algum tempo porque precisávamos de uma casa maior", lembra Tracy. A sugestão de Kurt era salpicada por "talvez" e temperada com a afirmação de que "mesmo que não estejamos morando juntos, ainda estaremos saindo". Mas ambos sabiam que era o fim.

No mês seguinte, Kurt dormia com uma jovem durante a excursão. Foi o único caso de infidelidade que seus parceiros de banda testemunharam. Do jeito que foi, o sexo foi malfeito e Kurt se odiou por ter sido tão fraco. Ele falou a respeito com Tracy quando regressou; tinha havido muitas oportunidades para ele ter sido infiel ao longo dos anos, e a ocasião dessa única infração sugere que ele estava tentando se distanciar emocionalmente, dar a ela um motivo para odiá-lo, o que tornaria mais fácil a separação.

Como em todas as excursões do Nirvana, após cerca de um mês na estrada a banda – e Kurt – parecia desmoronar. Num show no Pyramid Club, perto do final de abril, eles tiveram outra rodada de problemas de som. O ânimo de Kurt ficou exaltado quando viu uma única pessoa saltando entre a multidão de curtidores de Nova York, mesmo durante as demoradas afinações da banda; não conseguiu acreditar no que via quando percebeu que era Iggy Pop. Mas seu entusiasmo durou apenas um momento antes de se converter em embaraço: Kurt estava vestindo uma camiseta do Iggy Pop. Outras pessoas poderiam ter rido da coincidência, mas, para Kurt, isso confirmava a idolatria ao rock que ele desesperadamente desejava esconder. Ele terminou o show demolindo a bateria de Chad.

Chad tinha de estar muito atento aos humores de Kurt para discernir quando este poderia se lançar como um torpedo para dentro da bateria. Era a um só tempo um ato agressivo e de autoflagelação – Kurt passara a ficar insatisfeito com a percussão de Chad. Em Boston, Kurt atirou um balde de água em Chad e errou a orelha do baterista por uma questão de centímetros.

No momento em que a banda chegou de volta ao noroeste no final de maio, quase não é preciso dizer que Chad estava fora da banda. É claro que nada *tinha* sido dito. Mas, cerca de duas semanas depois que a excursão terminara, Channing olhou pela janela de sua casa em Bainbridge Island, viu a van subindo a longa rampa da garagem e, como o personagem predestinado de um conto de Ernest Hemingway, sabia que o fim estava próximo. Ele até ficou surpreso por Kurt ter vindo – era um testemunho do quanto Kurt gostava de Chad, apesar de que logo iria afirmar que Chad "não se encaixava na banda". Muitas vezes, os três haviam dormido na mesma cama, Kurt e Chad ladeando Krist, para que pudessem compartilhar do mesmo cobertor. Krist foi quem falou; Kurt quase não disse uma palavra e passou a maior parte da conversa olhando fixo para o chão. Mas, mesmo para Chad, aquilo chegava como um certo alívio. "Eu passara os últimos três anos com esses caras em uma intimidade muito estreita", lembra Chad. "Passamos juntos pelo inferno. Estivemos juntos na merda, em pequenas vans, tocando de graça. Não havia nenhum paizão com dinheiro grosso para nos pagar fiança." Kurt deu um abraço de despedida em Chad. Ele sabia que tinha havido amizade, mas também percebia que ela agora terminara. "Eu sabia que, quando nos despedíssemos, eu não os veria por um longo tempo."

12

TE AMO TANTO

OLYMPIA, WASHINGTON,
MAIO DE 1990-DEZEMBRO DE 1990

Love you so much it makes me sick.
[Te amo tanto que fico enjoado.]
De "Aneurysm", 1990.

NA MESMA SEMANA EM QUE DEMITIU CHAD, Kurt rompeu com Tracy. Também era uma espécie de demissão e ele lidava muito mal com separações desse tipo. O decreto de Kurt para Tracy era que não deviam morar juntos: ao dizer isto, contudo, ele não tinha nem dinheiro nem, em sua letargia, capacidade para se mudar. E uma vez que Tracy gastava todo o dinheiro para pagar as contas, também ela não tinha como se mudar. Continuaram a dividir o aparta-mento até julho, quando ela encontrou um novo lugar para morar em Tacoma. Durante esses três meses, eles viveram em universos alternados, no mesmo espaço físico, mas separados por quilômetros de distância emocional.

O mundo dele também era um mundo de traição, porque, embora tivesse informado Tracy sobre sua infidelidade no Texas, Kurt deixara de contar a ela a maior traição, a de que estava apaixonado por outra mulher. O novo objeto de seu desejo era Tobi Vail, uma música de vinte anos de idade de Olympia. Kurt conhecia Tobi havia dois anos, mas foi apenas no início de 1990 que ele teve a chance de passar uma noite inteira com ela. No dia seguinte, contou a Dylan que encontrara a primeira mulher que o deixou tão nervoso que ele vomitou. Kurt fala dessa experiência na canção "Aneurysm", onde diz: "Te amo tanto que fico enjoado". Embora ela fosse três anos mais nova, seu nível educacional era mais alto que o dele, e ele ficava horas ouvindo Tobi e sua amiga Kathleen Hanna tagarelando sobre sexismo e seus planos para fundar uma banda chamada Bikini Kill. Tobi tinha seu próprio fanzine e em suas páginas ela havia cunhado a expressão "riot grrrl" para descrever o modelo 1990 do feminismo punk. Ela era basicamente baterista, mas sabia tocar guitarra; tinha uma extensa coleção de discos de punk rock; e era, segundo Kurt imaginava, sua contraparte feminina. "Você nunca encontra uma garota que conheça tanto sobre música", observa "Slim" Moon.

No entanto, a despeito de seus interesses musicais comuns, Kurt se apaixonara por alguém que jamais poderia amá-lo do jeito que Tracy o amara e que, o mais importante, nunca precisava dele. Tobi tinha uma visão de relacionamento mais casual do que Kurt; ela não estava procurando um marido, nem estava disposta a ser mãe dele. "Namorados eram mais como acessórios da moda para Tobi", observa Alice Wheeler. O que Kurt estava procurando num relacionamento era o tipo de intimidade familiar que lhe faltara desde a primeira infância, mas Tobi, como sexista, rejeitava a relação tradicional que ele procurava.

Mesmo a palavra "namorada" significava uma coisa diferente na comunidade punk rock de Olympia, onde poucos admitiriam fazer parte de um casal. Era como se agir no sentido de um namoro firme fosse adotar os padrões tradicionais de uma sociedade de que todos vinham para Olympia para se livrar. "Ninguém namorava em Olympia", observa Dylan. Por esses padrões, o relacionamento de Kurt e Tracy era totalmente antiquado; sua união com Tobi não se conformaria a esses papéis estereotipados.

O relacionamento dos dois começara em sigilo – ele ainda estava morando com Tracy quando dormiu com Tobi pela primeira vez. Mas, mesmo depois que Tracy se mudou, o namoro não pareceu ir além das discussões na cafeteria e o ocasional sexo tarde da noite. Ele pensava nela o tempo todo, obsessivamente, e saía pouco, receando que ela pudesse ligar. Tobi raramente ligava. A relação envolvia principalmente ir a concertos, trabalhar no fanzine ou conversar sobre política. Ele começou a interpretar as opiniões dela sobre o punk rock através de sua própria lente, o que o inspirou a redigir listas de coisas nas quais acreditava, coisas que ele odiava e discos que deveria ouvir. Um slogan que ele repetia sempre era: "O punk rock é liberdade". Passou a afirmar isso enfaticamente em toda entrevista, embora nunca explicasse do que estava procurando liberdade: isso tornou-se um mantra para resolver qualquer contradição em sua vida. Tobi achou que soava sensacional.

No entanto, apesar da união intelectual, muitos em Olympia jamais souberam que eles eram um casal. "O tempo todo eles estavam namorando", disse "Slim", "eu não sabia ao certo se eles estavam namorando oficialmente. Talvez fosse inconveniente para ela quando ele rompeu com Tracy porque, em certo sentido, isso a colocava no lugar. Eu não acho que ela realmente pretendia ficar com ele por muito tempo." Tobi, segundo Kurt descobriu, era alérgica a gatos e, por isso, sua fazenda de bichos normalmente estava fora dos limites. A essa altura, também era uma sujeira: quando Tracy saiu, o apartamento todo assumiu o aspecto de um depósito de lixo, com pratos sujos empilhados, o chão forrado de roupa suja e as bonecas mutiladas de Kurt vigiando o cenário com seus olhos enlouquecidos e quebrados.

Um ano antes, Kurt se queixara de que as feministas lhe eram ameaçadoras. Mas depois que Kurt começou a dormir com Tobi, o feminismo riot grrrl era mais fácil de engolir e ele logo aderiu a ele como se fosse uma religião recém-descoberta. O mesmo homem que lia pornografia da Cicciolina agora empregava palavras como "misoginia" e falava sobre a política de opressão. Em seu caderno Kurt escreveu duas regras de rock que eram citações de Tobi: "1. aprender a *não* tocar seu instrumento; 2. não machucar as garotas quando você dançar (ou em nenhum outro momento)". O "aprender a *não* tocar" era um dos muitos ensinamentos de Calvin Johnson, que afirmava que a atividade musical era sempre secundária à emoção.

Kurt havia encontrado Tobi pela primeira vez ao tocar com o Go Team, uma banda de Olympia que girava em torno de Calvin, se bem que a maior parte do cenário musical girava em torno de Calvin. Com seu cabelo curto de menino e propensão a usar camisetas brancas, Johnson parecia um recruta desgarrado da Marinha. Mas quando se tratava de punk rock, ele tinha o comportamento, se não a aparência, de um ditador, criando políticas como um déspota recém-coroado elabora uma constituição. Ele era líder do Beat Happening, coproprietário da K Records, DJ na KAOS e promotor de shows de rock locais. Ele pregava uma ética do rock independente, de baixa fidelidade, e governava Olympia do jeito que Buzz Osborne comandara Grays Harbor. "Calvin era muito não rock", lembra John Goodmanson. "A piada era que se você tinha um baixista em sua banda, você não podia estar na K." Os seguidores de Calvin tinham até um nome: "calvinistas". Tobi não era apenas uma calvinista, ela já tinha sido namorada de Johnson.

Cada passo do relacionamento de Kurt e Tobi apresentava desafios a sua autoestima. Era muito difícil para Kurt se encaixar no cenário cosmopolita de Seattle, mas mesmo na minúscula Olympia ele se sentia como se fosse um participante de uma versão punk rock de *Jeopardy!*, em que uma única resposta errada o mandaria de volta a Aberdeen. Para um garoto que cresceu vestindo camisetas de Sammy Hagar, ele descobriu que tinha de usar constantemente seu eu "Kurdt" como disfarce para proteger seu passado real. Ele chegava a confessar em um raro momento de autorrevelação em seu diário: "Tudo que eu faço é uma tentativa abertamente consciente e neurótica de provar aos outros que sou pelo menos mais inteligente e legal do que eles pensam". Quando lhe pediram para nomear que influências tinha tido durante entrevistas à imprensa em 1990, ele fez uma lista de músicas inteiramente diferente da que havia feito um ano antes: passara a compreender que no mundo elitista do punk rock, quanto mais obscura e impopular fosse uma banda, mais avançado era declinar o nome dela. Os amigos começaram a notar mais o eu dividido: quando estava junto de Tobi, Kurt podia criticar uma banda que, mais cedo, no mesmo dia, ele defendera.

Naquele verão, tanto Krist como Kurt estavam fastidiosamente reproduzindo fitas das demos do Smart Studios, mas não estavam gastando selos enviando-as à Touch and Go; eles as enviavam para a Columbia Records e para a Warner Brothers. Depois de todos os problemas com a Sub Pop, Kurt e Krist haviam se empenhado em assinar com uma gravadora maior, no mínimo para conseguir uma distribuição decente. Para Tobi, isso era um anátema.

Ela proclamava que sua banda jamais estaria numa grande gravadora. Influenciado pela posição de Tobi, Kurt moderou suas aspirações de uma grande gravadora dizendo aos entrevistadores que o Nirvana assinaria com uma grande, receberia o cheque do adiantamento, rescindiria e depois lançaria um disco pela K. Era uma fantasia magnificente, assim como as muitas ideias grandiosas que flutuavam por sua cabeça, mas ele não tinha nenhuma intenção de agir de modo tão tolo que ameaçasse sua chance de fama e fortuna.

Desde a breve contratação de Tam Orhmund, o Nirvana havia empresariado a si mesmo usando Michelle Vlasimsky como contato, com Krist controlando a maioria dos arranjos financeiros. "Eu era o único membro do Nirvana que tinha diploma do colegial", explica Krist. Em maio de 1990, a Sub Pop enviou para a banda uma nova proposta de contrato – tinha trinta páginas e concedia diversos direitos inequívocos à gravadora. Kurt sabia que não queria assinar o documento. Ele e Krist recorreram a Susan Silver, a respeitada empresária do Soundgarden. Ela deu uma olhada no contrato e disse que eles precisavam de um advogado.

Silver ficou surpresa como eles estavam inflexíveis em não querer estar mais na Sub Pop. Eles se queixavam de que *Bleach* não havia recebido promoção nenhuma e de que a gravadora jamais lhes prestara contas de quantas cópias haviam sido vendidas. Kurt declarou que desejava um contrato de grande escala com uma gravadora importante, com a autoridade de uma grande empresa respaldando-o, muito embora a banda ainda estivesse sem baterista. Semelhante afirmação seria motivo para enforcamento público no tribunal de Calvin, mas contrastava com a maioria das bandas de Seattle. Ela também contradizia o que Kurt havia dito à imprensa apenas três semanas antes. No dia 27 de abril, quando a emissora de rádio WOZQ lhe perguntou se a banda consideraria assinar com uma grande gravadora, ele replicou: "Não temos nenhum interesse numa grande gravadora. Seria ótimo ter uma distribuição melhor, mas tudo o mais que acompanha as grandes gravadoras é apenas um monte de besteira".

No entanto, no período transcorrido após essa entrevista, sua separação de Tracy o havia privado de sua benfeitora. Ele agora declarava que desejava um "contrato de um milhão de dólares", mas, talvez numa aceitação da influência de Tobi, ele proclamou que, mesmo quando o Nirvana conseguisse seu contrato gigante, eles "ainda excursionariam numa van". Kurt havia ouvido falar de Peter Paterno, um dos advogados mais sérios do ramo, e perguntou a Susan se ela poderia recomendá-los a ele. "Estou viajando para Los Angeles amanhã", disse ela. "Se vocês aparecerem enquanto eu estiver lá, levo vocês para conhecê-lo." Krist respondeu: "Partiremos de carro hoje à noite e vemos você em dois dias".

Dois dias depois, encontraram Susan em Los Angeles. Ela os apresentou a Don Muller, um famoso procurador, e quando Paterno não foi capaz de arranjar tempo em sua agenda, ela os colocou em contato com o advogado Alan Mintz. Este os achou "ingênuos, porém ambiciosos". A especialidade de Mintz era bandas novas, mas descobriu que, mesmo como artistas novos, "eles estavam definitivamente entre os mais desmazelados que já passaram pela porta".

A Sub Pop também estava conversando com advogados, procurando utilizar a crescente reputação do Nirvana para conseguir que uma gravadora importante investisse neles. Mintz mencionou isso para a banda, sugerindo que eles poderiam obter a distribuição que desejavam na Sub Pop. Kurt se inclinou para a frente e replicou com decisão: "Me tira dessa gravadora!". Declarou ainda que desejava vender muitos discos. Impressionado com a fita deles, Mintz começou a trabalhar para encontrar um contrato para eles naquele mesmo dia.

Não foi uma tarefa difícil. Já em meados de 1990, a posição do Nirvana como espetáculo dinâmico ao vivo, e o sucesso florescente de *Bleach* na rádio universitária, tinham despertado o interesse de agentes de "artistas e repertórios (A&R)", funcionários contratados por gravadoras para contratar bandas. O primeiro agente A&R interessado foi Bret Hartman, da MCA, que no início de 1990 havia realizado discussões sobre o contrato da banda com Poneman e Pavitt. Hartman percebeu que seu interesse não estava sendo passado para a banda e, por isso, conseguiu o telefone da casa de Kurt e começou a deixar recados na secretária eletrônica.

Quando regressaram de Los Angeles para Seattle, Krist e Kurt voltaram para o estúdio no dia 11 de julho para gravar o single "Sliver", a ser lançado em antecipação a outra excursão pelo Reino Unido. Eles haviam contratado Dan Peters, baterista do Mudhoney, para a gravação, embora ainda estivessem testando bateristas. Essa seria sua última sessão de estúdio malfeita, gravada enquanto a banda Tad estava numa pausa para o jantar. O título era mais uma composição de Cobain sem nenhuma relação com a letra, mas, dessa vez, o nome era a única coisa vaga na canção: ela era direta e um feito criativo. Para o tema, Kurt havia garimpado o que ele conhecia melhor – sua família. Como Richard Pryor, que enfrentara dificuldades em sua carreira de comediante até que começou a contar piadas sobre ter sido criado num prostíbulo, Kurt havia finalmente descoberto sua expressão única, que evoluía quando ele escrevia sobre sua família. Ele havia encontrado seu dom de compositor, quase por acidente.

"Sliver" conta a história de um rapaz abandonado pelos pais e que não quer ser deixado com os avós. Ele implora para que sua avó o leve para casa, mas em vão. Ele come purê de batatas no jantar. Tem problemas para digerir a carne. Monta em sua moto e dá uma topada com o dedão do pé. Tenta assistir à televisão, mas cai no sono. "Vovó, me leva para casa/ Eu quero ficar sozinho", era o estribilho singelo. A canção termina quando o menino acorda nos braços de sua mãe. "Provavelmente é a canção mais direta que já gravamos", explicou Kurt a *Melody Maker*. Também foi uma das primeiras canções do Nirvana a utilizar dinâmica contrastante, que se tornaria marca registrada da banda: os versos eram tranquilos e lentos, mas o estribilho surgia numa parede trovejante de sons. Após seu lançamento, Kurt foi indagado sobre seu significado e teve a audácia de afirmar que ela não era autobiográfica. Mas ninguém, certamente não alguém que o conhecesse, acreditou nisso: "Era sobre ser um garotinho e desejar estar em casa com a mamãe, sem querer ser pajeado pelos avós", explica sua irmã Kim.

Em agosto, o Nirvana foi para a estrada para uma breve turnê pela Costa Oeste, fazendo o show de abertura para o Sonic Youth e tendo Dale Crover como baterista temporário. A excursão foi uma chance para Kurt conhecer Thurston Moore e Kim Gordon, do Sonic Youth, a quem considerava quase como reis. Sua autoestima melhorou quando descobriu que eles o tratavam como igual. As duas bandas imediatamente se tornaram amigas e, o melhor de tudo, Moore e Gordon ofereceram um conselho empresarial, sugerindo que o Nirvana considerasse a empresa que geria seus negócios, a Gold Mountain.

Certamente eles precisavam de ajuda. A despeito da fama que a excursão proporcionava, eram muito mal pagos, seguindo atrás do enorme ônibus do Sonic Youth em sua absurda e pequena van Dodge, parecendo mais fãs atrás de astros do que astros eles mesmos. No show de Los Angeles, Bret Hartman da MCA e seu chefe Paul Atkinson foram aos bastidores visitar a banda após a apresentação e encontraram Kurt e Krist juntando os equipamentos – eles eram pobres demais para pagar ajudantes de excursão. Atkinson convidou a banda para visitar a MCA, mas Krist disse que tinham de voltar por causa do seu emprego. A conversa foi interrompida quando Krist explicou que tinha de vender camisetas – eles precisavam do dinheiro da gasolina para sair da cidade.

Quando a excursão chegou ao noroeste, o interesse pelos rapazes da cidade era maior do que pelo Sonic Youth. Em Portland e Seattle, eles eram astros prosperando; após cada show, um número crescente de fãs os elogiava. No entanto, a personalidade de Kurt não parecia mudar com a atenção, observa Sally Barry, que estava em uma banda de abertura nessa excursão. "Ele foi a primeira pessoa que vi se enfiando na multidão com sua guitarra sem dar a mínima", lembra ela. "Em outras pessoas, você podia notar um pensamento consciente disso. Mas, com Kurt, isso era instantâneo e honesto." Quase todo show terminava com Kurt saltando para a plateia ou com a plateia saltando sobre ele. Nessa excursão, Kurt poupou seu baterista, já que Crover anunciara que daria uma surra em Kurt e o deixaria em risco de vida se sua bateria fosse danificada.

Crover tinha de regressar para os Melvins e o Nirvana contratou Dan Peters como seu novo baterista e começou a planejar uma excursão pelo Reino Unido. Mas, quando Peters fez a percussão para a banda num concerto no dia 22 de setembro, na plateia estava outro candidato que Kurt e Krist haviam chamado para teste. A apresentação, na qual Peters tocara bem, foi seu primeiro e único show com o Nirvana.

O baterista recém-chegado era Dave Grohl, de 21 anos de idade. Procedente da Virgínia, Grohl havia tocado com as bandas Scream e Dain Bramage. O trocadilho desse último nome provavelmente foi o bastante para ele cair nas boas graças de Kurt, já que isso evidenciava, no mínimo, que Grohl tinha o mesmo senso de humor que ele. Foi Buzz quem havia colocado Grohl em contato com o Nirvana, voltando ao seu papel de mentor, e esse pode ter sido o melhor presente que receberam dele. No instante em que Kurt e Krist ensaiaram com Grohl, souberam que tinham seu baterista final.

Apenas vinte dias depois, Dave Grohl estava tocando em seu primeiro show com o Nirvana, mal sabendo os títulos das canções, muito menos as partes da bateria. Mas com Grohl isso quase não importava: como Krist e Kurt descobriram, ele era um animal atrás da bateria. Kurt sofrera com bateristas no passado, decorrendo seu perfeccionismo do próprio domínio do instrumento. Muitas vezes, quando passavam o som, Kurt ia regularmente para a bateria e tocava algumas canções para checar o retorno. Mas Grohl era o tipo de baterista que deixava Kurt contente por ter escolhido a guitarra.

O primeiro show de Grohl foi no clube North Shore Surf de Olympia. A noite marcou uma das piores confusões técnicas de toda a história do Nirvana – um defeito na parte elétrica fez a energia cair diversas vezes, e a banda teve de desligar metade de seus amplificadores para evitar outros blecautes. A única iluminação disponível vinha de lanternas na plateia, criando um efeito sinistro como alguma coisa saída de um filme independente barato. Com uma bateria minúscula, Grohl se mostrou muito forte: ele tocava os tambores com tanta força que destruiu as cordas de ressonância.

Uma semana depois, a banda excursionava pela Inglaterra para promover o single "Sliver" que, como de costume, só saiu quando a excursão estava encerrada. No entanto, eles tocaram para plateias apaixonadas, sendo sua fama na Inglaterra, na época, muito maior do que nos Estados Unidos. Em Londres, Kurt foi ver os Pixies, um de seus grupos favoritos. No dia seguinte, ligou para o empresário dos Pixies, Ken Goes, e perguntou se ele poderia ser empresário do Nirvana. Goes não conhecia Kurt, mas concordou em marcar um encontro.

Quando se encontraram no saguão de um hotel, Goes descobriu que Kurt estava mais interessado em conversar sobre os Pixies do que em promover seu próprio grupo. "Ele não era o fã mediano, como o tipo que sempre vemos ao lado das portas do palco", lembra Goes. "De fato, ele não era bem um fã; ele era um *estudioso* da banda. Obviamente, tinha um enorme respeito por aquilo que eles estavam fazendo. Ele ficou falando muito tempo a respeito." Durante a conversa, surgiu um tumulto quando Charles Thompson, o vocalista dos Pixies, entrou no hotel. Goes se ofereceu para apresentar Kurt a seu ídolo, mas Kurt congelou diante da sugestão. "Acho que não", disse Kurt, recuando ligeiramente. "Eu, hã, não posso." E com isso Kurt bateu em retirada, procedendo como se nem fosse digno de estar na presença de tamanho talento.

Quando o Nirvana voltou da Inglaterra, Dave Grohl decidiu mudar-se para o apartamento da rua Pear – ele vinha se hospedando com Krist e Shelli. Naquela mesma semana, a MCA enviou passagens de avião para Kurt e Krist irem a Los Angeles conhecer os escritórios. A gravadora não era a primeira escolha da banda – fazia muito tempo que a MCA tivera um sucesso, as pessoas brincavam que as iniciais da empresa significavam Music Cemetery of America [Cemitério Americano da Música] –, mas eles não podiam recusar passagens gratuitas. A gravadora os hospedou no hotel Sheraton Universal e, depois que chegaram, Bret Hartman foi perguntar a eles se as acomodações eram satisfatórias. Ele encontrou o frigobar entreaberto e Kurt e Krist sentados no chão cercados por garrafinhas de bebida. "Quem pôs essa coisa no nosso quarto?", perguntou Kurt. A despeito do fato de que a banda havia excursionado cinco vezes pelos Estados Unidos e duas vezes pela Europa, Kurt jamais havia visto um frigobar. Quando Harman explicou que ele poderia pegar o que quisesse na geladeira e que a MCA pagaria, Kurt olhou para ele, incrédulo. "Percebi", lembra Hartman, "que esses caras talvez não fossem tão experientes quanto eu imaginava."

Eles não conheciam frigobares, mas sabiam que estavam sendo menosprezados no dia seguinte quando visitaram a MCA. Hartman e Atkinson tinham feito circular cópias de *Bleach*, acompanhadas de um memorando insistindo para que o pessoal fosse afetuoso e gentil. No entanto, quando escoltaram a banda pelo prédio, parecia que todos os mandachuvas estavam em horário de almoço. Angee Jenkins, que gerenciava o departamento de publicidade, falou com eles rapidamente e os encorajou, tal como os rapazes da correspondência, que se incluíam entre o punhado de empregados da MCA que havia ouvido *Bleach*. O cúmulo foi quando o grupo foi conduzido ao escritório de Richard Palmese, que lhes deu um breve aperto de mãos antes de murmurar: "É realmente sensacional conhecer vocês, rapazes. Eu gosto muito de sua música, mas tenho um compromisso de almoço em cinco minutos. Vou ter de pedir licença". Kurt nem mesmo sabia quem ele estava conhecendo, por isso virou-se para Atkinson e perguntou: "Quem é aquele sujeito?". "Aquele é o presidente da MCA", respondeu Atkinson com uma careta. E, com isso, a MCA estava fora do páreo. De volta a Los Angeles, Kurt e Krist entraram em contato com o Sonic Youth, que novamente insistiu na Gold Mountain Management e lhes disse que eles deviam assinar contrato com a gravadora deles, a DGC, que fazia parte da Geffen Records, uma das poucas gravadoras que até então não haviam manifestado interesse.

No momento em que Kurt voltou ao noroeste, Grohl havia se mudado para sua casa e sua presença melhorou temporariamente o humor de Kurt. Morar sozinho nunca foi bom para a saúde mental de Kurt, e seu isolamento atingiu um pico durante o verão de 1990. Ele carregava todos os sinais de uma criança que havia sofrido um trauma grave: parava de conversar exceto quando falavam com ele, e diariamente passava horas sem fazer nada além de alisar uma mecha de barba, olhando fixo para o vazio. Ele e Tobi não estavam se vendo muito e, quando se encontravam, ele parecia incapaz de avançar a relação para o próximo nível. Amargurado, ele observava em seu diário: "A única diferença entre 'amigos que transam de vez em quando' e 'namorado/namorada' são os títulos oficiais dados".

Quando Grohl foi morar com ele, as coisas melhoraram provisoriamente – ele era tão extrovertido quanto Kurt era retraído. "A casa", lembra Nikki McClure, "tornou-se a meninolândia. Agora Kurt tinha alguém com quem vadiar o tempo todo. Havia ali uma certa coisa de marido e mulher." Uma vez que Kurt era praticamente incapaz de arrumar coisa alguma, Grohl fazia coisas do tipo lavar as roupas de Kurt para ele. Poucos teriam conseguido lidar com o estado do apartamento, mas Grohl havia passado os últimos anos na estrada. "Dave foi criado por lobos numa van", explica Jennifer Finch. Ele ensinou Kurt a fazer tatuagens caseiras usando uma agulha e um pouco de nanquim. Kurt decidiu marcar seu braço com o logotipo da K Records – um "K" dentro de um escudo. Sendo novato, Kurt teve de se espetar várias vezes com uma agulha e despejar a tinta na ferida.

A tatuagem foi ainda outra tentativa para impressionar Tobi – e Calvin. Para alguém que não estivesse familiarizado com a K Records, Kurt explicava a tatuagem declarando seu amor pelos Vaselines. Curiosamente, os Vaselines não eram da K, embora seus discos fossem distribuídos pelo selo. "Quem sabe o que ele estava pensando com aquela tatuagem", disse Dylan Carlson. "Acho que ele gostava mais dos discos que a K distribuía do que dos discos que eles lançavam. Ele deveria ter feito a tatuagem com os dizeres: 'K Distribution'."

Uma ideia melhor teria sido traçar "Vaselines" em seu braço. Desde que Kurt adicionou a música "Molly's Lips" ao repertório do Nirvana, ele vinha elogiando o grupo. Era a banda perfeita para Kurt. Eram infantis, amadores e desconhecidos fora do Reino Unido e de uma pequena seita nos Estados Unidos. Logo depois de ouvir os Vaselines, Kurt iniciou uma de suas muitas campanhas de redação de múltiplos rascunhos de cartas em seu diário, tentando fazer amizade com Eugene Kelly, membro da banda. Essas cartas eram sempre prolixas (em uma delas, Kurt mencionava seu "ridículo horário de dormir, no qual me recolho nas primeiras horas da manhã e evito com sucesso qualquer traço de luz do dia") e invariavelmente terminavam com alguns comentários elogiosos sobre o quanto os Vaselines eram brilhantes: "Sem tentar ser embaraçosamente inexperiente, devo dizer que as canções que você e Frances compuseram estão entre as mais belas já compostas".

Grohl tinha o mesmo gosto musical de Kurt, mas não sua obsessão em procurar o favor das lendas. Ele estava muito mais interessado em garotas e elas estavam interessadas nele. Começou a namorar Kathleen Hanna, do Bikini Kill – Dave e Kurt praticariam então a versão de Olympia do namoro duplo com Kathleen e Tobi; bebiam cerveja e elaboravam listas dos discos mais importantes de punk rock. A maioria das diversões de Dave e Kurt era adolescente, mas com Tobi e Kathleen por perto, ambos eram mais sociáveis. A situação tornou Kurt mais atraente para Tobi, já que a perspectiva de sair como uma gangue era menos séria do que os encontros individuais. "Tobi e

Kathleen chegavam a dizer literalmente: 'Vamos sair com o Nirvana'", lembra o vizinho Ian Dickson. Durante certa noite turbulenta de festa na casa de Kurt, Kathleen pintou com spray na parede do quarto: "Kurt smells like teen spirit" ["Kurt tem cheiro de espírito adolescente"]. Ela estava se referindo a um desodorante para garotas adolescentes e, por isso, seu grafite não deixava de ter implicações: Tobi usava Teen Spirit e, ao escrever isto na parede, Kathleen estava zombando de Kurt por dormir com Tobi, sugerindo que ele estava marcado pelo seu cheiro.

No entanto, apesar de uma noite ocasional de folias, Kurt estava solitário e desencantado – passou algumas noites observando secretamente da rua a janela de Tobi, como um tímido Cyrano. Pela primeira vez em anos, ele estava se sentindo menos esperançoso em relação a sua carreira, ainda que as gravadoras os continuassem chamando. Estranhamente, após anos de expectativa, quando se aproximou de fato o momento de assinar um contrato, ficou cheio de insegurança. Ele sentia falta da intimidade que tinha com Tracy e de seus amigos. Poucas semanas depois de Tracy ter se mudado, Kurt havia finalmente confessado que vinha dormindo o tempo todo com Tobi e Tracy ficou furiosa. "Se você mentiu sobre isso, você mentiria sobre qualquer coisa", gritou Tracy, e uma parte dele acreditava nela.

Por muito pouco tempo, ele considerou comprar uma casa em Olympia. Na verdade, ele não poderia concretizar nenhum tipo de compra até que recebesse um cheque de adiantamento, mas estava tão confiante de que conseguiria um grande contrato que pagou para obter uma lista de imóveis disponíveis. Andou de carro com seu amigo Mikey Nelson, do Fitz of Depression, examinando edifícios comerciais dilapidados, planejando construir um estúdio de gravação na frente e morar nos fundos. "Ele parecia estar interessado apenas nas casas que pareciam empresas", disse Nelson. "Ele não queria morar numa casa normal."

Mas essa ideia, e todas as outras fantasias que ele fazia para o futuro, voaram pela janela durante a primeira semana de novembro, quando Tobi rompeu com ele. Ele ficou arrasado; quando ela lhe deu a notícia, mal conseguiu ficar em pé. Nunca havia levado um fora de namorada e sentiu-se péssimo com aquilo. Ele e Tobi haviam saído durante menos de seis meses.

Tinham sido encontros casuais, sexo casual e namoro casual, mas o tempo todo ele esperava que uma intimidade mais profunda estivesse se aproximando. Ele regrediu ao velho padrão de internalizar seu abandono e seu autodesprezo. Tobi não o deixara porque ela era jovem, e sim, segundo Kurt imaginou, porque ele não a merecia. Ele ficou tão nauseado que, uma semana depois, ajudando "Slim" a fazer sua mudança, ele teve de parar o carro para vomitar.

Na esteira do rompimento, Kurt se tornou mais taciturno do que nunca. Encheu um caderno inteiro com disparates que lhe passavam pela cabeça, muitos deles violentos e angustiados. Ele usava a escrita, a música e a arte para expressar seu desespero, e com sua dor compunha canções. Algumas delas eram canções loucas e iradas, mas representavam ainda outro nível de sua arte, já que a raiva não era mais clichê e agora tinha uma autenticidade que faltava a seu trabalho anterior. Essas novas canções eram cheias de remorso, súplica, raiva e extremo desespero. Nos quatro meses que se seguiram ao rompimento, Kurt escreveu meia dúzia de suas canções mais memoráveis, todas elas sobre Tobi Vail.

A primeira foi "Aneurysm", que compôs na esperança de reconquistá-la. Mas logo desistiu disso e preferiu usar as canções, como inúmeros compositores haviam feito antes, para expressar seu nível profundo de mágoa. Uma canção era chamada "Formula", mas acabou sendo rebatizada de "Drain You". "One baby to another said, 'I'm lucky to have met you'" ["Um bebê disse ao outro: 'Tenho sorte de ter te encontrado'"], dizia a letra, citando palavras que Tobi lhe havia dito. "It is now my duty to completely drain you" ["Meu dever agora é drenar você totalmente"] era o estribilho – a um só tempo, um reconhecimento do poder que ela tinha sobre ele e uma acusação.

Havia outras canções inspiradas por Tobi, às vezes não muito claramente ligadas, mas todas assombradas por seu fantasma. "'Lounge Act' é sobre Tobi", observa Krist. Um verso na canção se refere à tatuagem de Kurt: "Vou deter a mim mesmo, usarei um escudo." Outra resume como a relação foi mais de aprendizagem do que de amor: "We've made a pact to learn from whoever we want without new rules" ["Fizemos um pacto para aprender com quem quer que quiséssemos sem novas regras"]. Em uma letra anterior, não gravada, de "Lounge Act", Kurt se dirigia mais diretamente a sua ex-amante: "I hate you because you are so much like me" ["Eu te odeio porque você é muito parecida comigo"]. "Lithium" foi composta antes de Tobi, mas com o tempo a letra mudou e no final a retratava. Mais tarde, Kurt contou a Chris Morris, da revista *Musician*, que a canção incluía "parte das minhas experiências pessoais, como terminar com namoradas e ter relacionamentos ruins, sentir aquele vazio de morte que a pessoa na canção está sentindo: muito solitária, doente".

Embora Kurt nunca o mencionasse especificamente, sua canção mais famosa, "Smells Like Teen Spirit", não pode ter sido sobre ninguém mais, com a letra que dizia: "She's over-bored and self-assured" ["Ela é superentediada e autoconfiante"]. "Teen Spirit" era uma canção influenciada por muitas coisas — sua raiva dos pais, seu tédio, seu eterno cinismo —, embora vários versos isolados ecoem a presença de Tobi. Ele compôs a canção logo após a separação, e a primeira versão incluía um verso eliminado da versão final: "Who will be the king and queen of the outcast teens?" ["Quem será o rei e a rainha dos adolescentes abandonados?"]. A resposta, em algum momento da sua imaginação, tinha sido Kurt Cobain e Tobi Vail.

Suas canções eram o aspecto mais produtivo da separação; seus escritos e trabalhos artísticos mostravam um resultado mais enraivecido e patológico. Um desenho mostra um alienígena com a pele sendo lentamente arrancada; outro, uma mulher com um chapéu da Ku Klux Klan ergue a saia e exibe a vagina; outro desenho retrata um homem esfaqueando uma mulher com seu pênis; e outro, ainda, mostra um homem e uma mulher fazendo sexo, tendo abaixo a legenda: "Estupra, estupra". Havia dezenas dessas representações e páginas e páginas de histórias com finais trágicos e imagens perturbadoras. Não é rara a seguinte ladainha:

> Quando eu crescer, quero ser bicha, negro, cadela, puta, judeu, chicano, chucrute, carcamano, maricas, hippie branquelo, ganancioso, acumulador, saudável, suado, peludo, másculo, new waver excêntrico, direitista, esquerdista, milico condecorado, cagão, campeão, estúpido, físico nuclear, conselheiro do AA, psiquiatra, jornalista, punho fedido, romancista, gay, preto, aleijado, drogado, HIV positivo, hermafrodita, filhote de golfinho, obeso, anoréxico, rei, rainha, agiota, corretor de ações, maconheiro, jornalista

(tudo é inflado, menos é mais, Deus é gay, fisgar uma presa), jornalista de rock, zangado, rabugento, de meia-idade, amargo, pequeno, magricelo, dogmático, velho, agente contratador e editor de um fanzine que extrai o pequeno percentual até do menor percentual. Mantê-los divididos, formar guetos, unidos ficaremos, não respeitar as sensibilidades dos outros. Mate-se mate-se mate mate mate mate mate mate estupro estupro estupro estupro estupro estupro é bom, estupro é bom, estupro mate estupro ganância ganância bom ganância bom estupro sim mate.

A maior parte da raiva, porém, era voltada para dentro. Se havia um tema central nessa escrita naquele outono, era o autodesprezo. Ele se imaginava como "mau", "defeituoso", "doente". Uma página relatava um conto maluco – completamente fantasioso – de como ele gostava de chutar as pernas de mulheres idosas porque "esses tornozelos têm uma garrafa plástica cheia de urina afivelada nelas e um tubo que vai para dentro da velha vagina musculosa esgotada; a nódoa amarela sai voando para toda parte". Em seguida, ele procurava "bichas de cinquenta anos de idade que possuem o mesmo mau funcionamento, mas em uma cavidade diferente [...] eu chuto sua cueca de borracha e a coisa marrom vaza para a calça bege". Mas essa história perturbadora acabava fazendo a violência voltar para o narrador: "Então, as pessoas sem nenhum fetiche específico me chutam o corpo inteiro e a cabeça e observam a merda vermelha esborrifar e correr e ensopar meu jeans azul e camisa branca". O conto terminava com ele escrevendo repetidamente "Eu sou mau", e então, vinte vezes em grandes caracteres, do tamanho das letras que ele usava para pichar nas paredes de Aberdeen, "EU, EU, EU", até que finalmente ficava sem espaço, tendo enchido cada centímetro da página. Escreveu isso com tanta força que a caneta atravessou o papel. Ele não fazia nenhum esforço para ocultar essas histórias, muito pelo contrário, seus diários jaziam abertos pelo apartamento. Jennifer Finch começou a namorar Grohl e leu alguns dos escritos deixados na mesa da cozinha, e percebeu o tormento de Kurt. "Fiquei preocupada com Kurt", lembra ela. "Ele estava fora de controle."

O ódio que ele tinha pelos outros era leve comparado à violência que traçava contra si mesmo. O suicídio surgia repetidamente como tópico. Uma invectiva detalhava como ele era capaz de se transformar em "Helen Keller, perfurando minhas orelhas com uma faca, depois cortando fora minha laringe". Ele reiteradamente fantasiava o céu e o inferno, tanto abraçando a ideia de espiritualidade como uma fuga após a morte, mas com igual frequência a rejeitando com toda a convicção. "Se você quiser saber como é a vida após a morte", especulava ele, "vista um paraquedas, suba num avião, injete uma boa quantidade de heroína nas veias e imediatamente uma dose de óxido nitroso, e depois salte ou ateie fogo a si mesmo."

Na segunda semana de novembro de 1990, um novo personagem começara a nascer na escrita de seus diários, e essa figura logo passaria a entrar em quase toda imagem, canção ou história. Ele intencionalmente grafava o nome errado, e, ao assim fazer, estava lhe garantindo uma vida própria. Estranhamente, deu a ela uma personalidade feminina, mas já que ela se tornou seu grande amor naquele outono – e até o fazia vomitar, tal como Tobi –, havia justiça nessa opção pelo gênero. Ele a chamou de "heroína".

13

A BIBLIOTECA RICHARD NIXON

OLYMPIA, WASHINGTON,
NOVEMBRO DE 1990-MAIO DE 1991

> *Pode estar na hora da Clínica Betty Ford ou da Biblioteca Richard Nixon evitar que eu continue abusando de meu corpo anêmico tipo rato.*
> De uma carta a Tobi Vail, maio de 1991.

"HEROINE", O ABASTARDAMENTO feito por Kurt da palavra "heroin", havia aparecido pela primeira vez em seus toscos cartuns da oitava série. Tendo sido criado no fascínio pelo rock and roll, ele estava bem ciente de que muitos músicos que idolatrava haviam sucumbido ao abuso de drogas. E embora tivesse fumado maconha como um viciado, frequentemente bebesse demais e fosse conhecido por inalar gases de latas de creme de barbear vazias, ele jurava que jamais sofreria um destino similar. Em 1987, durante um dos períodos sóbrios de reabilitação de Kurt, ele castigou Jesse Reed quando este sugeriu que experimentassem heroína. "Kurt não saiu mais comigo depois disso", lembra Jesse. "Eu estava tentando encontrar heroína, uma droga que eu nunca havia experimentado e ele também não, e ele me veio com um sermão: 'Por que você quer se matar? Por que você tem tanta vontade de morrer?'." Em uma história pessoal de drogas construída mais tarde na vida, Kurt escreveu que ele primeiro havia usado heroína em Aberdeen no final dos anos 1980. Seus amigos contestam isso, já que ele tinha medo de agulhas na época e não era possível achar heroína em seu círculo. De vez em quando tomava Percodan em Aberdeen, um narcótico vendido com receita; ele pode ter romantizado e exagerado esse opiato quando o evocou mais tarde.

No outono de 1990, magoado por causa de Tobi, as mesmas perguntas que Kurt fizera a Jesse anteriormente poderiam agora lhe ser feitas. No início de novembro, ele superou seu medo de agulhas e pela primeira vez se injetou heroína com um amigo em Olympia. Descobriu que os efeitos eufóricos da droga o ajudavam temporariamente a fugir de suas dores de cabeça e de estômago.

No dia seguinte, Kurt ligou para Krist. "Ei, Krist, eu tomei heroína", disse ele a seu amigo. "Uau! E como foi?", perguntou Krist. "Ah, foi tudo bem", respondeu Kurt. Krist então lhe disse: "Você não devia fazer isto. Lembre-se de Andy Wood". Wood era o vocalista do Mother Love Bone, uma próspera banda de Seattle, que morreu de overdose de heroína em março de 1990. Novoselic citou outros amigos de Olympia que haviam morrido pelo vício com heroína. A resposta de Kurt foi: "É, eu sei". Novoselic, desempenhando o papel de irmão mais velho, advertia Kurt de que a heroína não era como as outras drogas que ele tomara: "Lembro de lhe ter dito literalmente que ele estava brincando com dinamite".

O aviso, contudo, caiu em ouvidos surdos. Embora Kurt prometesse a Krist que não tomaria a droga novamente, quebrou a promessa. Para evitar que Krist ou Grohl descobrissem, Kurt tomava a droga em casas de amigos. Descobriu um traficante chamado José, que estava vendendo para muitos Greeners em Olympia. Coincidentemente, Dylan Carlson havia experimentado heroína pela primeira vez naquele outono, embora não com Kurt. Mas logo a ligação entre os dois se estendeu à heroína – normalmente tomada uma vez por semana, graças a diversos fatores que incluíam sua pobreza e seu desejo de não se tornarem viciados. Mas, de vez em quando, eles participavam de farras, como da vez em que alugaram um quarto barato de hotel em Seattle para tomarem a droga reservadamente sem alarmar seus amigos ou colegas de quarto.

Mas os amigos de Kurt *estavam* alarmados por seu uso de drogas. Tracy havia finalmente perdoado Kurt e eles estavam se encontrando de vez em quando. Quando Shelli contou a ela que Kurt estava tomando heroína, ela não acreditou no que ouviu. Naquela semana, Kurt ligou para Tracy tarde da noite, obviamente alto, e ela o questionou diretamente: "Ele me disse que havia tomado algumas vezes. Disse que realmente gostava e que a droga o deixava mais sociável. Mas disse que não ia tomar o tempo todo. Tentei ser imparcial, dizendo-lhe que ele não devia fazer isso, procurando não levá-lo a sentir-se mal por tê-la tomado". Uma semana depois, eles passaram uma noite juntos, comparecendo a várias festas. Entre os eventos, Kurt insistiu que parassem em sua casa para que ele fosse ao banheiro. Como ele não voltava, Tracy foi procurá-lo e o encontrou no chão, com uma garrafa de alvejante ao seu lado e uma agulha no braço. Ela ficou furiosa: Kurt havia se tornado algo que Tracy não poderia ter imaginado mesmo em seu pior pesadelo. A brincadeira do título do primeiro disco do Nirvana não parecia engraçada para mais ninguém. Mas a heroína foi apenas uma pequena parte de 1990 para Kurt e, na maior parte, ele manteve sua promessa de tomá-la apenas ocasionalmente. Ele era distraído de tudo o mais pelo fato de que sua carreira estava decolando como nunca antes. Assinou um contrato no outono com a Virgin Publishing, que lhe rendeu seu primeiro grande cheque. Kaz Utsunomiya, presidente da Virgin, voou para o noroeste para assinar o contrato. Embora Kaz fosse um antigo veterano da indústria e tivesse trabalhado com todos, desde o Clash até o Queen, ficou chocado ao ver a imundície do apartamento de Kurt. Conversaram sobre as influências que Kurt teve, particularmente o Clash; Kurt disse que *Sandinista!* foi um dos primeiros discos que ele teve que era remotamente punk.

    A cota inicial de Kurt no contrato de edição veio na forma de um cheque de 3 mil dólares. Ele pagou o aluguel e depois foi de carro até o shopping South Sound com Mikey Nelson e Joe Preston. Kurt gastou quase mil dólares na Toys "R" Us em um Nintendo, duas câmeras de vídeo Pixelvision, duas armas BB automáticas que pareciam rifles M16, e diversos modelos plásticos de Evel Knievel. Comprou também fezes de cachorro falsas, vômito falso e mãos decepadas de borracha. "Ele jogou aquilo tudo num cesto", lembra Preston. "Era só um punhado de lixo que ele poderia destruir." Era como se um garoto de oito anos tivesse sido solto na loja e lhe dissessem que ele podia pegar tudo o que quisesse. Kurt usou a arma BB para imediatamente atirar nas janelas do prédio da Loteria Estadual de Washington do outro lado da rua. Comprou também, por vinte dólares, uma bicicleta usada Swinger de criança, um estilo que na época era marcadamente brega: ela era tão pequena que para pedalá-la ele tinha de se curvar com os joelhos na altura de seus ombros. Kurt andou alegremente na bicicleta até escurecer.

Ele ainda estava andando de bicicleta alguns dias depois, em meio àquela que na época era a mais importante reunião de negócios de que ele já participara. Por recomendação de Thurston Moore, a banda havia entrado em contato com a Gold Mountain Management. A firma era dirigida por Danny Goldberg e John Silva. Como gerente mais jovem, Silva recebera o encargo de negociar com o Nirvana. Era uma tarefa fácil – por causa de sua ligação com o Sonic Youth, ele já contava com a aprovação de Kurt. Silva e sua namorada, Lisa Fancher, foram a Seattle para conhecer pessoalmente a banda e levá-los para jantar. Kurt adorou ser levado para jantar por chefes da indústria musical porque era o único jeito que ele tinha de garantir a si mesmo uma refeição decente. Mas, nessa noite, Silva e o resto da banda ficaram sentados durante horas enquanto Kurt pedalava sua Swinger em círculos no estacionamento da loteria. "Todos nós concluímos que ele ia quebrar o braço ou a perna", lembra Fancher. Embora o longo atraso parecesse apenas mais um passatempo infantil, um observador mais cínico poderia ter sugerido que era o primeiro passo de Kurt no que se tornaria uma batalha de vontades com seu futuro empresário.

Kurt deixou a bicicleta de lado para ir jantar, mas anunciou que o Beat Happening estava tocando na cidade. Era um teste do interesse de Silva e, como todo bom executivo, Silva mostrou-se entusiasmado e foi para o show com Kurt. Mais tarde, Silva protestou com Fancher que ele detestava a banda de Calvin (ela também lembra que ele inicialmente odiava o Sonic Youth, queixando-se de seus "egos inflados"). No entanto, ele havia passado no teste ácido de Kurt e, naquela semana, o Nirvana assinou um contrato com a Gold Mountain.

No dia 25 de novembro, o Nirvana fez um show na Off-Ramp de Seattle que atraiu mais representantes A&R do que qualquer outro concerto na história do noroeste. Representantes da Columbia, da Capitol, da Slash, da RCA e diversas outras gravadoras estavam trombando entre si. "Os caras A&R estavam fazendo marcação cerrada", observa Damon Stewart, da Sony. O número elevado de representantes alterou o modo como a banda era percebida em Seattle. "Naquela época", explica Susan Silver, "havia um frenesi competitivo ali para ver quem pegava qual banda."

O show em si mesmo foi excepcional – mais tarde Kurt disse a um amigo que essa foi sua apresentação favorita do Nirvana. Durante um show com dezoito canções, a banda tocou doze músicas inéditas. Abriram com a poderosa "Aneurysm", pela primeira vez tocada em público, e a plateia entrou na slam-dance e no surfe sem prancha até que quebraram as lâmpadas do teto. "Achei o show espantoso", lembra Kim Thayil do Soundgarden. "Eles fizeram uma versão de 'Here She Comes Now' do Velvet Underground que eu achei brilhante. E depois, quando ouvi 'Lithium', aquilo ficou na minha cabeça. Bem, o nosso baixista veio a mim e disse: 'Essa é sucesso. Aí está uma das Top 40'."

Os A&R estavam igualmente impressionados. Quando o show terminou – após uma pausa para um alarme de incêndio –, Jeff Fenster, da Charisma Records, conseguiu convencer a banda de que sua gravadora era a melhor opção. Dois dias depois, o advogado do Nirvana, Alan Mintz, ligou e disse que a banda iria assinar com a Charisma. O contrato era de 200 mil dólares, um adiantamento sólido, mas não ultrajante. Mas antes que Fenster tivesse um contrato preparado, a banda resolveu, na última hora, assinar com a DGC, um selo da Geffen Records. Embora o representante A&R da DGC, Gary Gersh, não tivesse sido um dos primeiros a apresentar propostas, o endosso do Sonic Youth em última instância se mostrou como fator decisivo. A Geffen também tinha um forte departamento de promoção, liderado por Mark Kates, e a Gold Mountain sabia que a promoção era a chave para lançar a banda. O contrato da Geffen estipulava o pagamento de 287 mil dólares ao Nirvana, na época um dos maiores adiantamentos para uma banda do noroeste. Mintz desemaranhou a banda dos resquícios do contrato com a Sub Pop: como parte do acordo da Geffen, a Sub Pop receberia 75 mil dólares e ficaria com 2% das vendas dos próximos dois discos.

Embora Kurt tivesse lido livros sobre a indústria musical, não estava preparado para o longo tempo necessário para a finalização do contrato – o con-

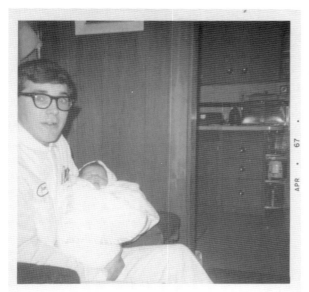

Kurt Cobain aos dois meses de idade com seu pai, Don. Don está vestido em seu uniforme de frentista, com o nome no alto do peito.
CORTESIA DE LELAND COBAIN.

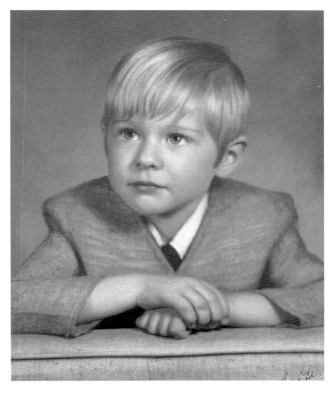

Mesmo quando criança, Kurt tinha olhos extremamente notáveis.
CORTESIA DE LELAND COBAIN.

Wendy, Kim, Don e Kurt Cobain, Natal de 1974.
Cortesia de Leland Cobain.

Foto de Kurt na primeira série.
Cortesia de Leland Cobain.

Foto de Kurt na quinta série, 1979.
Cortesia de Leland Cobain.

Kurt em seu quarto na casa da rua First, 1210, leste, em Aberdeen, 1982.
Cortesia de Courtney Love.

Dave Foster, Kurt e Krist Novoselic do lado de fora do Vogue após seu primeiro show em Seattle, em 1988.
Foto © Rich Hansen.

Tracy Marander e Kurt numa cabine de fotos automáticas da Woolworth, 1988. Kurt estava passando por uma fase em que usava lenços na cabeça.
Foto © Tracy Marander.

Kurt na cozinha de seu apartamento em Olympia.
Ele decorava os armários com recortes de revistas.
Foto © Tracy Marander.

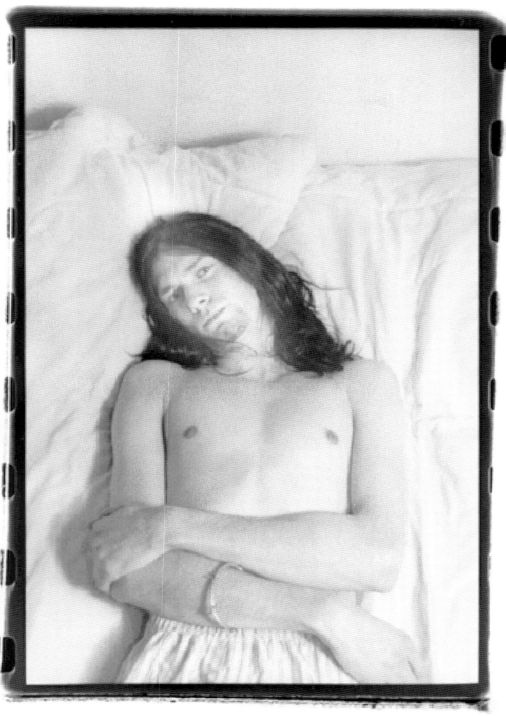

Kurt de pijama, 1988.
Foto © Tracy Marander.

Kurt, Chad Channning, Jason Everman e Krist Novoselic, em março de 1989, próximo ao cais de Seattle.
Foto © Alice Wheeler.

Chad Channing, Krist Novoselic, Kurt e sua meia-irmã Brianne na van do Nirvana.
Foto © Tracy Marander.

Kurt no quintal de sua casa em Olympia, verão de 1989.
Foto © Tracy Marander.

Kurt, sua irmã Kim e a tia Mari, Natal de 1989.
Foto © Mari Earl.

Kurt em frente a uma placa em Olympia.
Foto © Tracy Marander.

O Nirvana ao vivo no Motorsports Speedway em Seattle, setembro de 1990.
Foto © Alice Wheeler.

Courtney Love, Dave Grohl e Kurt na praia em Waikiki, no dia 24 de fevereiro de 1992, momentos após Kurt e Courtney se casarem.
CORTESIA DE COURTNEY LOVE.

Frances, Kurt e Courtney, Natal de 1992.
Foto © Jackie Farry/Cortesia de Courtney Love

Kurt chegando de volta ao aeroporto de Sea-Tac após sua tentativa de suicídio em Roma – uma de suas últimas fotos conhecidas.
Foto © Duane Dewitt.

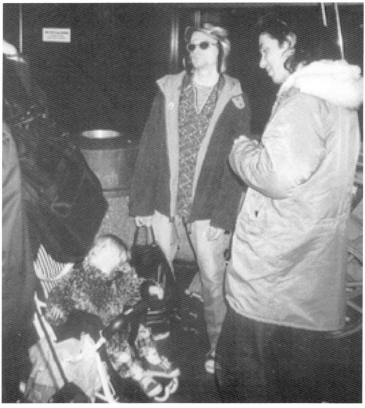

Frances, Kurt e o babá Michael "Cali" Dewitt no Sea-Tac, março de 1994.
Foto © Duane Dewitt.

A estufa na casa do lago Washington, abril de 1994.
Foto © Alice Wheeler.

Kurt e Frances, 1992.
Foto © Leland Cobain

trato só foi assinado em abril – e para o pouco dinheiro que isso significou inicialmente. No momento em que foram deduzidos os honorários para advogados, empresários, impostos e dívidas, a Gold Mountain atribuiu a ele um honorário de mil dólares por mês. Ele imediatamente ficou com suas contas atrasadas e se queixou de que só podia comer salsichas no espeto – o chão do apartamento estava agora coalhado de varetas.

Grohl havia voltado ao leste para passar a maior parte do mês de dezembro e, sem seu colega de apartamento, Kurt procurava aliviar o tédio por todos os meios necessários. Ele saía muito com Dylan e logo rompeu outra barreira que havia jurado jamais atravessar. Dylan era louco por armas e Kurt sempre pregara que as armas eram pura barbárie. Algumas vezes, Kurt concordava em ir até o bosque com Dylan, mas não tocava nas armas e, certa vez, até se recusou a sair do carro. Mas, por fim, Kurt começou a permitir que Dylan lhe mostrasse como mirar e disparar. Era uma coisa inofensiva: fazer furos em latas com espingardas ou alvejar projetos de arte que Kurt havia resolvido sacrificar.

Kurt começou também a sair bastante com Mikey Nelson para fazer compras em brechós. "Sempre havia algum disco que ele estava esperando encontrar", disse Nelson. "Um de seus favoritos tinha um bando de caminhoneiros conversando pela 'faixa do cidadão'. Ele tinha o disco de Charles Manson, *Lie*. E era um tremendo fã de *H. R. Pufnstuf*." Já no final de 1990, Kurt ainda estava exaltando os méritos de *Get the Knack* do grupo Knack. "Ele me disse que todas as músicas sensacionais desse disco eram aquelas sobre as quais as pessoas nunca tinham ouvido falar."

John Purkey visitou o apartamento naquele mês e ajudou Kurt a comprar presentes de Natal. A maior aquisição de Kurt naquele ano foi um enorme aquário sob encomenda para suas tartarugas. Eles fumaram maconha antes das compras, mas Purkey ficou surpreso quando Kurt perguntou: "Você sabe onde eu posso conseguir heroína?". Purkey respondeu: "Você não está tomando pico, está?". "Ah, não", mentiu Kurt. "Eu só vou fumar um pouco." Em diversos sentidos, seu magro orçamento ajudava a controlar seus desejos de viciado: ele simplesmente não podia se permitir tornar-se um viciado em drogas.

No dia 11 de dezembro, Kurt mais uma vez procurou ajuda médica para seu problema de estômago, consultando um médico em Tacoma. Dessa vez, o diagnóstico foi síndrome de intestino irritado e o médico lhe receitou Lidox, uma forma de clidinium. O remédio não pareceu aliviar sua dor e ele parou de tomá-lo duas semanas depois, quando ficou com bronquite.

O ano terminou com um show na véspera de Ano-Novo em Portland, no Satyricon. "Slim" viajou com a banda e viu o que ele lembra como um show decisivo, apesar do fato de que Kurt estava embriagado de uísque e Coca--Cola, contra as ordens de seu médico. Era perceptível agora que Kurt estava atraindo tietes. "Slim" observou uma jovem com os olhos pregados nele durante todo o show: "Seu comportamento dizia: 'Eu sou a garota da plateia que quer transar com você esta noite'". Entretanto, Kurt não notou e, como na maioria das noites, foi para casa sozinho.

O grupo começou o ano de 1991 saindo de Portland tarde da noite, para um trajeto de três horas, já que eles tinham uma sessão de estúdio marcada para o dia seguinte. Terminaram duas canções, "Aneurysm" e uma regravação de "Even in His Youth". Também trabalharam diversas canções que Kurt tinha acabado de compor, entre elas uma versão inicial de "All Apologies". "Eles tinham um punhado de ideias que desejavam lançar", lembra Craig Montgomery, que produziu as faixas. "Mas o equipamento deles estava em péssimo estado e eles estavam totalmente de porre."

Jesse Reed, o amigo de Kurt, regressara para o noroeste para o feriado e, no dia seguinte à sessão de gravação, foram até Aberdeen para visitar os pais de Jesse. No trajeto, Kurt se viu falando sobre seu futuro com seu velho amigo e, quando o carro entrava no perímetro de Grays Harbor, confessou seu amor por essa paisagem e o povo do lugar, contradizendo tudo o que ele dizia nas entrevistas. Enquanto passavam por algumas fazendas próximas a Satsop – um vale bucólico, a despeito de uma usina nuclear abandonada –, Kurt contou a Jesse que seu sonho era usar o adiantamento de sua gravadora para comprar uma fazenda. Ele viu um enorme rancho e apontou para ele: "O que você acha daquela casa lá em cima? Se eu comprar essa, podemos tocar o mais alto que quisermos, fazer grandes festas, trazer muita gente e ninguém vai se importar". A casa não estava à venda e Kurt ainda não tinha dinheiro, mas ele jurou a Jesse que se algum dia fizesse sucesso, ele voltaria para o porto e compraria um rancho "igual ao que Neil Young tem na Califórnia".

No início de 1991, Kurt deu um telefonema que ele vinha adiando havia anos: ligou para o pai. Desde que se mudara para Olympia, a maior parte de seu contato com Don havia se dado por intermédio de seus avós.

A conversa — como era típico da comunicação entre dois estoicos Cobain — foi breve. Kurt falou principalmente sobre a banda, contando a Don que ele havia assinado um contrato com uma gravadora importante; Don não sabia ao certo o que isso queria dizer, mas quando perguntou a Kurt se ele tinha bastante dinheiro, seu filho disse que sim. Kurt perguntou sobre os outros filhos de Don e eles conversaram um pouco sobre o último emprego dele, como investigador na Patrulha Estadual de Washington. Kurt contou ao pai que vinha fazendo muitas apresentações; Don disse que gostaria de ir vê-lo algum dia. A conversa durou apenas alguns minutos e foi mais marcada por aquilo que os dois não disseram do que pelo que disseram. Don não conseguiu falar sobre a mágoa que sentia por seu primogênito ter se desgarrado, e Kurt não foi capaz de falar sobre nenhuma das mágoas que sentia: nem do divórcio, nem do novo casamento, nem dos seus muitos outros conflitos.

O contato de Kurt com a mãe tinha continuado melhor; o interesse dela pela sua carreira e a aceitação dele como músico parecia aumentar à medida que sua fama crescia. Kurt e Wendy ainda se aproximaram mais naquele ano, quando outra tragédia familiar se abateu no dia 2 de janeiro de 1991 — Patrick, irmão de Wendy, morreu de Aids na Califórnia, aos 46 anos. O homossexualismo de Patrick sempre fora um profundo segredo na família Fradenburg; ele era tão bonito e popular com as garotas que seus pais pareciam incapazes de acreditar quando ele anunciou que era gay. Mesmo antes do diagnóstico, ele sofrera de depressão clínica, mas quando a Aids se tornou plenamente desenvolvida, entrou em parafuso emocional. A raiva que sentia dos pais era tão grande que ele pretendia escrever um tratado sobre sua história sexual — que incluía o fato de que ele fora sexualmente molestado por seu tio Delbert — e enviá-lo ao *Aberdeen Daily World* para embaraçar sua família. Nas condições em que aconteceu, a família resolver deixar a causa da morte fora do obituário e relacionar seu parceiro doméstico como "um amigo especial". Kurt foi convidado para o funeral mas não compareceu; alegou que precisava trabalhar no seu próximo disco.

Dessa vez, Kurt não estava mentindo para sair fora de um compromisso familiar. Ele estava, de fato, preparando seu disco e, quando 1991 começou, estava trabalhando meticulosamente. O Nirvana havia alugado um novo espaço para ensaiar em Tacoma, e todo dia ensaiavam durante horas. Parte dos ensaios era para ensinar a Grohl as canções do catálogo, mas a maior parte era para afiar o novo material que Kurt estava compondo. Em janeiro, a Sub Pop lançou seu último single oficial do Nirvana, uma gravação ao vivo de "Molly's Lips", dos Vaselines. Na área final do vinil a gravadora havia imprimido uma despedida lacônica: "Até".

Em fevereiro, Kurt completou 24 anos e, para a ocasião, ele se sentou e começou a escrever a história da sua vida, uma dentre dezenas de curtas tentativas que empreendeu ao longo dos anos. Essa versão se estendia por três páginas antes de esmorecer. "Olá, estou com 24 anos", escreveu ele. "Nasci homem branco de classe média inferior da costa do estado de Washington. Meus pais tinham um sistema de som estereofônico compacto modelado em madeira artificial e um conjunto de quatro discos contendo sucessos contemporâneos da rádio AM do início dos anos 1970, chamado *Good Vibrations*, de Ronco. Continha sucessos como 'Tie a Yellow Ribbon' de Tony e Dawn Orlando e 'Time in a Bottle' de Jim Croce. Após anos implorando, eles finalmente me compraram uma bateria de lata com tampos de papel, encontrada na última capa de um catálogo da Sears. Na primeira semana, minha irmã fez furos nos tampos com uma chave de fenda."

A história de Kurt prosseguia para comentar que ele se lembrava de sua mãe tocando canções do Chicago no piano e que ele seria eternamente grato a sua tia Mari por lhe dar três discos dos Beatles. Ele escreveu que uma de suas primeiras decepções foi quando descobriu, em 1976, que os Beatles haviam se separado seis anos antes. O divórcio de seus pais parecia quase não ter efeito: "Meus pais se divorciaram e me mudei com meu pai para um estacionamento de trailers em uma comunidade madeireira ainda menor. Os amigos de meu pai o convenceram a entrar para o Columbia Records Club e logo os discos chegavam ao meu trailer uma vez por semana, acumulando-se em uma grande coleção". E com isso, essa tentativa de contar a história de sua vida terminava. Ele voltou ao assunto favorito de seu diário na época: escrever notas para o encarte do próximo disco. Ele escreveu muitas versões diferentes – no final o disco não incluiu nenhuma –, mas a versão de uma dedicatória para o disco dizia mais sobre sua infância do que sua tentativa de biografia: "Obrigado aos pais desencorajadores de toda parte", escreveu ele, "por darem a seus filhos a vontade de se mostrar".

Em março, o Nirvana se apresentou quatro vezes em uma turnê pelo Canadá e depois voltou imediatamente aos ensaios. Após muita discussão com seus empresários e chefes da gravadora, acertaram em ter Butch Vig novamente como produtor, usando o Sound City, um estúdio na periferia de Los Angeles. A gravadora pagaria as despesas, embora elas saíssem do adiantamento do Nirvana.

Antes de se dirigirem para a Califórnia, a banda tinha mais um show em Seattle no dia 17 de abril, no hotel O.K. Kurt o organizou após ficar sabendo que seu amigo Mikey Nelson tinha tantas multas de trânsito não pagas que corria o risco de ir para a cadeia. O programa incluía Bikini Kill e Fitz of Depression, e Kurt insistiu que toda a renda fosse para Nelson. O show não teve todos os seus ingressos vendidos graças a uma festa para o filme *Singles: Vida de solteiro* na mesma noite. O repertório do Nirvana incluía covers de "Turnaround" do Devo, "Wild Thing" do Troggs, e "D7" do Wipers, mas a surpresa viria quando a banda tocasse uma composição nova. Kurt enrolou os vocais, talvez sem sequer saber todas as palavras, mas a parte da guitarra já estava pronta, assim como a tremenda batida condutora da bateria. "Eu não sabia o que eles estavam tocando", lembra Susie Tennant, representante promocional da DGC, "mas eu sabia que era surpreendente. Lembro de ter ficado pulando e perguntando a todos ao meu lado: 'Que música é esta?'."

As palavras de Tennant faziam coro ao que Novoselic e Grohl haviam dito três semanas antes, quando Kurt trouxe um novo tema para o ensaio. "Chama-se 'Smells Like Teen Spirit'", anunciou Kurt a seus parceiros de banda, roubando o grafite de Kathleen Hanna. Na época, ninguém da banda sabia do desodorante e só quando a canção foi gravada e masterizada é que alguém observou que ela continha o nome de um produto. Quando Kurt apresentou a canção pela primeira vez no estúdio, ela tinha uma batida mais rápida e menos foco na transição. "Kurt estava tocando apenas o estribilho", lembra Krist. Foi ideia de Krist reduzir o andamento da melodia e Grohl acrescentou intuitivamente uma batida forte.

No hotel O.K., Kurt apenas gemeu uns dois versos. Ele estava mudando a letra de todas as suas músicas durante esse período e "Teen Spirit" teve cerca de uma dúzia de versões. Uma das primeiras versões trazia o estribilho: "A denial and from strangers/ A revival and from favors/ Here we are now, we're so famous/ We're so stupid and from Vegas" ["Uma recusa e de estranhos / Uma reapresentação e de favores / Aqui estamos agora, somos tão famosos / Somos tão idiotas e de Vegas"]. Outra começava com: "Come out and play, make up the rules/ Have lots of fun, we know we'll lose" ["Venham e toquem, façam as regras / Divirtam-se bastante, sabemos que perderemos"]. Mais adiante, na mesma versão, havia um verso que não encontrava rima em outro: "The finest day I ever had was when tomorrow never came" ["O melhor dia que já tive foi quando o amanhã não chegou"].

Uma semana depois, a banda se dirigia para Los Angeles. No trajeto, Kurt parou na Universal Studios e foi fazer os mesmos passeios que havia feito com seus avós quinze anos antes. O grupo se mudou para os Oakwood Apartments para as próximas seis semanas, não muito longe do Sound City Studios. Vig os visitou durante a pré-produção e encontrou o caos. "Havia grafites nas paredes", lembra ele, "e os sofás estavam de pernas para o ar. Eles ficavam acordados toda a noite e iam para Venice Beach, onde ficavam até às seis da manhã." O nervosismo que a banda sentia com a gravação era aliviado pelo álcool, que os três tomavam em excesso. Certa noite, Krist foi detido por dirigir embriagado; John Silva teve de se empenhar muito para pagar sua fiança e trazê-lo de volta para o estúdio.

A maioria das sessões começavam às três da tarde e iam até a meia-noite. Durante os intervalos, Kurt perambulava pelo estúdio e olhava fixamente para os discos de ouro de álbuns como *Rumours* do Fleetwood Mac e *Damn the Torpedoes* do Tom Petty, embora ficasse mais tocado pelo disco do Evel Knievel que estava lá. A banda *lite-metal* Warrant tinha alugado o estúdio antes do Nirvana; quando o grupo voltou para pegar os instrumentos, Kurt usou o sistema de alto-falantes do estúdio para começar a gritar "Bring me some 'Cherry Pie'", título do sucesso da Warrant. Uma noite, Kurt roubou as matrizes do álbum de Evel Knievel e as levou para sua casa em Olympia.

Eles passaram a primeira semana tentando montar as faixas básicas, concentrando-se especialmente nos sons da bateria, a especialidade de Vig. Depois de duas semanas, eles tinham conseguido trabalhar em dez músicas, apesar de a maioria delas ter apenas três takes porque a voz do Kurt poderia se desgastar após tanto esforço. Várias das músicas foram aquelas gravadas nas sessões do Smart Studios, e lá o trabalho foi mais técnico que criativo.

Em comparação com as outras sessões de gravação da banda, tiveram alguns problemas. Durante a gravação de "Lithium", Kurt esforçou-se para que suas partes de guitarra saíssem certas e foi ficando cada vez mais frustrado, às vezes jogando-a no chão do estúdio. No final, Vig decidiu usar o take gravado durante o estado de fissão nuclear de Kurt – ele foi intitulado "Endless, Nameless" e posto no CD como uma faixa oculta.

O maior problema da sessão de gravação foi a procrastinação de Kurt – ele ainda não tinha decidido a letra de várias das músicas, apesar de algumas das melodias, como "Polly" e "Breed", estarem sendo tocadas pela banda há anos. Quando ele terminou as letras, a maior parte delas era paradoxal, assim como também reveladoras. Vários versos deixavam o ouvinte incerto sobre se ele estava expressando circunstâncias externas ou internas, o tom emocional da canção desafiando interpretações. Nos seus diários, Kurt escreveu uma carta ao crítico Lester Bangs, morto há muito, se queixando do jornalismo especializado – uma profissão que tanto o fascinava quanto repugnava –, perguntando: "Por que nesse inferno os jornalistas insistem em fazer uma segunda análise freudiana das minhas letras, quando 90% do tempo eles as transcreveram incorretamente?". Apesar do bom-senso da pergunta de Kurt, ele passava horas tentando analisar as músicas dos seus ídolos. Ele também aperfeiçoou suas próprias composições, ora inserindo mensagens, ora editando ele mesmo quando achava que tinha sido muito revelador.

Esse foi o caso de "Something in the Way", a última música gravada durante as sessões. As letras narravam o período mítico de Kurt, aquele em que ele morava debaixo da ponte. Ele tinha escrito essa canção um ano antes, mas havia deixado escondida dos parceiros da banda. Em seu primeiro plano para o álbum, Kurt queria um lado "Girl" (composto de todas as músicas sobre Tobi) e o lado "Boy" (para incluir "Sliver", "Sappy" e "Polly", entre ou- tras – todas as músicas sobre sua família ou sobre seu mundo interior). Ele sempre havia planejado terminar o álbum com "Something in the Way", ape- sar de nunca o ter mencionado ao produtor. Em vez disso, ele apresentou a música durante as sessões de gravação do Sound City como uma surpresa de último minuto, e escreveu a letra no estúdio, tentando fazer parecer para todo mundo que ele a tinha criado de repente, quando na verdade ele havia trabalhado nela por anos. Apesar de sua carta para Lester Bangs, nenhuma análise freudiana superaria a própria análise de Kurt, e ele sabia muito bem que fazer uma canção sobre ter morado embaixo da ponte causaria muito sofrimento a sua família.

Assim que terminaram as gravações, um amigo de Grohl apareceu e ofereceu a aposta de que ele seria capa da *Rolling Stone* em seis meses. Kurt respondeu: "Ah, esquece isso". Mikey Nelson e seus parceiros do Fitz of Depression também apareceram e ficaram com o Nirvana no Oakwood, e ainda os Melvins – durante uma semana havia 22 pessoas dormindo num apartamento de dois quartos. O Fitz continuava sem sorte – um clube havia se comprometido com um show e o tinha cancelado no último minuto. "Ligue de volta para o Nelson", pediu Kurt, "e diga que ele vai tocar tam- bém." Dois dias depois de terminar o disco, o Nirvana se apresentou num pequeno clube de Los Angeles chamado Jabberjaw, e tocou pela primeira vez "On a Plain" e "Come As You Are" para uma maravilhada plateia. Eles insis- tiram em que toda a bilheteria ficaria com Nelson. Kurt descreveu o show numa carta para Tobi como "excesso de bebida e drogas, fora do tom, e o pior, malfeito. Levei quinze minutos para trocar as cordas da minha guitarra, com as pessoas gritando e me chamando de bêbado. Depois do show, corri para fora e vomitei". No clube, Kurt viu Iggy Pop na plateia – mas, dessa vez, ele não estava usando uma camiseta que pudesse embaraçá-lo. "Possivelmente foi o momento mais agradável da minha vida", disse Kurt.

A parte mais reveladora de Kurt foi a carta em que admitiu estar abusando cada vez mais das drogas, incluindo Kuaaludes, que ele ingeria como confeitos. "Eu tenho tomado uma porção de drogas ultimamente", ele escreveu a Tobi. "Pode estar na hora da Clínica Betty Ford ou da Biblioteca Richard Nixon evitar que eu continue abusando de meu corpo anêmico tipo rato. Eu não posso esperar para voltar para casa (onde quer que isso seja), na cama, neurótico e subnutrido, reclamando de como o tempo está ruim e ser essa a razão da minha miséria. Sinto sua falta, Bikini Kill. Eu amo você, completamente." Ele assinou "Kurdt".

Essa carta – como muitas outras que ele escreveu – não foi enviada, talvez porque tenha conhecido outra mulher duas semanas antes do show no Jabberjaw. Ela teria na vida dele um papel muito maior que Betty Ford, Richard Nixon ou Tobi Vail. Ele lembrou de uma pequena parte dela em *Straight to Hell*.

14

QUEIMAR BANDEIRAS AMERICANAS

OLYMPIA, WASHINGTON,
MAIO DE 1991-SETEMBRO DE 1991

*Ei, quem sabe podemos viajar juntos pelos Estados Unidos
e queimar bandeiras americanas no palco?*
De uma carta para Eugene Kelly, de setembro de 1991.

KURT COBAIN E COURTNEY LOVE se entreolharam pela primeira vez às onze da noite de uma sexta-feira, 12 de janeiro de 1990, e em trinta segundos estavam se engalfinhando pelo chão. O cenário era o Satyricon, uma pequena boate fracamente iluminada em Portland, Oregon. Kurt estava ali para uma apresentação do Nirvana; Courtney viera com uma amiga que estava namorando um membro da banda que fazia a abertura do show e que tinha o maravilhoso nome de Oily Bloodmen. Uma personagem já abominável em Portland, Love estava paquerando num reservado quando viu Kurt passar, alguns minutos antes de a banda entrar no palco. Courtney estava usando um vestido branco de bolinhas vermelhas. "Você se parece com Dave Pirner", disse-lhe ela, dirigindo o comentário de modo a parecer um pequeno insulto, mas também um flerte. Kurt realmente se parecia um pouco com Pirner, o vocalista do Soul Asylum, já que seus cabelos estavam compridos e emaranhados – ele o lavava apenas uma vez por semana, e somente com sabão em barra. Kurt respondeu com o flerte que lhe era próprio: agarrou Courtney e derrubou-a no chão. "Foi na frente do jukebox", lembra Courtney, "que estava tocando minha canção favorita do Living Color. Tinha cerveja no chão." Ela ficou contente por seu comentário ter despertado a atenção, mas não esperava ser imobilizada no chão por aquele pivete. Por seu lado, Kurt não imaginava que sua oponente fosse tão difícil: ela era uns oito centímetros mais alta do que ele e mais forte. Sem a experiência que tinha de luta romana no colégio, ela poderia ter vencido a luta. Mas a rolada pelo chão era apenas de troça e ele a levantou com os braços e lhe fez uma oferta de paz – um adesivo do Chim Chim, o macaco do *Speed Racer* que ele havia feito seu mascote.

Conforme Kurt contou mais tarde a Michael Azerrad, ele sentiu atração imediata por Courtney: "Achei-a parecida com Nancy Spungen. Ela parecia uma gatinha clássica do punk rock. Eu me senti meio que atraído para ela. Provavelmente eu queria transar com ela naquele noite, mas ela foi embora". Sem dúvida, as sugestões de Kurt eram apócrifas – Tracy estava com ele em Portland e, apesar de seu encantamento, não teria sido do seu feitio trair. Mas a ligação entre Kurt e Courtney era sexual: lutar era um fetiche de Kurt, e um oponente tão digno quanto Courtney era um estimulante maior.

Eles se separaram naquela noite, mas Courtney acompanhou a carreira do Nirvana do mesmo modo que um lançador de beisebol na Liga Americana acompanharia as façanhas de um jogador da Liga Nacional. Ela lia os noticiários sobre o Nirvana na imprensa do rock, e pregou o adesivo de Chim Chim de Kurt na caixa de sua guitarra, embora não estivesse convencida sobre a banda – as músicas iniciais do grupo eram muito metaleiras para ela. Como a maioria dos críticos de rock na época, ela preferia o Mudhoney, e, depois de ouvir "Love Buzz" em uma loja de discos, não quis comprar o single. Vendo a banda em concerto mais tarde, ficou mais impressionada por sua aparência física estranha: "Krist era realmente grande, muito grande", observa ela, "e diminuía Kurt a ponto de não se poder ver como Kurt era uma gracinha, porque ele parecia um menino minúsculo".

Sua opinião sobre o Nirvana, e o menino minúsculo, mudou completamente quando ela comprou o single "Sliver" em outubro de 1990. "Quando o pus para tocar", lembra ela, "fiquei tipo 'Oh, meu Deus – eu *sentia falta* disto!'." No lado B tinha "Dive", que se tornou sua canção favorita do Nirvana. "É tão sexy, e sexual, e estranha, e assombrada", comenta ela. "Eu a achei genial."

Quando a amiga de Courtney, Jennifer Finch, se envolveu com Dave Grohl no final de 1990, o Nirvana e Kurt se tornaram um tópico frequente de suas conversas de meninas. Elas apelidaram Kurt de "Carne de Pixie", por causa de seu tamanho diminuto e da veneração de Kurt pelos Pixies. Courtney confessou a Grohl que estava encantada com Kurt, e quando Dave lhe disse que Kurt estava subitamente solteiro, Courtney enviou a Kurt um presente destinado a transferir a luta romana para uma arena diferente. Era uma caixa em forma de coração, contendo uma minúscula boneca de porcelana, três rosas secas, uma xícara de chá de miniatura e conchas marinhas envernizadas. Ela tinha comprado a caixa de seda e renda na Gerald Katz Antiques em Nova Orleans, e antes de enviá-la esfregou seu perfume na caixa como um toque mágico. Quando a caixa perfumada chegou em Olympia, era a coisa de melhor cheiro no apartamento da rua Pear, embora essa distinção não fosse difícil de alcançar. Kurt ficou impressionado com a boneca; em 1990, as bonecas eram um dos muitos meios que utilizava para seus projetos de arte. Ele repintava suas faces e colava cabelo humano sobre suas cabeças. As criaturas resultantes eram bonitas e também grotescas, parecendo simultaneamente cadáveres de crianças e bonecas.

Kurt e Courtney se encontraram pela segunda vez em maio de 1991, durante um concerto do L7 no Palladium, em Los Angeles. Kurt estava nos bastidores tomando xarope expectorante diretamente do frasco. Com um toque do destino, que lembrava seu primeiro encontro com Tracy e o gosto que ambos tinham por ratos, Courtney abriu sua bolsa e mostrou seu próprio frasco de xarope, uma marca mais poderosa. Eles se engalfinharam novamente pelo chão, mas dessa vez era mais uma procura no escuro do que um desafio físico. O astral, de acordo com os que o testemunharam, era muito sexual. Quando Kurt a deixou levantar-se, a tensão diminuiu e eles falaram do ofício. Courtney foi rápida em se vangloriar de que sua banda, o Hole, tinha acabado de gravar *Pretty on the Inside*, com produção de Kim Gordon do Sonic Youth; Kurt falou sobre o próprio disco, que ainda estava em produção. Kurt costumava ficar submisso ao encontrar alguém pela primeira vez, mas, no esforço de impressionar Courtney, citou todos os nomes e credenciais que conseguiu – ele claramente queria ficar acima dela. Como Kurt logo descobriu, poucos poderiam obter uma vantagem verbal sobre Love. Ela sabia muito mais sobre o ramo musical do que ele, e a carreira do Hole estava se acelerando tão depressa quanto a do Nirvana na ocasião. Ela era uma igual, se não uma mentora para Kurt, em sentidos que iam muito além de Tobi.

Na conversa entre os dois, Kurt revelou que estava hospedado nos Oakwood Apartments; Courtney lhe disse que morava a poucas quadras dali. Ela anotou seu número de telefone num guardanapo de papel e disse a Kurt que ligasse para ela um dia desses. Ela estava paquerando seriamente, e ele lhe devolvia a paquera.

Quebrando todas as regras de namoro, ele ligou para ela mais tarde naquela noite, às três da manhã, parecendo o infeliz namorado abandonado do filme *Swingers, curtindo a noite*. "Havia muito barulho no fundo", lembra Courtney. Kurt fingiu que estava telefonando apenas porque queria saber onde ela conseguira o xarope para tosse – ele passara a preferir xarope em lugar de todos os demais intoxicantes naquela primavera. Mas o que ele realmente queria era falar mais com ela. E, como Kurt descobriu, Courtney era capaz de falar mesmo. Nesta noite, sua voz normalmente retumbante era apenas um sussurro – seu ex-namorado e parceiro de banda, Eric Erlandson, estava dormindo no quarto ao lado. Na época, ela também estava em uma relação interurbana com Billy Corgan, do Smashing Pumpkins.

Conversaram durante quase uma hora e foi uma conversa que Kurt se lembraria por semanas a fio. Embora ele fosse normalmente direto e de pavio curto ao telefone, de vez em quando havia pessoas que conseguiam puxar nele o conversador, e Courtney era uma delas. Ele foi capaz de dizer coisas ao telefone que não conseguira falar pessoalmente poucas horas antes. Kurt mencionou a caixa em forma de coração e agradeceu Courtney por ela. Comoveu-a ele ter notado, mas logo ela passou para outros assuntos, vomitando uma conversa solta que incluía produtores, críticos, Sonic Youth, tocar guitarra, marcas de xarope e composição de música, entre outras escalas breves na conversa. Ela passava de um assunto a outro do modo como alguém muda os canais no controle remoto da televisão. Quando Kurt descreveu a conversação a seu amigo Ian Dickson, começou declarando: "Conheci a garota mais legal do mundo". Como Dickson, e seus outros amigos, passaram a reclamar naquele mês de maio, "Kurt não parava de falar nela. Era 'Courtney diz isso' e 'Courtney diz aquilo'". Cinco meses se passariam até que eles se encontrassem novamente, mas durante esse tempo Kurt frequentemente se lembraria da conversa, perguntando-se sobre se tinha sido real ou apenas um sonho induzido por drogas provocado por excesso de xarope expectorante.

No começo de junho, Vig terminou o disco do Nirvana e a banda iniciou o processo laborioso de supervisionar mixagem, masterização e criação de capa e vídeo. O orçamento inicial para a gravação tinha sido de 65 mil dólares, mas até que o disco estivesse concluído dois meses mais tarde, as despesas seriam de mais de 120 mil dólares. Vig tinha feito um trabalho admirável capturando o poder dos shows ao vivo do Nirvana em um disco de estúdio, ainda que suas mixagens não fossem do gosto dos empresários da gravadora e do Nirvana.

A carreira do Nirvana estava sendo dirigida agora por três homens: os cogerentes John Silva e Danny Goldberg da Gold Mountain, e Gary Gersh da DGC. O trio assumiu a difícil tarefa de convencer Kurt de que o disco precisava de remixagem. Andy Wallace, que tinha trabalhado com espetáculos tão diversos quanto Slayer e Madonna, foi chamado. "A mixagem de Wallace foi um fator determinante para fazer daquele disco o que ele foi", observa Goldberg. Wallace mixou as trilhas básicas de um modo que as fazia soar poderosas no rádio: ele criou uma separação entre a guitarra e a bateria que criavam um vigor sonoro que havia estado ausente nas gravações anteriores do Nirvana. Na época, Kurt concordou com essa direção, embora mais tarde afirmasse que isso fez o disco soar "covarde". "Uniformemente", lembra Wallace, "todos nós queríamos que a gravação soasse a maior e mais forte possível."

Foi apenas no início de junho que Kurt concordou com um título definitivo para o disco.

Ele desistira de *Sheep*, achando-o imaturo. Um dia ele sugeriu a Krist que o chamassem *Nevermind*. Para Kurt, o título funcionava em vários níveis: era uma metáfora para sua atitude diante da vida; era gramaticalmente incorreto, combinando duas palavras em uma, sempre uma vantagem para Kurt; e vinha de "Smells Like Teen Spirit", que estava se tornando a canção mais falada das sessões de gravação. Embora a banda tivesse entrado no estúdio convencida de que "Lithium" era o sucesso, no momento em que o disco foi concluído, "Teen Spirit" estava sendo alardeada como o primeiro single.

Kurt tinha passado dois anos planejando comentários para encarte e vários conceitos para a capa do disco, mas no início de 1991 ele jogou fora todas as suas ideias e começou do nada. Naquela primavera, ele tinha visto um programa de televisão sobre parto subaquático e pediu para a gravadora tentar conseguir tomadas do programa, sem sucesso. Por fim, Kurt traçou uma ideia ligeiramente diferente em uma folha de caderno: era um bebê nadando debaixo d'água, perseguindo uma nota de um dólar. Era uma imagem marcante e inicialmente houve certa controvérsia acerca da proeminência do pênis do bebê. Para o verso da capa, Kurt insistia numa imagem de Chim Chim descansando sobre uma colagem vagina/carne.

Para as fotos da banda, Kurt havia contratado o fotógrafo Michael Lavine, residente em Nova York, que voou para Los Angeles no começo de junho. Kurt o cumprimentou com um abraço e imediatamente em seguida exibiu uma enorme ferida dentro de sua boca. Ele também estava com as gengivas muito infeccionadas, resultado de pouca escovação. Sem jamais gostar de ser fotografado, Kurt se preparou para a sessão tomando uma garrafa inteira de uísque Jim Beam. Mas, apesar da infecção, Kurt estava de bom humor e sorria muito. "Ele era realmente engraçado e amistoso", lembra Lavine. "Comemos tacos, caminhamos e fizemos fotos." Quando chegou o momento de escolher as fotos finais para a capa interna, Kurt escolheu uma foto na qual ele mostra o dedo médio da mão.

Na segunda semana de junho, o Nirvana voltava a excursionar, sua única fonte real de renda. Fizeram um vaivém de duas semanas pela Costa Oeste com o Dinosaur Jr. e o Jesus Lizard. Eles agora estavam tocando as canções de *Nevermind*, embora o disco estivesse a meses de distância do lançamento e, a cada show, "Teen Spirit" obtinha uma resposta maior da plateia. Kurt voltou a Olympia com dinheiro suficiente para comprar um carro; seu velho Datsun havia sido guinchado para um depósito de ferro-velho. No dia 24 de junho, ele comprou de um amigo um Plymouth Valiant bege 1963 por 550 dólares. Embora o carro tivesse 140 mil milhas rodadas, estava em bom estado e os amigos de Kurt comentam que parecia um carro para ser dirigido por uma avó. Ele o dirigia muito devagar quando andava em Olympia – ele achava que dirigir a uma velocidade quinze quilômetros abaixo do limite reduziria o desgaste do motor.

Kurt e Tobi mantinham a amizade e ambos continuavam a falar no disco que queriam fazer juntos. A única outra mulher na vida de Kurt na época era Carrie Montgomery, a antiga namorada de Mark Arm, de quem ele se tornara íntimo. Era uma relação platônica, embora todos do meio, inclusive Mark Arm, pensassem o contrário. Sem namorada, Kurt estava mais melancólico do que o habitual. Todos os seus amigos estavam entusiasmados com o sucesso dele, mas ele não compartilhava desse entusiasmo. Era como se o mundo estivesse realizando um desfile em sua homenagem e todos na cidade viessem comemorar, exceto o homenageado.

Quando uma garota da Inglaterra apareceu em Olympia naquele verão, tendo chegado de avião especificamente para encontrá-lo e dormir com ele, ao contrário do que fazia, Kurt dormiu com ela. Depois de apenas dois dias percebeu seu erro, embora, considerando que ele evitava o conflito, tenha levado quase uma semana para expulsá-la. Quando o fez, ela ficou em pé do lado de fora do apartamento da rua Pear, gritando e praguejando. Era o tipo de incidente que imediatamente se tornava assunto de conversa em Olympia. Combinada à sua decisão de assinar com uma grande gravadora, essa infração prejudicou sua relação com os calvinistas; rumores crescentes sobre seu consumo de heroína só jogaram mais lenha na fogueira.

Em julho, Grohl se mudou para West Seattle; Kurt ficou novamente só e se retirou ainda mais do mundo, se isso era possível. Ele já não limitava as orgias com drogas a uma noite por semana – quando tinha condições de comprar e encontrasse heroína, ele tomava a droga todo fim de semana e se distraía sozinho no apartamento. Ele escrevia menos em seu diário, praticava menos com a guitarra e fugia mais do mundo.

Mesmo quando estava sóbrio, Kurt estava se tornando mais excêntrico, ou pelo menos era o que achavam seus amigos. Ele tinha um gatinho branco chamado Quisp e tingiu o pelo do gato (juntamente com seu próprio cabelo) de vermelho, branco e azul com Kool-Aid. Permitiu que Quisp, que era macho, fizesse sexo com o coelho, Stew, que era fêmea. Stew tinha uma vagina incomum, que fascinava Kurt – seu útero se invertia, ou seja, frequentemente se projetava para fora. "Ele costumava pegar um lápis e empurrá-lo de volta para dentro", observa Ian Dickson. A teoria de Kurt era que o fato de o gato fazer sexo com o coelho havia desordenado o trato reprodutivo do coelho, embora ele não fizesse nenhum empenho para impedir as brincadeiras dos bichos, e observar seu cruzamento interespécies se tornara um de seus passatempos favoritos.

Naquele mês, Kurt e Dickson foram nadar numa pedreira na periferia de Olympia e Kurt voltou para casa com dúzias de girinos que ele havia capturado. Despejou-os no aquário, assistindo com alegria enquanto as tartarugas comiam os girinos. "Olhe", disse Kurt para Dickson, "dá para você ver os bracinhos e outros pedaços flutuando no aquário." O jovem que costumava salvar pássaros com asas quebradas agora se deliciava em observar girinos sendo devorados por tartarugas.

Na segunda semana de julho, Kurt fez uma coisa tão atípica que, quando Tracy ficou sabendo, tiveram de lhe contar duas vezes, já que ela não conseguia imaginar que estivesse ouvindo falar do homem que ela amara: Kurt vendeu suas tartarugas. Ele dizia que as vendera porque precisava do dinheiro; não era por causa de seus compromissos, já que ele sempre conseguia encontrar amigos para cuidar de seus bichos quando viajava. Contava a todos que se dispusessem a ouvir que ele estava mais pobre do que nunca, apesar de ter assinado contrato com uma grande gravadora. Kurt queria cem dólares pelas tartarugas, mas quando o comprador ofereceu apenas cinquenta, ele aceitou. Tracy visitou o apartamento da rua Pear e encontrou o extravagante aquário virado de lado no quintal. Curiosamente, alguns girinos usados para comida de tartaruga tinham sobrevivido e a grama estava cheia de rãs minúsculas.

No dia 15 de julho, Kurt voou para Los Angeles para trabalhar mais na capa do disco e nas fotos promocionais. Quando voltou para Olympia no dia 29 de julho, encontrou suas coisas guardadas em caixas ao lado do meio-fio – ele havia sido despejado. Apesar de gravar seu disco de estreia numa grande gravadora naquela primavera e assinar um contrato de gravação, ele se atrasara no pagamento do aluguel. Seus vizinhos, felizmente, tinham entrado em contato com Tracy para que ela viesse e resgatasse os animais, mas os trabalhos artísticos de Kurt, seus diários e grande parte de seu equipamento musical estavam colocados em caixas de papelão ao lado do apartamento. Naquela noite e durante várias semanas depois, ele dormiu em seu carro.

Enquanto Kurt dormia no assento traseiro de seu Valiant em Olympia, seus empresários e os chefes da gravadora estavam em Los Angeles discutindo quantas cópias *Nevermind* venderia. As expectativas na Geffen tinham começado muito baixas, mas lentamente se elevaram à medida que uma fita antecipada entrava em circulação. Na verdade, as expectativas estavam realmente mais altas fora da gravadora de Kurt do que dentro da empresa. Em 1990 e no início de 1991, o Nirvana tinha se tornado a banda da moda e a circulação antecipada se espalhou como um vírus entre funcionários da indústria da música bem informados. John Troutman era um exemplo desse tipo: embora trabalhasse para a RCA, ele reproduziu dezenas de cópias e as deu aos programadores de rádio e amigos simplesmente porque ficou entusiasmado com a banda. O Nirvana havia formado uma audiência à moda antiga, por suas incessantes excursões. Na véspera do lançamento do novo disco, a banda estava com uma base leal de fãs aguardando.

O Nirvana foi contratado pela DGC, um selo menor da Geffen que tinha apenas alguns funcionários e uns dois astros de sucesso. Em contraste, a Geffen tinha o Guns N' Roses, o grupo de rock de mais sucesso na época. Os funcionários da Geffen chamavam a DGC de "Dumping Ground Company"

["Companhia Depósito de Lixo"] em lugar do que realmente queriam dizer as iniciais, David Geffen Company, zombando que as bandas pouco convincentes eram colocadas na DGC para não manchar o nome de Geffen. Poucos na gravadora esperavam que o Nirvana alcançasse sucesso logo de saída. "Nas reuniões de marketing, na ocasião", observa John Rosenfelder, do setor de promoção para o rádio da DGC, "o que estava previsto eram vendas de 50 mil cópias, já que o Sonic Youth tinha vendido 118 mil de *Goo*. Imaginávamos que se conseguíssemos vender metade disso, estaríamos vendendo bem." O enigmático diretor da gravadora, David Geffen, deixou que seu pessoal de A&R dirigisse o selo, mas Rosenfelder passou uma fita de *Nevermind* para o chofer de Geffen, na esperança de conseguir que o chefe da gravadora respaldasse a banda.

Kurt e o resto da banda voaram de volta para Los Angeles na metade de agosto para iniciar o trabalho promocional para o disco e preparar uma excursão pela Europa. A DGC estava pagando a conta do hotel para eles, um quarto de solteiro no Holiday Inn. O quarto só tinha duas camas, por isso Kurt e Dave toda noite tiravam a sorte na moeda para ver quem dormiria com Krist. Mas, para Kurt, qualquer cama, mesmo dividida com um baixista gigante, era melhor que o assento traseiro de seu carro.

No dia 15 de agosto eles tocaram num show de amostras da indústria musical no Roxy. Embora organizada principalmente para permitir que os executivos da Geffen vissem sua nova propriedade, a apresentação atraiu uma multidão de inovadores de todos os setores da indústria. "Era estranho", lembra Mark Kates, diretor promocional da DGC, "porque *todos* tinham de vê-los, *todos* tinham de entrar." O desempenho deles impressionou até os executivos normalmente sóbrios da Geffen. Depois do espetáculo, um vice-presidente da Geffen anunciou: "Venderemos 100 mil" – duas vezes o que havia previsto duas semanas antes.

No dia do show no Roxy, a banda havia dado sua primeira entrevista no rádio para *Nevermind* na emissora universitária KXLU. John Rosenfelder dirigia o carro que os levava enquanto eles atiravam Reese's Peanut Butter Cups nos carros que passavam. Quando Rosenfelder disse a Kurt que *Nevermind* "era música boa para ficar chapado", Kurt respondeu: "Eu quero uma camisa tingida com o sangue de Jerry Garcia". Como o seu verso "O punk rock é liberdade", esse comentário sobre o vocalista do Grateful Dead foi repetido com tanta frequência que Kurt bem poderia tê-lo colocado em adesivos de para-choque. Na emissora, Rosenfelder produziu uma prensagem de teste em vinil daquilo que eles agora haviam decidido que seria o primeiro single – isso representou a primeiríssima audição pública de "Smells Like Teen Spirit". No trajeto de volta para o hotel, Kurt esbravejava sobre o quanto o disco soava genial.

A banda começou a fazer o videoclipe para "Smells Like Teen Spirit" dois dias depois do show no Roxy. O conceito para o vídeo – uma reunião de torcida que dava errado – era de Kurt. Ele definiu o tratamento básico, descendo a detalhes, com a ideia de usar prostitutas como chefes de torcida usando o símbolo da anarquia em seus suéteres. Ele disse a John Gannon, operador de câmera na filmagem, que ele queria que uma "câmera-dançante" o filmasse, "alguma coisa contra a qual eu possa bater minha cabeça". Mas Kurt desde o começo brigou com o diretor Sam Bayer, a quem ele chamou de "pequeno Napoleão". Na verdade, Kurt queria estar dirigindo pessoalmente o vídeo. Bayer e Cobain entraram em uma competição de gritos, mas o diretor conseguiu usar isso em seu benefício: Kurt estava claramente irado, o que ajudou a vender a canção. Ele também estava bêbado, depois de ter entornado meia garrafa de Jim Beam entre as tomadas. Kurt ajudou a editar a versão final e acrescentou a tomada que mostrava sua face quase premida para dentro da câmera – era a única vez que sua beleza aparecia no vídeo. Quando a multidão saía de controle e invadia a banda, isso recriava acuradamente alguns dos primeiros shows que apresentaram sem um palco.

Havia até uma brincadeira oculta no clipe, que se perdeu para a maioria dos que o viram, além de Kurt, Krist e alguns dos "Cling-Ons" de Aberdeen. Um zelador da escola aparecia no vídeo, empurrando um esfregão e um balde. Era a representação de Kurt de seu emprego anterior no colégio de Aberdeen. O pior faxineiro do colégio Weatherwax era agora o mais novo astro do rock americano.

*

Dois dias depois das filmagens do vídeo, a banda partiu para uma excursão de dez apresentações na Europa com o Sonic Youth. Kurt tinha convencido Ian Dickson a acompanhar a banda no percurso. Considerando que o dinheiro era pouco, Kurt prometeu a seus empresários que Dickson dividiria o quarto com ele. "Eu sei que John Silva achou que fôssemos amantes", lembra Dickson. Na época, Silva não era o único que desconfiava que Kurt era homossexual: muitos na Geffen e na Gold Mountain supunham erroneamente que ele era gay.

A excursão europeia, em grande parte captada no filme de Dave Markey, *1991: The Year Punk Broke* [*1991: O ano em que nasceu o punk*], foi um divisor de águas – o Nirvana tocou para plateias fanáticas e Kurt estava excepcionalmente jovial. Cópias antecipadas de *Nevermind* haviam circulado e o futuro sucesso do disco pairava no ar como uma predestinação. Essa breve excursão de duas semanas foi o período mais feliz de Kurt como músico. "Já no trajeto de avião até lá", lembra Markey, "Kurt estava saltitante de felicidade." Quando o Nirvana tocou no Reading Festival – o evento mais influente do rock da Inglaterra –, Eugene Kelly, dos Vaselines, concordou em subir ao palco e fazer um dueto em "Molly's Lips". Como diria Kurt mais tarde, esse foi o maior momento de sua vida.

O Hole tocou em Reading – o grupo também estava em turnê pela Inglaterra. Kurt havia topado com Courtney na noite anterior, quando o Hole fez a abertura para o Mudhoney. Para provocar Courtney, Kurt saiu do clube com duas tietes, embora mais tarde ele afirmasse que não fez sexo com nenhuma delas. Em Reading, Courtney foi mais generosa. Quando Markey dirigiu a câmera para ela e perguntou se ela tinha alguma coisa a declarar, ela respondeu: "Kurt Cobain faz meu coração parar. Mas ele é um merda".

Reading foi o primeiro show em que Kurt viu o Nirvana recebendo atenção comparável à do Mudhoney. Apenas quatro anos antes, Kurt havia feito seu primeiro concerto público numa cervejada e se esforçara muito para tocar alto o bastante para abafar o barulho da multidão – agora ele estava tocando para plateias festivas de 70 mil pessoas e no momento em que ele foi para o microfone a massa inteira se calou, como se um príncipe estivesse prestes a falar. "Havia uma espécie de arrogância no Nirvana naquele dia", lembra o empresário de turnê Alex MacLeod. "Eles tinham confiança."

E imediatamente essa confiança se estendeu aos sentimentos de Kurt em relação a si mesmo. Ele teve um período glorioso na excursão, tirando partido pleno de sua popularidade ascendente. A maioria das apresentações era de festivais que apresentavam cinco ou seis bandas, e o clima era de festa o dia todo. "Eles se juntaram ao que parecia um circo itinerante", observa Markey, "e para eles não parecia ser um fardo – era mais como se fossem férias." Mas eram férias saídas de um filme de Chevy Chase: cada parada da excursão incluía uma briga por comida ou alguma forma de tumulto por embriaguez. A apresentação do Nirvana normalmente era no começo do dia e, depois de tocar, o grupo passava a tarde bebendo por conta dos organizadores. No momento em que o Nirvana chegou ao Festival de Pukkelpop, na Bélgica, no dia 25 de agosto, seu comportamento era como o de membros de uma agremiação estudantil no recesso da primavera, fazendo bagunça nos camarins e derrubando as bandejas de comida. Durante um número de Charles Thompson do Pixies, Kurt apanhou um extintor de incêndio nos bastidores e o acionou. Um ano antes, ele fora tímido demais até para conhecer Thompson; agora ele estava tentando varrer seu ídolo do palco com o jato do extintor.

Na excursão, Kurt raramente passava por um extintor de incêndio sem o descarregar. Nas excursões anteriores, suas tendências destrutivas haviam sido alimentadas pela frustração com sua execução, problemas com o som ou brigas com seus parceiros de banda. Mas a destruição durante esse breve lapso em sua vida era motivada pela alegria exuberante. "O período mais excitante para uma banda é pouco antes de eles se tornarem realmente populares", contaria Kurt mais tarde a Michael Azerrad. No caso do Nirvana, sem dúvida esse período foi agosto de 1991.

Quando a excursão chegou a Roterdã, no dia 1º de setembro, foi quase com uma ansiedade nostálgica que Kurt chegou ao último show. Ele estava usando a mesma camiseta que vestira duas semanas antes – era uma camisa pirateada do Sonic Youth – que não havia sido lavada, tal como suas calças jeans, o único par de calças que ele tinha. Sua bagagem consistia em uma bolsa minúscula contendo apenas o livro de William S. Burroughs, *Almoço nu*, que ele tinha encontrado em uma banca de Londres. Talvez inspirado por sua leitura na hora de dormir, o show de Roterdã se transformou em algo saído de um romance de Burroughs depois que Kurt descobriu algumas fantasias nos bastidores. "Kurt e Ian Dickson estavam bebendo vodca em pródigas doses", lembra MacLeod. "Roubaram jalecos e máscaras de médico e estavam tumultuando, incomodando as pessoas. Quem entrasse no camarim era banhado com suco de laranja e vinho. A certa altura, Ian estava dando voltas por ali, levando Kurt numa cama de rodas de hospital. Depois subiram dois níveis acima do átrio, despejaram suco de laranja nos guardas da segurança e saíram correndo." Era função de MacLeod controlar essas travessuras, mas ele apenas jogava as mãos para cima, condescendente: "Tínhamos 22 ou 23 anos de idade e estávamos numa situação em que nenhum de nós jamais imaginara estar".

Em Roterdã, Kurt novamente encontrou Courtney num clube. Ela se apressou a pedir carona de volta para a Inglaterra na van do Nirvana. Seu jogo de timidez com Kurt continuava e, na travessia da balsa, enquanto a banda assistia ao *Exterminador do futuro*, Courtney flertou com Dave em uma tentativa de provocar Kurt. Quando isso falhou, ela deixou sua bolsa com o passaporte na van e teve de ligar no dia seguinte para recuperá-la. Courtney ficou desapontada quando Dickson e MacLeod devolveram a bolsa, em lugar de Kurt. Ele também estava se fazendo de tímido.

No dia 3 de setembro, o Nirvana gravou outro programa de rádio para John Peel e depois saiu para comemorar sua última noite na Inglaterra. Kurt insistiu que se encontrasse a droga ecstasy, que ele tomou pela primeira vez. No dia seguinte, voou de volta para Olympia, encerrando uma das excursões mais alegres que ele jamais empreenderia. Ainda sem lugar para morar, dormiu aquela noite enrolado no assento traseiro de sua Valiant.

Ele voltava para uma Olympia que havia mudado muito nas três semanas que estivera fora, pelo menos para ele. Enquanto o Nirvana tocava em enormes festivais na Europa, Olympia estava organizando seu próprio festival, o 50-act International Pop Underground. O Nirvana inicialmente estava programado para tocar no IPU, mas, depois do contrato com uma grande gravadora, a banda não era mais um grupo independente e a ausência de Kurt no maior espetáculo que Olympia já organizara foi notada. Marcava o fim da sua relação com os calvinistas e o fim do seu tempo de residência numa cidade que ele amava mais do que qualquer outra, mas uma cidade onde ele nunca se sentia bem recebido.

Mas, de certo modo, ele estava pronto para partir. Assim como Kurt precisara se libertar da órbita de Buzz, ele alcançara um estágio de desenvolvimento no qual tinha de abandonar Olympia, Calvin e Tobi. Não era uma transição fácil, porque ele tinha acreditado nos ideais calvinistas de independência e estes lhe haviam servido quando ele precisou de uma ideologia para fugir de Aberdeen. "O punk rock é liberdade", ele tinha aprendido, uma frase que continuaria a repetir para todo jornalista ouvir. Mas ele sempre soube que o punk rock era uma liberdade diferente para garotos privilegiados. Para ele, o punk rock era uma luta de classes, mas isso sempre foi secundário à luta para pagar o aluguel ou encontrar um lugar para dormir que não o banco de trás de um carro. A música era mais do que uma moda passageira para Kurt – ela tinha se tornado sua única opção de carreira.

Antes de sair de Olympia, Kurt sentou-se e escreveu uma última carta a Eugene Kelly, dos Vaselines, agradecendo-lhe por tocar com o Nirvana em Reading. Na carta, ele demonstrava que havia começado a separar-se emocionalmente de Olympia. O surpreendente é que ele criticava a KAOS, a adorada emissora de rádio que havia sido um dos seus primeiros foros públicos: "[...] percebi que [...] os DJs têm um terrível mal gosto em música. Isso mesmo, e para provar o que digo, agora mesmo eles estão tocando uma canção do Nirvana de uma demo antiga".

Ele falava do recente conflito com o Iraque: "Ganhamos a guerra. A hipo-crisia patriótica está em pleno vigor. Temos o privilégio de comprar cards da Tempestade no Deserto, flâmulas, adesivos de para-choque e muitas versões em vídeo de nossa vitória triunfal. Quando caminho pela rua, sinto como se estivesse numa manifestação em Nuremberg. Ei, quem sabe podemos viajar juntos pelos Estados Unidos e queimar bandeiras americanas no palco?".

Ele terminava a carta com ainda outra descrição das circunstâncias, que, caso a tivesse enviado – como sempre, ele jamais a levou ao correio –, provavelmente teria chocado Kelly e qualquer outro que tivesse visto Kurt no palco em Reading tocando para 70 mil fãs adoradores. "Fui despejado do meu apartamento. Estou morando em meu carro, por isso não tenho endereço, mas aqui está o número do telefone de Krist para recados. Seu camarada, Kurdt." Naquela mesma semana, o single de "Smells Like Teen Spirit" era colocado à venda nas lojas de discos.

15

TODA VEZ QUE EU ENGOLIA

SEATTLE, WASHINGTON,
SETEMBRO DE 1991-OUTUBRO DE 1991

[...] *toda vez que eu engolia um bocado de comida, sentia uma dor excruciante, ardente, nauseante na parte superior do meu estômago.*
Um balanço dos problemas de Kurt com drogas
e estômago em seu diário.

A SEGUNDA SEXTA-FEIRA DE SETEMBRO – uma sexta-feira 13 – foi um dos dias mais extraordinários da vida de Kurt. Era um dia que incluiria duas brigas por comida, um duelo com extintores de incêndio e a destruição de discos de ouro no micro-ondas. Todo esse caos divino ocorria em comemoração ao lançamento de *Nevermind* em Seattle.

O dia começou com uma série de entrevistas radiofônicas nas maiores emissoras de rock de Seattle. Kurt se sentou imóvel para a primeira na KXRX, mas mal disse uma palavra e começou a jogar pizza pela sala de controle. Anteriormente, naquela semana, ele se dispusera a falar com todo jornalista interessado. "Mesmo quando era um redator de quem não gostavam", conta a relações-públicas Lisa Glatfelter-Bell, "Kurt dizia: 'Aquele cara é um pentelho, mas ele gosta do disco, então vamos lhe conceder dez minutos.'" Sua atitude mudou depois de umas poucas entrevistas pelo telefone. Ele cansou de tentar se explicar e cada entrevista sucessiva se convertia em um jogo para ver que nova ficção ele podia inventar. Quando falou com Patrick MacDonald, do *Seattle Times*, ele afirmou ter comprado uma boneca inflável para fazer amor, cortara-lhe as mãos e os pés e pretendia usá-la no palco. No entanto, ao final da semana, mesmo enganar jornalistas o entediava. Enquanto na Europa, duas semanas antes, ele se apresentava jovial, estar de volta aos Estados Unidos – e promover o disco – parecia exauri-lo. A exuberância de Roterdã rapidamente dera lugar à reticência e à resignação. Kurt não saiu do carro nas duas entrevistas seguintes, deixando que Krist e Dave conversassem com os DJs.

Às seis horas da tarde, a banda tinha o seu tão esperado lançamento somente para convidados no Re-bar, um evento que Kurt aguardara sua vida inteira (*Bleach* não tivera nenhuma comemoração desse tipo). Os convites diziam: "Nevermind Triskaidekaphobia, here's Nirvana" ["Esqueça o azar do 13, aqui está o Nirvana"]. A fobia se referia ao medo da sexta-feira 13, mas o que era verdadeiramente assustador era o quanto o clube estava apinhado de músicos, repórteres musicais e os poderosos do meio musical.

Era a chance de Kurt encaçapar a glória, depois de ter finalmente conquistado Seattle, embora parecesse incomodado com a atenção. Nesse dia, e durante muitos que se seguiriam, ele dava a impressão de que preferia estar em outro lugar do que estar promovendo seu disco. Como o menino que havia se tornado o centro das atenções em sua família, com a infelicidade de perder essa distinção na adolescência, ele reagia com desconfiança à mudança do seu destino. Ele se sentou numa cabine de fotografia na festa, fisicamente presente, mas oculto da visão por uma cortina de pano.

A banda havia levado escondido um garrafão de Jim Beam, uma violação da lei de Washington que dispõe sobre o porte de bebidas alcoólicas. Mas antes que um inspetor pudesse autuá-los, irrompeu um tumulto quando Kurt começou a jogar molho ranch em Krist e seguiu-se uma guerra de comida. Um segurança agarrou os infratores e os colocou para fora do local, sem saber que havia expulsado os três homens para os quais a festa estava sendo realizada. Antes que Susie Tennant da DGC conseguisse esclarecer as coisas, Krist teve de ser apartado de um confronto com o segurança. "Nós estávamos rindo", lembra Krist, "dizendo: 'Ai, meu Deus, acabamos de ser chutados da festa de lançamento do nosso próprio disco!". Durante algum tempo, a banda ficou parada no beco atrás do clube e conversou com os amigos por uma janela. A festa ainda estava agitada lá dentro, e a maioria dos presentes nem notara que os convidados de honra tinham sido expulsos.

    A comemoração foi retomada no loft de um amigo, até que Kurt disparou um extintor de incêndio e o lugar teve de ser evacuado. Passaram então para a casa de Susie Tennant, onde a destruição continuou até o amanhecer. Susie tinha na parede um disco de ouro da banda Nelson; Kurt arrancou a placa, chamando-a de "uma afronta à humanidade", passou batom nela e enfiou-a num micro-ondas na posição descongelar. A noite terminou com Kurt experimentando um dos vestidos de Susie, aplicando maquiagem e andando por ali travestido. "Kurt compôs uma mulher muito bonita", lembra Susie. "Eu tinha um vestido, meu vestido Holly Hobby, e Kurt ficou melhor nele do que eu, melhor do que qualquer um que o houvesse usado."

    Kurt passou aquela noite na casa de Susie, assim como muitos dos foliões. Ele caiu no sono, ainda com o vestido, sob um pôster de Patti Smith. Quando se levantou na manhã seguinte, anunciou que ele e Dylan planejavam passar o dia dando tiros num assado de alcatra. "Depois que o tivermos baleado bastante, nós vamos comê-lo", disse ele. E partiu, perguntando onde havia um supermercado.

    Dois dias depois, o Nirvana realizou uma "tarde de autógrafos" na Beehive Records. A DGC esperava contar com cerca de cinquenta clientes, mas quando mais de duzentos garotos faziam fila às duas da tarde – para um evento programado para começar às sete –, os promotores do evento começaram a perceber que talvez a popularidade da banda fosse maior do que a princípio imaginaram. Kurt havia decidido que em lugar de simplesmente autografar discos e apertar as mãos das pessoas – a programação habitual de uma tarde de autógrafos –, o Nirvana tocaria. Quando ele viu a fila na loja naquela tarde, foi a primeira vez que o ouviram proferir as palavras "puta merda" em resposta a sua popularidade. A banda se retirou para a Blue Moon Tavern e começou a beber, mas quando olharam para fora da janela e viram dezenas de fãs olhando para dentro, acharam que estavam no filme *Os reis do iê-iê-iê*. Quando o show começou, a Beehive estava tão abarrotada que havia meninos sobre as prateleiras de discos e foi necessário armar cavaletes na frente das vitrines da loja para protegê-las. O Nirvana fez uma sessão de 45 minutos – tocando no piso da loja –, até que a multidão começou a esmagar a banda como a reunião de torcida no vídeo para "Smells Like Teen Spirit".

Kurt ficou perplexo com as proporções que aquilo tinha assumido. Olhando na multidão, ele viu metade do meio musical de Seattle e dezenas de seus amigos. Era-lhe particularmente irritante ver ali duas de suas ex- -namoradas – Tobi e Tracy – dançando ao som das canções. Até essas pessoas íntimas agora faziam parte de uma plateia que ele se sentia instado a atender. A loja estava vendendo os primeiros exemplares de *Nevermind* que o público tinha a chance de comprar e os discos rapidamente se esgotaram. "As pessoas estavam arrancando cartazes da parede", lembra a gerente da loja, Jamie Brown, "só para terem um pedaço de papel para Kurt autografar." Kurt continuou meneando a cabeça, sem acreditar no que via.

Ele se retirou para o estacionamento para fumar e descansar. Mas ali, o dia ficou ainda mais maluco quando ele viu dois dos seus ex-colegas de Montesano, Scott Cokely e Rick Miller, trazendo exemplares de "Sliver". Embora Kurt tivesse dado centenas de autógrafos naquele dia, nada o fez sentir-se mais surreal do que colocar sua assinatura num single sobre seus avós para dois sujeitos da cidade em que seus avós moravam. Conversaram sobre seus amigos comuns do porto, mas a conversa deixou Kurt saudoso – Cokely e Miller o lembravam de um passado que ele julgara ter deixado para trás. "Você ainda costuma ir para o porto?", perguntou Cokely. "Não muito", respondeu Kurt. Cokely e Miller ficaram confusos quando olharam para seus singles e notaram que Kurt havia assinado "Kurdt".

Mais tarde Kurt mencionou essa conversa como um dos primeiros momentos em que ele percebeu que era famoso. No entanto, em lugar de consolá-lo, essa constatação despertou algo muito próximo do pânico. Embora sempre tivesse desejado ser famoso – e, quando ainda estava na escola em Monte, ele jurara a seus colegas que um dia o seria –, a culminação atual de seus sonhos o irritava profundamente. Krist evoca esse show em particular –

um show gratuito em uma loja de disco uma semana antes da data do lançamento oficial do disco – como um ponto decisivo para Kurt. "As coisas começaram a acontecer depois disso", disse Krist. "Já não éramos a mesma banda. Kurt meio que se recolheu. Tinha muita coisa pessoal rolando. Ficou complicado. Era mais do que estávamos esperando."

Não se tratava de que a plateia na Beehive fosse mais impertinente do que a maioria; na realidade, conforme a banda descobriu quando começou a excursionar, a plateia de Seattle era submissa, se comparada ao que encontraram em outros lugares. A excursão tinha sido agendada antes do sucesso do disco, razão pela qual muitos locais de show eram minúsculos e o resultado era que centenas, quando não milhares, de fãs ficavam cobiçando ingressos que não conseguiriam comprar. Cada show era um circo. Quando entraram em Boston, no dia 22 de setembro, Kurt estava ansioso para ver os Melvins nessa rara noite de folga. No entanto, quando tentou conversar para obter acesso ao clube, o porteiro ainda não tinha ouvido falar do Nirvana. Mary Lou Lord, uma cantora-compositora de Boston que estava parada junto à porta, disse em tom esganiçado que ela já ouvira falar do Nirvana e eles estariam tocando na noite seguinte. Isto não abalou o porteiro, e Kurt finalmente pagou a consumação para entrar.

Uma vez lá dentro, Kurt voltou sua atenção para Mary Lou e não para seus velhos amigos. Quando ela disse que era música e que tocava na plataforma do metrô, ele perguntou quais eram suas bandas favoritas e ela citou os Pastels, os Vaselines, Daniel Johnston e o Teenage Fanclub. "Fala sério", respondeu Kurt. "Essas são as *minhas* bandas favoritas, pela ordem!" Ele a obrigou a citar canções de cada artista para provar que ela não estava de brincadeira. Conversaram durante horas e Mary Lou lhe deu uma carona no guidom de sua bicicleta. Acabaram conversando a noite toda e, no dia seguinte, Kurt foi para o apartamento dela, onde viu uma foto do Lester Bangs na parede. Ele lhe pediu que tocasse uma música e quando ela executou duas do disco *Nevermind*, ainda a ser lançado, Kurt se sentiu enfeitiçado por essa garota de faces rosadas de Salem, Massachusetts.

Enquanto passeavam por Boston, as histórias de vida de Kurt jorravam torrencialmente de sua boca. Ele contou a ela sobre o chute que certa vez seu pai dera num cachorro, sobre a miserável criação que tivera em sua família e sobre Tobi. Se uma das regras capitais do flerte era nunca falar sobre sua última namorada com sua potencial namorada seguinte, Kurt a desobedeceu. Contou para Mary Lou que Tobi era "terrível", mas que era "um verdadeiro arraso". Confessou que ainda não se desligara dela.

Kurt também contou a Mary Lou o quanto estava arrebatado por uma religião oriental chamada jainismo. Ele tinha assistido a um documentário de fim de noite na televisão que o encantou porque a bandeira oficial jaina exibia uma antiga versão da suástica nazista. Depois disso, ele lia tudo o que conseguia encontrar sobre os jainistas, que cultuavam os animais como sagrados. "Ele me disse", lembra Mary Lou, "que eles tinham hospitais para pombos. Disse que queria se juntar a eles. Ele pretendia ter uma grande carreira e, quando tudo estivesse terminado, iria partir e se juntar aos jainistas." Um dos conceitos jainistas pelo qual Kurt estava mais impressionado era sua visão da vida após a morte. O jainismo pregava a existência de um universo que era uma série de céus e infernos em camadas conjuntas. "A cada dia", disse Kurt para Mary Lou, "todos nós passamos pelo céu e todos nós passamos pelo inferno."

Quando passavam pela Back Bay de Boston, Kurt não conseguia acompanhar o passo de Mary Lou. "Ele era como um homem velho", observa ela. "Tinha apenas 24 anos, mas havia nele um cansaço que ia muito além da sua idade." Ele disse a ela que certas drogas ajudavam a mitigar sua dor de estômago. Mary Lou não tomava drogas e não insistiu na conversa, mas meia hora depois ele voltou ao assunto e perguntou se ela já havia experimentado heroína. "Eu nem quero ouvir você falar dessa merda", disse ela, cortando a conversa.

Naquela noite eles foram para o Axis, onde o Nirvana dividia a bilheteria com os Smashing Pumpkins. Quando Kurt e Mary Lou se aproximavam do clube, ele agarrou o violão dela e segurou sua mão. "Tenho certeza de que as pessoas na fila estavam pensando: 'Aquele é o Kurt com a garota esquisita do metrô'", disse Mary Lou. "Fazia anos que eu estava ali e todo mundo me conhecia, e provavelmente todos eles me achavam terrível. Entretanto, ali estava eu, caminhando pela rua, de mãos dadas com ele."

No dia seguinte, 24 de setembro, *Nevermind* foi oficialmente colocado à venda. Uma equipe da MTV filmou um breve segmento noticioso mostrando Krist jogando Twister de cueca coberta de margarina. Kurt fugiu da maioria das entrevistas e promoções que a DGC tinha programado e, em vez disso, passara o dia com Mary Lou. Quando Mark Kates da DGC levou Novoselic e Grohl para a Newbury Comics, a loja de disco mais badalada de Boston, depararam com uma fila enorme. "Era espantoso", lembra Kates. "Havia uns mil garotos tentando comprar o disco."

Duas semanas se passaram até *Nevermind* entrar para a Top 200 da *Billboard*, mas quando isso aconteceu, o disco entrou no 144º lugar. Na semana seguinte ele subiu para o 109º; na terceira semana ocupava o 65º; e após quatro semanas, no dia 2 de novembro, estava no 35º lugar, com uma marca de destaque. Poucas bandas tiveram tão rápida ascensão à Top 40 com seus discos de estreia. *Nevermind* teria pontuado até mais alto se a DGC estivesse mais preparada – graças às suas expectativas moderadas, a gravadora havia prensado apenas 46.251 exemplares. Durante várias semanas, o disco ficou esgotado.

Normalmente, a ascensão rápida nas paradas é atribuída a uma campanha promocional bem orquestrada, respaldada por um marketing vigoroso, mas *Nevermind* alcançou seu sucesso precoce sem esse tipo de ajuda. Durante as primeiras semanas, o disco teve pouca ajuda do rádio, exceto em algumas cidades selecionadas. Quando o pessoal de promoção da DGC tentou convencer os programadores a tocarem "Teen Spirit", inicialmente encontraram resistência. "O pessoal das rádios de rock, mesmo em Seattle, me diziam: 'Não podemos tocar isto. Eu não consigo entender o que o sujeito está dizendo'", lembra Susie Tennant da DGC. A maioria das emissoras que introduziam o single na programação o tocavam tarde da noite, achando-o "muito agressivo" para ser colocado no ar durante o dia.

Mas os programadores de rádio anotavam o número de ouvintes que telefonavam pedindo a música. Quando a KNDD de Seattle realizou uma sondagem sobre "Smells Like Teen Spirit", a canção recebeu a resposta positiva mais alta que a empresa de pesquisa já havia registrado. "Quando uma canção como essa está sendo pesquisada", observa Marco Collins da KNDD, "estamos falando de uma faixa que é tocada por uma linha telefônica, e de pessoas que só ouvem um clipe de quinze segundos. Imagine como seria ouvir 'Teen Spirit' pela primeira vez pelo telefone."

Na MTV, o vídeo causou sensação quando foi julgado no começo de setembro. Amy Finnerty, uma programadora de 22 anos de idade, sentia-se tão segura em relação ao vídeo que anunciou que se o canal não mostrasse o clipe, a MTV não era o tipo de lugar em que ela queria trabalhar. Depois de debates acalorados, o vídeo foi acrescentado ao programa especializado *120 Minutos*. Entrou em exibição regular em novembro como um dos primeiros vídeos "Buzz Bin" da emissora.

A primeira vez que Kurt se viu na televisão foi em Nova York, alguns dias depois dos shows em Boston. Ele estava hospedado no hotel Roger Smith e Mary Lou Lord estava em seu quarto. Quando o vídeo apareceu em *120 Minutos*, Kurt telefonou para sua mãe. "Lá estou eu", disse ele, alegre. "Lá estou eu novamente", repetiu ele quando, dez segundos depois, ele reapareceu. "E lá estou eu novamente." Ele ficava jovialmente anunciando a cada vez que se via na televisão, como se sua presença fosse uma surpresa.

Naquela tarde, o Nirvana tocou numa rara sessão acústica de autógrafos na loja Tower Records. Durante a breve apresentação, Kurt tirava Oreos de um saco de supermercado que uma fã estava carregando e os comia acompanhados por leite que ele também surrupiara do saco. Naquela mesma noite, fizeram um show com ingressos esgotados no Marquee Club, seguido de uma festa na casa de Amy Finnerty da MTV. A notícia da comemoração se espalhou pela plateia do clube, e grande parte dela compareceu sem ser convidada. Kurt escapuliu da festa e foi com Amy e Mary Lou para um bar do outro lado da rua. "Este lugar tem o melhor jukebox que eu já vi", declarou Kurt, embora o aparelho só tivesse músicas de discoteca. Em uma das poucas oportunidades de sua vida, talvez em homenagem ao lançamento oficial de *Nevermind*, Kurt se levantou e dançou.

Depois de Nova York, a excursão se acelerou e, com ela, a fama do Nirvana. À medida que tanto o single como o vídeo de "Teen Spirit" subiam nas paradas, cada show tinha os ingressos esgotados e surgiam sinais de uma maior obsessão. Kurt permaneceu em contato com Mary Lou através do telefone e disse ao técnico de som Craig Montgomery que ela era sua "namorada". Duas semanas depois de Nova York, ela viajou até Ohio e deparou com Kurt em estado de fissão nuclear. Ele estava sentado a uma mesa de piscina, esperneando e praguejando. "O que há de errado?", perguntou ela. "Tudo", respondeu Kurt. "Ninguém consegue acertar a porra do som. Esses caras são foda. Tem uma cacetada de tempo que eu faço isso. E o show sai uma merda. Eu não conseguia nem me ouvir." Habituada a tocar no metrô em troca de centavos, ela lhe disse que ele devia desfrutar de seu sucesso, mas não conseguiu animá-lo. "Eu estou cansado dessa porra, dessas espeluncas de merda", anunciou ele. O que ela não sabia era que Kurt estava com síndrome de abstenção de droga. Era um segredo indecente que ele não havia contado para Mary Lou nem para seus parceiros de banda. Ela acompanhou a excursão em mais duas apresentações, mas em Detroit, na manhã de 12 de outubro, ela partiu para voltar ao seu trabalho em uma loja de discos de Boston. Kurt e a banda foram para Chicago e para um show no clube Metro.

Naquela mesma manhã de 12 de outubro, Courtney Love embarcava num avião em Los Angeles e voava para Chicago para visitar Billy Corgan. Courtney e Corgan tinham uma relação tempestuosa – ela estava mais encantada pelas cartas de amor que ele escrevia do que por sua presença real. Quando chegou ao apartamento dele, inesperadamente o surpreendeu com outra namorada. Seguiu-se um tumulto e Courtney fugiu sob uma saraivada de sapatos.

Ela gastou seus últimos dez dólares num táxi até o Metro, onde foi pega de surpresa ao ver que o Nirvana estava no programa. Depois de levar o porteiro na conversa e entrar, ela ligou para Corgan de um telefone público: ao contar o caso depois, ela afirmaria que o telefonema era para se certificar de que havia terminado inteiramente com Billy antes de se envolver com Kurt. Corgan lhe disse que não podia se encontrar com ela e ela bateu o telefone no gancho.

Todos os sinais de atração sexual entre Courtney e Kurt haviam estado presentes em encontros anteriores, só não houvera a oportunidade. Ela assistiu aos quinze minutos finais do show do Nirvana, que basicamente era Kurt destruindo a bateria, e ficou o tempo todo se perguntando o que deixava esse menino com tanta raiva. Ele era um mistério e Courtney sentia atração pelo inexplicável. Ela não era a única mulher a cair sob esse encanto. Como observa Carrie Montgomery, "Kurt fazia as mulheres desejarem nutri-lo e protegê-lo. Nesse sentido, ele era um paradoxo, porque também sabia ser brutal e intensamente forte; contudo, ao mesmo tempo, ele podia se mostrar frágil e delicado".

Depois do show, ela abriu caminho até uma festa nos bastidores onde seguiu em linha reta até Kurt: "Eu a observei atravessando a sala e sentando-se no colo dele", lembra a empresária Danny Goldberg. Kurt ficou contente ao vê-la e particularmente feliz quando ela pediu para ficar em seu hotel. Se Kurt não era bom para confessar antigos envolvimentos românticos, Courtney era igual a ele nesse departamento, e ela lhe contou toda a triste história da briga com Corgan. Enquanto conversavam, Kurt se lembrou da descrição que ele fizera dela como "a menina mais legal do mundo" depois daquela longa conversa em Los Angeles, cinco meses antes. Saíram juntos do clube e caminharam pelo lago Michigan, finalmente parando no Days Inn.

O sexo, como Kurt depois descreveu a seus amigos, foi sensacional. Ele disse a Courtney que podia contar suas amantes anteriores com apenas uma das mãos. Ela ficou tão chocada com esse fato quanto com tudo o mais que ele disse; ela vinha de um mundo da Sunset Strip, onde o sexo era oferecido tão casualmente como uma carona para casa depois de um show. Courtney também ficou surpresa por ver que Kurt usava como cueca um short com listras de zebra. "Você precisa comprar cuecas samba-canção", disse-lhe ela.

Mas a ligação entre eles, mesmo naquele langor pós-sexo, era consideravelmente mais que sexual – era uma ligação emocional, uma ligação que nenhum dos amigos ou parceiros de banda do casal entendia. Ironicamente, os confidentes de Kurt achavam que ele estava se rebaixando por se envolver com ela; os amigos de Courtney sentiam o mesmo sobre seu namoro com ele. As histórias individuais de cada um pareciam familiares, e quando Courtney descreveu uma infância que incluía negligência, ponte aérea entre pais divorciados e brigas na escola, esse era um terreno que Kurt conhecia bem. Foi a primeira mulher que Kurt conheceu que, quando ele lhe contou as histórias de sua juventude – mitologizadas neste momento para além do mero exagero –, lhe respondeu: "Eu posso ganhar dessa". Tornou-se quase um jogo de "Quem teve a pior infância?", mas nessa união Kurt sentia normalidade em relação a sua vida.

Como qualquer pessoa, o que Kurt mais desejava numa parceira era amor incondicional; mas, naquela noite no Days Inn, ele descobriu algo mais em Courtney que lhe havia escapado em outros relacionamentos – compreensão. Ele sentia que Courtney conhecia intimamente o cheiro da merda em que ele rastejara. Mary Lou Lord tinha gostado dos Vaselines, mas nunca morara numa caixa de papelão. Tracy, apesar de todo o seu amor resoluto por Kurt, sempre fora aceita por sua família, mesmo quando ela fazia uma coisa tão louca quanto namorar um roqueiro punk de Aberdeen. Kurt tinha tentado de tudo para fazer Tobi amá-lo, mas seus caminhos haviam sido tão diferentes que ele mal conseguia que ela compreendesse seus pesadelos, muito menos a razão pela qual ele tomava drogas. Mas Courtney conhecia o sabor gelatinoso do queijo excedente do governo distribuído com cupons de alimentos; ela sabia como era viajar numa van e batalhar pelo dinheiro da gasolina; e durante o tempo em que trabalhou como stripper, na "Jumbo's Clown Room", ela passara a compreender um tipo de degradação que não é apreciado por muitas pessoas. Mais tarde, ambos brincavam que sua união era pelos narcóticos – e certamente incluiria drogas –, mas a atração inicial foi algo muito mais profundo do que um desejo comum de fuga: ao contrário, foi o fato mesmo de que Courtney Love, assim como Kurt Cobain, tinha algo de que fugir.

Eles se despediram na manhã seguinte, com Kurt continuando na excursão e Courtney voltando para Los Angeles. Mas, no curso da semana seguinte, eles trocaram fax e telefonemas e logo estavam conversando diariamente. Apesar do sucesso do Nirvana, Kurt não estava feliz na estrada e constantemente resmungava sobre o estado da van, os clubes "espeluncas" e uma nova reclamação – os garotos de agremiações estudantis que agora compareciam aos shows depois de verem o vídeo da banda na MTV. Alguns do meio do Nirvana inicialmente saudaram com entusiasmo o envolvimento de Courtney e Kurt

– pelo menos ele tinha alguém com quem conversar (ele estava se comunicando cada vez menos com Novoselic e Grohl).

No dia 19 de outubro, em Dallas, Kurt entrou novamente no modo fissão nuclear, dessa vez no palco. O show estava condenado desde o início porque haviam vendido ingressos demais e a plateia transbordava para o palco. Frustrado, Kurt destruiu o console de um monitor batendo sua guitarra contra ele. Poucos minutos depois, quando ele mergulhou na multidão, um segurança chamado Turner Van Blarcum tentou ajudá-lo a voltar para o palco, o que Kurt erroneamente interpretou como um ato agressivo. Ele reagiu violentamente batendo a extremidade inferior de sua guitarra na cabeça de Van Blarcum, ferindo-o. Foi um golpe que poderia ter matado um homem menor, mas apenas aturdiu Van Blarcum, que deu um murro na cabeça de Kurt e o chutou, enquanto o cantor fugia. A plateia começou a se rebelar. Kurt se escondeu dentro de um closet no andar de cima até que o promotor Jeff Liles o convenceu de que Van Blarcum tinha ido para o hospital e não poderia lhe fazer mal. "Eu sei que ele tinha bebido uma tonelada de xarope naquela noite", explica Liles. Kurt finalmente reapareceu e terminou o show.

Mas a batalha estava longe de encerrada. Depois do show, Liles conseguiu colocar a banda num táxi que aguardava e que saiu em disparada, só para imediatamente voltar: ninguém na banda sabia em que hotel eles estavam. Assim que o táxi voltou, o mesmo aconteceu com Van Blarcum – agora com uma bandagem ensanguentada na cabeça. Ele despedaçou as janelas do táxi com seu punho enquanto o motorista tentava freneticamente arrancar o carro. O táxi escapou, mas enquanto partiam – ainda sem destino –, os membros do Nirvana se sentaram no banco traseiro coberto de estilhaços de vidro. Não foi um incidente isolado – o gerente de excursões da banda logo se viu pagando semanalmente milhares de dólares para cobrir danos provocados pela banda.

Uma semana depois, Kurt se reencontrou com Courtney em um show para levantar fundos para a campanha pelo direito ao aborto em Los Angeles. Nos bastidores, eles pareciam muito unidos e muitos comentaram que eles formavam o casal perfeito do rock and roll. No entanto, mais tarde naquela noite, atrás de portas fechadas, a relação dava uma guinada mais destrutiva. Pela primeira vez, Kurt propôs que tomassem heroína. Courtney hesitou por um momento, mas depois concordou. Conseguiram heroína, foram para o hotel de Kurt, o Beverly Garland, prepararam a droga e ele a injetou nela – Courtney também não conseguia encarar uma agulha e, por isso, Kurt, o ex--agulhófobo, arranjou as coisas para si e para ela. Depois de se drogarem, saíram caminhando e encontraram um pássaro morto. Kurt arrancou três penas do animal e passou uma para Courtney, segurando as duas outras em sua mão. "Esta é para você, esta é para mim", disse ele. E segurando a terceira pena na mão, acrescentou: "E esta é para o bebê que vamos ter". Ela riu e depois lembrou desse momento como o primeiro em que se apaixonou por ele.

Mas Kurt já tinha outra amante. No outono de 1991, a heroína não era mais uma fuga recreativa de fim de semana para ele e, em vez disso, era parte de um hábito diário. Ele havia "decidido", vários meses antes de conhecer Courtney, que se tornaria um "drogado", como escreveu em seu diário. Mais tarde, Kurt se sentou e, em favor de um programa de tratamento em que ele havia se inscrito, detalhou sua história inteira com a droga. Começava assim:

> Quando voltei de nossa segunda excursão europeia com o Sonic Youth, decidi usar a heroína diariamente por causa de um problema de estômago constante que eu vinha sofrendo nos últimos cinco anos, [e que] havia me levado literalmente a ponto de querer me matar. Durante cinco anos, todo santo dia de minha vida, toda vez que eu engolia um bocado de comida, sentia uma dor excruciante, ardente, nauseante na parte superior do meu estômago. A dor se tornou ainda mais aguda na excursão, devido à falta de um horário e dieta adequados e sistemáticos para comer. Desde o começo desse mal--estar, eu havia passado por dez exames gastrointestinais superiores e inferiores, que cons - tataram uma irritação inflamada no mesmo local. Consultei quinze médicos diferentes e experimentei cinquenta tipos diferentes de medicamentos para úlcera. A única coisa que achei que funcionava eram opiatos pesados. Houve muitas ocasiões em que me vi literalmente incapacitado, na cama durante semanas, vomitando e passando fome. Por isso, decidi, se me sinto como um drogado desse jeito, eu bem posso ser um.

O que era extraordinário no relato de Kurt sobre sua jornada para o vício era sua consciência com respeito às escolhas envolvidas. Ele falava de seu vício como uma "decisão", uma decisão tomada por causa dos pensamentos suicidas que lhe ocorriam depois da dor de estômago crônica. Seu senso de oportunidade situou o início de seu vício pleno no começo de setembro de 1991, o mês do lançamento de *Nevermind*.

    Courtney também tinha se debatido com o vício em drogas durante o verão de 1989, quando a heroína havia sido a coqueluche no meio do rock de Los Angeles: ela havia participado de grupos dos 12 Passos e usado cantos budistas para ajudá-la a vencer o vício. Mas sua sobriedade estava tênue em outubro de 1991, motivo principal pelo qual amigas como Jennifer Finch a advertiram para que ficasse longe de Kurt. Os problemas de droga de Courtney eram diferentes dos de Kurt — para ela, a heroína era uma droga social, e o próprio fato de que não conseguisse se injetar era uma barreira ao abuso diário. Mas porque Courtney anteriormente havia lutado contra a droga, muitos na comunidade do rock fofocavam que ela o havia agarrado pelas drogas, quando, em diversos sentidos, a verdade era o contrário. "As pessoas culpam Courtney, dizem que Courtney o ligou na heroína, mas isso não é verdade", afirma Krist. "Ele tomava a droga mesmo antes de conhecer Courtney. Courtney não levou Kurt às drogas."

    Depois de sua primeira noite tomando heroína juntos, na noite seguinte ele queria se drogar novamente. "Eu tinha como regra não tomar droga duas noites seguidas", lembra Courtney, "pois isso era ruim. E eu disse: 'Não, isso não vai acontecer'. Com isso, ele foi embora."

    Na terceira noite, Kurt ligou para ela, soluçando, e perguntou se ela podia ir vê-lo. Quando Courtney chegou ao hotel, encontrou-o tremendo incontrolavelmente, sofrendo um colapso. "Tive de colocá-lo no banho", lembra ela. "Ele estava prestes a ficar famoso e isso o apavorava. E ele era muito magro e esquelético. Praticamente tive de colocá-lo em pé com meus braços, porque ele desabava. Ele não estava drogado. Mas ele voltou e ficou amuado porque eu não quis tomar heroína com ele." Courtney tomou heroína novamente com ele naquela noite. "Não estou dizendo que foi culpa dele, o que estou dizendo é que foi uma escolha que fiz. Pensei: 'acho que vou voltar a isto'."

À medida que o Nirvana continuava a excursão de *Nevermind*, as vendas do disco cresciam exponencialmente. Toda manhã, enquanto a excursão avançava pela Costa Oeste, eles ouviriam um novo relatório das cifras mais recentes. O disco tinha vendido 100 mil cópias em San Diego, 200 mil em Los Angeles e, na manhã em que chegaram a Seattle para um show de Halloween, o disco recebera o disco de ouro, tendo vendido meio milhão de cópias. Apenas um mês antes, Kurt estivera destruindo discos de ouro de Nelson em um micro-ondas – logo ele também teria o seu.

Mas, apesar da atenção e da fama em rápido crescimento, naquela tarde Kurt tinha outras preocupações urgentes – ele estava sem meias. Ele e Carrie Montgomery caminharam do teatro até o Bon Marché. Na loja de departamentos, Kurt selecionou vários pares de cuecas (agora ele estava comprando cuecas samba-canção) e meias (brancas). Quando trouxe suas compras para o balcão, desenrolou-se uma cena digna de uma peça de Samuel Beckett: "Ele começa a tirar os sapatos e as meias para pegar o resto do seu dinheiro", lembra Carrie. "Ele tinha aquelas notas amarrotadas no sapato. Estava literalmente esvaziando o sapato no balcão do Bon Marché e o vendedor olhava para ele como se ele fosse maluco. Dessa maneira extravagante, antiquada, ranzinza, ele começou a desdobrar as notas e levou uma eternidade para fazer isso. Teve de procurar em outro bolso para encontrar mais. Havia um monte de fiapos de tecido sobre o balcão ao lado do dinheiro. O vendedor, de terno, olhava para Kurt como se ele fosse um sem-teto." Apesar do seu disco de ouro, Kurt ainda *era* um sem-teto – hospedava-se em hotéis ou com amigos como Carrie quando a banda não estava viajando.

O show daquela noite foi como um borrão indistinto para Kurt: com uma equipe de documentário filmando, atenção da mídia, pessoal de promoção das rádios e sua família e amigos nos bastidores, era como se para todo lado que ele se voltasse, alguém estivesse lhe pedindo alguma coisa. Ele havia complicado as coisas por duas de suas próprias decisões: ele convidara o Bikini Kill para abrir o show e, por isso, Tobi estava por perto; além disso, ele havia convencido Ian Dickson e Nikki McClure a participarem como dançarinos go-go vestidos em colants – o de Ian dizia "menina" e o de Nikki, "menino". Quando os câmeras insistiram em empurrar para o lado os dançarinos de Kurt, ele ficou decepcionado e demonstrou isso em seu desempenho. A revista *The Rocket* comentou: "Esses sujeitos já são ricos e famosos, mas ainda representam uma emanação pura do que é ser insatisfeito na vida".

Depois do show, Kurt parecia traumatizado. "Ele me fazia lembrar de um gato na gaiola", observa o fotógrafo Darrell Westmoreland. Quando Westmoreland fez Kurt posar com sua irmã Kim, Kurt deu um puxão no cabelo dela no momento em que o obturador estalava. "Ele estava muito puto e era um pentelho", lembra Kim.

Mas os momentos mais estranhos do dia foram reservados – como na tarde de autógrafos na Beehive – para um par de fantasmas de que Kurt não conseguiu fugir. Mais tarde, naquela noite, ele ficou com Tobi, e ela acabou dormindo no chão de seu quarto de hotel. Ela não era a única no quarto – como sempre, havia uma meia dúzia de amigos que precisavam de um lugar para desmaiar –, mas não deixava de ser uma grande ironia que Tobi estivesse dormindo no chão de seu quarto no dia em que ele havia vendido meio milhão de cópias de um disco que falava ostensivamente sobre como ela não o amava.

E depois do show, Kurt deparou com outro rosto familiar do porto. Ali, em pé ao lado da porta do palco, fumando maconha com Matt Lukin, estava Steve Shillinger, outrora um dos amigos mais íntimos de Kurt e membro da família que havia lhe dado abrigo quando ele estava dormindo numa caixa de papelão. Shillinger disse as palavras que agora eram dolorosamente óbvias para Kurt, por mais que ele quisesse negá-las: "Agora, você é realmente famoso, Cobain. Você está na televisão, tipo, a cada três horas".

"Eu realmente não notei", disse Kurt, desviando por um momento para procurar o clássico retorno "Cling-On" que desarmaria essa condição de fama, como se as palavras por si só pudessem deter algo que agora era irrefreável. "Isso eu não sei", respondeu Kurt, soando muito jovem. "Eu não tenho televisão no carro onde moro."

16

Escove seus dentes

Seattle, Washington,
outubro de 1991-janeiro de 1992

Por favor não esqueça de comer seus legumes nem de escovar os dentes.
De uma carta que a mãe de Kurt escreveu ao *Aberdeen Daily World*.

O NAMORO DE KURT E COURTNEY realmente começou em novembro de 1991, quando o Nirvana iniciou outra excursão pela Europa e o Hole seguiu para lá duas semanas depois, tocando em muitos dos mesmos locais. Os dois amantes se falavam ao telefone toda noite, enviavam fax ou deixavam mensagens cifradas nas paredes dos camarins. Uma brincadeira particular entre eles era a seguinte: quando ele ligava para ela, fingia ser o roqueiro funk Lenny Kravitz; quando Courtney ligava, ela dizia ser a ex-esposa de Kravitz, a atriz Lisa Bonet, do *Cosby Show*. Isso gerava muita confusão para os gerentes noturnos do hotel, que podiam ser instruídos a enfiar imediatamente um determinado fax sob a porta de um quarto que eles sabiam muito bem não ser o de Lenny Kravitz. "Foi quando começamos realmente a nos apaixonar – pelo telefone", contou Kurt para Michael Azerrad. "Nós nos ligávamos quase toda noite e trocávamos fax a cada dois dias. Minha conta de telefone era algo como... 3 mil dólares."

Entretanto, ao mesmo tempo que esse caso de amor por fax estava evoluindo, Kurt tinha assuntos inacabados para resolver, algo diante do qual ele sempre se sentia infeliz. Depois que o Nirvana encerrou seu primeiro show no Reino Unido, em Bristol, ele ficou espantado ao encontrar Mary Lou Lord nos bastidores. Ela havia pegado um voo para lá para lhe fazer uma surpresa, coisa que fez com pose. No mesmo instante, ela soube que alguma coisa estava errada: ele estava diferente e não se tratava apenas do nível da fama, embora isto também estivesse em marcante contraste ao que era ainda um mês antes. No mês anterior, em Boston, Kurt podia caminhar pela rua sem ser incomodado; agora, a todo momento havia alguém se agarrando a sua manga. Em dado momento, um representante da gravadora agarrou Kurt para anunciar: "Nós vendemos apenas 50 mil unidades esta semana". Para o Reino Unido, essa era uma cifra extraordinária, mas Kurt reagiu mostrando-se perplexo: havia alguma coisa que ele devia *fazer* a respeito?

No dia seguinte, Mary Lou perguntou: "Você conheceu outra pessoa?". "Eu só estou cansado", mentiu ele. Ela atribuiu isso ao seu estômago, sobre o qual ele estava se queixando abertamente, afirmando que doía mais do que nunca. Naquela noite, o telefone de seu quarto tocou às três da manhã: era Courtney, mas Kurt não deixou que transparecesse. Um DJ havia dito a Courtney que "a namorada" de Kurt era Mary Lou Lord. "Namorada de Kurt?", havia gritado Courtney em resposta, quase chorando. "*Eu sou* a namorada de Kurt." As primeiras palavras saídas da boca de Courtney ao telefone foram: "Quem é *essa tal* de Mary Lou Lord e por que as pessoas estão dizendo que ela é sua namorada?". A voz de Courtney distorceu o nome de Mary Lou como se ele se referisse a um caso particularmente grave de parasitose. Kurt conseguiu negar que tinha uma relação com Mary Lou sem mencionar diretamente o nome da garota, já que ela estava a pouco mais de um metro de distância enquanto ele falava. Courtney disse a Kurt, sem deixar nenhuma dúvida, que se ela ouvisse falar novamente de uma Mary Lou Lord, estava tudo acabado entre eles. Na manhã seguinte, Kurt perguntou friamente a Mary Lou como ela iria para Londres – ela percebeu que, ao perguntar, ele estava quase anunciando que estava tudo acabado entre eles.

Um dia depois, Mary Lou estava assistindo a um programa de televisão chamado *The Word*, no qual o Nirvana estava fazendo uma apresentação muito alardeada. Antes de tocar uma versão curta de "Teen Spirit", de noventa segundos, Kurt agarrou o microfone e, com uma voz monótona e seca, que soava como se ele estivesse pedindo o almoço, proferiu: "Eu só quero que todos nesta sala saibam que Courtney Love, do grupo pop Hole, é a melhor transa do mundo". Suas palavras, como ele bem sabia, iam muito além daquela sala. Uma audiência de milhões de espectadores da televisão britânica engasgou, embora os sons mais altos certamente viessem de Mary Lou Lord, que ficou inteiramente descontrolada.

Kurt já tinha considerável cobertura da mídia no Reino Unido, mas essa única declaração lhe trouxe mais atenção do que qualquer outra que ele tenha proferido em sua carreira – desde que John Lennon havia dito que os Beatles eram maiores que Jesus Cristo, nenhum astro do rock indignou tanto o público britânico. A intenção de Kurt não era aumentar sua má fama – ao contrário, ele simplesmente havia escolhido esse programa de televisão para dizer a Mary Lou que o caso deles estava terminado e empenhar seu amor a Courtney. Sua sinopse das habilidades sexuais de Courtney resultou em algo que ele certamente não pretendia – levou-o da primeira página dos semanários de música para a primeira página dos tabloides diários. Conjugado às vendas fenomenais de *Nevermind*, o que ele *dizia* agora se tornava notícia. Kurt aceitava e ao mesmo tempo amaldiçoava essa reviravolta dos acontecimentos, dependendo de ela estar ou não funcionando em seu benefício.

Três semanas depois, no dia 28 de novembro, dia em que *Nevermind* atingiu a marca de 1 milhão de cópias vendidas nos Estados Unidos, a banda se apresentou em outro programa extremamente bem cotado da televisão britânica, *Top of the Pops*. Os produtores insistiram que o Nirvana tocasse "Teen Spirit" e o programa exigia que os artistas fizessem os vocais ao vivo sobre um playback de apoio – apenas um degrau acima da dublagem. Kurt elaborou um plano com Novoselic e Grohl para fazer troça da apresentação. Enquanto o playback tocava, Kurt cantou os vocais numa versão em câmera lenta, quase tipo-sala-de-estar-de-Vegas – ele estava tentando, conforme afirmou mais tarde, soar como Morrissey.

Os produtores ficaram furiosos, mas o Nirvana escapou de toda a ira partindo rapidamente para uma apresentação em Sheffield. Enquanto se afastavam no carro, Kurt sorriu pela primeira vez naquele dia. "Ele estava extremamente alegre", observa Alex MacLeod. "Não havia nenhuma dúvida de que eles eram o maior acontecimento na música. E ele tirava partido disso. Ele sabia que tinha o poder."

Se audácia era o vício ocasional de Kurt, ela estava em órbita diária ao redor de Courtney. Era essa a origem de uma pequena parte de sua adoração por ela. Ela entrava na maioria dos ambientes sociais com toda a graça de uma raposa num galinheiro, embora conseguisse, ao mesmo tempo, ser perspicaz e engraçada. Mesmo aqueles da equipe do Nirvana que a detestavam – e havia muitos nessa categoria –, achavam Courtney divertida.

Por natureza, Kurt era um voyeur. Não havia nada de que ele gostasse mais do que criar um tumulto, sentar-se e assistir ao seu desdobramento. Mas quando Courtney estava por perto – particularmente nos bastidores de um palco –, as pessoas simplesmente não conseguiam tirar os olhos dela, muito menos Kurt. Poucos eram tolos o bastante para levar Courtney a um jogo de disputa verbal, e aqueles que o faziam descobriam que ela conseguia fritar sarcasticamente até o oponente de maior agilidade mental. Kurt gostava muito de ser um bad boy e, consequentemente, exigia uma bad girl. Embora soubesse que na melhor das hipóteses Courtney não passaria de uma heroína dark, ele a amava ainda mais por isso. "Ele elaborou parte de sua agressão graças a ela", explica Carolyn Rue, a baterista do Hole. "Ele conseguiu isso por intermédio dela, porque não tinha a coragem para fazê-lo por si mesmo. Ele precisava que ela fosse o seu bocal. Ele era passivo-agressivo." Courtney, por sua vez, era simplesmente agressiva, um traço que lhe granjeava muitas resenhas cruéis num mundo punk rock que, não obstante as declarações de igualdade, ainda era de dominância masculina e tinha papéis definidos para o modo como mesmo as mulheres liberadas deveriam se comportar. Quando Courtney se juntou a Kurt, a imprensa a acusou de se agarrar a um astro em ascensão. E embora essa acusação fosse essencialmente verdadeira, a fofoca deixava de notar que as primeiras resenhas a respeito do Hole eram tão apaixonadas quanto as recebidas pelo Nirvana. Kurt era mais famoso do que ela em novembro de 1991, e os amigos de Courtney a haviam advertido para que não se envolvesse com ele por causa da probabilidade de que a carreira dele obscurecesse a dela. Mas, por ser senhora de si, ela não considerava isso possível, e ficava ofendida quando essas sugestões eram oferecidas. A verdade era que *ambos* eram ambiciosos, e isso em parte era a causa da atração recíproca.

Embora fosse uma história de amor incomum, ela tocava em pontos do sentimento tradicional. Alguns fax trocados por eles eram proibidos para menores, mas outros saíam diretos de um romance barato: como compositores, cada um estava tentando conquistar o coração do outro. Um fax de Courtney do início de novembro dizia: "Quero estar em algum lugar fora de seu alcance com todo o chocolate em minhas mãos. Você tem cheiro de waffle e leite. [...] Eu amo e sinto saudade de seu corpo e de seus beijos de vinte minutos".

Ambas as partes dessa união também se autoanulavam a um grau que beirava o do comediante que se apresenta sozinho no palco. Amigos íntimos contam casos sobre o senso de humor debochado dos dois, algo que o público raramente via. Naquele outono, Courtney escreveu uma lista dos "traços mais irritantes" de Kurt e suas percepções eram ao mesmo tempo perversas e cortejadoras: "1. Faz-se de bonzinho com os jornalistas e eles caem nessa o tempo todo. 2. Banca o herói punk bonzinho e desamparado para fãs adolescentes que já acham que ele é Deus – elas não precisam ser convencidas. 3. Tem feito o mundo todo acreditar que ele é humilde, tímido e modesto quando, na verdade, ele é um falastrão narcisista, razão pela qual, no fim das contas, eu o amo, mas ninguém sabe disso a não ser eu. 4. É um pisciano e o objeto de meus intensos desejos e repulsas ao mesmo tempo". Ela encerrava outro fax prometendo comprar-lhe flores diariamente quando ficasse rica. Muitos fax que ela lhe enviava continham versos que anos depois terminariam em suas canções mais conhecidas. "Eu sou partes de boneca, pele ruim, coração de boneca, vale dizer faca, para o resto da minha vida, despele meu coraçãozinho e o absorva em sua mão esquerda e me ligue hoje à noite", dizia o fax que ela lhe enviou no dia 8 de novembro. Outras mensagens eram simples e carinhosas: "Por favor, penteie o cabelo hoje à noite e lembre-se de que eu o amo", escreveu ela certa noite.

Ele lhe enviou cópias de *O retrato de Dorian Gray* de Oscar Wilde e de *O morro dos ventos uivantes* de Emily Brontë, e vários fax que eram igualmente românticos, embora, graças à estranheza que o caracterizava, grande parte do que escrevia também fosse pura esquisitice. Muitas vezes ficava obcecado por seus tópicos de mau gosto favoritos: lixo humano, "enrabamento", nascimento, bebês e drogas. Divertia-se com a possibilidade de que suas indiscrições pudessem chegar aos tabloides. Um fax que ele enviou em meados de novembro falava de uma verdade maior. Começava com o nome de Courtney dentro de um coração e dizia:

> Oh, porra fedida, sangrenta. Eu estou alucinando com muita frequência. Preciso de oxigênio. Graças a Satã, descobrimos um médico com letra boa que está disposto a preencher receitas sempre que o mensageiro não conseguir na rua. Acho que estou pegando uma espécie de dermatite com fungo pegajoso porque continuo desmaiando nas primeiras horas da manhã coberto do sangue de menino e usando as mesmas roupas suadas que usei no show da noite anterior. O pequeno Oliver, o menino indiano que eu comprei na semana passada, está se tornando um completo enfermeiro profissional, só que as agulhas que ele usa são tão grandes que fazem meus braços incharem como bolas de golfe. Ou melhor, bolas de bilhar. Ele também está muito melhor para me chupar agora que arranquei fora seus dentes. Guido amanhã estará enviando um peixe para a recepcionista do hotel. Espero que ela seja uma boa nadadora. Eu te amo. Sinto falta de você. P.S.: Consegui convencer Lenny Kravitz que o bebê é dele e ele está disposto a pagar o aborto. Ame-me.

Ele assinava a carta com um peixe. É claro que ele não tinha nenhum garoto indiano como seu escravo de amor, e não havia gravidez nenhuma em novembro. O vício a que se referia, porém, era real, e ele havia mesmo encontrado um médico inglês para receitar morfina farmacêutica.

Courtney estava tão apaixonada que, no final de novembro, não tendo visto Kurt durante duas semanas, ela cancelou uma apresentação do Hole – o que não era de seu feitio – e voou para Amsterdã. Lá, eles compraram heroína e passaram o dia eufóricos, fazendo sexo demoradamente. Courtney não tomava drogas só porque amava Kurt – ela tinha seus próprios demônios dos quais valia a pena fugir –, embora raramente tomasse drogas quando ele não estava por perto. Com Kurt, ela deixava cair todas as barreiras, já que estava bem consciente de que manter uma relação íntima com ele significava viver em um mundo de escapismo saturado de opiatos. Ela escolheu Kurt, e, ao fazer isso, escolheu as drogas.

Depois de Amsterdã e de uma breve escala em Londres, ela voltou a se juntar à excursão do Hole e o Nirvana continuou com seus compromissos no Reino Unido. Desde os Sex Pistols, nenhuma banda em turnê obtinha tamanha atenção. Todo show continha algo de interesse jornalístico, ou pelo menos algo que levava a banda para os jornais. Em Edimburgo, fizeram um show acústico em benefício de um hospital pediátrico. Em Newcastle, Kurt anunciou no palco: "Eu sou homossexual, uso drogas e transo com porcos barrigudinhos", mais cobainismo clássico, embora apenas uma das três afirmações fosse verdadeira. No momento em que a excursão chegou a Londres novamente, Kurt estava incapacitado pela dor de estômago e decidiu cancelar seis compromissos na Escandinávia. Considerando seu estado de saúde e a escalada de seu vício, era uma sábia decisão.

Enquanto Kurt estava na Europa, sua mãe escrevia uma carta para o *Aberdeen Daily World*. Essa carta era a primeira menção a Kurt no jornal de sua cidade desde que seu time da Liga Mirim conquistara o campeonato da Liga Madeireira no ano em que seus pais se divorciaram. A carta vinha abaixo da manchete "METALEIRO" LOCAL FAZ SUCESSO, CONTA SUA MÃE:

> Esta carta é dirigida mais ou menos a todos vocês, pais que têm filhos batendo ou arranhando tambores ou guitarras na garagem ou nos quartos de suas casas. Prestem atenção no que vocês dizem, pois podem ter de engolir cada uma dessas palavras do sermão paterno preocupado. Palavras como: "Vá ganhar a vida", "Sua música é boa, mas as chances de fazer sucesso se reduzem a nada", "Continue a estudar e, se ainda quiser tocar numa banda, você pode, mas se isso não funcionar, terá alguma coisa a que recorrer". Essas palavras soam familiares?
>
> Bem, eu acabei de receber um telefonema de meu filho, Kurt Cobain, que canta e toca guitarra com a banda Nirvana. Atualmente, eles estão excursionando pela Europa.

O primeiro disco deles pela Geffen Record acaba de alcançar o disco de "Platina" (mais de 1 milhão vendidos). Eles estão no quarto lugar entre os discos da Top 200 da *Billboard*. Bem, eu sei que as chances de conseguir isso ainda se reduzem-a-nada para muitos, mas dois meninos que nunca perderam de vista suas metas, Kurt e [Krist] Novoselic, têm realmente um motivo para estar sorrindo hoje em dia. As horas e horas e horas de prática compensaram.

Kurt, se por acaso chegar a ler isto, estamos muito orgulhosos e você realmente é um dos melhores filhos que uma mãe pode ter. Por favor, não esqueça de comer seus legumes nem de escovar os dentes e, agora [que] você tem uma empregada, arrume sua cama.

Wendy O'Connor, Aberdeen

Kurt não leu o *Aberdeen Daily World*, em toda a sua vida raramente comeu legumes e seu vício nas drogas era tão grave em dezembro de 1991 que normalmente ele pregava um aviso na porta do seu quarto de hotel advertindo as arrumadeiras para que não entrassem – quando o faziam, frequentemente o encontravam desmaiado. Curiosamente, ele também não escovava os dentes, um dos motivos pelos quais contraiu uma infecção nas gengivas durante as sessões de gravação de *Nevermind*. "Kurt odiava escovar os dentes", disse Carrie Montgomery. "No entanto, seus dentes nunca pareciam enodoados e ele nunca tinha mau hálito." Carrie lembra de Kurt lhe dizendo que comer maçãs funcionava tão bem quanto a escovação.

No dia 21 de dezembro, Kurt, Carrie e um grupo de amigos combinaram uma viagem até Portland para ver os Pixies. Kurt tinha alugado um Pontiac Grand Am para o longo trajeto, receando que seu Valiant não aguentasse. Ele raramente dirigia o Valiant, não chegando a rodar 5 mil quilômetros no primeiro ano depois que o comprou. Em vez disso, ele o usava como um quarto de hotel móvel, dormindo ocasionalmente no banco traseiro e guardando todas as suas posses no porta-malas. Seus amigos se encontraram com ele em Aberdeen, para onde Kurt tinha ido para comer um assado feito pela mãe.

A dinâmica na casa da rua First passara por uma mudança de camadas tectônicas desde a última visita de Kurt a Aberdeen: ele estava sendo tratado, pela primeira vez desde a infância, como a pessoa mais importante na vida de Wendy. Mesmo Kurt ficou chocado com a hipocrisia da situação, principalmente quando viu o padrasto, Pat O'Connor, beijando todo mundo, inclusive ele: era como um episódio ruim de *All in the Family*, onde Meathead ganha o adorado La-Z-Boy de Archie. Quando seus amigos chegaram, permaneceram o tempo suficiente para Kurt dar a sua meia-irmã Brianne, de seis anos de idade, alguns materiais de arte – ele a adorava – antes de saírem apressadamente.

No dia seguinte Courtney chegou a Seattle, e Carrie foi recrutada para agir como amortecedor quando ela fosse visitar a família de Kurt. Eles se encontraram primeiro no Maximilien, um fino restaurante francês no Pike Place Market, para traçar a estratégia de controle dessa importante apresentação. Quando Courtney se levantou para ir ao banheiro, Kurt perguntou a Carrie o que ela achava de seu novo amor. "Vocês, rapazes, são como um desastre natural", respondeu ela. Carrie era uma das únicas amigas de Kurt, por isso tinha uma rara perspectiva sobre a união dos dois. "Eu gostava de ficar perto deles do jeito que se gosta de observar um acidente de carros", observa ela.

Quando Courtney voltou, um freguês do restaurante perguntou: "Ei, vocês são Sid e Nancy?". Kurt e Carrie se entreolharam, ambos sabendo que Courtney estava a ponto de explodir. Courtney se levantou e gritou: "Meu marido tem o disco que está em primeiro lugar no país inteiro e ele tem mais dinheiro do que nenhum de vocês jamais terá!". É claro que ele não era marido dela e também não tinha um disco no primeiro lugar – estava em sexto lugar naquela semana –, mas o que ela queria dizer era claro. O garçom veio correndo e o sarcástico freguês fugiu para se esconder. Apesar dessa explosão, e em parte por causa dela, Carrie achou Courtney brilhante e engraçada e julgou que eles formavam um belo casal. A viagem até Aberdeen correu bem e Wendy gostou de Courtney e disse a Kurt que ela era boa para ele. "Eles eram como clones, colados um no outro", contou Wendy depois para o escritor Tim Appelo. "Provavelmente ele era a única pessoa que a amava totalmente e de forma incondicional."

Uma semana depois, Kurt e os outros membros do Nirvana voltaram para a estrada, com Courtney a reboque, para uma outra excursão. Eles estavam tocando para suas maiores plateias até então – auditórios de 20 mil lugares –, mas, considerando que a excursão fora agendada antes da explosão do disco, eles entraram na parte do meio de uma programação com três bandas. O Pearl Jam estava fazendo a abertura – eles mesmos estavam apenas começando a se tornar astros – enquanto o Red Hot Chili Peppers era a atração principal.

Antes do compromisso do dia 27 de dezembro na Arena de Esportes de Los Angeles, Kurt deu uma entrevista a Jerry McCully da revista *BAM*. A matéria de McCully causou sensação, no mínimo porque sua descrição de Kurt condizia com os rumores sobre drogas que haviam começado a circular. McCully escreveu que Kurt "de vez em quando apagava no meio das frases". O artigo não chegava a mencionar a heroína, mas a descrição que o jornalista fazia de Kurt – "pupilas fixas, faces encovadas e pele encrostada e amarela" – era preocupante. Ele dizia que Kurt parecia "mais ter quarenta do que 24 anos".

Quando não estava "apagando", Kurt era surpreendentemente lúcido em relação a sua carreira. "Eu queria pelo menos vender discos o bastante para poder comer macarrão e queijo, para que não tivesse de ter um emprego", declarou ele. Ele mencionava Aberdeen – raramente dava uma entrevista sem falar da cidade, como se ela fosse uma amante que ele havia deixado para trás – e sentenciava: "99% das pessoas [de lá] não tinham a menor ideia do que era música, ou arte". Ele afirmava que o motivo pelo qual não se tornara um lenhador era porque "eu era um garoto muito pequeno". Embora não conseguisse fazer sua frase "O punk rock é liberdade" sair na imprensa, ele afirmava: "amadurecer, para mim... é pular fora... espero morrer antes de me transformar em Pete Townshend". Ele estava fazendo um jogo de palavras com o verso de Townshend em "My Generation": "espero morrer antes de ficar velho" e, talvez em assentimento a isso, ele abriu o show com a música "Baba O'Riley" do The Who.

Por mais chocante que fosse a aparência de Kurt, o anúncio de seus planos para o futuro era a verdadeira surpresa: "Vou me casar e esta é uma revelação total – quer dizer, emocionalmente. Nunca me senti tão seguro em minha vida, e tão feliz. É como se eu não tivesse mais nenhuma inibição. É como se eu estivesse esgotado de sentir-me realmente inseguro. Imagino que casar tenha muito a ver com segurança e manter a cabeça no lugar. A personalidade de minha futura esposa e a minha personalidade são tão voláteis que eu acho que, se fôssemos entrar numa briga, nós nos separaríamos da mesma forma. O casamento é uma dose extra de segurança". Ele terminava a entrevista com outra previsão: "Existem muitas coisas que eu gostaria de fazer quando estiver mais velho. Pelo menos, ter uma família, isso já me satisfaria".

Kurt e Courtney haviam ficado noivos em dezembro, enquanto estavam na cama em um hotel de Londres. Antes de falar com McCully, Kurt não havia feito um anúncio formal, mas todos na banda já sabiam. Nenhuma data havia sido marcada, já que, com noivado ou não, o negócio do Nirvana não podia ser posto na espera por nada.

O Nirvana terminou 1991 com o show da véspera de Ano-Novo no Cow Palace de San Francisco. O Pearl Jam abriu a noite com um trecho de "Smells Like Teen Spirit" e Eddie Vedder brincou: "Lembrem-se que nós a tocamos primeiro". Essa brincadeira era um reconhecimento de algo que todos ali sabiam: ao começar 1992, o Nirvana era a maior banda do mundo e "Teen Spirit", a maior canção. Keanu Reeves estava no concerto e tentou travar amizade com Kurt, que rejeitou os seus esforços. Mais tarde naquela noite, no hotel, Kurt e Courtney foram tão incomodados por outros hóspedes que puseram um aviso na porta: "Nada de Gente Famosa, por favor. Estamos trepando".

No momento em que o grupo chegou a Salem, no Oregon, para o último compromisso da excursão, *Nevermind* tinha vendas comprovadas de 2 milhões de cópias e estava vendendo a um ritmo cada vez mais acelerado. Para todo lado que Kurt se virava, alguém estava lhe pedindo algo – um contrato de patrocínio, uma entrevista, um autógrafo. Nos bastidores, Kurt captou de soslaio o olhar de Jeremy Wilson, vocalista e líder do Dharma Bums, uma banda de Portland que Kurt admirava. Wilson acenou para Kurt, sem querer interromper sua conversa com uma mulher que tentava convencê-lo a figurar num anúncio para encordoamento de guitarra. Quando Wilson se afastava, Kurt gritou "Jeremy!" e caiu nos braços de Wilson. Kurt não disse uma palavra, simplesmente se entregou ao abraço de urso de Wilson enquanto este repetia "Vai ficar tudo bem". Kurt não estava chorando, mas não parecia estar longe disso. "Não foi só um breve abraço", lembra Wilson. "Ele ficou ali parado por trinta segundos inteiros." Finalmente, um dos organizadores agarrou Kurt e o arrastou para outra reunião.

Depois de dois dias de descanso em Seattle, o humor de Kurt pareceu melhorar. Na segunda-feira, 6 de janeiro de 1992, o superfã Rob Kader estava pedalando sua bicicleta pela rua Pine quando de repente ouviu alguém gritar seu nome. Era Kurt, que caminhava com Courtney. Kader felicitou Kurt pelo sucesso do disco e pela notícia de que o Nirvana estaria no *Saturday Night Live*. Mas assim que Kader disse as palavras, soube que havia cometido um erro – o cálido humor de Kurt se tornou azedo. Dois anos antes, quando Kader havia felicitado Kurt pelo fato de que vinte pessoas haviam comparecido a um show no Community World Theater – duas a mais que em sua apresentação anterior –, Kurt saudara a notícia com um sorriso radiante. No começo de 1992, a última coisa que Kurt desejava ouvir era o quanto ele era popular.

Na semana seguinte, a fama de Kurt se ampliou consideravelmente quando a banda voou para a cidade de Nova York para ser a convidada musical de *Saturday Night Live*. O humor de Kurt parecia otimista no ensaio de quinta-feira, quando tocaram algumas das primeiras canções do grupo. No entanto, todos sabiam que no show eles teriam de tocar "Teen Spirit", por mais que Kurt estivesse cansado daquele hit.

Ele havia pago a passagem de avião para sua mãe e Carrie Montgomery irem a Nova York com ele. Quando o restante da equipe do Nirvana encontrou Wendy pela primeira vez, ele ficou novamente incomodado. "Todo mundo sempre ficava dizendo: 'Uau, Kurt, sua mãe é um tesão'", lembra Carrie. Era a última coisa que Kurt queria ouvir; era até mais irritante do que lhe dizer o quanto ele era famoso.

Enquanto Kurt ensaiava, Courtney, Carrie e Wendy foram comprar roupas. Depois, Kurt saiu para comprar drogas, que eram tão fáceis de encontrar em Nova York quanto uma loja de roupas. Em Alphabet City, Kurt ficou impressionado ao ver filas de clientes esperando o traficante, exatamente como na canção do Velvet Underground. Ele estava agora apaixonado pelo ritual do consumo e sedutoramente atraído para o submundo sórdido para o qual este ritual o levava. A heroína branca chinesa de Nova York (a heroína da Costa Oeste era sempre preta como piche) o fez sentir-se sofisticado e era mais barata e mais eficaz. Kurt se tornou guloso.

Naquela sexta-feira, quando Wendy bateu à porta do quarto de seu filho ao meio-dia, ele atendeu de cueca, parecendo um trapo. Courtney ainda estava sob as cobertas. Havia bandejas de comida por toda parte e, depois de apenas dois dias na suíte, o chão estava forrado de lixo. "Kurt, por que você não chama uma arrumadeira?", perguntou Wendy. "Ele não pode", respondeu Courtney. "Elas roubam a cueca dele."

A semana marcou um ponto decisivo na relação de Kurt com a banda e a equipe. Até então, todos estavam cientes de que Kurt estava viciado – e Courtney naturalmente havia sido o bode expiatório para a atitude cada vez mais azeda de Kurt. Mas em Nova York ficou claro que era Kurt quem se achava em um caminho autodestrutivo, e que era ele quem tinha todas as marcas oficiais de um viciado ativo. Embora todos soubessem que Kurt estava abusando das drogas – supunham que fosse heroína –, ninguém sabia o que fazer a respeito. Já era muito difícil convencer Kurt a fazer uma verificação de som ou pentear o cabelo, quanto mais conseguir que ele ouvisse conselhos relativos a seus assuntos particulares. Kurt e Courtney se mudaram para um hotel diferente do resto do grupo; estavam a apenas algumas quadras de distância, mas a medida funcionaria como uma metáfora para uma crescente cisão dentro da banda. "Àquela altura", lembra Carrie, "já tinha havido uma separação no acampamento do Nirvana entre as pessoas 'boas' e as 'más'. Kurt, Courtney e eu éramos as pessoas más. Tínhamos essa sensação de que não éramos bem-vindos, e isso se tornou mais negativo."

Os gerentes do Nirvana também estavam perdidos, não sabiam o que fazer. "Foi um tempo muito sinistro", disse Danny Goldberg. "Foi a primeira vez que me dei conta de que ele tinha problema com drogas." Ao mesmo tempo que a Gold Mountain estava se empenhando em chamar a atenção para a apresentação da banda no *Saturday Night Live*, os empresários de Kurt estavam reservadamente rezando para que o problema da droga não os envergonhasse ou descarrilasse seu crescente sucesso financeiro. "Eu só esperava que as coisas não fugissem do controle publicamente", lembra Goldberg.

E então, como se as coisas já não estivessem bastante turbulentas, veio a notícia de que no próximo número da revista *Billboard*, *Nevermind* chegaria ao primeiro lugar, derrubando o *Dangerous* de Michael Jackson. Embora *Nevermind* tivesse oscilado pelo sexto lugar durante todo o mês de dezembro, o disco tinha saltado para o topo com base nas 373.520 cópias vendidas na semana depois do Natal. Muitas dessas compras aconteceram de uma maneira incomum, de acordo com Bob Zimmerman, da Tower Records: "Assistimos a um número incrível de crianças devolvendo os CDs que seus pais lhes haviam dado de Natal e levando *Nevermind* em troca, ou usando o dinheiro que haviam ganho de presente para comprar o CD". *Nevermind* pode ter sido o primeiro disco a alcançar o primeiro lugar apoiado por trocas.

Naquela sexta-feira, Kurt e Courtney deram uma entrevista para a matéria de capa de *Sassy*, uma revista para adolescentes. Kurt havia recusado pedidos do *New York Times* e da *Rolling Stone*, embora tivesse concordado com essa matéria porque achava que a revista era muito idiota. Depois da entrevista, os dois saíram apressados para uma filmagem na MTV. Mas Kurt não se sentia bem e o que estava programado para ser um show de uma hora terminou depois de 35 minutos. Kurt perguntou a Amy Finnerty: "Você pode me levar embora daqui?". Ele queria visitar o Museu de Arte Moderna.

Seu humor melhorou consideravelmente quando se viu lá dentro – era a primeira vez que visitava um grande museu. Finnerty encontrou dificuldade para acompanhar Kurt enquanto ele corria de uma ala para outra. Ele parou quando um fã afro-americano se aproximou e pediu um autógrafo. "Ei, cara, eu adoro o seu disco", disse o sujeito. Uma centena de autógrafos tinham sido pedidos a Kurt nesse dia, mas essa foi a única vez que ele respondeu com um sorriso. Kurt disse a Finnerty: "Nenhum negro ainda havia dito que gostou de meu disco".

Depois do museu, Kurt voltou à NBC para mais um ensaio para o *Saturday Night Live*. Dessa vez, os produtores do programa queriam que a banda tocasse somente as canções que iriam apresentar no programa, e por isso o Nirvana tocou "Teen Spirit" e "Territorial Pissings". Este segundo número não era do gosto da rede de televisão e seguiu-se uma discussão. Kurt já tivera trabalho bastante para o dia e foi embora.

Na tarde do sábado, dia do programa na televisão, a banda passou por uma sessão programada de fotos no estúdio de Michael Lavine. Kurt chegou lá, mas estava tão drogado que continuou dormindo, embora permanecesse em pé. Reclamou que se sentia mal. "Ele estava tão drogado naquele dia", lembra Lavine, "que não conseguia manter os olhos abertos."

No começo de janeiro, Kurt estava tão gravemente viciado em heroína que uma dose normal já não fazia com que se sentisse eufórico: como todos os viciados, ele precisava de um suprimento diário cada vez maior simplesmente para conter os sintomas da abstinência. Mas a heroína de Nova York era poderosa e Kurt estava usando mais do que era prudente, numa tentativa de obter a euforia. Ele havia decidido se drogar cedo naquele sábado para estar atuante quando o *Saturday Night Live* começasse. Em sua tentativa de regular corretamente a dose – uma tarefa impossível de um papelote de heroína para o seguinte –, ele havia tomado demais e estava em estado de estupor durante a tarde. No momento em que a banda se dirigiu para a NBC, Kurt estava do lado de fora do estúdio, vomitando. Ele passou as últimas horas antes do programa deitado num sofá, ignorando o anfitrião Rob Morrow e se recusando a dar um autógrafo para a filha do presidente da NBC. Sua única alegria veio quando ele falou ao telefone com "Weird Al" Yankovic e concordou com uma paródia de "Teen Spirit". Na hora do programa, ele estava novamente sóbrio e infeliz.

Antes do primeiro número, silêncio no estúdio enquanto Morrow apresentava a banda. Kurt parecia péssimo – seu rosto estava pastoso, um trabalho de tintura malfeito deixara seu cabelo com cor de geleia de framboesa, e ele parecia prestes a vomitar – o que era verdade. Mas, tal como em muitas vezes em sua vida, com as costas contra a parede, ele reagiu com um excelente desempenho. Quando Kurt atacou o primeiro solo de guitarra de "Teen Spirit", G. E. Smith, líder da banda do *Saturday Night Live*, voltou-se para o técnico de som do Nirvana, Craig Montgomery, e disse: "Meu Deus, esse cara sabe mesmo tocar".

Embora não fosse a melhor versão de "Teen Spirit" que o Nirvana já tivesse tocado, havia energia crua na canção o bastante para que ela sobrevivesse até a um desempenho desbotado e ainda soasse revolucionária. Ela funcionou na televisão ao vivo porque a presença da banda contava metade da história da canção: Krist se agitava e dançava com sua barba e cabelos compridos, parecendo um Jim Morrison maluco, alongado; Grohl, sem camisa, golpeava a bateria com o espírito de John Bonham; e Kurt parecia possesso. Kurt pode não ter estado 100%, mas todos que estavam assistindo ao programa sabiam que ele estava puto com *alguma coisa*. O garoto que passara a juventude brincando com filmes super-8 sabia como se vender para a câmera e, em seu alheamento e densidade, era hipnótico assisti-lo.

Quando a banda voltou para o número seguinte, tudo se resumiu em catarse. Tocaram "Territorial Pissings" contra a vontade do produtor, e terminaram com a destruição de seus instrumentos. Kurt começou o ataque perfurando um alto-falante com sua guitarra; Grohl derrubou os tambores do pedestal e Krist os atirou para o ar. Aquilo certamente foi premeditado, mas a raiva e a frustração não eram fingidas. Em um "foda-se" final para os Estados Unidos, enquanto passavam os créditos do programa Kurt e Krist se beijaram na boca (a NBC editou esse final em todas as reprises do programa, temendo que fosse visto como ofensivo). Mais tarde, Kurt afirmou que o beijo não fora ideia dele, feito para provocar "os reacionários e homófobos" lá de Aberdeen, mas, na verdade, ele havia se recusado a voltar para a despedida final até que Krist o puxou para o palco. "Eu caminhei direto até ele", lembra Krist, "e o agarrei e prendi minha língua na boca dele, beijando-o. Eu só queria fazê-lo sentir-se melhor. No final daquilo tudo, eu disse a ele: 'Vai dar tudo certo. Não é tão ruim assim. Certo?'". Embora Kurt Cobain tivesse acabado de conquistar os poucos jovens americanos que ainda não estavam apaixonados por ele, não se sentia um conquistador. Como na maioria dos dias, ele se sentia um lixo.

Kurt dispensou a festa do elenco do *Saturday Night Live* e rapidamente saiu do estúdio. Ele havia assumido o compromisso de dar uma entrevista, mas, como sempre, estava horas atrasado. Amy Finnerty estava sentada no apartamento de Janet Billig nas primeiras horas da madrugada quando Kurt ligou perguntando se ela podia lhe emprestar algum dinheiro. Ele tinha um disco no primeiro lugar nas paradas, tinha acabado de tocar no *Saturday Night Live*, mas disse que estava sem dinheiro. Eles foram até um caixa eletrônico e Billig lhe deu quarenta dólares.

Uma hora depois, quando Kurt apareceu na sala do DJ Kurt St. Thomas, o clima era de conversa, e ele deu uma das entrevistas mais longas de sua vida. O propósito da entrevista era criar um CD promocional para emissoras de rádio. Kurt contou o caso das "armas no rio", as histórias de comer espetos de salsicha quando morava com Dave e relatos de Aberdeen como uma cidade de fazendeiros e reacionários. Quando Kurt partiu, duas horas depois, Mark Kates da DGC se virou para St. Thomas e disse: "Uau, não posso acreditar no quanto você conseguiu dele. Ele nunca fala assim. Mas eu não sei se tudo isso é verdade".

Várias horas depois, quando o sol estava se erguendo na manhã de domingo, Courtney descobriu que Kurt estava com overdose de heroína que ele havia tomado depois da entrevista. Se fora intencional, não se sabe, mas Kurt era um viciado com fama de descuidado. Ela salvou sua vida ressuscitando-o, e depois disso ele parecia tão bem como nunca havia estado antes. Naquela tarde, o casal participou de outra sessão de fotos com Lavine para a capa da *Sassy* – uma foto mostrava Kurt beijando a face de Courtney e a revista a usou para a capa. Menos de oito horas antes, Kurt estivera em coma.

Na entrevista com Christina Kelly, da *Sassy*, Kurt discutiu o noivado dos dois: "Minha atitude mudou drasticamente e não posso acreditar o quanto estou muito mais feliz e até menos voltado para a carreira. Às vezes, eu até me esqueço de que estou numa banda, de tão cego pelo amor. Eu sei que isso soa embaraçoso, mas é verdade. Eu poderia abrir mão da banda agora mesmo. Ela não tem importância. Mas eu estou sob contrato". Quando Kelly perguntou se a relação havia mudado seu estilo de composição, Kurt foi ainda mais efusivo: "Eu estou tão arrebatado pelo fato de estar apaixonado nessa escala que não sei como minha música irá mudar".

Mas o comentário mais irônico veio quando Kelly perguntou se o casal considerava ter um bebê. Kurt respondeu: "Eu só quero estar bem situado e seguro. Quero ter certeza de que temos uma casa e dinheiro guardado no banco". Ele não sabia que Courtney já estava grávida.

17

Um monstrinho interior

Los Angeles, Califórnia, janeiro de 1992-agosto de 1992

Há um monstrinho dentro de sua cabeça que diz: "Você sabe que vai se sentir melhor".
Kurt descrevendo o vício para sua irmã, em abril de 1992.

FORAM TODOS AQUELES DESENHOS de "bebês golfinhos" que ele havia feito durante anos que deixaram Kurt em pânico ao ouvir a notícia da gravidez; isso e saber que eles estavam tomando heroína durante o período em que a criança foi concebida, no começo de dezembro. O crítico mais severo de Kurt sempre foi sua própria voz interior, e essa gravidez maculada, segundo observam seus amigos, fez com que sentisse uma das mais poderosas vergonhas da sua vida. Ao longo de toda a podridão que tinha sido sua vida – interna e externa –, ele havia mantido duas coisas sagradas: um juramento de que nunca se transformaria em seus pais, e uma promessa de que, se algum dia tivesse filhos, daria a eles um mundo melhor do que aquele no qual crescera. No entanto, no começo de janeiro de 1992, Kurt não conseguia parar de pensar em todos os desenhos de "bebês golfinhos" que havia feito e de se perguntar se estava recebendo um deles como retaliação divina.

Concomitantemente, mesmo com seu desespero, Kurt nutria esperanças em torno da gravidez. Ele realmente amava Courtney e achava que eles teriam um filho com muitos talentos, inclusive inteligência acima da média. Ele acreditava que o afeto que sentia por ela era mais profundo que o amor que ele presenciara entre seus pais. E apesar da piração de Kurt, Courtney parecia surpreendentemente calma, pelo menos pelos padrões Courtney. Ela disse a Kurt que o bebê era um sinal enviado por Deus e estava convencida de que ele não nasceria com nadadeiras, independentemente de quantos desenhos de fetos deformados Kurt tivesse esboçado em sua juventude. Ela disse que seus pesadelos eram apenas temores e que nos sonhos dela mostravam os dois tendo uma criança saudável, linda. Ela sustentava essas convicções ainda que os outros ao redor dela lhe sugerissem o contrário. Um médico especialista em tratamento de drogas que ela consultou prontificou-se a "dar-lhe morfina" se ela aceitasse fazer aborto. Courtney não engoliu essa e procurou outra opinião.

Ela consultou um especialista em defeitos de nascimento de Beverly Hills que lhe disse que a heroína, quando tomada no primeiro trimestre da gravidez, implicava poucos riscos de defeitos de nascimento. "Ele lhe disse que se ela seguisse um programa de tratamento e gradativamente parasse de tomar a droga, não havia nenhuma razão no mundo para que ela não pudesse ter um bebê saudável", lembra a advogada de Courtney, Rosemary Carroll. Com as imagens de "bebês golfinhos" desaparecendo da cabeça, Kurt se juntou a Courtney na certeza de que a gravidez era uma bênção. Quando muito, as atitudes de desaprovação dos demais apenas fortaleceram a resolução de Kurt, do mesmo modo que havia sido no caso de sua união com Courtney. "Sabíamos que realmente não era o melhor momento para ter um filho", disse Kurt para Michael Azerrad, "mas havíamos acabado de decidir ter um."

Eles haviam alugado um apartamento de dois quartos em Los Angeles por 1.100 dólares mensais na Spaulding, 448, norte, entre Melrose e Fairfax. Era um bairro tranquilo e eles estavam relativamente isolados, porque nenhum dos dois podia dirigir: Kurt deixara de pagar algumas multas de trânsito e havia perdido temporariamente sua habilitação; Courtney jamais aprendera a dirigir um carro. Era a primeira vez que Kurt morava fora do estado de Washington e se viu com saudades da chuva.

Mas logo depois de se mudarem, partiram para os confins de um Holiday Inn. Eles tinham contratado um médico especializado em terapia de desintoxicação rápida que recomendou que se hospedassem em um motel – o tratamento seria uma confusão, segundo ele lhes dissera. E foi. Embora Kurt depois tentasse minimizar esse retiro, afirmando que "dormiu durante três dias", outros traçavam um quadro bem mais sinistro da desintoxicação, que acarretava horas de febre, diarreia, calafrios e todos os sintomas que normalmente se associam ao pior caso de gripe. Eles sobreviviam mediante um uso pródigo de pílulas soníferas e metadona.

Embora ambos estivessem se desintoxicando por causa do bebê, Kurt teve de partir após duas semanas para uma excursão no Extremo Oriente. "[Eu] me vi percebendo que não conseguiria drogas quando chegássemos ao Japão e à Austrália", escreveu ele em seu diário. Na metade de sua desintoxicação, Kurt teve de participar de um vídeo para "Come As You Are". Ele insistiu para que todas as tomadas do seu rosto parecessem escuras ou distorcidas.

Antes de partir para a excursão, Kurt ligou para sua mãe para dar a notícia da gravidez. Sua irmã Kim atendeu o telefone. "Nós vamos ter um bebê", declarou ele. "É melhor eu passar você para mamãe", respondeu Kim. Quando Wendy ouviu a notícia, declarou: "Kurt, você não pode me chocar mais".

Os primeiros concertos na Austrália transcorreram normalmente, mas no prazo de uma semana Kurt estava sofrendo de dor de estômago, o que forçou o cancelamento de compromissos. Ele foi para uma sala de emergência uma das noites, mas saiu depois de entreouvir uma enfermeira dizer: "Ele não passa de um drogado". Conforme escreveu em seu diário, "a dor me deixou imóvel, dobrado no chão do banheiro, vomitando água e sangue. Eu estava literalmente morrendo de fome. Meu peso estava abaixo de 45 quilos". Desesperado por uma solução, procurou um médico australiano especializado em bandas de rock. Na parede do consultório, orgulhosamente exposta, estava uma foto do médico com Keith Richards. "A conselho dos meus empresários, fui levado a um médico que me deu Physeptone", escreveu Kurt em seu diário. "As pílulas pareciam funcionar melhor do que qualquer outra coisa que eu tentara." Mas, algumas semanas mais tarde, depois que a excursão chegou ao Japão, Kurt notou o rótulo no frasco. "Dizia: 'Physeptone – contém metadona'. Viciado novamente. Sobrevivemos ao Japão, mas àquela altura os opiatos e a excursão haviam começado a cobrar seu preço sobre meu corpo e eu não estava muito melhor de saúde do que eu estava de drogas."

Apesar de seus apuros físicos e emocionais, Kurt adorou o Japão, compartilhando a obsessão do país pelo kitsch. "Ele estava em um país totalmente estrangeiro e ficou fascinado com a cultura", lembra Kaz Utsunomiya, da Virgin Publishing, que estava na excursão. "Ele adorava as caricaturas e a 'Hello Kitty'." Kurt não entendia por que os fãs japoneses lhe davam presentes, mas declarou que só aceitaria presentes "Hello Kitty". No dia seguinte, ele era inundado com quinquilharias. Antes de uma apresentação nos arrabaldes de Tóquio, Utsunomiya teve de ajudar Kurt a comprar pijamas novos. Quando Kurt disse ao vendedor que queria os pijamas para usar no palco, o sóbrio balconista olhou para o cantor como se ele fosse realmente maluco.

Em Osaka, numa rara noite de folga, o Nirvana se reuniu com um de seus parceiros de excursão favoritos, o Shonen Knife, um grupo popular composto por três japonesas. Elas deram a Kurt espadas de brinquedo, um novo macaco Chim-Chim motorizado e o levaram para jantar em um restaurante alemão que ele havia escolhido. Ele ficou desapontado ao saber que o Shonen Knife tinha uma apresentação na noite seguinte, tal como o Nirvana. Excepcionalmente, Kurt encerrou mais cedo o show do Nirvana e anunciou do palco que estava planejando ir ver o Shonen Knife. Afastando-se do local do show, seu táxi foi atacado por garotas japonesas que agarravam, querendo apenas tocar o carro. No show do Shonen Knife, as coisas eram igualmente surrealistas porque, como único rapaz louro de olhos azuis ali, era fácil vê-lo. "Ele ainda estava usando o pijama", lembra Naoko Yamano, do Shonen Knife.

Courtney tinha se juntado à excursão no Japão e eles passaram o 25º aniversário de Kurt voando para Honolulu para dois espetáculos programados. No avião, decidiram se casar no Havaí. Eles tinham fantasiado sobre um casamento no Dia dos Namorados, mas não terminaram seu acordo pré-nupcial a tempo. Kurt tinha sugerido um acordo pré-nupcial depois de forte pressão do empresário John Silva, que jamais havia gostado de Courtney. O acordo cobria principalmente ganhos futuros, porque, na época do casamento, eles ainda eram "pobres fodidos", nos termos de Courtney. Quando Kurt fez sua declaração para o imposto de renda em 1991, graças ao modo enigmático como a indústria da música paga os direitos com tanto atraso e ao enorme percentual retirado pelos empresários e advogados, sua renda total era de apenas 29.541 dólares. Como tivera deduções de 2.541 dólares, restava-lhe uma renda tributável de 27 mil dólares, num ano em que ele tocou diante de centenas de milhares de fãs e vendeu quase 2 milhões de discos.

Courtney estava negociando seu próprio contrato de gravação com a DGC, que dava ao Hole um adiantamento de 1 milhão de dólares e uma porcentagem de direitos autorais consideravelmente mais alta que a do Nirvana, uma questão de grande orgulho para ela. Courtney ainda tinha reservas quanto à possibilidade de não ser considerada artista por seus próprios méritos estando casada com alguém tão famoso quanto Kurt. No Japão, ela registrara apressadamente sua melancolia em seu diário: "Minha fama. Ha! Ha! É uma arma, me poupe, é igual a enjoo matinal. [...] Poderia ser apenas efeito comercial de vendas em excesso e de um acidente semi-improvável, semi--forjado, mas estou começando a pensar que não posso cantar, não posso compor, que a estima está na maior baixa de todos os tempos, e isso não é culpa dele. Meu Deus, como poderia ser. [...] Não se atrevam a me desconsiderar só porque me casei com um ASTRO DO ROCK".

Eles se casaram na praia de Waikiki, ao pôr do sol de uma segunda--feira, 24 de fevereiro de 1992. A cerimônia foi realizada por um ministro leigo encontrado pela agência de casamentos. Kurt havia tomado heroína, embora tenha contado para Azerrad que "não estava muito alto. Eu só tomei um pouquinho e por isso não enjoei". Courtney usava um vestido de seda que pertencera à atriz Frances Farmer, comprado em um antiquário. Kurt usava um pijama xadrez azul e uma bolsa tecida na Guatemala. Com sua magreza angulosa e seu traje bizarro, mais parecia um paciente de quimioterapia do que um noivo tradicional. No entanto, o casamento não deixava de ter significado para ele e Kurt chorou durante a breve cerimônia.

Uma vez que o casamento foi organizado às pressas, a maioria dos convidados, oito no total, era da equipe da banda. Kurt mandou Dylan Carlson tomar um avião para servir de padrinho, embora isso em parte tenha sido desencadeado por Kurt querer que Dylan levasse heroína para ele. Dylan ainda não conhecia Courtney e seu primeiro encontro com ela foi no dia anterior ao casamento. Ele gostou de Courtney e ela gostou dele, embora nenhum dos dois conseguisse superar uma crença de que a outra parte era uma influência negativa sobre Kurt. "Em certos sentidos, ela era muito boa para ele", lembra Dylan, "e em outros, ela era terrível." Dylan levou sua namorada e os dois eram os únicos que não constavam da folha de pagamento do Nirvana.

Mas o mais importante foram os ausentes: Kurt não convidara sua família (Courtney também não) e a ausência de Krist e Shelli foi muito notada. Na manhã do casamento, Kurt tinha banido Shelli e alguns membros da equipe porque achava que eles estavam fofocando sobre Courtney – o efeito desse decreto também foi o de desconvidar Krist. "Kurt estava mudando", lembra Shelli. Naquele mês, Kurt havia dito a Krist: "Eu não quero nem *ver* Shelli, porque quando olho para ela, eu me sinto mal pelo que estou fazendo". A análise de Shelli é a seguinte: "Eu acho que olhar para mim era como olhar para a consciência dele".

Shelli e Krist partiram do Havaí no dia seguinte, supondo que a banda estivesse dissolvida. "Achamos que era o fim", lembra Shelli. Krist só estava triste e se sentindo rejeitado por seu velho amigo: "Kurt estava em seu próprio mundo naquele momento. Depois disso, eu me senti muito estranho com ele. Jamais foi o mesmo. Falamos um pouco sobre o destino da banda, mas realmente não havia *nenhum* destino da banda depois disso". Quatro meses se passariam até que o Nirvana tocasse novamente em público e quase dois meses até que Krist e Kurt se encontrassem novamente.

Kurt e Courtney estavam em lua de mel no Havaí, mas a ilha ensolarada não era a ideia de paraíso para Kurt. Eles voltaram a Los Angeles, onde seu hábito de tomar drogas era mais fácil de abastecer. Kurt mais tarde desqualificou o seu maior consumo da droga dizendo que era "muito menos turbulento do que todo mundo pensa". Ele contou para Azerrad que decidiu continuar a ser um viciado porque achava que "se eu parasse na época, acabaria tomando de novo pelo menos pelos próximos dois anos o tempo todo. Imaginei que eu só iria me irritar com isso porque ainda não tinha passado pela sensação de drogado total. Eu ainda era saudável". Sua dependência química e psicológica já era grande naquela etapa, e seus comentários eram uma tentativa de minimizar o que havia se tornado um vício debilitante. Sua própria descrição de si mesmo em seu diário era tudo menos saudável, pelo menos do modo como ele imaginava que os outros o viam: "Eu sou pensado como famélico, pele amarela, tipo zumbi, maligno, viciado em drogas, drogado, causa perdida, à beira da morte, autodestrutivo, porco egoísta, um perdedor que toma pico nos bastidores segundos antes de uma apresentação". Isso era o que ele imaginava que as pessoas pensavam dele; seu próprio diálogo interno era até mais obscuro, resumido por uma frase que surgia reiteradamente em seus escritos: "Eu me odeio e quero morrer". No início de 1992, ele já havia decidido que esse seria o título de seu próximo disco.

A heroína se tornou, de diversas maneiras, o hobby que ele nunca tivera em criança: ele organizava metodicamente sua caixa de "equipamentos" como um garotinho poderia embaralhar sua coleção de cards de beisebol. Nessa caixa sagrada ele guardava sua seringa, um fogareiro para derreter as drogas (a heroína da Costa Oeste tinha a consistência de alcatrão de telhado e precisava ser cozida) e colheres e bolas de algodão usadas na preparação da heroína para injetar. Um submundo desagradável de traficantes e entregas diárias se tornou lugar-comum.

Na primavera de 1992, ele não fez praticamente nada que envolvesse a banda e se recusou a programar shows para o futuro. A banda recebia ofertas de somas astronômicas para fazer uma excursão pelos principais estádios – *Nevermind* ainda estava próximo ao topo das paradas –, mas Kurt rejeitava todas as propostas. Embora Courtney tivesse se afastado das drogas durante a desintoxicação que ambos fizeram em janeiro, com Kurt comprando heroína diariamente e enchendo o apartamento com o cheiro de seu cozimento, ela se viu escorregando ladeira abaixo novamente. A combinação das fraquezas de ambos ajudava a arrastar cada um deles para uma espiral de abuso e sua dependência emocional mútua tornava quase impossível romper esse ciclo. "Com Kurt e Courtney, era como se eles fossem dois personagens de uma peça e simplesmente trocassem de papéis", observa Jennifer Finch.

"Quando um ficava sóbrio e melhor, o outro escorregava. Mas Courtney conseguia se controlar mais do que Kurt. No caso dele, era o trem desgovernado que iria se acidentar – todos sabiam disso e só queriam sair da frente."

No começo de março, Carolyn Rue, do Hole, visitou o apartamento deles para se drogar. Quando Carolyn pediu uma seringa extra, Kurt respondeu: "Nós quebramos todas elas". Num esforço para controlar o vício dos dois, Courtney muitas vezes destruía todas as seringas da casa, cujo efeito era apenas o de obrigar Kurt a comprar novas quando fosse apanhar sua heroína diária. Mesmo para Carolyn, que enfrentava suas próprias dificuldades, o vício de Kurt parecia aceleração máxima. "Kurt falava sobre tomar drogas como se essa porra fosse natural", lembra ela. "Mas não era." Mesmo dentro das fronteiras da cultura da droga, o nível de consumo de Kurt parecia aberrante.

A perspectiva do bebê dava a Kurt uma pequena luz de esperança no que havia se tornado uma existência cada vez mais vazia. Para assegurar que o feto estava se desenvolvendo corretamente, eles haviam feito vários testes de ultrassom para checar as imagens do bebê no útero. Quando Kurt as viu, ficou visivelmente abalado e chorou aliviado porque a criança estava se desenvolvendo normalmente. Kurt apanhou uma das imagens e a usou como peça central de uma pintura em que começara a trabalhar. Quando um segundo teste resultou em um vídeo do ultrassom do feto, ele pediu uma cópia e a assistia obsessivamente em seu videocassete. Segundo Jennifer Finch, "Kurt não parava de dizer: 'olha só essa pequena vagem'. Era assim que eles a estavam chamando, 'a vagem' ['the bean']. Ele apontava para a mão dela. Ele conhecia cada detalhe isolado daquela imagem gráfica". No início da gravidez, depois de ter sido determinado o sexo da criança, eles haviam escolhido um nome: Frances Bean Cobain. O nome do meio era o apelido que lhe deram, enquanto o prenome vinha de Frances McKee, dos Vaselines, ou assim Kurt diria depois aos repórteres. Mais tarde, a foto do ultrassom foi reproduzida na capa do single "Lithium".

Em março, a preocupação em torno da crescente dependência de Kurt em relação às drogas e seu efeito em Courtney levou seus empresários a tentarem uma primeira intervenção formal. Contrataram Bob Timmins, um especialista em dependência de drogas cuja fama se construíra no trabalho com astros do rock. Courtney lembra que Timmins era tão deslumbrado por Kurt que prestava pouca atenção a ela. "Ele literalmente me ignorava e ficava babando por Kurt", disse ela. Timmins sugeriu que Kurt considerasse sua internação em um programa de tratamento de dependência química. "Meu conselho foi aceito", disse Timmins. "O motivo pelo qual recomendei esse programa específico era que ele era desenvolvido no hospital Cedars-Sinai, e eu achava que algumas questões médicas se evidenciaram em minha avaliação. Não se tratava de dizer apenas 'faça o tratamento, desintoxique-se e vá para as reuniões'. Havia muitas questões médicas envolvidas."

No início, a permanência de Kurt no Cedars-Sinai ajudou consideravelmente, e logo ele parecia sóbrio e saudável. Mas, embora concordasse em continuar com a metadona – uma droga que bloqueia a síndrome de abstinência sem produzir euforia –, ele terminava o tratamento cedo e evitava as reuniões dos 12 Passos. "Ele definitivamente não era uma pessoa sociável", observa Timmins. "Essa parte de sua personalidade provavelmente atrapalhava o processo de recuperação."

Em abril, Kurt e Courtney viajaram para Seattle, onde procuraram uma casa para comprar. Uma noite foram até a Orpheum Records e provocaram uma cena quando apreenderam todos os discos piratas do Nirvana da loja. Courtney corretamente declarou que os CDs eram ilegais, mas o balconista protestou que seria demitido se o proprietário desse pela falta dos CDs. Ironicamente, Kurt havia entrado na loja procurando um CD da banda Negativland, que também tinha sido declarado ilegal depois de um processo judicial. O balconista perguntou se eles poderiam escrever um bilhete para o seu chefe e, por isso, Courtney escreveu: "Eu preciso que você pare de ganhar dinheiro à custa de meu marido para que eu possa alimentar meus filhos. Com amor, Sra. Cobain". Kurt acrescentou: "Macarrão e queijo para todos". O bilhete era tão estranho que o preocupado balconista perguntou a Kurt: "Se eu perder meu emprego, posso trabalhar para você?". No dia seguinte, a loja recebeu um telefonema de um homem que perguntava: "Aquele rapaz de cabelo comprido que trabalhava aí ontem à noite ainda está empregado?".

Enquanto o casal estava em Seattle, os Fradenburg promoveram para eles uma dupla recepção: chá de panela e chá de bebê. Seria a primeira vez que os muitos tios e tias de Kurt teriam a chance de conhecer Courtney, mas vários deles partiram antes que ela chegasse: a festa tinha sido marcada para as duas da tarde, mas os homenageados só apareceram às sete. Courtney disse aos parentes de Kurt que eles podiam comprar uma mansão vitoriana em Grays Harbor. "Então poderemos ser o rei e a rainha de Aberdeen", brincou ela.

O casamento inicialmente pareceu amadurecer Kurt e Courtney. Quando estavam longe dos refletores, e longe das drogas, sua relação tinha muitos momentos de ternura. Despojados de sua fama, ambos voltavam a ser as assustadas crianças perdidas que haviam sido antes de serem descobertas. Toda noite, antes de irem para a cama, eles rezavam juntos. Depois de se deitarem, um lia livros para o outro. Kurt disse que adorava dormir ouvindo o som da voz de Courtney – era um bem-estar de que ele sentira falta durante grande parte de sua vida.

Naquele mês, Courtney voltou a Los Angeles para tratar de negócios do Hole; Kurt ficou em Seattle e até chegou a fazer uma breve sessão de um dia de gravação com o Nirvana, no estúdio caseiro de Barrett Jones. Eles gravaram "Oh, the Guilt", "Curmudgeon" e "Return of the Rat", a canção final sugerida para um disco de tributo à banda Wipers, de Portland. No dia seguinte à sessão, Kurt dirigiu seu Valiant até Aberdeen para uma primeira visita a Grays Harbor depois de meses.

Dois dias depois, Kurt voltou de carro para Seattle para buscar sua irmã e trazê-la para Aberdeen. Ele tinha um subtexto para esse longo dia de viagem, um circuito de ida e volta de seis horas que não contou para Kim até que o carro passou pelo "Morro do Think of Me", a poucos minutos da casa de Wendy. "Sabe a sua melhor amiga, a Cindy?", perguntou ele. "Ela contou pra mamãe que você e Jennifer estavam tendo um caso."

"Não é um caso", respondeu Kim. "Somos namoradas. Eu sou *gay*." Kurt sabia disso, ou pelo menos desconfiava, mas sua mãe, não. "Mamãe está meio irritada agora", disse ele para a irmã, e pediu que Kim fizesse de conta que a mãe não sabia. Kurt, como Wendy, preferia um estilo não confrontador – Kim, porém, disse ao irmão que não faria tal coisa.

Quando chegaram em Aberdeen, Kurt decidiu que eles precisavam conferenciar antes de entrar em casa. Ele dirigiu o carro até o parque Sam Benn, onde se sentaram em um balanço, e Kurt decidiu usar este momento para soltar sua própria bomba. "Eu sei que você já experimentou maconha e provavelmente já tomou ácido e cocaína", disse-lhe ele. "Eu nunca toquei em cocaína", rebateu Kim. "Bem, você ainda vai", respondeu o irmão. A conversa descambou para um debate sobre se Kim, apenas duas semanas antes de completar 22 anos, acabaria usando cocaína ou não. "Bem, você *usará* cocaína", insistiu Kurt. "Mas se você alguma vez tocar em heroína, eu pego um revólver e venho atrás de você e a mato." Não parecia que ele estivesse brincando. "Você não precisa se preocupar com isso", disse-lhe Kim. "Eu nunca enfiaria uma agulha no meu braço. Jamais faria isso." Kim percebeu que, pelo jeito como Kurt havia construído a advertência, ele estava transmitindo uma mensagem sobre si mesmo.

Depois do silêncio longo que só é natural entre irmãos, Kurt finalmente anunciou: "Estou de cara limpa há uns oito meses". Ele não especificava do que estava de cara limpa, mas Kim havia ouvido os rumores como todos os demais. Ela também desconfiava que ele estava mentindo sobre os oito meses de cara limpa – na verdade, fazia menos de um mês, e ele ainda estava tomando uma dose diária de metadona.

"Eu não sei muita coisa sobre heroína", disse ela para o irmão. Kurt suspirou e foi como se uma porta tivesse sido aberta, e o irmão que Kim sempre amara surgiu e mais uma vez se abriu com ela. Ele não se escondia atrás de seu ego construído ou de mentiras ou fama enquanto lhe dizia sobre a dor que sentia tentando largar a heroína. Ele descreveu isso como semelhante ao vício de fumar, onde cada tentativa sucessiva de parar fica cada vez mais difícil. "Quanto mais você tenta", explicou ele, "e quanto mais você para, mais difícil se torna parar na terceira, e na quarta, e na quinta, e na sexta vez. Há um monstrinho dentro de sua cabeça que diz: 'Você sabe que vai se sentir melhor, e você sabe que eu vou me sentir melhor'. É como se eu tivesse outra pessoa em minha cabeça que estivesse me dizendo que tudo vai ficar bem se eu simplesmente tomar um pouco."

Kim estava muda. Ela sabia, pela menção que Kurt fazia do quanto era difícil deixar na "quinta" ou na "sexta" vez, que ele havia ido muito mais longe do que ela imaginava. "Não se preocupe nunca comigo, Kurt, porque eu *nunca* vou tocar nessa droga", disse ela. "Nem vou chegar perto dela. Você está de cara limpa há oito meses – isso é *ótimo*. Por favor, continue." Ela estava ficando sem ter o que dizer e se recuperando do choque de "descobrir que seu irmão é um drogado", disse ela rememorando. Apesar dos rumores, Kim teve dificuldade em admitir que seu irmão, que havia crescido com ela e passado por muitas das mesmas agruras, fosse um viciado.

Kurt trouxe de volta o assunto da sexualidade de Kim e do preconceito que ele sabia que ela enfrentaria no porto. Tentou convencê-la a deixar de ser lésbica. "Não desista totalmente dos homens", insistiu ele. "Eu sei que eles são uns panacas. Eu nunca namoraria um cara. Eles são uns idiotas." Kim achou muita graça – apesar de não contar seu segredo à família, ela sempre soubera que era gay e sentia pouca vergonha disso. Mesmo com todas as pichações de "O homossexualismo é o máximo" que Kurt havia feito em Aberdeen, ele tinha dificuldade em admitir que sua irmã fosse gay. À medida que a conversa se atenuou e eles tomavam o rumo de casa, ele lhe deu um longo abraço fraterno e garantiu que sempre a amaria.

No dia 16 de abril de 1992, o Nirvana apareceu pela primeira vez na capa da *Rolling Stone*. Embora a matéria fosse ostensivamente sobre a banda, até a manchete – "Inside the Heart and Mind of Kurt Cobain" ["Por dentro do coração e da mente de Kurt Cobain"] – era evidência de que tudo o que o Nirvana fazia estava centrado em Kurt. Para a foto da capa ele usava uma camiseta que dizia "Corporate Magazines Still Suck" ["As Revistas Corporativas Ainda São um Saco"]. O fato mesmo de que a matéria tenha sido publicada era um testemunho de como os empresários de Kurt haviam se empenhado para convencê-lo de que as revistas corporativas não eram um saco. Kurt havia recusado uma entrevista que a *Rolling Stone* tinha pedido em 1991 e, no início de 1992, ele escreveu uma carta para a revista: "neste momento de nossa, hã, carreira, antes do tratamento para perda de cabelo e da falta de crédito, decidi que não tenho vontade nenhuma de dar uma entrevista. [...] Não nos beneficiaríamos de uma entrevista porque o leitor mediano de *Rolling Stone* é um ex-hippie de meia-idade que se tornou crítico, ama o passado como 'os dias de glória' e tem uma abordagem mais cordial, mais suave e mais adulta em relação ao novo conservadorismo liberal. O leitor mediano de *Rolling Stone* sempre acumulou musgo". Ele não enviou a carta, e duas semanas depois de escrevê-la estava se encontrando com Michael Azerrad, da revista, falando mais uma vez sobre como desejava uma camiseta tingida com o sangue de Jerry Garcia.

De início, ele havia dado uma gélida recepção a Azerrad, mas, quando começou a contar os casos das surras que levara no colégio, Azerrad se levantou e exibiu sua estrutura de 1,65 metro e brincou: "Eu não sei do que é que você está falando". Depois disso, os dois se aproximaram mais e Kurt respondeu às perguntas de Azerrad, conseguindo veicular pela imprensa muitas de suas principais reformulações de vida, inclusive que "Something in the Way" era sobre o tempo em que ele morou debaixo de uma ponte. Quando indagado sobre a heroína, Kurt respondeu: "Eu nem sequer bebo mais porque isso destrói meu estômago. Meu corpo não me permitiria tomar drogas, se eu quisesse, porque o tempo todo eu sou muito fraco. As drogas são uma perda de tempo. Elas destroem sua memória e seu autorrespeito e tudo o que acompanha sua autoestima. Não há nada de bom nelas". Enquanto ele falava sentado na sala de estar do apartamento da rua Spaulding, sua adorada "caixa de equipamentos" estava no closet como uma relíquia familiar adornada.

Embora o artigo da *Rolling Stone* minimizasse as tensões internas da banda, entre o momento da entrevista e sua publicação o Nirvana deixara temporariamente de existir. Quando a banda assinou seu contrato inicial de edição, Kurt havia aceitado dividir igualitariamente seus direitos autorais de composição com Novoselic e Grohl. Isso era generoso, mas na época ninguém imaginava que o disco venderia milhões de cópias. Com o sucesso fenomenal de *Nevermind*, Kurt insistiu que as porcentagens fossem alteradas para que ele ficasse com o grosso da renda – propôs uma divisão de 75/25 sobre a música, ficando com 100% das letras –, e queria que o contrato fosse retroativo. "Acho que uma vez que *Nevermind* estava se esgotando, Kurt começou a perceber que [os contratos de edição] não eram apenas documentos teóricos; que se tratava de dinheiro grosso", observa o advogado Alan Mintz. "As cotas sobre a edição significavam problemas de estilo de vida."

Krist e Dave se sentiram traídos por Kurt querer que o novo contrato fosse retroativo, mas acabaram concordando, imaginando que a outra opção seria dissolver a banda. Kurt tinha dito resolutamente a Rosemary Carroll – agora atuando simultaneamente como advogada de Kurt, Courtney e do Nirvana – que dissolveria a banda se não fosse do jeito que ele queria. Embora Grohl e Novoselic culpassem Courtney, Carroll se lembra de Kurt ter sido irredutível na questão. "Seu foco era de tipo laser", observa ela. "Ele era muito claro e muito persistente e sabia, em nível de centavos, do que é que estava falando. Sabia o que merecia e sabia que merecia todo o dinheiro, [já que] ele compunha todas as letras e músicas." Em última análise, as porcentagens não deixaram uma ferida tão funda quanto a maneira como Kurt escolheu lidar com o assunto: como acontecia com a maioria dos conflitos, ele evitou a questão até que ficou furioso. Vários membros da equipe da banda ficaram chocados ao ouvir Kurt falando mal de Krist, que havia sido um dos maiores esteios de sua vida.

Em maio, Kurt estava de volta novamente à heroína, depois de ter conseguido permanecer sóbrio durante menos de seis semanas. Seu vício era de conhecimento comum nos círculos do rock e os rumores acabaram chegando ao *Los Angeles Times*. No dia 17 de maio, em um artigo com o cabeçalho "Por que o Nirvana está perdendo uma temporada excelente de excursões?", Steve Hochman escrevia que "O comportamento retraído [do Nirvana] reacendeu a especulação pública de que o cantor/guitarrista Kurt Cobain tem um problema com heroína". A Gold Mountain desmentiu os rumores, divulgando o que se tornaria a negação-padrão, atribuindo a ausência da banda a "problemas estomacais" de Kurt.

O velho amigo de Kurt, Jesse Reed, o visitou naquele mês e, no dia em que estiveram juntos, Kurt teve de tomar a droga duas vezes. Em ambas, ele entrou no banheiro para não fazê-lo na frente de seu mais velho amigo, ou de Courtney, que estava sofrendo com o enjoo matinal e não queria ver Kurt se drogando. Mas Kurt não se retraía em relação a discutir seu vício com Jesse e passaram a maior parte do dia aguardando a entrega de um novo suprimento de heroína. Kurt havia claramente superado o medo de agulhas, medo que Jesse se lembrava de quando eram jovens – Kurt até pediu a seu velho amigo que encontrasse para ele alguns esteroides injetáveis ilegais.

Jesse não achou que o apartamento estivesse mobiliado de modo muito diferente do apartamento rosa de Aberdeen – havia grafites nas paredes, a mobília era barata e, no geral, "era um pardieiro". Mas um aspecto dele impressionou Jesse: Kurt havia começado a pintar novamente e a sala de estar estava cheia de seus trabalhos. "Ele tinha quase dez metros quadrados de telas", lembra Jesse. "Ele estava falando em abandonar a música e abrir sua própria galeria." A arte que Kurt pintou em 1992 evidenciava grande amadurecimento. Uma das pinturas era uma tela de 60 × 91 centímetros cor de laranja brilhante com um dente de cachorro marrom pendurado num cordão no meio do quadro. Outro quadro apresentava grandes manchas carmesim com flores prensadas no centro das manchas de tinta. Ainda outro mostrava cruzes de cor vermelho-sangue com imagens brancas fantasmagóricas de alienígenas atrás delas. Uma tela gigantesca apresentava um alienígena pendurado como uma marionete com uma protuberância minúscula de um pênis exposto; um pequeno gato estava num canto olhando para o espectador e, em outro canto, Kurt havia escrito: "abscessos retais, conjuntivite, espinha bífida".

Os cheques dos direitos autorais de Kurt haviam começado a chegar e o dinheiro para comprar telas e tinta já não era mais problema. Ele contou a Jesse que estava ganhando o equivalente a quatrocentos dólares de heroína por dia, uma quantia extravagante que teria matado a maioria dos usuários; parte da razão para essa cifra era que a maioria dos traficantes cobrava mais caro de Kurt, sabendo que ele podia pagar. Jesse descobriu que quando Kurt se aplicava, havia pouco prejuízo para suas funções motoras: "Ele não ficava sonolento. Não havia nenhuma mudança".

Jesse e Kurt passaram a maior parte da tarde assistindo a um videoteipe mostrando um homem dando um tiro na cabeça. "Ele tinha o vídeo de um senador", lembra Jesse, "explodindo o cérebro diante da câmera. O sujeito tira uma Magnum 357 de um envelope de papel manilha e detona seu cérebro. Era uma imagem muito nítida. Kurt conseguiu a fita numa loja de rapé." Na verdade, o vídeo era do suicídio de R. Budd Dwyer, funcionário do estado da Pensilvânia que, ao ser condenado por suborno em janeiro de 1987, convocou uma entrevista coletiva, agradeceu sua esposa e filhos, entregou um envelope ao seu pessoal contendo seu bilhete de suicídio, e disse aos repórteres: "Alguns que ligaram disseram que eu sou um Jó dos tempos modernos". Com as câmeras filmando, Dwyer enfiou um revólver em sua boca e puxou o gatilho – o tiro arrancou a parte de trás de sua cabeça e imediatamente o matou. Cópias piratas da cobertura da televisão ao vivo haviam circulado após a morte de Dwyer e Kurt tinha comprado uma. Ele assistiu obsessivamente ao suicídio durante 1992 e 1993 – quase tantas vezes quanto as que assistiu ao ultrassom de sua filha.

Depois que a heroína foi entregue, Jesse acompanhou Kurt em algumas tarefas de rua. Uma das paradas foi a Circuit City, onde Kurt deixou quase 10 mil dólares ao comprar o mais recente equipamento de vídeo. Jesse partiu naquela noite, para voltar a San Diego, e deu um abraço de despedida no frágil Kurt. Eles continuaram em contato por telefone e, embora nenhum deles soubesse disso na ocasião, seria a última vez que os dois velhos amigos se veriam.

Em junho, o Nirvana iniciou uma excursão de dez shows na Europa para compensar os cancelados em 1991. No primeiro show, em Belfast, Kurt já estava reclamando de dor de estômago e foi levado às pressas para o hospital. Lá ele afirmou que a dor fora causada por não tomar suas pílulas de metadona; em outros incidentes ele afirmaria que a metadona provocava parte de sua dor de estômago. Por ser o primeiro concerto da excursão, havia muitos jornalistas que tinham entrevistas agendadas com Kurt: quando lhes disseram que ele não estava "disponível", os jornalistas farejaram uma matéria. O editor da banda no Reino Unido, Anton Brookes, viu-se na posição quase cômica de tentar tirar os repórteres para fora do salão de entrada para que nenhum deles visse Kurt sair do hotel numa maca. Quando um repórter declarou: "Acabei de ver Kurt em uma ambulância", repentinamente se tornou difícil negar que ele tinha problemas de saúde. "Lembro-me de ter voltado ao escritório e de que a CNN estava na linha", conta Brookes. "Eu disse: 'Ele teve problemas estomacais. Se fosse heroína, eu diria a vocês. Ele está tomando medicamentos'." Para passar a perna nos repórteres persistentes, Brookes mostrava os frascos dos remédios de Kurt. Depois de uma hora no hospital, Kurt melhorou e foi tocar no show do dia seguinte sem problemas. Mas a administração havia contratado dois guardas para acompanhar Kurt – e imediatamente ele se livrou deles.

Antes de um show na Espanha, a banda concedeu uma entrevista a Keith Cameron para a *NME*. O artigo de Cameron mencionava os rumores de drogas e indagava se era possível ao Nirvana sair "do anonimato para o estrelato e pôr tudo a perder no intervalo de seis meses". Era sua maior condenação na imprensa até então, e parecia encorajar outros jornalistas do Reino Unido a introduzir alegações de abuso de heroína em suas matérias, assunto anteriormente considerado tabu. Mas, apesar da descrição que Cameron fazia de Kurt como "demoníaco", as fotos que acompanhavam o artigo o mostravam com ar de menino, com cabelo curto oxigenado e usando óculos de lentes grossas estilo Buddy Holly. Ele não precisava dos óculos, mas achava que eles o faziam parecer inteligente; ele também usou um par de óculos similar no vídeo "In Bloom". Quando sua tia lhe disse que os óculos o deixavam parecido com o pai, Kurt nunca mais os usou.

No dia 3 de julho, ainda na Espanha, Courtney começou a ter contrações, embora a previsão fosse apenas para a primeira semana de setembro. Levaram-na às pressas para um hospital espanhol onde Kurt não conseguiu encontrar um médico com conhecimentos suficientes do inglês para compreendê-lo. Finalmente, pelo telefone, localizaram o médico de Courtney, que recomendou que eles tomassem o próximo voo de volta. Assim fizeram e o Nirvana cancelou dois shows na Espanha pela segunda vez.

Quando chegaram à Califórnia, os médicos lhes garantiram que estava tudo bem com a gravidez, mas, apesar disso, eles voltavam para uma catástrofe:

o banheiro do apartamento havia inundado. Kurt tinha guardado guitarras e diários na banheira e estavam todos arruinados. Desanimados, ele e Courtney resolveram imediatamente se mudar, embora ela estivesse grávida de oito meses; também havia traficantes de heroína batendo à porta a todo momento, tentação a que Kurt achava difícil resistir. Kurt foi ao escritório da Gold Mountain para insistir com Silva que ele encontrasse um novo lugar para eles morarem. Apesar de sua crescente riqueza, Kurt ainda não conseguira consolidar crédito e entregava todos os seus assuntos financeiros aos seus empresários.

Silva os ajudou a encontrar uma casa e eles se mudaram no final de julho, deixando todo o seu lixo no apartamento da rua Spaulding e a palavra "parricídio" escrita na parede acima da lareira. Sua nova casa no Alta Loma Terrace, 6881, era algo saído diretamente de um filme; tinha sido usado como locação para vários filmes, entre os quais *Dead Again*, e a versão de Robert Altman para *The Long Goodbye*. Ela ficava num pequeno penhasco nas colinas de Hollywood Norte, com vista para o Hollywood Bowl. A única maneira de chegar ao penhasco, que tinha dez apartamentos e quatro casas, era por meio de um elevador coletivo de aparência gótica. Os Cobain alugaram a casa por 1.500 dólares por mês. "Era nojenta, em diversos sentidos", lembra Courtney, "mas era legal. Pelo menos, não era um apartamento."

Atormentado por sua dor de estômago cada vez pior, Kurt considerou o suicídio. "Instantaneamente recuperei aquela conhecida náusea de queimação e decidi me matar ou deter a dor", escreveu ele em seu diário. "Comprei um revólver, mas preferi ficar com as drogas." Ele abandonou a metadona e logo voltou para a heroína. Quando nem sequer as drogas pareciam aliviar a dor, ele acabou decidindo tentar de novo o tratamento, depois de pressionado por Courtney e pelos empresários. No dia 4 de agosto, Kurt internou-se na unidade de reabilitação de drogas do hospital Cedars-Sinai para sua terceira reabilitação. Ele havia começado a se consultar com um novo médico – consultara uma dúzia de diferentes especialistas em dependência química durante o ano de 1992 – e concordara com um programa de desintoxicação intensiva de dois meses. Foram dois meses de "fome e vômito. Enganchado a uma intravenosa e gemendo alto com a pior dor de estômago que eu jamais havia sofrido". Três dias depois da internação de Kurt, Courtney deu entrada em uma ala diferente do mesmo hospital, sob um pseudônimo. De acordo com seus registros médicos, que vazaram para o *Los Angeles Times*, ela estava sendo medicada com vitaminas pré-natais e metadona. Courtney estava passando por uma gravidez complicada e por um esgotamento emocional – naquela semana ela havia recebido um fax contendo seu perfil a ser publicado na edição do mês seguinte da *Vanity Fair*.

18

ÁGUA DE ROSAS, CHEIRO DE FRALDA

Los Angeles, Califórnia,
agosto de 1992-setembro de 1992

> *Água de rosas, cheiro de fralda* [...] *Ei, namorada, desintoxicação. Estou em minha caixa de chucrute, preso aqui em minha penitenciária de tinta.*
> De uma carta de 1992 para Courtney.

FRANCES BEAN COBAIN NASCEU ÀS 7h48 da manhã no dia 18 de agosto de 1992, no Centro Médico Cedars-Sinai, em Los Angeles. Quando o médico anunciou que ela parecia estar em excelente estado de saúde, com 3,2 kg, pôde-se ouvir um suspiro de alívio da mãe e do pai. Não só Frances era saudável como também era linda – havia herdado os olhos azuis do pai. Ela chorou ao nascer e reagiu como um bebê normal.

Mas o parto de Frances e o desenrolar dos acontecimentos naquela semana foram tudo, menos normais. Courtney estivera acamada no hospital dez dias, mas sua fama havia atraído repórteres de tabloides que tiveram de ser escorraçados dali. Embora lhe tivesse sido prescrito que permanecesse na cama, já que suas contrações haviam começado, ela conseguiu se levantar às quatro da manhã, agarrar o suporte da intravenosa a que estava conectada e caminhar pelos corredores da enorme instalação médica até encontrar Kurt na ala de dependência química. A reabilitação dele não estava transcorrendo bem – ele se via incapaz de ingerir comida e passava a maior parte do tempo dormindo ou vomitando. Quando Courtney chegou ao quarto de Kurt, arrancou-lhe as cobertas do rosto e gritou: "Saia já desta cama e desça agora mesmo! Você não vai me deixar nisto sozinha. Porra!".

Como um cordeirinho, Kurt acompanhou-a até a ala de obstetrícia, mas não foi de muita ajuda. Ele estava em tal fragilidade – com pouco mais de 47 quilos e ainda preso a uma intravenosa também – que não conseguia nem inalar o ar com força suficiente para fazer funcionar a respiração. Courtney teve de desviar a atenção das contrações e cuidar do adoentado marido: "Eu estava tendo o bebê, o bebê estava saindo, e ele vomitando, desmaiando e eu segurando a mão *dele*, e esfregando seu estômago enquanto o bebê saía de mim", contou ela a Azerrad. Kurt desmaiou momentos antes de a cabeça de Frances despontar e não a viu passando pelo canal do nascimento. Mas depois que o bebê saiu e passaram o sugador para limpá-lo, ele o pegou no colo. Foi um momento que descreveu como um dos mais felizes e, ao mesmo tempo, mais assustadores de sua vida. "Eu estava apavorado pra cacete", contou ele a Azerrad. Assim que Kurt a inspecionou mais profundamente, e viu que tinha todos os dedos e que não era um "bebê golfinho", parte desse medo recuou.

No entanto, nem mesmo a intensa alegria de segurar sua filha recém-nascida conseguiu tirar Kurt do quadro de crescente histeria composto pelo artigo da *Vanity Fair*. No dia seguinte, em uma cena digna de uma peça de Sam Shepard, Kurt escapou da unidade de desintoxicação do hospital, comprou heroína, aplicou-se e depois voltou com uma pistola calibre .38 carregada. Foi até o quarto de Courtney, e a fez lembrar de um juramento que ambos haviam feito – se por alguma razão fossem perder o bebê, eles se matariam em um duplo suicídio. Ambos temiam que Frances lhes fosse tirada, e Kurt receava que não conseguisse deixar a heroína. Ele havia garantido que não viveria com um destino desses. Courtney estava transtornada com o artigo da revista, mas não a ponto de suicidar-se. Ela tentou chamar Kurt à razão, mas ele estava louco de medo. "Eu vou primeiro", disse-lhe ela finalmente, e ele lhe passou a pistola. "Eu segurei aquela coisa em minha mão", lembra ela em uma entrevista dada em 1994 a David Fricke, "e eu sentia aquela coisa que eles diziam na *Lista de Schindler*: eu nunca vou saber o que acontecerá comigo. Mas, e quanto a Frances? Um lance um tanto grosseiro: 'Ah, seus pais morreram no dia seguinte ao seu nascimento'." Courtney deu a arma a Eric Erlandson, do Hole, o único amigo com que podiam contar, por mais sórdidas que as coisas se tornassem, e ele a jogou fora.

Mas as sensações de desespero de Kurt não desapareceram; apenas aumentaram. No dia seguinte, ele conseguiu que uma traficante entrasse sorrateiramente no Cedars-Sinai e, em um quarto afastado da ala obstétrica, tomou uma overdose. "Ele quase morreu", contou Courtney a Fricke. "A traficante disse que nunca vira alguém tão morto. Eu perguntei: 'Por que você não vai chamar uma enfermeira? Há enfermeiras por toda parte'." Uma enfermeira foi encontrada e Kurt foi reanimado, derrotando mais uma vez a morte.

Mas ele não conseguiria escapar da edição de setembro de *Vanity Fair* que chegou às ruas naquela semana. Escrito por Lynn Hirschberg, o artigo tinha como cabeçalho "Estranho Amor: Courtney Love, a diva que lidera o grupo pós-punk Hole, e seu marido, o glamouroso ídolo do Nirvana, Kurt Cobain, serão John e Yoko grunges? Ou os próximos Sid e Nancy?". Era um retrato condenatório, apontando Courtney como uma "personalidade desastrosa" e retratando seu casamento com Kurt como nada além de uma tacada carreirista. Mas as feridas mais profundas vinham de várias citações anônimas, obviamente de uma pessoa próxima do casal, que levantava preocupações com a saúde de Frances e os problemas de drogas dos dois durante a gravidez. As alegações eram muito perversas; Kurt e Courtney se sentiram duplamente traídos por ter sido alguém de sua organização que os caluniara naquele foro público.

Pior ainda é que o artigo era tratado como notícia por outras fontes da mídia, entre as quais a MTV. Kurt disse a Courtney que se sentia enganado pela rede de televisão, achando que ela o havia feito famoso só para destruí-lo. Naquela semana, ele se pôs a escrever uma carta para a MTV atacando Hirschberg e a rede:

> Prezada Empty TV, a entidade de todos os Deuses incorporados: como ousam aderir a tamanho lixo jornalístico de uma vaca obesa impopular-no-colégio que necessita severamente que seu carma seja quebrado? Minha vida agora será dedicada exclusivamente

a criticar a MTV e Lynn Hirschberg, que a propósito está mancomunada com seu amante Kurt Loder (beberrão de Gin Blossom). Nós sobreviveremos sem vocês. Facilmente. A velha escola está decaindo rapidamente.
> Kurdt Kobain, músico de rock profissional. Marginal.

Por seu turno, Courtney ainda estava se recuperando do fato de ter interpretado Hirschberg tão erroneamente. A maioria dos assuntos que o artigo abordava já havia sido exposto em outras reportagens, mas era o tom da matéria que parecia guerra de classes. Em 1998, Courtney veiculou a seguinte reflexão no América Online:

> Não encontrei NENHUMA porra de pista sobre como uma "mentalidade pós-guerra" como *Vanity Fair* / Hirschberg receberia a mim e minha família. Minha vida inteira me protegi de todo modo possível dos valores dominantes: o feminismo, o punk rock e a existência subcultural não me permitiram ter um sistema de valores que compreendesse o pensamento em vigor ou que compreendesse como nós, "punks sujos", não tínhamos nenhum direito ao sonho americano; isso, além do que eu imaginava que seria de bom gosto ficar famoso; eu não fazia a MENOR IDEIA do arquétipo contra o qual eu colidiria.... Mas fica o fato de que a maior parte daquele artigo era dissimulada e inverídica.

A atenção pública tirou Kurt e Courtney das revistas de rock e os levou para os jornais americanos, onde o tribunal da opinião pública se apressava a condenar todo genitor considerado impróprio. O tabloide *The Globe* publicava uma matéria com a manchete "Filha de Astros do Rock nasce drogada", com direito a foto de um recém-nascido deformado que fraudulentamente se insinuava ser Frances. Embora Courtney não fosse a primeira mãe com problemas de drogas a ter um filho, em pouco tempo ela se tornou a mais pública, e falava-se do "bebê Cobain" pelos balcões de lanchonetes e filas dos supermercados como décadas antes se falava do bebê de Lindbergh. Axl Rose, do Guns N' Roses, chegava a ponderar no palco: "Kurt Cobain é um puta drogado com uma esposa drogada. E se o bebê nasceu deformado, eu acho que os dois deveriam ir para a cadeia".

Dois dias depois do nascimento de Frances, os piores receios do casal se realizavam — uma assistente social do Departamento de Assistência à Infância do Município de Los Angeles apareceu no hospital, trazendo um exemplar da *Vanity Fair*. Courtney estava desanimada e sentia – mais do que em qualquer outro momento de sua vida – que estava sendo julgada, e de fato estava. Kurt havia passado a maior parte de sua vida sentindo-se julgado, mas desta vez eram suas habilidades como pai e seu vício com drogas que estavam sendo avaliados. A conversa entre a assistente social e Courtney imediatamente se tornou irascível. "Depois de ver aquela mulher durante cinco minutos", lembra Rosemary Carroll, "Courtney criou um clima no qual a mulher queria derrubá-la e feri-la. E, infelizmente, munição havia." O município solicitava que Frances fosse levada embora e que Kurt e Courtney fossem declarados pais inadequados, quase inteiramente com base no artigo da *Vanity Fair*. Em decorrência das ações do município, não se permitia a Courtney nem mesmo levar Frances para casa quando ela saísse do hospital três dias depois do parto. Em vez disso, Frances teve de ficar em observação – apesar do fato de ser uma criança saudável –, e só saiu alguns dias depois sob os cuidados de uma babá, já que o tribunal não a entregaria a Kurt e Courtney.

No dia 24 de agosto de 1992, seis dias depois do nascimento de Frances, foi realizada a primeira audiência no tribunal. Embora esperassem manter a custódia de Frances como casal, Kurt e Courtney estavam preparados para a possibilidade de o tribunal impor restrições a um dos pais e, por isso, tinham advogados distintos. "Isto é feito estrategicamente", lembra Neal Hersh, advogado de Kurt, "para que se houver uma divergência de interesses ou questões, você possa separar os pais e garantir que a criança fique com a família." No caso, o juiz determinou que não seria permitido a Kurt e Courtney verem a filha sem a supervisão do guardião designado pelo tribunal. Kurt era ordenado a passar por trinta dias de tratamento para dependência de drogas e a ambos os pais se exigia que fizessem exames de urina aleatórios. Kurt ficara vários dias sem tomar drogas e disse a Courtney que sentia que a decisão do tribunal havia partido seu coração em dois. "Foi horrível", lembra Carroll. "Aquela criança era muito desejada. Courtney havia passado por muitas dificuldades para ter aquele filha. Quase todos que ela conhecia e em quem confiava haviam lhe dito, com diversos graus de intensidade, que ela não tivesse a criança, obviamente excluindo Kurt. Ela sofrera dor física, muito mais do que numa gravidez normal, por causa das batalhas para se abster de drogas e permanecer saudável, numa época em que nada ao seu redor era saudável. Passar por aquilo e ter o bebê, e depois o bebê ser levado para longe de você...", lembra Hersh, e comenta o que observou de Kurt com Frances: "Você precisava tê-lo visto com essa criança. Ele simplesmente se sentava e ficava olhando para ela durante horas. Ele estava tão encantado como qualquer pai estaria".

Eles já haviam planejado ter uma babá; logo desenvolveram um plano complexo para deixar Frances temporariamente aos cuidados de babás e parentes, conforme exigido pelo juiz. Isso trazia outro problema: com qual parente? Kurt e Courtney tinham tantos problemas com suas famílias que não estavam dispostos a confiar Frances a seus respectivos pais. Por fim, surgiu a ideia da meia-irmã de Courtney, Jamie Rodriguez. "Nem pensar que eles não fossem cuidar muito bem dessa criança", observa Carroll. "O problema não era esse. O único problema eram as drogas. Era aquela insana mentalidade puritana americana de 'guerra-às-drogas'. A premissa é que você não pode ser um viciado e ser um bom pai."

Depois de consideráveis manobras, Jamie foi trazida de avião para atender ao pé da letra o decreto do tribunal. "Ela mal conhecia Courtney", lembra Danny Goldberg, "e não a tolerava. Por isso, fizemos uma espécie de suborno para ela fingir que se importava. Alugamos uma casa para ela perto da casa de Kurt e Courtney, para que oficialmente ficasse com a custódia durante alguns meses, enquanto o sistema legal decidia se eles poderiam criar sua própria filha. Frequentemente eu era aquele a quem Jamie procurava para assinar outro cheque."

Jackie Farry, uma amiga de Janet Billig da Gold Mountain, foi contratada como babá, e nos oito meses seguintes ela teria a responsabilidade principal de cuidar de Frances. Embora Farry não tivesse nenhuma experiência anterior como babá – nem mesmo tivesse segurado um bebê antes –, ela levou o trabalho a sério e tentou dar a Frances o cuidado constante em uma situação de grande tensão emocional. "Era crucial, em função do que [Kurt e Courtney] estavam passando em suas vidas, que alguém sempre estivesse por perto para cuidar de Frances", lembra Farry. Jackie, Jamie e Frances se mudaram para Oakwood – o mesmo complexo de apartamentos onde Kurt morou durante a produção de *Nevermind* – enquanto Kurt continuava em reabilitação e Courtney voltava à casa de Alta Loma sem a filha.

Dois dias depois da audiência no tribunal, Kurt voou para a Inglaterra. Afora a filha recente, a reabilitação de drogas, o artigo na *Vanity Fair* e as audiências no tribunal, ele era requisitado no palco.

Não só o Nirvana liderou o Festival de Reading, como também Kurt essencialmente organizou a programação, que incluía Melvins, Screaming Trees, L7, Mudhoney, Eugenius e Bjorn Again, uma banda cover do Abba que Kurt adorava. Mas a maioria dos 60 mil fãs tinha ido ao festival pelo Nirvana, e Kurt era o rei dessa festa de formatura do punk rock.

Houve mais frenesi em torno desse show do que em relação a qualquer outro concerto que o Nirvana tinha realizado. Grande parte disso se devia à imprensa inglesa, que vinha publicando matérias sobre a vida pessoal de Kurt como se estivesse revelando notícias internacionais de última hora. Vários jornais afirmavam que o Nirvana estava dissolvido e Kurt era descrito como mal de saúde. "Diariamente havia novos boatos circulando de que o Nirvana não ia tocar", lembra Anton Brookes. "As pessoas chegavam e me perguntavam, a cada cinco minutos: 'Eles vão tocar?' E eu dizia: 'Sim'. E depois vinha outra dizendo que tinha ouvido falar que Kurt estava morto."

Kurt estava muito vivo, tendo chegado a Londres naquela semana. J. J. Gonson estava caminhando pelo Piccadilly Circus dois dias antes do festival quando deparou com ele. Conversaram durante algum tempo, Kurt mostrou fotos do bebê, depois disse que tinha de ir ao banheiro. Eles estavam bem em frente do Museu de Cera do Rock and Roll, e Kurt subiu a escada até a entrada e muito educadamente perguntou se poderia usar o banheiro. "Não", disse o guarda, "nosso sanitário é apenas para os fregueses." Kurt fez um estardalhaço. Na vitrine do museu estava uma réplica em cera de Kurt segurando uma guitarra.

No concerto, a expectativa aumentava durante os números de abertura e continuavam a circular rumores de que o Nirvana iria ser um não show. Chovia e a multidão saudou o Mudhoney bombardeando a banda com lama.

"O calor humano era tão intenso", lembra Gonson, "que nuvens de vapor se elevavam da multidão enquanto a chuva continuava a cair à noite." O público esperava para ver se o Nirvana apareceria de fato e se Kurt ainda estava respirando. "O nível de energia era incrivelmente alto", lembra Gonson. "Quando alguém surgia no palco, um sobressalto perpassava a plateia."

Kurt havia decidido brincar com os boatos e preparou-se para entrar no palco numa cadeira de rodas, disfarçado com um avental cirúrgico e uma peruca branca. Quando rolou com a cadeira para o palco, caiu da cadeira e se estatelou no chão. Krist, sempre o coadjuvante perfeito, disse no microfone: "Você vai conseguir, cara. Com o apoio de seus amigos e familiares... você, cara, vai conseguir". Kurt arrancou o disfarce, saltando para o ar e arrasou em "Breed". "Foi um momento tão elétrico", lembra Brookes, "que deu vontade de chorar."

O espetáculo em si foi revelador. Fazia dois meses que os membros da banda não tocavam juntos, nem mesmo ensaiavam, mas apresentaram um conjunto de 25 músicas que cobria seu catálogo inteiro. Havia até um trecho do sucesso do Boston de 1976, "More Than a Feeling", para introduzir "Teen Spirit", muito apropriado, já que Kurt afirmara nas entrevistas que ele havia roubado do Boston a sua frase na guitarra. Várias vezes eles pareciam à beira do colapso, mas sempre se afastavam do precipício. Kurt dedicou "All Apologies" a Frances e pediu que a plateia entoasse "Courtney, nós te amamos". Durante um intervalo entre as músicas, o Nirvana fez uma brincadeira sobre seu próprio falecimento de um modo que não soava engraçado. "Eu não sei o que vocês ouviram dizer, mas este não é nosso último show nem coisa parecida", disse Krist para a plateia.

"É, sim", asseverou Kurt. "Eu gostaria, oficial e publicamente, de anunciar que este é nosso último show..."

"... até tocarmos...", interrompeu Krist.

"... novamente...", acrescentou Grohl.

"... em nossa excursão de novembro", arrematou Kurt. "Nós vamos viajar em novembro? Ou vamos gravar um disco?"

"Vamos gravar um disco", respondeu Krist.

Não foi nenhuma surpresa quando terminaram a noite com "Territorial Pissings" e destruíram seus instrumentos. Marcharam para fora do palco como conquistadores, enquanto o empresário de excursão Alex MacLeod empurrava a cadeira de rodas abandonada. "Eles tinham algo a provar e queriam prová-lo", observa MacLeod. "Eles quiseram se postar na frente de todas aquelas pessoas que estavam dizendo: 'acabou, ele é um panaca, não serve pra nada', e dizer a elas, 'Vão se foder. Não acabou'."

Kurt voltou a Los Angeles no dia 2 de setembro, mas, apesar de ter cortejado o Reino Unido pela terceira vez, estava se sentindo menos que vitorioso. Ele ainda estava tomando metadona e em reabilitação, embora tivesse trocado de centro de tratamento e agora fosse um paciente do Exodus, em Marina Del Rey. Krist o visitou no centro e achou que ele parecia mal: "Ele só ficava deitado na cama. Estava simplesmente estropiado. Depois disso, melhorou, porque ficou realmente estupidificado. Tudo era muito pesado; ele era pai; estava casado; era um astro do rock e tudo aconteceu de uma vez. Para quem quer que passasse por tudo aquilo, era muita pressão; mas ser viciado em heroína quando se estava passando por aquilo, é muito diferente".

Kurt passava o tempo no Exodus fazendo terapia individual, terapia em grupo e até reuniões dos 12 passos. A maioria das noites ele escrevia em seu diário, produzindo longos tratados sobre tudo, desde a ética do punk rock até o preço pessoal de se viciar em heroína. "Gostaria que houvesse alguém com quem eu pudesse me aconselhar", escreveu ele certa noite. "Alguém que não me fizesse sentir calafrios para vomitar minhas entranhas e tentasse explicar todas as inseguranças que têm me atormentado por, há, cerca de 25 anos, agora. Gostaria que alguém pudesse me explicar por que, exatamente, eu não tenho mais nenhum desejo de aprender."

Embora Kurt tivesse permissão para sair e fazer breves visitas diárias a Frances e Courtney, suas noites pareciam intermináveis. O casamento estava em uma dinâmica não rara nos momentos em que Kurt estava fraco e carente – ele namorava Courtney mais. As cartas que ele lhe escreveu do centro de reabilitação eram uma combinação de poesia e verborreia de fluxo de consciência. Ele as revestia com cera de vela, sangue e, ocasionalmente, com seu esperma. Uma que ele escreveu durante esse período dizia:

> Água de rosas, cheiro de fralda. Use sua ilusão. Fale em língua e bochecha. Ei, namorada, desintoxicação. Estou em minha caixa de chucrute, preso aqui em minha penitenciária de tinta. Meio morrendo de fome e meio inchado. Minha água vazou. Vendendo meu corpo de água toda noite em casa cheia. Lotação esgotada no escuro na cama, sentindo mais falta de você do que de uma canção do Air Supply. Bife de boneca. Bem passado... Seu leite é tão morno. Seu leite é minha merda. Minha merda é seu leite. Eu tenho a compleição de um homem pequeno. Estou sem fala. Estou desdentado. Você tira sabedoria de meus dentes. Minha mãe é a fada dos dentes. Você me dá nascimento e dentaduras e caninos. Eu te amo mais do que à fada dos dentes.

Mas a maior parte do que Kurt escrevia era sobre sua luta para se libertar da heroína. Imediatamente antes de entrar em reabilitação, os registros em seu diário refletiam uma condição crescente de rejeição, particularmente com respeito à cobertura feita pela mídia sobre seu problema com a droga. "Eu não sou viciado em heroína!", escreveu ele um dia, como se estivesse tentando convencer a si mesmo. Outro registro parecido dizia: "Eu não sou gay, ainda que gostaria de ser só para irritar os homófobos. Para aqueles de vocês que estão preocupados com meu presente estado físico e mental, eu não sou um drogado. Tenho um problema de estômago bastante indefinido e incômodo durante os últimos três anos, e que, a propósito, não está relacionado. Nenhuma tensão, nenhuma confusão e, daí, bum! Como um tiro de espingarda: hora do estômago".

Entretanto, logo que Kurt deixava a heroína por tempo bastante para romper a dependência física, ele adotava a inclinação oposta, demonstrando ódio e repulsa a si mesmo por ter entrado no vício. "Quase todos que experimentam drogas pesadas, ou seja, heroína e cocaína, acabarão se tornando literalmente escravos dessas substâncias", declarou ele em uma dessas autoanálises. "Eu me lembro de alguém ter dito: 'se você experimentar a heroína uma vez, você ficará viciado'. É claro que eu dei risada e zombei da ideia, mas agora acredito que isso seja a pura verdade." E embora, quando drogado, Kurt usasse seu estômago como desculpa, quando sóbrio ele o contestava: "Eu sinto muita pena de todos aqueles que pensam que podem usar a heroína como medicamento porque, hã, que nada, isso não funciona. Abstinência da droga é tudo o que você já ouviu dizer. Você vomita, você se machuca, você sua, você caga na cama como naquele filme *Christiane F.*". Kurt estava se referindo a um filme alemão de 1981 sobre drogas.

Ele encontrou mais sucesso em seu tratamento quando começou a consultar o dr. Robert Fremont, um conselheiro de Los Angeles que também estava cuidando da dependência química de Courtney. Fremont não poderia ter sido mais controvertido: ele havia perdido sua licença para clinicar depois de ter receitado narcóticos para si mesmo. Ele acabou recuperando a licença e começou a clinicar, tratando dos problemas de drogas de alguns dos maiores astros de Hollywood. Ele tinha sucesso numa profissão em que os índices de recaída são extraordinariamente altos, talvez porque tivesse experiência direta com o vício. Ele defendia a prescrição generosa de drogas legais a clientes que estavam se desintoxicando, metodologia que adotou com Kurt.

Em setembro de 1992, Fremont começou a usar um plano experimental – e na época ilegal – de tratamento em Kurt, que envolvia ministrar-lhe doses diárias de buprenorfina. Esse narcótico, relativamente benigno, estimula os receptores de opiato do cérebro e, com isso, pode cortar o desejo pela heroína, ou assim supunha Fremont. Em Kurt, o método funcionou, pelo menos temporariamente. Conforme Kurt descreveu em seu diário: "Fui introduzido na buprenorfina, que descobri que alivia a dor [do estômago] em questão de minutos. Ela tem sido usada experimentalmente em alguns centros de desintoxicação para a interrupção no consumo de opiatos e de cocaína. A melhor coisa nela é que não há nenhum efeito colateral conhecido. Ela atua como um opiato, mas não deixa você alto. A classe de potência da buprenorfina é a de um barbiturato moderado e, numa escala de um a dez, é de grau um, e a heroína é de grau dez".

No dia 8 de setembro, Kurt recebeu licença de um dia do Exodus para ensaiar com o Nirvana – apesar de sua reabilitação em curso, as atividades não se interromperam e a banda estava programada para tocar no dia seguinte no Vídeo Music Awards da MTV. O evento era o equivalente do entediante

Oscar da Academia — a premiação musical era mais badalada, mais respeitada na época do que o Grammy Awards, e era acompanhada de uma cerimônia que atraía os mandachuvas do setor. O Nirvana fora indicado para três prêmios e, em julho, havia sido anunciado que eles tocariam no programa.

Ainda havia dúvidas se Kurt poderia, ou deveria, tocar em um programa de premiações em seu estado de saúde. Kurt decidiu, por pressão dos empresários, tocar. "Ele odiava ir a shows de premiação", explica o empresário Danny Goldberg, "e jamais gostava de ser reconhecido, mas trabalhava com muito afinco para ser indicado para esses espetáculos de premiação e se empenhava muito em ser reconhecido." Nas entrevistas, Kurt lamentava que a MTV exibia demais os seus vídeos; reservadamente, ele ligava para seus empresários e se queixava quando julgava que a emissora não os exibia bastante.

A gigantesca audiência televisiva garantia a venda de mais discos, mas talvez o mais importante para Kurt fosse que os prêmios eram sua primeira chance de subir ao pódio e ser reconhecido como o maior astro do rock mundial. Embora Kurt sempre minimizasse seu sucesso e desse a entender nas entrevistas que havia caído na arapuca de sua popularidade, a cada guinada de sua carreira ele tomava decisões críticas que lhe aumentavam a fama e o sucesso; essa era uma das maiores contradições em seu caráter. O absurdo de um homem aparecendo na MTV e falando sobre como odiava a publicidade passou despercebida a muitos fãs do Nirvana, que preferiam ver Kurt como ele se apresentava com sucesso — como uma vítima involuntária da fama e não como alguém que habilmente a procurara. No entanto, mesmo nesse desejo de reconhecimento, Kurt queria as coisas em seus próprios termos, como comprovariam os acontecimentos daquela semana.

A controvérsia eclodiu desde o primeiro ensaio. Quando Kurt entrou no Pavilhão Pauley da UCLA, dirigiu-se a Amy Finnerty da MTV e disse a ela: "Eu vou tocar uma música nova". "Ele estava todo entusiasmado com isso e agiu como se isso fosse um presente", lembra Finnerty. Para grande surpresa dos executivos da MTV, que esperavam ouvir "Teen Spirit", eles tocaram rapidamente "Rape Me". Na verdade, não era uma música nova — o Nirvana a vinha tocando em concerto durante dois anos –, mas era nova para as altas patentes da MTV. Tinha uma letra de apenas onze linhas, com um coro que dizia: "Rape me, my friend, rape me again" ["Estupre-me, meu amigo, estupre-me de novo"]. Tinha a mesma dinâmica cativante suave/barulhenta de "Teen Spirit" e, com o estribilho insólito, criava uma perfeita estética Cobain – bonita, assombrada e perturbadora.

Finnerty foi imediatamente arrastada para um trailer da produção onde recebeu um sermão de seus chefes sobre a escolha da canção da banda: eles acharam que "Rape Me" era sobre a MTV. "Ah, qual é", protestou ela. "Eu posso garantir a vocês que ele não compôs a canção para *nós* ou sobre *nós*." Kurt já a havia composto no final de 1990, mas em 1992 ele havia alterado a letra para incluir uma crítica severa à "our favorite inside source" ["nossa fonte interna favorita"], uma referência a *Vanity Fair*. Embora ele defendesse a canção nas entrevistas como uma alegoria aos abusos da sociedade, em setembro de 1992 ela também passara a representar uma metáfora mais pessoal para o modo como ele se sentia tratado pela mídia, seus empresários, parceiros de banda, seu vício e pela MTV (como os executivos da MTV haviam astutamente percebido).

Uma batalha de vontades começou a ser travada entre os mandachuvas da MTV e Kurt, ainda em reabilitação, tendo Finnerty e a Gold Mountain como intermediários. A MTV ameaçou tirar o Nirvana do show; Kurt disse que isso era ótimo. A MTV ameaçou parar de exibir vídeos do Nirvana; Kurt disse que isso era ótimo, embora, no fundo, provavelmente estivesse receoso a respeito. E então a rede aumentou a parada e ameaçou parar de exibir vídeos de outros artistas agenciados pela Gold Mountain. Finnerty foi convocada para fazer o leva e traz entre os dois lados e se dirigiu de carro para o Exodus com Courtney, Frances e a babá Jackie para falar com Kurt, que tinha sido levado de volta à instituição logo depois do ensaio. Sentaram-se no gramado e discutiram as opções, mas nenhuma solução foi encontrada e Kurt teve de voltar correndo para a terapia. Cada esforço na reabilitação fazia com que a terapia passasse a ocupar parte maior em seu tratamento, embora ele ainda se recusasse a buscar aconselhamento quando não em reabilitação.

*

    Kurt reconsiderou sua escolha da música, mas só depois que lhe disseram que Finnerty seria demitida se o Nirvana tocasse "Rape Me". Os executivos da MTV ficaram visivelmente surpresos quando o Nirvana se apresentou para o ensaio final no dia do programa. Todos os olhos no salão se voltaram para Kurt quando ele entrou, e nesse momento ele estendeu a mão, agarrou a mão de Finnerty e desafiadoramente caminharam pelo centro do auditório, balançando exageradamente os braços, como duas crianças numa excursão de creche. Isso era feito inteiramente para os chefes da MTV: Kurt estava fazendo saber que se eles a despedissem, ele não tocaria na festa deles.

    Esse ensaio em particular foi monótono. A banda tocou "Lithium", a música soou excelente e o pessoal da MTV aplaudiu, talvez um pouco entusiasmado demais. No entanto, quando todos esperavam o início do programa, circulou o boato de que quando a apresentação estivesse ao vivo, Kurt pretendia tocar "Rape Me". Era o tipo de tensão que envolvia as apresentações mais significativas do Nirvana e nela Kurt crescia.

    Enquanto isso, um drama se desenrolava nos bastidores. Kurt, Courtney, a babá Jackie e Finnerty estavam sentadas com Frances quando Axl Rose passou de mãos dadas com sua namorada, a modelo Stephanie Seymour. "Ei, Axl", saudou Courtney, soando um pouco como Blanche Dubois, "quer ser padrinho de nossa filha?" Rose a ignorou, mas se virou para Kurt, que estava balançando Frances no joelho, e se curvou até a altura de seu rosto. Quando as veias do pescoço de Axl se estufaram até a grossura de uma mangueira de jardim, ele rosnou: "Mande sua cadela calar a boca ou eu vou levar você lá para a rua!".

    A ideia de que alguém pudesse controlar Courtney era tão cômica que um sorriso gigante surgiu no rosto de Kurt. Ele teria começado a gargalhar se não fosse por seu forte senso de autopreservação. Ele se virou para Courtney e ordenou, numa voz de robô: "Certo, cadela. Cale-se!". Isso provocou em todos que estavam ao alcance da sua voz um riso abafado, exceto em Rose e Seymour. Talvez tentando livrar a cara, Seymour criou seu próprio confronto, perguntando para Courtney, com todo o sarcasmo que conseguiu reunir:

"Você é modelo?". Courtney, que havia dado à luz sua filha havia três semanas, era muito rápida para que alguém a superasse nesse tipo de réplica – muito menos Stephanie Seymour – e disparou de volta: "Não. E você, é neurocirurgiã?". Com isso, Rose e Seymour saíram depressa dali.

Chegou então o momento de o Nirvana entrar no palco. Os chefes da MTV já haviam proposto um plano de contingência para se certificarem de que não seriam enganados por Kurt. Os engenheiros de som haviam sido instruídos para, caso a banda tocasse "Rape Me", cortarem imediatamente para um comercial. O único problema era que ninguém na cabina sabia como era a inédita "Rape Me". O show começou e o Nirvana apareceu no palco. De repente, houve uma pausa incômoda e nesse momento se pôde ver Kurt, Krist e Dave se entreolharem. Kurt vivia para momentos como esse – todas as horas durante sua mocidade rabiscando logotipos de bandas em cadernos e de horas a fio assistindo à MTV o haviam adestrado bastante. Ele sabia nunca desapontar uma plateia, fosse ela de dezoito garotos no Community World Theater ou um bando de executivos da MTV reunidos em uma seção VIP. Ele começou suavemente, dedilhando a guitarra. A princípio, não ficou claro qual canção ele estava tocando, mas quando Krist entrou com a parte do baixo, todos, no auditório e pelas ondas da televisão, ouviram os acordes de abertura de "Rape Me". O que os espectadores da televisão não puderam ouvir nem ver foi um executivo da MTV correndo para o caminhão de controle. Mas antes que pudesse ser cortado, o Nirvana passou para os primeiros acordes de "Lithium". "Fizemos isso para provocá-los", lembra Krist. Foram menos de vinte segundos – e a MTV editou essa parte quando reprisou o programa –, mas foi um dos melhores momentos do Nirvana. Quando a canção terminou, Krist atirou seu baixo para o ar, que aterrissou diretamente em sua testa. Ele cambaleou no palco, desabou, e muitos acharam que ele estava morto. Quando Finnerty o encontrou nos bastidores, estava se sacudindo todo e rindo.

Quando o Nirvana ganhou o prêmio de Melhor Vídeo Musical Alternativo, eles enviaram um imitador de Michael Jackson para recebê-lo. Mas os três membros da banda apareceram quando receberam o de Melhor Revelação e Kurt disse: "Sabem, é realmente difícil acreditar em tudo que se lê". Rebater a matéria de *Vanity Fair* se tornara para ele uma obsessão. Sóbrio havia duas semanas, ele tinha a expressão serena e trazia nos olhos a clareza de um pregador. Depois, enquanto Eric Clapton tocava "Tears in Heaven", Finnerty e Courtney conspiraram para fazer Kurt e Eddie Vedder dançarem música lenta. Quando os dois foram empurrados pelas mulheres, Kurt agarrou seu rival e dançou com ele como um adolescente desajeitado num baile de formatura.

Novoselic, enquanto isso, se viu confrontado por Duff McKagan, do Guns N' Roses, e dois guarda-costas, procurando briga. Krist, Courtney e Frances estavam dentro do trailer da banda quando a *entourage* tentava infrutiferamente tombá-lo. Kurt não viu isso porque tinha ido embora para não perder o toque de recolher do Exodus. "Foi muito engraçado o que você fez", disse Finnerty enquanto ele entrava na van para ir embora. "É mesmo", disse Kurt. Ele estava sorrindo como um garotinho que havia embaraçado seus professores, mas fugira para importuná-los novamente outro dia.

Uma semana depois do MTV Awards, Kurt se reuniu em sua casa em Alta Loma com Robert Hilburn, do *Los Angeles Times,* para sua primeira entrevista importante em seis meses. Foi a primeira vez que ele foi ligeiramente honesto com alguém da imprensa sobre seu vício na heroína – mais da metade da entrevista impressa dizia respeito a sua luta com a droga e a saúde. Kurt admitiu ter problemas com heroína, mas minimizou seu alcance. Ele disse, corretamente, que sua experiência com narcóticos antes da gravação de *Nevermind* se resumia apenas a consumos "superficiais", mas quando falou sobre seu uso depois disso, ele o minimizou, chamando-o de "um pequeno hábito", e descrevendo sua fase de viciado como "três semanas". Ele disse que "escolhera usar drogas", repetindo a expressão de seus próprios diários.

Muitos de seus comentários, sobre sua saúde e sua vida, eram matizados pela presença de Frances, que ele segurava nos braços durante a entrevista. "Eu não quero que minha filha cresça para algum dia ser importunada por outras crianças na escola [...] Eu não quero que as pessoas lhe digam que seus pais eram drogados", disse ele. "Eu sabia que quando tivesse um filho eu ficaria desarmado, e é verdade [...] Eu não sei lhe dizer o quanto minha atitude mudou desde que tivemos Frances. Segurar meu bebê é a melhor droga do mundo."

Ele falou sobre como estivera perto de abandonar o Nirvana, mas disse que a banda estava agora em bases sólidas. Eles planejavam gravar "um disco realmente cru", e poderiam excursionar novamente, sugeriu ele. Mas descartou a ideia de uma excursão demorada, avisando que sua saúde frágil o impedia. "Pode ser que não façamos mais nenhuma excursão longa", contou ele a Hilburn. "Prefiro ficar saudável e vivo. Não quero me sacrificar nem sacrificar minha família."

A entrevista representou um avanço emocional para Kurt; sendo sincero sobre seu vício, ele havia eliminado parte da vergonha a ele associada. Quando Kurt descobriu que era aplaudido por sua honestidade, em vez de ser evitado, sentiu-se como um homem condenado a uma execução pública que teve a surpresa de ser perdoado no último instante. Logo que o artigo de Hilburn foi publicado, ele refletia em seu diário sobre sua situação de vida naquele momento:

> Às vezes me pergunto se eu não poderia muito bem ser o rapaz mais feliz do mundo. Por algum motivo, fui abençoado com montes de coisas caprichadas no último ano e realmente não acho que essas bugigangas e presentes foram obtidos pelo fato de eu ser um ídolo adolescente internacionalmente amado e aclamado pela crítica, vocalista louro semidivino, enigmaticamente honesto. Discurso sincero gaguejante obstrução articuladamente discurso de recepção de prêmio, rapaz de ouro, astro do rock que finalmente, e *finalmente* saiu do armário em relação a seu vício de droga de dois meses viscosos, banhando o mundo com o clássico "eu não posso mais manter isso em segredo porque me dói esconder qualquer parte de minha vida privada de meus fãs adoradores, preocupados, tipo nós-pensamos-em-você-como-nosso-personagem-de-cartum-de-domínio-público-mas-ainda-amamos-você". Sim, minhas crianças, nas palavras de um total esquisitão, falando em nome do mundo, "nós gostamos muito por você finalmente ter admitido aquilo de que o temos acusado, precisávamos ouvir isto porque estávamos preocupados porque as fofocas e brincadeiras maliciosas e a especulação em nossos trabalhos, escolas e festas tinham se tornado, bem, hã, esgotadas".

19

Esse divórcio homérico

Seattle, Washington,
setembro de 1992-janeiro de 1993

Esse divórcio homérico é uma grande chateação.
De "Serve the Servants".

DOIS DIAS DEPOIS DA PREMIAÇÃO DA MTV, Kurt, Courtney e Frances – além de Jamie e Jackie – chegaram a Seattle, onde o Nirvana estava promovendo um show beneficente para combater um projeto de lei de censura musical apresentado na Assembleia Legislativa do estado de Washington. Na noite anterior, eles haviam tocado num show em Portland em prol dos direitos dos homossexuais. A decisão da banda de participar de shows beneficentes – principalmente em favor de organizações de homossexuais e de defesa do direito ao aborto – lhes havia rendido uma bagagem extra que Kurt não esperava: ele agora estava recebendo ameaças de morte. "Eram principalmente shows pelo direito à vida", lembra Alex MacLeod. "Passamos a usar detectores de metais." Um dos telefonemas advertira que Kurt seria baleado no momento em que pisasse no palco. Essa perspectiva era bastante assustadora, mas igualmente aterrorizante era estar de volta a Seattle, onde ele veria seus parentes pela primeira vez desde o nascimento do bebê.

Kurt chegou ao Seattle Center Coliseum, já com seus 16 mil lugares esgotados, e encontrou Wendy, Kim e a meia-irmã Brianne em seu camarim. Era a primeira vez que eles viam Kurt com Frances. "Ele estava tão entusiasmado e parecia um paizão", lembra Kim. "Ele simplesmente adorava Frances. Ele fazia qualquer coisa para fazê-la sorrir ou dar risadas."

Enquanto a família idolatrava Frances, Kurt ouvia notícias frescas de seu empresário de excursão. Mais ameaças de morte haviam sido recebidas; o Fitz of Depression encontrara problemas na passagem do som (é claro que Kurt havia insistido que eles abrissem o show); e havia dezenas de jornalistas esperando para entrevistá-lo. Kurt acabou condescendendo. Entretanto, exatamente quando julgava que havia se livrado de todos os problemas, Kim chegou correndo em pânico com uma crise que Kurt não esperava. "Papai está aqui!", exclamou ela. "Que *porra* ele está fazendo aqui?", praguejou Kurt. Don conseguira acesso aos bastidores mostrando sua carteira de motorista e identidade da Patrulha Estadual a um segurança. "Mas está tudo certo", disse Kim, tranquilizando Kurt. "Eu disse a ele que não estavam deixando ninguém entrar nos camarins." Claro que era uma mentira, já que até bandas secundárias da Sub Pop estavam andando por ali tomando cerveja de graça. Kim advertiu o chefe de segurança para não deixar Don chegar perto de Kurt. Fazia oito anos que Kurt não via o pai e não falava com ele desde fevereiro de 1991. Don tentara entrar em contato com Kurt, mas a relação entre ambos estava tão distante que ele nem sequer tinha o número de telefone do filho. Chegou a deixar recados com vizinhos e recepcionistas da gravadora.

Don entrou no camarim com Chad, o meio-irmão de Kurt. "Ah, oi, papai", disse Kurt, mudando seu tom de voz para esconder a raiva que ele havia demonstrado momentos antes. Pela primeira vez numa década, os quatro Cobain originais – Don, Wendy, Kurt e Kim – estavam juntos em uma sala. O clã agora incluía mais dois meio-irmãos, Courtney e um casal de empregados de Kurt. Frances Bean Cobain, com três semanas de vida – arrulhando e resmungando enquanto era passada de um parente a outro –, era a única indiferente a toda essa tensão; para todos os demais, era como a sessão de pesagem para uma controvertida luta de boxe.

A novela da família Cobain não desapontou os espectadores. Quando Don viu Wendy segurando Frances, disse: "Ora, olá, *vovó*", enfatizando o "vovó" como se fosse uma ofensa. "Como se sente em ser *vovó*?" "Ótima, *vovô*", respondeu Wendy no mesmo tom sarcástico. "Eu adoro isso, *vovô*". O que em muitas famílias poderia ter sido uma conversa bem-humorada ou sentimental se convertia em um incômodo confronto. Mais de dezoito anos haviam se passado desde que Don e Wendy tinham se divorciado, mas, de repente, a família original voltava emocionalmente à rua First, 1210, leste, em Aberdeen, e a relação entre mãe e pai estava inalterada. Para Kurt, era uma junção de sua nova família com as feridas da original. "Era tipo 'Ai, meu Deus, de novo não'", lembra Kim. A única dinâmica diferente era o papel de Kurt — ele não era mais o garoto pequeno e desamparado. Ele tinha se tornado — com 16 mil fãs apaixonados esperando do outro lado da parede — o patriarca.

Courtney nunca havia encontrado Don antes e ficou muda observando o quanto ele se parecia com o filho — Don tinha a beleza rude de um Steve McQueen de meia-idade. Kurt, porém, não estava sem palavras, particularmente para seu sósia mais velho: "Você, cale essa maldita boca", gritou ele para o pai, com a maior energia com que já havia falado em sua vida, usando uma imprecação que em sua infância teria resultado em um "safanão" na têmpora. "Não fale com ela desse jeito. Não a humilhe."

Rapidamente, Wendy, Kim, Courtney e Brianne saíram da sala. "Nossa, você parece velho", disse Kurt a seu pai quando se acalmou. Ele imediatamente supôs que Don estava ali para pedir dinheiro. "Eu não queria nada", lembra Don. "Eu só queria estabelecer contato com ele. Eu disse: 'Se você está contente, se divertindo, isso é ótimo. Só não deixe de tentar manter contato'."

Kurt assinou um cartaz para seu meio-irmão Chad — que Kurt apresentou a todos como "seu meio-irmão", para grande consternação de Don —, e disse a seu pai que precisava ir: ele estava atrasado para o show do Nirvana. Quando o gerente de produção Jeff Mason o encaminhou para o palco, Kurt teve apenas alguns segundos para deixar a família para trás e se tornar "Kurdt Kobain", o astro do rock, seu alter ego. Ele estava prestes a pisar no palco do mesmo auditório em que havia visto seu primeiro concerto de rock, Sammy Hagar com o Quarterflash, apenas dez anos antes, embora parecesse uma eternidade. Mason e Kurt sempre usavam essas breves caminhadas para discutir detalhes do show ou entrar no clima – esta era uma das poucas vezes em que Kurt fez aquele longo percurso até o refletor em silêncio absoluto.

O show em si foi fenomenal, o melhor que o Nirvana já havia feito em Seattle. Desaparecera o ar antiquado de Reading e Kurt parecia um homem com um desejo ardente de converter todos os descrentes. Centenas de garotos surfavam na plateia, desabando das barricadas como lemingues de cima de um precipício. Durante um intervalo, Krist contou a história de como ele havia sido "expulso para sempre" do Coliseu por se embebedar num concerto de Neil Young: nos bastidores ele havia encontrado uma foto de si mesmo num mural de pessoas cujo acesso ao local não deveria ser permitido.

Depois do show, Kurt rejeitou todos os pedidos de entrevista, exceto um: o da *Monk*, uma revista de viagem de publicação irregular. Quando Jim Crotty e Michael Lane, da *Monk*, se dirigiram ao seu camarim, encontraram-no vazio, exceto por Kurt e Frances. "Havia uma impressão", lembra Crotty, "semelhante a de quando encontrei o Dalai Lama: quando você está diante de alguém que cada movimento é tão dissecado que na sua cabeça essa pessoa assume uma importância incrível. Havia toda aquela atividade lá fora e, então, você abre a porta, e lá está Kurt Cobain segurando uma criança numa sala vazia. Ele parecia tão sensível, exposto, vulnerável e terno segurando a criança!"

Enquanto a entrevista de Hilburn o havia encontrado num humor grave, essa conversa foi a maior sessão de fabricação de mitos da vida de Kurt. Quando indagado sobre Aberdeen, ele contou uma história de quando havia sido expulso da cidade: "Eles me perseguiram até o Castelo de Aberdeen com tochas, exatamente como o monstro de Frankenstein. E eu escapei em um balão". Quando Crotty perguntou se havia um lugar que fosse "o suprassumo de Aberdeen" em sua memória, ele disse: "debaixo da ponte". Ele descreveu sua comida favorita como "água e arroz". Quando perguntado se acreditava em reencarnação, respondeu: "Se você realmente é uma pessoa má, você voltará como mosca e comerá cocô". E quando Crotty perguntou a Kurt que título ele daria a sua autobiografia, sua resposta foi: "'Eu Não Estava Pensando', de Kurt Cobain".

Naquele outono, Kurt e Courtney – com Frances, Jamie e Jackie a reboque – passaram a maior parte do tempo em Seattle, morando no hotel Sorrento e em dois outros hotéis quatro estrelas. Eles se registraram como "Simon Ritchie", o nome verdadeiro de Sid Vicious. Eles haviam acabado de comprar uma casa de 300 mil dólares com um terreno de 44 mil metros quadrados perto de Carnation, a pouco menos de cinquenta quilômetros de Seattle. A casa – que tinha uma árvore crescendo dentro dela – estava tão decadente que eles começaram a construir uma nova na propriedade.

Foi ainda em Seattle que Kurt descobriu que duas mulheres da Inglaterra estavam escrevendo uma biografia sua não autorizada. Na esteira do perfil publicado pela *Vanity Fair*, isto o deixou furioso, uma vez que sua tia Judy já havia sido entrevistada para o livro. No dia 22 de outubro, Kurt, Courtney, tia Judy e Dave Grohl telefonaram para a coautora Victoria Clarke e deixaram uma série de recados cada vez mais ameaçadores. "Se sair alguma coisa nesse livro que atinja minha esposa, eu vou acabar com vocês", advertiu Kurt. Em outro recado, ele vociferava: "Eu estou cagando e andando se ficar gravado que eu estou ameaçando vocês. Imagino que eu poderia jogar fora algumas centenas de milhares de dólares para vocês sumirem, mas talvez eu tente primeiro a via legal". As mensagens encheram a fita da secretária eletrônica de Clarke, que ela entregou à polícia. Indagado pelo *New York Times* sobre as ameaças, Danny Goldberg disse: "Kurt nega absolutamente a ideia de que ele ou algum outro membro da banda tenham feito tais ligações". Mas depois Kurt admitiu que as fez. Ele também escreveu uma carta para Clarke (nunca enviada) que incluía venenos como: "Vocês duas são asquerosamente ciumentas e asquerosamente horríveis. Não estão escrevendo um livro sobre minha banda, estão escrevendo um livro sobre o quanto têm ciúme de minha esposa inteligente, bonita, sensual e talentosa, pois vocês não são nada disso. Se um único comentário ou declaração isolada, pasquineira ou negativa com relação a minha esposa figurar em seu livro, eu vou (com o maior entusiasmo que jamais tive em minha vida) dedicar cada maldita hora de vigília de minha vida para tornar a de vocês impossível de viver. Se isso não funcionar, bem, não esqueçamos que eu trabalho para a Máfia".

Discutindo o assunto alguns meses depois, Kurt ainda não se arrependia: "Se algum dia eu me vir pobre e tiver perdido minha família, não hesitarei em me vingar das pessoas que me ferraram", contou ele a Michael Azerrad. "Sempre fui capaz disso. Já tentei matar pessoas antes, num acesso de raiva, quando me envolvia em brigas... Quando as pessoas me ferram a troco de nada, não consigo deixar de pensar em bater nelas até matar." Um mês antes, ele havia recebido ameaças de morte – agora ele as estava fazendo.

Telefonar tarde da noite se tornou comum para Kurt, embora a maioria fossem gritos de socorro levemente velados. Todos, desde seu advogado até os membros da equipe, recebiam ligações às quatro da manhã. Certa vez ele ligou para a tia Mari às duas e meia da manhã com uma proposta empresarial: ele queria produzir um disco para ela. "Bem que eu poderia usar a minha influência por aí enquanto a tenho", explicou ele.

Kurt frequentemente ligava para Jesse Reed no meio da noite – ele sabia que Jesse sempre seria um ouvido solidário. Tinha havido uma mudança gradual nas amizades de Kurt à medida que crescia sua fama e seu consumo de drogas. Kurt e Dylan eram mais íntimos do que nunca, mas muitos de seus velhos amigos haviam ficado à beira do caminho – muitos agora eram incapazes de contatá-lo devido às barreiras de sua fama e à programação de viagens. Os velhos amigos de Kurt se queixavam de que Courtney havia se tornado uma cunha: às vezes, quando eles ligavam, ela desligava o telefone, achando que eles eram parceiros de droga e querendo proteger Kurt do vício.

Para conselhos e amizade, Kurt dependia cada vez mais daqueles a quem contratava. O coempresário Danny Goldberg assumia um papel mais importante, tal como Alex MacLeod e Jeff Mason, membros da equipe. Mas suas confidências raramente se estendiam agora aos outros integrantes do Nirvana. O relacionamento entre Krist e Kurt havia mudado depois do casamento: embora os dois falassem de assuntos da banda, o tempo de interação social havia terminado. "Eu me lembro de ter entrado em grandes brigas com Kurt pelo telefone", diz Krist, "e ao final do telefonema ele dizia: 'Bem, as coisas vão melhorar'. E eu respondia: 'É, as coisas vão melhorar'. Era nesse ponto que concordávamos, só para nos sentirmos melhor com as coisas." E embora Dave e Kurt tivessem sido como irmãos quando moraram juntos, ao final de 1992, Kurt falava abertamente em demitir Dave sempre que estava descontente com algo que o baterista havia feito, fosse dentro ou fora do palco.

Uma das amizades mais incomuns que Kurt formou em 1992 foi com Buddy Arnold, um autointitulado "ex-drogado baterista de jazz judeu esquisitão". Arnold administrava o Programa de Ajuda a Músicos, que fornecia indicações de tratamento. Na primeira vez que se encontraram em 1992, Kurt olhou desconfiado para o senhor de idade, calvo e magro, e perguntou: "Você já usou drogas?". "Só heroína", respondeu Arnold, "e apenas por 31 anos." Isso foi o bastante para cimentar a confiança de Kurt. Quando estava em Los Angeles, Kurt passava pelo condomínio de Arnold, mas raramente queria conversar sobre tratamento: o que ele mais queria ouvir falar era de Charlie Parker, Billie Holiday e outras legendas que Arnold havia conhecido. Arnold tentava introduzir passagens de alerta sobre como as drogas os haviam destruído. Kurt escutava educadamente, mas sempre levava a conversa de volta aos grandes artistas.

No dia 24 de outubro, Kurt voltou a se reunir com Krist e Dave para começarem a trabalhar no próximo disco. Haviam decidido voltar a fazer demos com Jack Endino na mesma mesa de mixagem utilizada em *Bleach*. Embora trabalhassem em seis canções, apenas "Rape Me" avançou bastante. Courtney e Frances passaram pelo estúdio na sessão da segunda noite; Kurt fez a tomada vocal final para "Rape Me" com Frances sentada em seu colo. A sessão terminou quando chegou um paciente terminal de dezessete anos de idade, da Fundação Make-A-Wish, e a banda comprou pizza para ele.

Encerraram o mês de outubro com um show em Buenos Aires para 50 mil fãs. As ofertas para participarem desses megaconcertos envolviam quantias enormes e Kurt agora ocasionalmente as aceitava. Mas o show era sofrido, tanto para a banda como para a plateia: o Nirvana tocava os acordes de abertura de "Teen Spirit", mas não tocava a música, e a multidão quase chegava ao motim em sua decepção. Kurt também sentiu falta de Frances – foi um de seus primeiros compromissos de excursão sem ela.

No início de novembro, Kurt e Courtney se mudaram para o hotel Four Season Olympic em Seattle, registrando-se sob o nome "Bill Bailey", o verdadeiro nome de Axl Rose. Eles ficariam hospedados por quase dois meses e atingiriam uma conta de 36 mil dólares até que o elegante hotel os expulsasse. Eles acabariam sendo expulsos de todo hotel de luxo em Seattle e obrigados a passar para alojamentos mais modestos. Não era o seu consumo de drogas que normalmente os deixava em dificuldade, mas, antes, o hábito de deixar os tapetes queimados de cigarro e os quartos irreparavelmente destruídos. "Eu sempre dava gorjeta para as arrumadeiras", lembra a babá Jackie Farry, "mas chegava um ponto em que o hotel dizia: 'Não queremos negócio com você'."

No restaurante do jardim do Four Seasons, Courtney concedeu uma entrevista a Gillian Gaar, da revista *The Rocket*, uma semana antes do dia de Ação de Graças. Courtney falou principalmente do disco do Hole que estava para ser lançado – mas fazia um comentário sobre seu marido: "O conceito todo de que o homem é muito fraco e não toma suas próprias decisões – alguma vez alguém já afirmou isso sobre o disco dele? Alguém já afirmou isso sobre o meu disco? Você está falando sobre duas pessoas que absolutamente não são estúpidas!". Ela atacava o sexismo do rock, em que "uma mulher, é claro, só pode usar a xoxota para chegar a algum lugar. Os homens podem sobreviver simplesmente fazendo música boa".

A entrevista da *Rocket* foi a primeira do que seria uma campanha mais ampla de controle de danos – o casal se sentia tão queimado pela matéria da *Vanity Fair* que começou a incentivar pedidos de entrevistas de jornalistas solidários. A *Spin* solicitou a Jonathan Poneman, da Sub Pop, que traçasse um perfil dos dois, e a matéria, intitulada "Valores Familiares", pintou um retrato de pais amorosos e superprotetores. "Sabíamos que poderíamos dar [a Frances] o que não havíamos recebido", disse Courtney a Poneman, "lealdade e compaixão, encorajamento. Sabíamos que podíamos lhe dar um verdadeiro lar e estragá-la de tanto mimá-la." Mais eficaz que o artigo, porém, eram as fotos de Kurt e Courtney brincando com a filha. As fotos evidenciavam que eles eram uma família extraordinariamente bonita – Frances era uma criança linda que parecia saudável e bem cuidada.

Durante o mês de outubro, Kurt passou obsessivamente muitas horas redigindo anotações para o encarte de *Incesticide*, um disco de lados Bs programado para lançamento antes do Natal; ele pintou também para a capa do disco um bebê agarrado a um pai alienígena contemplando papoulas. Redigiu pelo menos vinte versões diferentes dos comentários do encarte e utilizou esse foro para criticar severamente o que ele percebia como sua crescente lista de inimigos. Em uma delas, Kurt contestava sua imagem de alguém controlado por outros: "Um grande 'fodam-se' para vocês que se atrevem a afirmar que sou ingênuo e estúpido a ponto de permitir que se aproveitem de mim e me manipulem".

Naquele outubro, os empresários de Kurt sugeriram que ele considerasse a publicação de uma biografia autorizada capaz de dissuadir outras matérias prejudiciais da imprensa. Ele concordou, decidindo que, se contasse a história de sua vida – mesmo que esta fosse controversa –, isto lhe daria controle sobre o que diriam dele. A Gold Mountain consultou Michael Azerrad, que em outubro começou a trabalhar em um livro feito com a cooperação de Kurt. Para a capa, Kurt chegou a criar uma pintura a óleo que não foi usada. Ele deu uma série de entrevistas a Azerrad naquele outono, e embora contasse principalmente a verdade, como aconteceu em sua entrevista com Hilburn, ele muitas vezes levou o escritor a uma cena menor e mais leve para ignorar a paisagem escura mais ampla. Assim sendo, o livro de Azerrad incluiu as francas admissões de Kurt sobre problemas com drogas, embora a extensão de seu hábito fosse minimizada. Quando Kurt leu a versão final, fez apenas duas alterações factuais, mas deixou passar muitas de suas histórias míticas, desde das armas no rio até a da morada debaixo da ponte.

Na segunda semana de novembro, Kurt participou de uma sessão de fotos para a *Monk* – ele estaria na capa da edição de Seattle da revista. Ele chegou sozinho ao estúdio de Charlie Hoselton e, ao contrário da maioria das sessões de fotos, cooperou inteiramente. "Vamos combinar o seguinte", disse Kurt a Hoselton. "Eu vou ficar o tempo que você quiser, farei tudo o que você quiser, e você só terá de fazer duas coisas para mim: desligue o seu telefone e não atenda a porta se alguém bater." Courtney já havia ligado cinco vezes para o estúdio atrás dele. Os editores da *Monk* o convenceram a vestir-se como um madeireiro e a posar com uma motosserra. Em certo momento das tomadas, Kurt ousou sair dos limites, e quando Hoselton lhe pediu que posasse diante da máquina de café expresso, Kurt foi além – afastou o balconista para o lado e fez um café.

Um mês depois, quando Kurt concedeu uma entrevista a *The Advocate*, um semanário gay, o jornalista Kevin Allman encontrou o casal num clima surpreendentemente doméstico – Courtney estava se aprontando para levar Frances para um passeio num carrinho de bebê. Quando Allman comentou que eles não se pareciam em nada com Sid e Nancy, Kurt respondeu: "É simplesmente espantoso que neste momento da história do rock and roll as pessoas ainda estejam esperando que seus ídolos encarnem arquétipos clássicos do rock, como Sid e Nancy. Supor que sejamos exatamente iguais porque tomamos heroína durante algum tempo – é muito ofensivo esperar que sejamos daquele jeito". A entrevista era de longo alcance e mostrava Kurt brincando com os leitores homossexuais da revista. Ele afirmou mentirosamente que havia sido preso por pichar o grafite "Homo Sex Rules" ["O homossexualismo é o máximo"] em Aberdeen, e falou sobre seu apoio aos direitos dos homossexuais. Ele tornou a contar o caso Axl Rose/MTV Awards, mas exagerou afirmando que Rose estava acompanhado por "cinquenta guarda-costas: idiotas enormes, gigantes, clinicamente mortos, prontos para matar". Quando indagado sobre a heroína, Kurt confessou ter lutado uma vez com a droga, mas explicou que os rumores sobre ele continuaram porque "eu sou uma pessoa muito magra. Todo mundo acha que estamos tomando drogas novamente, mesmo as pessoas com quem trabalhamos. Acho que terei de me acostumar com isso para o resto de minha vida".

Kurt admitiu que o ano anterior tinha sido seu período menos prolífico. Pelo menos estava lendo livros, afirmou ele, entre os quais, *Perfume*, de Patrick Suskind, pela segunda vez; ele também professou ser fã do trabalho de Camille Paglia – esta era uma das muitas influências de que Courtney gostava. Ele falou sobre pintura e disse que fazer bonecas havia sido sua principal expressão artística ultimamente. "Eu as copio de revistas de colecionadores de bonecas", explicou ele. "Elas são de argila. Eu as asso e depois as faço parecer muito velhas e visto roupas velhas nelas." Quando solicitado a dizer algumas palavras finais, ele deu uma resposta que não parecia sair de alguém com 25 anos: "Eu não tenho o direito de julgar nada".

Em meados de novembro, o tribunal de Los Angeles relaxou as restrições aos Cobain e Jamie, a irmã de Courtney, partiu. Durante seu período de três meses de tutela de Frances, Jamie tinha se mostrado uma mestra rígida, raramente permitindo que Kurt e Courtney passassem tempo com a filha sem supervisão. Com a partida de Jamie, Jackie continuou a impor regras, protegendo o bebê dos pais quando estes estavam altos. Jackie cuidava do grosso das fraldas e da alimentação, embora frequentemente depositasse Frances junto aos pais na hora de dormir. "Às vezes, Kurt dizia: 'Eu realmente desejo vê-la'", conta Farry. "E eu a trazia, mas Kurt realmente não estava tão disposto assim, e por isso eu a levava de volta porque ele estava caindo no sono." No entanto, quando Kurt e Courtney estavam sóbrios, eles eram pais afetuosos e muito carinhosos.

Durante os meses finais de 1992, Kurt finalizou diversas canções para seu próximo disco – ao qual ele ainda estava chamando de *Eu Me Odeio e Quero Morrer* –, e a maioria delas era sobre sua família, velha e nova. Ver o pai assombrava Kurt, e Don se tornou personagem central nesse ciclo de canções mais recentes. Em *Serve the Servants*, Kurt elaborou sua letra mais autobiográfica, começando com uma referência direta à mania em torno de *Nevermind*: "Teenage angst has paid off well/ Now I'm bored and old" ["A angústia adolescente compensou/ Agora estou entediado e velho"]. Havia provocações a seus críticos ("self-appointed judges judge" ["juízes autonomeados julgam"]) e ao modo como Courtney havia sido tratada pela imprensa ("if she floats, then she is not a witch" ["se ela levitar, ela não é uma bruxa"]). Mas a maior parte da canção era sobre Don, com os mal-afamados versos: "I tried hard to have a father/ But instead I had a dad". No estribilho, Kurt minimizava o mais importante evento isolado de sua vida: "This legendary divorce is such a bore" ["Esse divórcio homérico é uma grande chateação"]. Quando interpretou a canção, cantou a frase como se fosse um refugo, mas em sua primeira versão da letra, ele a escreveu com o dobro do tamanho e a sublinhou três vezes.

Embora nenhuma explicação fosse necessária, Kurt rascunhou longas notas para a canção. "Acho que esta canção é para meu pai", escreveu ele, "que é incapaz de comunicar-se ao nível afetivo no qual eu sempre esperava. A meu próprio modo, decidi informar meu pai que eu não o odeio. Simplesmente não tenho nada a dizer a ele e não preciso de uma relação pai/filho com uma pessoa com quem não quero passar um Natal aborrecido. Em outras palavras: eu te amo; não te odeio; não quero falar com você." Depois de escrever, Kurt reconsiderou – riscou a maior parte.

Na primavera seguinte, Kurt também escreveu para Don uma carta não enviada, refletindo sobre como Frances o havia mudado:

> Sete meses atrás, resolvi me colocar numa posição que exige a mais alta forma de responsabilidade que uma pessoa pode ter. Uma responsabilidade que não deveria ser imposta. Toda vez que vejo um programa de televisão mostrando crianças agonizantes ou assisto ao testemunho de um pai que recentemente perdeu o filho, não consigo deixar de chorar. A ideia de perder minha filha me assombra todo dia. Fico até um pouco apreensivo em levá-la no carro com medo de me envolver num acidente. Juro que se algum dia eu me encontrar em uma situação semelhante [à que] você esteve (isto é, o divórcio), lutarei até a morte para manter o direito de cuidar de minha filha. Farei o impossível para lembrá-la de que a amo mais do que a mim mesmo. Não porque esse seja o dever de um pai, mas porque eu quero, por amor. E se Courtney e eu acabarmos nos odiando visceralmente, seremos adultos e responsáveis o bastante para sermos cordiais entre nós quando nossa filha estiver por perto. Sei que você durante anos achou que minha mãe de algum modo fez lavagem cerebral em Kim e em mim para que o odiássemos. Não consigo enfatizar suficientemente o quanto isso é totalmente inverídico, e penso que isso é uma desculpa muito preguiçosa e esfarrapada para você não se empenhar seriamente em cumprir suas obrigações paternas. Não consigo me lembrar de uma única vez em que minha mãe falasse besteira sobre você senão muito mais tarde no jogo, bem ao final dos últimos dois anos do colegial. Aquela foi uma época em que cheguei a minhas próprias conclusões sem a necessidade de nenhuma contribuição da minha mãe. No entanto, ela notou meu desprezo por você e sua família, e agiu em consonância com meus sentimentos, aproveitando a oportunidade para desabafar suas frustrações em relação a você. Toda vez que ela falava mal de você, eu a fiz saber que não gostava disso, e o quanto achava aquilo desnecessário. Nunca tomei partido a seu favor ou a favor da minha mãe, porque enquanto eu estava crescendo, sentia igual desprezo por ambos.

Mais reveladora ainda era uma colagem que Kurt criou em seu diário, em que ele tirou a foto do livro do ano de Don e a colou próximo a uma foto de seu representante A&R, Gary Gersh. Acima da foto de Don, ele escreveu "Papai Velho", com a legenda: "Me fez penhorar minha primeira guitarra. Insistiu que eu praticasse esportes". Acima de Gersh, ele escreveu "Papai Novo", sem legenda. Abaixo da colagem, Kurt colou várias ilustrações de antigos manuais médicos de corpos deformados e acrescentou o seguinte cabeçalho: "Os muitos humores de Kurdt Kobain". Sob o humor "bebê", ele usou uma imagem de um homem retardado; para o humor "puto da vida", ele mostrava um homem se mijando; sobre um homem magricelo, ele escreveu "valentão", para descrever seu humor; e, no único homem normal, ele corrigiu a camisa do sujeito para que nela estivesse escrito "Bratmobile" ["pivete-móvel"] e desenhou nele uma seringa, para o humor "atrevido".

Kurt e Courtney passaram o fim do ano de 1992 em Seattle vendo os Supersuckers no clube RKCNDY na véspera do Ano-Novo. Depois, numa festa, Kurt encontrou-se casualmente com Jeff Holmes, um promotor de shows local. Conversaram sobre música e quando surgiu o assunto dos Meat Puppets, Holmes disse a Kurt que conhecia a banda. Holmes ligou para Curt Kirkwood e passou o telefone para Kurt. Era o início de uma amizade entre os Meat Puppets e o Nirvana e que acabou levando a uma colaboração.

Com o ano se encerrando, Kurt e Courtney compilaram uma lista daqueles a quem eles pretendiam enviar cartões de Natal. Foram incluídos todos os suspeitos de sempre e alguns destinatários improváveis: Eddie Vedder, Axl Rose e Joe Strummer. Ao lado do nome de Strummer, Courtney sugeriu que escrevessem: "Obrigado por incitar sua amiga Lynn Hirschberg contra nós, ela realmente é muito gentil e honesta. Dê a ela nossos melhores votos de consideração, sim?". O cartão que enviaram a Susan Silver, a empresária do Soundgarden, era endereçado a "nossa fonte interna favorita", já que eles acreditavam – erroneamente – que Silver fosse a origem das citações da *Vanity Fair*.

Constavam também da lista para cartões de Natal duas pessoas de quem o casal era realmente próximo – o dr. Paul Crane, que havia feito o parto de Frances, e o dr. Robert Fremont. Na verdade, pelas contas feitas para Kurt pela Gold Mountain, os Cobain haviam gasto 75.932,08 dólares em despesas médicas entre 1º de janeiro e 31 de agosto de 1992. Quase metade disso foi para os médicos envolvidos em seu tratamento para drogas – 24 mil dólares só para o dr. Michael Horowitz, a quem Courtney mais tarde processou, alegando que ele liberara registros médicos para a imprensa. O dr. Fremont cobrou 8.500 dólares por seu tratamento e pela buprenorfina que lhes forneceu. Algumas contas se referiam à pré-reabilitação e representavam honorários cobrados por médicos do "Dr. Feelgood", que haviam receitado narcóticos. Embora Kurt estivesse finalmente ganhando dinheiro grosso com *Nevermind* (as vendas totais haviam atingido 8 milhões de cópias), essas contas médicas evidenciavam o quanto de 1992 tinha sido consumido em suas batalhas pela saúde.

Kurt revelou mais detalhes financeiros na entrevista à revista *The Advocate*: ele ganhou mais de 1 milhão de dólares em 1992, "dos quais 380 mil foram para impostos, 300 mil para [comprar a] casa [de Carnation]; o restante foi para médicos e advogados, e as nossas despesas pessoais foram de 80 mil dólares. Isto está incluindo aluguel de carros, alimentação, tudo. Não é muito; definitivamente não é o que Axl gasta por ano". Suas contas legais consumiram 200 mil dólares. Embora a renda de Kurt tivesse se elevado incrivelmente em relação ao ano anterior, ele estava gastando dinheiro mais depressa do que conseguia ganhar.

Duas semanas antes do Natal, *Incesticide*, a coletânea de refugos e lados Bs do Nirvana, era lançado. O disco entrou nas paradas da *Billboard* no 51º lugar, um feito notável, considerando que não se tratava de material novo. No prazo de dois meses o disco venderia meio milhão de cópias sem grandes campanhas promocionais nem excursões.

Os únicos shows que o Nirvana fez naquele mês de janeiro foram dois megashows no Brasil, pagos por enormes cachês. O show de 16 de janeiro em São Paulo atraiu a maior multidão para a qual o Nirvana já tocou – 110 mil –, e tanto a equipe como a banda se lembram dele como a pior apresentação que já haviam feito. O show se realizou com um ensaio de última hora e Kurt estava nervoso; para piorar as coisas, ele havia misturado bolinhas com bebida alcoólica, o que o deixou lutando para encontrar um acorde.

A apresentação da banda incluía mais covers do que canções do Nirvana. Eles tocaram "Seasons in the Sun" de Terry Jacks, "Kids in America" de Kim Wilde, "Should I Stay or Should I Go" do Clash, além de "Rio" do Duran Duran. Para um cover de "We Will Rock You" do Queen, Kurt mudou a letra para "We Will Fuck You". Com trinta minutos de show, Krist atirou seu baixo em Kurt e saiu correndo. "Era a comédia dos erros", lembra o técnico de guitarra Earnie Bailey. "Todo mundo começou a jogar frutas neles, no clássico gesto de vaudeville. Estávamos nos perguntando se conseguiríamos sair de lá sem que a van fosse destruída." Por fim, Krist foi localizado e arrastado de volta para o palco pela equipe – se a banda não tocasse 45 minutos, eles não cumpririam o contrato, o que significaria nada de cachê. Como se verificou, nem o enorme cachê cobriu os custos do equipamento que a banda destruiu. Krist mais tarde descreveu o show como uma "pane mental", enquanto uma revista brasileira era menos gentil: "Eles não eram o *verdadeiro* Nirvana; ao contrário, era apenas um Cobain deprimido fazendo barulho com sua guitarra."

Kurt *estava* deprimido e se tornara suicida naquela semana. A banda tinha uma semana até seu próximo show no Rio e o plano original era trabalhar no disco que seria lançado. Mas quando se registraram no altíssimo prédio do hotel no Rio, Kurt, depois de uma discussão com Courtney, ameaçou se jogar lá de cima. "Eu pensei que ele fosse pular de uma janela", lembra Jeff Mason. Por fim, Mason e Alex MacLeod o levaram para procurar outro hotel. "Ficamos passando de hotel para hotel, mas não conseguíamos ficar porque entrávamos em um quarto e havia uma sacada e ele ficava pronto para saltar", explica Mason. Finalmente, MacLeod encontrou um quarto de primeiro andar, uma tarefa não muito fácil no Rio. Enquanto o resto da banda dormia em um prédio alto e luxuoso, Kurt ficou em um pulgueiro de um único andar.

Grande parte do abatimento de Kurt derivava da abstinência da droga. Na excursão, sob os olhos atentos de sua banda e equipe, ele não conseguia fugir e se drogar, pelo menos sem sentir vergonha. Mesmo quando ele conseguia escapulir da redobrada vigilância, um de seus maiores temores na vida era o de ser preso comprando drogas e de isso acabar nos jornais. Uma coisa era os críticos de rock especularem que ele estava drogado – ele sempre poderia negar isso ou fazer o que ele normalmente fazia, que era admitir nas entrevistas que havia usado drogas no passado. Mas se ele fosse detido, nenhuma negação que pudesse inventar diminuiria o fato da prisão. Para reduzir seu desejo ardente por heroína, ele usava qualquer intoxicante que conseguisse encontrar – bolinhas ou birita –, mas essa era uma fórmula muito menos confiável.

A noite passada no hotel térreo pareceu ajudar. No dia seguinte, Kurt apareceu no estúdio aliviado, com vontade de trabalhar. Ele tocou a primeiríssima versão de "Heart-Shaped Box", uma canção que resultava de uma parceria com Courtney. Apesar do humor anterior de Kurt na viagem, assim que ele começou a gravar, saiu de sua melancolia. "Houve alguns momentos que foram musicalmente positivos", observa Mason. Durante os intervalos entre as canções do Nirvana, Courtney e a nova baterista do Hole, Patti Schemel, trabalhavam em algumas canções de Courtney.

A viagem da banda ao Brasil se encerrou com outro concerto gigante, no dia 23 de janeiro, na Praça da Apoteose, no Rio de Janeiro. Esse show foi mais profissional que o de São Paulo e eles fizeram a estreia de "Heart-Shaped Box" e "Scentless Apprentice", que, nesse formato, se estendia por dezessete minutos. Quando voaram de volta para casa no dia seguinte, Kurt e os integrantes da banda estavam mais uma vez otimistas quanto às próximas sessões de gravação do novo disco.

20

CAIXÃO EM FORMA DE CORAÇÃO

SEATTLE, WASHINGTON,
JANEIRO DE 1993-AGOSTO DE 1993

I am buried in a heart-shaped coffin for weeks.
[*Estou enterrado num caixão em forma de coração há semanas.*]
Uma versão inicial de "Heart-Shaped Box".

FAZIA ALGUM TEMPO QUE O VERSO "eu me odeio e quero morrer" vinha ocorrendo no repertório escrito e verbal de Kurt Cobain. Como muitas de suas letras ou dos chistes que soltava nas entrevistas, o dito, antes de surgir publicamente, havia sido testado dezenas de vezes em seu diário. A primeira vez que a frase apareceu em seus escritos foi por volta da metade de 1992, em uma lista de dísticos rimados e, embora não propusesse uma outra para rimar com ela, como um cientista que tropeça numa fórmula inovadora, ele a pôs em circulação. Em meados de 1992, ele estava com fixação na frase, dizendo aos entrevistadores e amigos que ela seria o título de seu próximo disco. Na melhor das hipóteses, era humor negro.

O que não era piada eram as expressões de autodesprezo que constantemente despontavam em seus diários, entre elas um poema que soava parecido a uma pichação de sua infância: "Odeio você. Odeio eles. Mas odeio mais a mim mesmo". Em outra frase estilo Jack Kerouac desse período, ele escrevia sobre sua dor de estômago como se fosse uma maldição: "Vomitei violentamente a ponto de meu estômago literalmente virar do avesso e mostrar os finos nervos capilares que eu mantivera e criara como filhos, enfeitando e marinando cada um, como se Deus tivesse me fodido e plantado esses pequenos ovos preciosos e eu desfilasse ao redor deles engalanado em triunfo e orgulho materno como prostituta aliviada dos deveres do reiterado estupro e tortura, promovida a um trabalho mais digno da velha, simples, boa e saudável prostituição". A observação "como se Deus tivesse me fodido" surgia frequentemente e era evocada sem humor – era a explicação de Kurt para seus problemas físicos e emocionais.

Somente depois que Krist o convenceu de que o Nirvana poderia estar se expondo a processos com o título "Eu Me Odeio e Quero Morrer" é que Kurt considerou outro título. Ele passou por vários, primeiro por "Verse, Chorus, Verse" ["Verso, Estribilho, Verso"] e, então, finalmente, por "In Utero", que era de um poema de Courtney.

Muitas das canções que Kurt compusera em 1992 tinham a influência de seu casamento. "We feed off each other" ["Nutrimo-nos mutuamente"], escreveu ele em "Milk It" ["Ordenhe-o"], uma expressão que resumia a união criativa e emocional entre os dois. Como é comum no casamento de dois artistas, eles começaram a pensar parecido, compartilhar ideias e cada um a usar o outro como editor. Eles também compartilhavam um diário: Kurt escrevia uma linha à qual Courtney acrescentava um dístico. Ele lia os escritos dela e ela os seus, e um era influenciado pelos devaneios do outro. Courtney era uma letrista mais convencional, elaborando versos mais rígidos e menos obscuros, e sua sensibilidade, em grande parte, definiu "Heart--Shaped Box" e "Pennyroyal Tea", entre outras. Ela fez de Kurt um compositor mais cuidadoso e não é por acaso que essas duas músicas estão entre os trabalhos mais bem realizados do Nirvana: foram elaboradas com mais propósito do que o pretendido por Kurt em todo o disco *Nevermind*.

Mas o papel maior de Courtney nas novas canções de Kurt era como personagem – tal como *Nevermind* era principalmente sobre Tobi, *In Utero* seria moldado por Don, Courtney e Frances. É claro que "Heart-Shaped Box" se referia ao presente inicial de Courtney para Kurt, a caixa de seda-e-renda, mas o verso da canção, "forever in debt to your priceless advice" ["sempre em dívida para com seu inestimável conselho"], tinha origem em um bilhete que ele enviou a ela. "Agradeço suas inestimáveis opiniões e conselho", escreveu ele, soando mais sincero ao escrever do que ao cantar o verso. O disco era seu presente para ela – ele estava devolvendo sua "Heart-Shaped Box", embora numa forma musical. Entretanto, não era um cartão do Dia dos Namorados do Hallmark: "Heart-Shaped Box" evoluiu ao longo de várias versões e Kurt o havia intitulado originalmente "Heart-Shaped Coffin" ["Caixão em Forma de Coração"], incluindo o verso "I am buried in a heart-shaped coffin for weeks" ["Estou enterrado num caixão em forma de coração há semanas"]. Courtney o alertou de que isso era um pouco lúgubre. No entanto, na relação entre eles cada um instigava o outro a expandir os limites e o risco artístico dessas novas canções era uma questão de orgulho – tanto para ela como para ele.

Antes de entrar no estúdio, Kurt tinha uma lista de dezoito canções que estava considerando – doze da lista acabariam ficando no disco pronto, mas com os títulos consideravelmente alterados. A canção que terminou sendo chamada "Radio Friendly Unit Shifter" ["Comutador de Unidades Amigáveis ao Rádio"] começou como "Nine Month Media Blackout" ["Apagão de Nove Meses da Mídia"], a resposta não muito velada de Kurt à matéria da *Vanity Fair*. "All Apologies" era originalmente intitulada "La, La, La... La", ao passo que "Moist Vagina" ["Vagina Molhada"], um lado B, começara com um título muito mais longo e mais descritivo: "Moist vagina, and then she blew him like he's never been blown, brains stuck all over the wall" ["Vagina molhada e então ela o detonou como nunca antes ele havia sido detonado, o cérebro espalhado por toda a parede"].

A banda voou para Minnesota no Dia dos Namorados para começar a gravar o disco. Em busca de um som magro e cru, haviam contratado Steve Albini para a produção – Kurt pretendia se afastar o máximo que pudesse de *Nevermind*. Albini tinha participado da influente banda punk Big Black e, em 1987, Kurt viajara até uma usina térmica de Seattle para presenciar a última apresentação do Big Black. Como adolescente, Kurt idolatrara Albini, mas, como adulto, na melhor das hipóteses, era uma relação de trabalho. Albini se deu bem com o resto da banda, mas depois descreveu Courtney como uma "serpente psicótica". Ela contra-atacou dizendo que o único jeito de ele achá-la atraente seria "se eu fosse da Costa Leste, tocasse violoncelo, tivesse peitos grandes e pequenos brincos de argola, usasse cacharrel preta, tivesse toda a bagagem combinando e nunca dissesse uma palavra".

A Gold Mountain havia escolhido o Pachyderm Studios em Cannon Falls, Minnesota, achando que a zona rural minimizaria as distrações. Foi o que aconteceu: no sexto dia de gravação – 20 de fevereiro, 26º aniversário de Kurt – a banda havia concluído todas as trilhas básicas. Quando não estavam trabalhando, faziam ligações em telefone de manivela para Eddie Vedder e viajavam até Minneapolis, a uma hora de distância. Ali, Kurt pesquisou o Mall of America em busca de modelos anatômicos de plástico de The Visible Man, sua mais recente obsessão de colecionador. Quando o disco estava concluído, apenas doze dias depois de começarem, a banda comemorou ateando fogo às calças. "Estávamos ouvindo a mixagem final", explica Pat Whalen, um amigo que passou por lá. "Todos derramaram solvente em suas respectivas calças, atearam fogo e depois iam passando a chama de uma perna para a outra e de uma pessoa para a seguinte." Eles estavam dentro das calças quando fizeram isto; para evitar queimaduras, cada um tinha de despejar cerveja na perna do outro no momento em que as chamas eclodiam em suas pernas.

O disco pronto havia sido gravado na metade do tempo gasto por *Nevermind*. "As coisas estavam na ascendente", lembra Krist. "Deixamos do lado de fora da porta tudo o que era pessoal. E foi um triunfo – é o meu disco favorito do Nirvana." O ponto de vista de Novoselic foi compartilhado por muitos críticos e por Kurt, que o considerou seu trabalho mais forte. A princípio, Kurt considerava "Pennyroyal Tea" o primeiro single: ele combinava um tema de tipo Beatles com a cadência lenta/rápida do Nirvana aperfeiçoada. O título se referia a um abortivo à base de ervas. Embora a letra de Courtney tivesse configurado a melodia, a canção terminava com uma descrição não ficcional do estômago de Kurt: "I'm on warm milk and laxatives, cherry-flavored antacids" ["Estou ligado em leite morno e laxantes, antiácidos sabor cereja"].

In Utero também tinha uma série de vários rocks de andamento rápido, mas mesmo esses possuíam profundidade lírica. "Very Ape" e "Radio Friendly Unit Shifter" tinham o tipo de frases rítmicas dramáticas tocadas durante o intervalo de três segundos de uma partida de basquete, mas suas letras eram rebuscadas o bastante para inspirar trabalhos de fim de curso e debates pela internet. "Milk It" era um grafite multicolorido do punk rock que a banda havia produzido em um único fôlego, embora Kurt passasse dias refinando a letra. "Her milk is my shit/ My shit is her milk" ["O leite dela é minha droga/ Minha droga é o leite dela"] era seu modo enviesado de conectar-se com sua mulher. A canção também sugeria sua reabilitação das drogas ("your scent is still here in my place of recovery" ["seu cheiro ainda está aqui neste local de recuperação"]), além de reprisar um verso que ele vinha passando de uma canção para outra desde o colegial: "Look, on the bright side is suicide" ["Olhe, no lado bom está o suicídio"]. Sobre "Dumb", em suas anotações não utilizadas para o encarte, ele descrevia sua descida ao vício das drogas: "Toda aquela maconha. Toda aquela maconha supostamente não viciante, inofensiva, segura, que danificou meu sistema nervoso e arruinou minha memória e me deixou com vontade de explodir o baile de formatura. Ela nunca era forte o bastante, por isso subi a escada até a papoula".

Mas nenhuma canção no disco se comparava a "Heart-Shaped Box". "I wish I could eat your cancer when you turn black" ["Gostaria de poder comer seu câncer quando você ficar preta"], cantava Kurt, no que talvez fosse a rota mais sinuosa que algum compositor já empreendeu na história do pop para dizer "eu te amo". Com o verso "Throw down your umbilical noose, so I can climb right back" ["Jogue seu laço umbilical para que eu possa subir de volta imediatamente"], Kurt terminava sua canção mais transcendental com uma súplica que poderia ser para Courtney, para sua mãe, de sua filha, dele mesmo ou, talvez o mais provável, para o seu Deus. Sua própria explicação nas anotações inéditas do encarte se desintegrava totalmente (ele riscou a maior parte), mas mencionava *O mágico de Oz*, "I Claudius", Leonardo da Vinci, cavalos-marinhos machos (que parem seus filhotes), racismo no Velho Oeste e Camille Paglia. Como toda grande arte, "Heart-Shaped Box" escapava a qualquer classificação fácil e oferecia ao ouvinte múltiplas interpretações, como aparentemente o fazia a seu autor.

O que "Heart-Shaped Box" significava para Kurt transparece no tratamento que deu ao que escreveu para o vídeo da canção. Kurt o imaginava estrelado por William S. Burroughs, e escreveu para Burroughs pedindo-lhe que participasse do vídeo. "Imagino que as reportagens na imprensa relativas ao meu consumo de drogas possam levá-lo a pensar que este pedido deriva de um desejo de equiparar nossas vidas", escreveu ele. "Garanto-lhe que não se trata disso." Mas o que exatamente Kurt esperava alcançar ao escalar o escritor para o elenco nunca ficou claro: em sua tentativa de convencer Burroughs a participar, ele havia proposto obscurecer o rosto do escritor, de sorte que ninguém além de Kurt saberia quem era o figurante. Burroughs recusou o convite.

Tanto o disco *In Utero* como o vídeo "Heart-Shaped Box" eram obcecados por imagens de nascimento, morte, sexualidade, doença e vício. Várias versões do vídeo foram feitas e uma disputa em torno de quem era o autor das ideias acabou levando Kurt a romper com o diretor do vídeo Kevin Kerslake, que imediatamente processou Kurt e o Nirvana; Anton Corbijn concluiu a edição final que incluía tomadas da crescente coleção de bonecas de Kurt. O vídeo lançado girava em torno de um Jesus Cristo idoso com ar de drogado, vestido como o papa, usando um barrete de Papai Noel e sendo crucificado em um campo de papoulas. Um feto pende de uma árvore e reaparece comprimido dentro de um frasco de soro, sendo injetado em Jesus, que é transferido para um quarto de hospital. Krist, Dave e Kurt são mostrados numa sala de hospital esperando Jesus se recuperar. Surge um coração gigantesco com um diagrama de palavras cruzadas dentro dele e também a menina ariana, cujo chapéu branco da Ku Klux Klan se torna preto. E ao longo dessas imagens a face de Kurt continua a atacar a câmera. É um vídeo absolutamente impressionante, e mais ainda porque Kurt falou reservadamente a seus amigos que muitas dessas imagens vinham de seus sonhos.

Na primeira semana de março, Kurt e Courtney se mudaram para uma casa de aluguel de 2 mil dólares mensais na avenida Lakeside, 11301, nordeste em Seattle. Era uma casa moderna de três andares, logo acima do lago Washington, com vista para o monte Rainier e para a serra Cascade. Também era uma casa gigantesca e, com mais de 550 metros quadrados de área habitável, era maior do que todas as casas anteriores de Kurt juntas. Entretanto, os Cobain rapidamente encheram a casa – um cômodo inteiro se tornou espaço para Kurt pintar, havia acomodações para hóspedes e babás, e os prêmios da MTV decoravam o banheiro do segundo andar. Na garagem para dois carros, ao lado do Valiant de Kurt, eles tinham agora um Volvo cinza 1986 240DL, sobre o qual Kurt dizia orgulhosamente a seus amigos que era o carro mais seguro já fabricado para uma família.

Logo depois da mudança, o processo pendente de Kurt e Courtney com o Departamento de Assistência à Infância finalmente chegou ao fim. Embora os Cobain tivessem inicialmente cumprido as determinações do tribunal, ainda receavam que Frances lhes fosse tirada. Mudar-se para Seattle foi uma jogada estratégica na batalha – Courtney soube que a lei do Acordo Interestadual impediria que o juiz de Los Angeles tivesse controle sobre eles em Seattle. Uma assistente social de Los Angeles, chamada Mary Brown, voou até Seattle no começo de março para observar Frances em sua nova casa. Quando ela recomendou ao município o encerramento do caso, seu parecer acabou sendo aceito. "Kurt ficou em êxtase", lembra o advogado Neal Hersh. No dia 25 de março, apenas uma semana depois de seu aniversário de sete meses, Frances foi legalmente devolvida aos cuidados não supervisionados de seus pais. A devolução da filha vinha acompanhada de um preço: eles haviam gastado mais de 240 mil dólares em honorários legais.

Frances havia ficado com os pais ao longo de toda a investigação, embora Jamie ou Jackie tivessem estado *in loco* para satisfazer o tribunal. Jackie havia sido uma salva-vidas como babá, mas no início de 1993 ela estava exausta. Ela apenas havia tirado uns poucos dias de licença de seu posto, ainda que na nova casa tivesse conseguido instituir parâmetros mais rígidos para suas obrigações: ela insistiu que, quando Frances acordasse durante a noite, os pais cuidassem dela até as sete da manhã. Mas Farry agora tinha de lidar com muitos telefonemas de gravadoras que Kurt queria evitar: "As pessoas ligavam e diziam: 'Você pode pedir para Kurt me ligar de volta?'. E eu dizia:

'Eu dou o recado para ele', mas eu sabia que ele não iria retornar as ligações. Kurt simplesmente não queria lidar com o que lhe estivesse sendo imposto na vida. Ele só queria ficar com Courtney e não lidar com o mundo". Farry anunciou que estaria saindo em abril.

Jackie entrevistou numerosas babás profissionais como potenciais substitutas, mas estava claro que a maioria não conseguiria se ajustar ao drama da casa dos Cobain. "Elas perguntavam: 'Qual é o horário de amamentação?'", disse Farry. "Eu tinha de dizer a elas que as coisas não funcionavam bem assim naquela casa." Por fim, Courtney decidiu contratar Michael "Cali" DeWitt, um ex-ajudante de excursão do Hole, de vinte anos de idade, como o novo babá. Apesar de ser muito jovem, Cali era excelente para cuidar de Frances, que imediatamente se apegou a ele. Além dele, os Cobain contrataram Ingrid Bernstein, mãe de Nils Bernstein, amigo do casal, para um trabalho em regime de meio período.

Abril de 1993 foi um mês agitado, tanto para o Hole como para o Nirvana. O Hole lançou "Beautiful Son", uma canção que Courtney compusera sobre Kurt, e utilizou para a capa uma foto de infância. O Nirvana, enquanto isso, viajou para o Cow Palace de San Francisco para fazer um show em benefício das vítimas de estupro na Bósnia, assunto de preocupação para Novoselic, devido à sua herança étnica. Era o primeiro espetáculo do Nirvana nos Estados Unidos num período de seis meses e eles o usaram para divulgar o disco que estava para sair, tocando oito das doze canções de *In Utero*, muitas delas pela primeira vez em concerto. Kurt decidiu sair de sua posição habitual no palco, à esquerda, e passar para o lado direito – era como se ele estivesse tentando reformular o show da banda. Isso funcionou e os fãs da pesada citaram este como um dos melhores desempenhos da banda ao vivo.

Embora *In Utero* tivesse sido gravado, ainda estava aguardando lançamento e em abril uma disputa em torno de sua produção deixou em segundo plano tudo o mais que a banda fez naquela primavera. A banda havia solicitado Albini porque queria um som mais cru, mas acharam suas mixagens finais muito rígidas. Essa notícia chegou ao produtor, que, em abril, falou para Greg Kot do *Chicago Tribune*, "Geffen e a administração do Nirvana *odiaram* o disco. [...] Eu não tenho nenhuma esperança de que ele seja lançado". Kurt respondeu com seu próprio press-release: "Não houve nenhuma pressão de nossa gravadora no sentido de alterar as faixas". Mas a controvérsia continuou e Kurt fez a DGC publicar um anúncio de página inteira na *Billboard* negando alegações de que o selo tivesse rejeitado o disco. Apesar dos desmentidos, muitos na gravadora julgaram a produção muito crua e, em maio, Scott Litt foi contratado para tornar "Heart-Shaped Box" e "All Apologies" mais adaptadas ao rádio. Uma vez mais, quando defrontado por um problema que poderia prejudicar o sucesso de seu disco, Kurt concordava com o caminho da menor resistência e da maior vendagem.

Isso não o impediu de continuar silenciosamente cozinhando em banho-maria. Embora continuasse a dizer aos repórteres que ele era favorável às remixagens de Litt e que achava que Albini fizera um ótimo trabalho – duas declarações contraditórias –, em seu diário ele traçava planos para lançar o disco exatamente como ele queria. Ele lançaria primeiro a versão de Albini como *I Hate Myself and Want to Die*, mas apenas em vinil, cassete e fita de oito faixas. A próxima fase de suas operações viria um mês depois. "Após muitas resenhas e reportagens insatisfatórias sobre o lançamento sovina, irredutível, em vinil, cassete e fita de apenas oito faixas, lançamos a versão remixada sob o título *Verse, Chorus, Verse*." Para isso, Kurt queria um adesivo que dissesse: "Radio-Friendly, Unit-Shifting, Compromise Version" ["Versão Adaptada ao Rádio, Alterando unidades, Conciliatória"]. Como era de esperar, a DGC se recusou a adotar os planos de Kurt. A versão remixada de *In Utero* estava pronta para lançamento em setembro.

No primeiro domingo de maio, às nove horas da noite, o centro de serviços de emergência 911 de King County recebeu um informe da casa dos Cobain sobre uma overdose de drogas. Quando a polícia e um pronto-socorro chegaram, encontraram Kurt no sofá da sala de estar murmurando a palavra "Hamlet". Ele estava sofrendo, segundo os policiais observaram, de "sintomas associados a uma overdose de narcótico [...] A vítima Cobain estava consciente e capaz de responder a perguntas, mas estava obviamente debilitada".

Apenas poucos minutos antes da chegada da polícia, Kurt havia ficado azul e, uma vez mais, parecia estar morto. Courtney disse aos policiais que Kurt havia estado na casa de um amigo onde "se injetara o equivalente a trinta ou quarenta dólares de heroína". Voltara para casa dirigindo e, quando Courtney o questionou por estar drogado, ele se trancou em um quarto do andar de cima. Courtney havia ameaçado ligar para a polícia ou para a família dele e, quando ele não respondeu, ela levou a cabo a segunda ameaça. Ela conseguiu falar com Wendy na primeira chamada e a mãe e a irmã de Kurt imediatamente entraram no carro e "disparamos até lá", conforme lembra Kim.

Nas duas horas e meia de viagem entre Aberdeen e Seattle, a condição de Kurt piorou. No momento em que Wendy e Kim chegaram, Kurt estava vomitando e em estado de choque. Ele não queria que o 911 fosse chamado, disse-lhes em sua voz inarticulada, porque "preferiria morrer" do que ler no jornal que ele tomara overdose ou fora preso. Courtney jogou água fria em Kurt, andou com ele pela casa, deu-lhe Valium e, finalmente, injetou-lhe Narcan, uma droga usada para neutralizar a heroína, mas nada disso o reanimou inteiramente (um estoque de Narcan, também obtida ilegalmente, era sempre mantido na casa para essa finalidade). Wendy tentou esfregar as costas de Kurt – o jeito que ela usava para confortar o filho –, mas a heroína deixava seus músculos mais rígidos do que um manequim de gesso. "Foi horrível", lembrou Kim. "Finalmente tivemos de chamar os paramédicos porque ele estava começando a ficar azul." Quando a polícia chegou, constataram que "sua condição deteriorara gradualmente até chegar ao ponto em que ele estava tremendo, o rosto afogueado, delirando e falando de modo incoerente".

Logo que Kurt entrou na ambulância, a crise parecia afastada. Kim acompanhou a ambulância até o Harborview Hospital, onde os acontecimentos deram uma guinada grotesca. "Lá ele ficou hilário", lembra ela. "Ele estava deitado no corredor de um hospital lotado, tomando soro por intravenosa e outras coisas para reverter as drogas. Estava deitado lá e começou a falar sobre Shakespeare. Então ele apagou e, cinco minutos depois, acordou e continuou a conversa comigo."

Parte do motivo de ter sido Kim a encarregada de acompanhar a ambulância era porque Courtney queria jogar fora o resto da heroína de Kurt, mas não conseguiu encontrá-la. Quando Kurt recuperou a consciência, Kim lhe perguntou onde ele a colocara. "Está no bolso do roupão que está pendurado na escada", confessou Kurt, pouco antes de desmaiar novamente. Kim correu até o telefone e ligou para a casa, mas a essa altura Courtney já a havia encontrado. Quando Kim voltou até Kurt, ele havia acordado novamente e insistia para que ela não contasse onde estava a droga.

Depois de cerca de três horas de Narcan, Kurt estava pronto para voltar para casa. "Quando ele foi liberado para sair do hospital, eu não conseguia acender o cigarro dele com rapidez suficiente", disse Kim. Para ela foi uma tristeza enorme testemunhar o que às vezes quase parecia um cômico encontro de raspão com a morte: a overdose se tornara comum para Kurt, parte do jogo, e havia normalidade na loucura. De fato, conforme anotado no boletim policial, Courtney contou aos policiais a verdade mais ampla e mais triste sobre esse episódio específico: "Este tipo de incidente já havia acontecido antes com a Vítima Cobain".

A "heroína" agora fazia parte da existência cotidiana de Kurt e, às vezes, particularmente quando ele não tinha trabalho com a banda, e Courtney e Frances saíam, era a parte central. No verão de 1993, ele estava tomando quase diariamente e, quando não, permanecia em abstinência e vociferando reclamações. Era um período de dependência mais funcional do que no passado, mas o seu consumo ainda ultrapassava o da maioria dos viciados. Mesmo Dylan, também um viciado, considerava perigoso o nível da dosagem de Kurt. "Definitivamente, ele tomava muita droga", lembra Dylan. "Eu queria me drogar e ainda conseguir fazer alguma coisa, mas ele sempre queria tomar tanto que não conseguia fazer nada. Ele sempre queria tomar mais do que precisava." O interesse de Kurt estava na fuga, e quanto mais rápida e mais incapacitante, melhor. Em decorrência disso, havia muitas situações de overdose e proximidade da morte, chegando a uma dúzia delas só em 1993.

A escalada do vício de Kurt se dava em contraposição a um esforço que Courtney estava fazendo para ficar sóbria. No final da primavera, ela contratou uma médium para ajudá-la a se livrar das drogas. Kurt se recusou a pagar as contas da médium e ria de seu conselho de que os dois precisavam se livrar de "todas as toxinas". Courtney, porém, levou isso a sério; ela tentou parar de fumar, começou a beber diariamente suco fresco e a frequentar reuniões dos Narcóticos Anônimos. A princípio, Kurt zombou da esposa, mas depois a incentivou a frequentar as reuniões, no mínimo porque assim ele tinha mais tempo livre para se drogar.

No dia 1º de junho, Courtney organizou uma intervenção na casa de Lakeside. Entre os presentes estavam Krist, o amigo Nils Bernstein, Janet Billig da Gold Mountain, Wendy e o padrasto de Kurt, Pat O'Connor. A princípio, Kurt se recusou a sair do quarto e até a olhar para o grupo. Quando finalmente saiu do quarto, ele e Courtney começaram a gritar um com o outro. Em um acesso de raiva, Kurt apanhou um pincel atômico e rabiscou na parede do corredor: "Nenhum de vocês jamais conhecerá minha verdadeira intenção." "Era óbvio que não havia como chegar a ele", lembra Bernstein. O grupo reunido passou por uma ladainha de motivos pelos quais Kurt deveria parar de tomar drogas, sendo um dos mais repetidos as necessidades de sua filha. A mãe dele lhe disse que sua saúde estava em risco. Krist argumentou com Kurt, falando de como ele mesmo havia reduzido seu hábito de beber. Quando Pat O'Connor expôs os casos de suas batalhas com o álcool, Kurt ficou calado e olhou fixo para seus tênis. "Dava para ver no rosto de Kurt que ele estava pensando: 'Nada em sua vida tem coisa alguma a ver com a minha'", lembra Bernstein. "Pensei comigo: 'Isto não está ajudando *em nada*'." Quando Kurt voltou amuado para o quarto, os que ficaram reunidos começaram a discutir sobre quem era o culpado pelo vício de Kurt. Para os mais próximos a ele, era mais fácil um culpar o outro do que imputar a responsabilidade a ele mesmo.

Naquele verão, Kurt começou a se isolar cada vez mais; os amigos o chamavam zombeteiramente de Rapunzel, porque ele raramente saía do quarto. Sua mãe era uma das poucas pessoas a quem ele ouvia e Courtney passou a fazer uso crescente de Wendy como mediadora. Kurt ainda precisava desesperadamente de uma proteção materna e regredia a um estado quase fetal quando se retirava do mundo. Wendy conseguia acalmá-lo acariciando-lhe os cabelos e lhe dizendo que tudo ia ficar bem. "Havia momentos em que ele se desligava lá em cima e ninguém, nem Courtney nem qualquer outra pessoa, podia chegar perto dele", observa Bernstein. "Mas a mãe entrava lá e ele não a expulsava. Acho que era depressão química." A família de Wendy era marcada pela depressão, e embora vários amigos de Kurt sugerissem que se submetesse a tratamento, ele optava por ignorar seus apelos e se automedicar com drogas. Verdade seja dita, era difícil alguém conseguir que ele fizesse alguma coisa: se o mundo do Nirvana pudesse ser considerado uma pequena nação em si mesma – Kurt era o rei. Poucos ousavam contestar a saúde mental do rei por medo de serem banidos do reino.

No dia 4 de junho, depois de outro dia terrivelmente dramático, Courtney chamou a polícia para Kurt. Quando os policiais chegaram, ela lhes disse que eles haviam tido "uma discussão sobre armas na casa". Courtney havia jogado um copo de suco em seu rosto e ele lhe dera um empurrão. "Momento em que", afirma o boletim policial, "Cobain empurrou Love para o chão e começou a estrangulá-la, deixando um arranhão." A legislação de Seattle exigia que a polícia prendesse pelo menos uma das partes envolvidas numa disputa doméstica – Kurt e Courtney começaram a discutir sobre quem seria preso, já que ambos desejavam a distinção. Kurt insistiu que fosse ele a ir para a cadeia – para alguém passivo-agressivo, esse era um filão e tanto de oportunidade para se retirar emocionalmente e, ao mesmo tempo, bancar o mártir. Ele venceu. Foi transportado para a delegacia do distrito norte e encarcerado na cadeia de King County. A polícia também apreendeu uma grande quantidade de munição e armas na casa, inclusive duas pistolas calibre .38 e um rifle de ataque Colt AR-15 semiautomático.

Mas a verdadeira história do que aconteceu naquele dia era um exemplo da crescente tensão em seu casamento. Como dois personagens de um conto de Raymond Carver, as brigas do casal incluíam cada vez mais a escavação de seus respectivos pontos fracos e, nesse dia, Kurt estava se pavoneando de seu uso de drogas na frente de Courtney e da médium. "É claro que ele tinha de encontrar *aquela* droga que me deixaria louca", lembra Courtney. "Ele decidiu que ia experimentar crack. Ele fez uma encenação muito doida sobre como ia adquirir e experimentar uma 'pedra' *no valor de dez dólares*."

Para atazanar a esposa, Kurt procedeu como se "estivesse acertando a transação de droga do século" com repetidos telefonemas a um traficante.

Imaginá-lo purificando cocaína de crack em sua casa enfureceu Courtney que, em lugar de atirar um copo sobre ele, como afirma o boletim policial, na verdade atirou um espremedor. Não foi bem uma briga – os embates físicos entre os dois terminavam empatados, tal como sua primeira luta romana no chão do clube de Portland. Mas mesmo assim Courtney chamou a polícia, imaginando que tê-lo na cadeia era melhor do que deixá-lo queimar a casa purificando cocaína. "Tenho certeza de que Kurt, de algum modo, acabou conseguindo esse crack em algum lugar, mas nunca descobri", disse ela. Ele passou apenas três horas na prisão e foi libertado naquela noite por uma fiança de 950 dólares. Mais tarde as acusações foram retiradas.

Eles remendaram as coisas depois da prisão e, como constantemente acontecia em sua relação, o trauma os aproximou mais. Na parede do quarto, ela escreveu dentro de um coração o grafite: "É melhor você me amar, seu panaca". Um mês depois da briga, Kurt descrevia a relação para Gavin Edwards, da revista *Details*, como "um dervixe rodopiante de emoção, todos esses extremos de briga e amor ao mesmo tempo. Se estou furioso com ela, eu grito com ela, e isso é saudável". Ambos eram mestres em ampliar e testar limites – era tudo o que Kurt fazia na infância –, e sempre que deixava Courtney com raiva, ele sabia que teria de conquistá-la de novo, normalmente com cartas de amor. Uma delas dizia: "Courtney, quando eu digo 'eu te amo', não estou envergonhado, nem ninguém jamais, jamais, chegará perto de me intimidar, persuadir etc. a pensar o contrário. Eu carrego você na minha manga. Eu escancaro você com o envergadura de asa de um pavão, porém quase sempre com a envergadura da atenção de uma bala na cabeça". A prosa era autodepreciativa, descrevendo a si mesmo como "tão denso quanto cimento", mas também a fazendo lembrar do compromisso matrimonial dele: "eu desfilo em volta de você orgulhosamente como o anel em meu dedo, que não contém nenhum minério".

Duas semanas depois da detenção por violência doméstica, Neal Karlen chegou à casa dos Cobain para entrevistar Courtney para o *New York Times*. Quando ele bateu à porta, Kurt atendeu, carregando Frances, e anunciou que sua esposa estava "na reunião da Narcóticos Anônimos". Convidou Karlen a entrar e se sentaram e assistiram televisão. "Era uma casa enorme", lembra Karlen, "mas havia pontas de cigarro em pratos e uma mobília horrível, desprezível. Na sala de estar havia um televisor gigante, de cinco metros. Era como se alguém tivesse chegado na loja e dissesse: 'Quero a maior televisão do catálogo'."

Na televisão estava sendo exibido o último episódio de *Beavis and Butt-Head*, o popular programa da MTV. "Eu *conheço* Beavis e Butt-Head", disse Kurt a Karlen. "Eu cresci com pessoas desse tipo; eu as reconheço." Num momento de pura casualidade, o vídeo de "Smells Like Teen Spirit" apareceu no programa. "Muito bem!", exclamou Kurt. "Vejamos o que eles pensam de nós." Quando os dois personagens caricaturais ergueram os polegares para o Nirvana, Kurt pareceu genuinamente lisonjeado. "Eles *gostam* de nós!"

Parecendo que estava combinado, Courtney chegou em casa. Ela beijou Kurt, fez Frances saltar para o seu joelho e apenas com uma leve sugestão de sarcasmo anunciou: "Ah, a família perfeita – exatamente como uma gravura de Norman Rockwell". Mesmo Karlen se impressionava com uma imagem doméstica. "Eu não parava de pensar neles como Fred e Ethel Mertz", lembra ele. "Ele era mais como Fred, com as mãos no bolso, enquanto Ethel administrava a casa." Karlen também havia surpreendido Kurt num dia em que seus olhos estavam claros. "Eu já vira drogados o bastante para saber que ele estava de cara limpa."

No caso, Courtney não queria falar com o *New York Times*, mas o que queria era expressar suas opiniões para um livro que Karlen estava escrevendo sobre a banda Babes in Toyland. A entrevista se arrastou por horas e Kurt frequentemente interrompia quando Courtney o cutucava. "Ele não era tão passivo quanto as pessoas diziam", observa Karlen. Courtney usou Kurt como usaria um historiador do punk que morasse na casa – quando ela fazia uma observação e precisava de uma data ou de um nome, ela perguntava a Kurt e ele sempre sabia a resposta. "Era como assistir a um programa de perguntas e respostas onde se consulta um professor para comprovar os fatos", observa Karlen.

Kurt também tinha uma dúvida: estava ponderando se comprava uma guitarra que já pertencera ao Leadbelly. Ela estava à venda por 55 mil dólares, mas ele não conseguia decidir se comprá-la era uma "atitude punk" ou uma "atitude antipunk". A única tensão que Karlen notou entre o casal foi quando Courtney tropeçou em um disco de Mary Lou Lord da coleção de discos de Kurt. Isso levou Courtney a contar um caso de como ela havia corrido atrás de Mary Lou pela rua em Los Angeles, ameaçando bater nela. Kurt ficou calado e essa foi a única vez que Karlen achou que ele agia como "o marido resignado".

O discurso de Courtney sobre a história do punk rock continuou por horas a fio depois que Kurt foi dormir. Karlen acabou passando a noite num quarto excedente. A manhã trouxe a única evidência de que esse não era um domicílio típico: quando Kurt foi preparar a refeição matinal, não havia nenhuma comida. Depois de procurar durante vários minutos, Kurt despejou alguns biscoitos doces num prato e anunciou que era o café da manhã.

No dia 1º de julho, o Hole apresentou seu primeiro show após vários meses, no clube Off-Ramp de Seattle. Courtney havia reequipado sua banda, que estava se preparando para excursionar pela Inglaterra e fazer um disco. Kurt foi ao show, mas ele estava muito chapado. "Ele estava tão debilitado que mal conseguia parar em pé", lembra Michelle Underwood, do clube. "Tivemos de ajudá-lo a se locomover por ali. Parecia que ele estava muito apreensivo por ela." Seu nervosismo estava exacerbado pelo fato de que, no dia do show, o *Seattle Times* publicou uma matéria sobre sua prisão no mês anterior pelo incidente de violência doméstica. Courtney brincou no palco: "Nós estamos doando todo o dinheiro que vocês pagaram para entrar hoje à noite para o Fundo dos Espancadores de Esposas Vítimas de Violência Doméstica. *Uma ova!*". Depois ela voltou ao assunto: "Violência doméstica não é algo que já tenha me acontecido. Eu gosto de defender meu marido. Essa história não é verídica. Elas nunca são. Por que é que toda vez que tomamos uma simples cerveja, isto vira uma puta notícia?". Apesar da encenação, sua apresentação chamou a atenção e foi a primeira vez que ela conquistou uma plateia de Seattle.

O show do Hole terminou à uma e quinze da madrugada, mas esse não foi o fim da noite para os Cobain. Brian Willis da *NME* foi aos bastidores e perguntou se Courtney poderia dar uma entrevista. Ela o convidou para ir à casa deles, mas passou a maior parte da entrevista promovendo o disco de Kurt. Courtney até tocou *In Utero* para Willis, a primeira vez que um jornalista ouvia o disco. Ele ficou atônito com a surpresa, escrevendo: "Se Freud pudesse ouvir isto, molharia as calças só com a expectativa". Ele chamou o disco de "um disco prenhe de ironia e perspicácia. *In Utero* é a vingança de Kurt".

A experiência auditiva de Willis foi interrompida quando Kurt chegou à sala para informar: "Acabamos de sair no noticiário, na MTV. Estavam falando sobre a matéria no *Seattle Times* e que o Hole acaba de dar início a sua turnê mundial em Seattle no Off-Ramp". Com isso, Kurt fez um lanche de muffins ingleses e chocolate quente e se sentou ao balcão observando o sol nascer. Quando Willis descreveu os acontecimentos do fim da noite para a *NME*, concluiu a matéria com uma dose de análise: "Para alguém que tem passado por tanta coisa nos últimos dois anos, cujo nome está sendo mais uma vez alvo de animosidade, que está prestes a lançar um disco ansiosamente aguardado pelo mundo inteiro do rock e que está diante de uma espantosa atenção e pressão, Kurt Cobain é um homem extraordinariamente satisfeito".

21

UMA RAZÃO PARA SORRIR

SEATTLE, WASHINGTON,
AGOSTO DE 1993-NOVEMBRO DE 1993

Porra, Jesus Cristo Todo-Foderoso, ame a mim, a mim, a mim, podemos continuar a título de experiência, por favor, eu não me importo se for fora-da-multidão, eu só preciso de uma plateia, uma gangue, uma razão para sorrir.
De um registro de diário.

COMO QUALQUER OUTRA FAMÍLIA AMERICANA com um filho pequeno, Kurt e Courtney compraram uma câmera de vídeo. Embora Kurt fosse capaz de construir uma guitarra a partir de um bloco de madeira e restos de arame, ele não conseguiu descobrir como instalar a bateria e, por isso, a câmera só era usada quando estavam próximos de uma tomada. Uma única fita de vídeo mapeou o período desde seu primeiro Natal juntos, em dezembro de 1992, até as imagens de Frances já andando e brincando, em março de 1994.

Algumas cenas na fita eram de shows do Nirvana ou tomadas da banda se divertindo fora do palco. Um fragmento curto captou Kurt, Courtney, Dave, Krist e Frances sentados no Pachyderm Studios ouvindo o primeiro playback de "All Apologies", parecendo todos exaustos da batalha após uma semana no estúdio. Mas a maior parte da fita documentava o desenvolvimento de Frances Bean e sua interação com os amigos do casal: mostrava-a rastejando em volta de Mark Lanegan e falando enquanto Mark Arm cantava um acalanto para ela. Parte da fita era humorística, como quando Kurt erguia o bumbum do bebê e fazia barulho de peidos, ou as tomadas em que ele a está acalmando com uma versão *a capela* de "Seasons in the Sun". Frances era uma criança beatífica, tão fotogênica quanto os pais, com os olhos hipnóticos do pai e as maçãs do rosto salientes da mãe. Kurt a adorava e o vídeo documenta um lado sentimental que o público raramente via nele – o olhar que ele dirigia tanto a Frances como a Courtney durante esses ternos momentos era um olhar de amor genuíno. Embora essa fosse a família mais famosa do rock and roll, grande parte das tomadas poderia ter sido de qualquer família americana com uma conta na Toys 'R' Us.

Mas um segmento da fita se destaca de todos os demais e mostra o quanto essa família era extraordinariamente diferente. Tomada por Courtney no banheiro de sua casa em Carnation, a cena começa com Kurt dando banho em Frances – ele está usando uma jaqueta doméstica de tom cinza-escuro e parecendo um bonito proprietário rural. Quando ele ergue Frances como um avião sobre a banheira, ela involuntariamente resfolega porque está se divertindo muito. Kurt exibe o sorriso tipo orelha a orelha que nunca foi captado por uma foto instantânea – o mais perto que um fotógrafo chegou foi a foto de Kurt, Wendy, Don e Kim dos tempos de Aberdeen. No vídeo, Kurt parece ser exatamente o que é: um pai cuidadoso e apaixonado e arrebatado por sua linda filha, sem querer mais nada na vida além fingir que ela é um avião, planando sobre a banheira e bombardeando num mergulho os patos de borracha amarelos. Ele fala com ela numa voz de Pato Donald – exatamente como sua irmã Kim fazia quando ele estava crescendo –, e Frances dá risada e tagarela, cheia daquela alegria que só uma criança de oito meses pode transpirar.

A câmera depois se vira em direção à pia e, num piscar de olhos, a cena muda. À direita da pia, afixada a uns vinte centímetros acima na parede, está um suporte para escovas de dentes – o mesmo tipo de suporte branco de porcelana presente em 90% dos lares americanos. No entanto, o que torna esse acessório tão notável é que ele não contém escovas de dentes: contém uma seringa. É um objeto tão surpreendente e inesperado de se ver num banheiro que a maioria dos espectadores não o notaria. Mas ele está lá, solenemente pendurado, a ponta da agulha voltada para baixo, um lembrete triste e trágico de que, não obstante o quanto exteriormente essa família pareça comum, existem fantasmas que acompanham até os momentos de ternura.

Em julho de 1993 o vício de Kurt se tornara rotineiro, fazia parte da vida na casa dos Cobain e as coisas funcionavam ao redor dele. A metáfora frequentemente empregada para descrever o papel do alcoolismo numa família – a de um elefante de mais de quatro toneladas no meio da sala de estar – parecia tão óbvia que poucos se davam ao trabalho de enunciá-la. O fato de que Kurt estaria drogado por pelo menos parte do dia havia se tornado o *status quo* – tão aceito quanto a chuva em Seattle. O nascimento da filha e o tratamento determinado pelo tribunal haviam servido apenas para distraí-lo temporariamente. Embora tivesse tomado metadona e buprenorfina durante semanas seguidas, ele não esteve livre de opiatos por tempo suficiente para se desintoxicar completamente nem por um ano inteiro.

Na lógica louca que assume o controle das famílias apanhadas no vício, parecia quase melhor quando Kurt estava tomando drogas: em compensação, ele era impossível quando estava sofrendo a dor física da abstinência. Poucos chegavam a verbalizar de fato essa teoria – de que o sistema que girava ao redor de Kurt era mais estável quando ele estava usando drogas do que quando se abstinha delas –, mas o próprio Kurt a professava. Em seu diário, argumentava que se fosse para sentir-se como um drogado em abstinência, ele também poderia ser um na prática. E Kurt tinha amigos que concordavam com ele: "A teoria toda de 'fazê-lo parar de usar drogas' era absurda e, no final das contas, prejudicial para Kurt", afirma Dylan Carlson. "As drogas são um problema quando estão prejudicando sua capacidade para, digamos, ter uma casa ou manter um emprego. Até que se tornem um problema dessa natureza, você simplesmente deixa a pessoa em paz e, por si mesma, ela chegará ao fundo de seu próprio poço emocional – você não pode obrigá-la a chegar ao fundo. [...] Ele não tinha nenhum motivo para *não* tomar drogas."

No verão de 1993, o vício era uma lente pela qual tudo na vida de Kurt era distorcido. No entanto, embora estivesse exteriormente mais contente tomando drogas, por dentro, na contradição louca que é o vício, ele estava cheio de remorso. Seus diários eram marcados por lamentações sobre sua incapacidade de ficar sóbrio. Ele se sentia julgado por todos ao seu redor e estava certo nessa percepção: toda vez que seus parceiros de banda, família, empresários ou equipe o encontravam, faziam uma rápida sondagem para determinar se ele estava drogado ou não. Kurt experimentava esses dez segundos de sondagem rápida dezenas de vezes por dia, e ficava furioso quando supunham que ele estava chapado quando não estava. Via-se como um viciado funcional – conseguia tomar drogas e tocar –, e por isso odiava o constante escrutínio e passou a ficar cada vez mais tempo com seus amigos drogados – com os quais se sentia menos inspecionado.

No entanto, em 1993, mesmo as drogas não estavam funcionando tão bem como antes. Kurt descobriu que a realidade do vício estava muito distante do fascínio que ele certa vez imaginara ao ler os livros de William S. Burroughs, e mesmo dentro da subcultura ilhada dos viciados se sentia um estranho. Um registro desse período em seu diário o mostra implorando desesperadamente por amizade e, em última análise, pela salvação:

> Amigos com quem eu possa conversar, sair e me divertir, tal como eu sempre sonhei, poderíamos conversar sobre livros e política e poderíamos fazer vandalismo à noite, que tal? Hein? Ei, eu não consigo deixar de arrancar os cabelos! Por favor! Porra, Jesus Cristo Todo-Foderoso, ame a mim, a mim, a mim, podemos continuar a título de experiência, por favor, eu não me importo se for fora-da-multidão, eu só preciso de uma plateia, uma gangue, uma razão para sorrir. Eu não o sufocarei, ah merda, merda, por favor, há alguém aí? Alguém, qualquer um, Deus me ajude, ajude-me por favor. Eu quero ser aceito. Preciso ser aceito. Usarei qualquer tipo de roupas que você quiser! Estou tão cansado de chorar e sonhar, estou muito, muuito só. Não há ninguém aí? Por favor, ajude-me. AJUDE-ME!

Naquele verão, o médico de reabilitação de drogas de Kurt, Robert Fremont, sessenta anos, foi encontrado morto em seu consultório em Beverly Hills, curvado sobre sua escrivaninha. A causa de sua morte foi definida como um ataque cardíaco, embora o filho de Fremont, Marc, afirmasse que foi suicídio por overdose e que seu pai havia se viciado novamente em drogas. Na época de sua morte, Fremont estava sendo investigado pelo Conselho

Médico da Califórnia, acusado de flagrante negligência e conduta antiprofissional por receitar doses exageradas de buprenorfina a seus pacientes. Fremont certamente disponibilizava buprenorfina em abundância para seu cliente mais famoso – ele a fornecia a Kurt em caixas.

No dia 17 de julho de 1993, *Nevermind* finalmente saiu das paradas da *Billboard* depois de estar presente por quase dois anos. Naquela semana, a banda viajou para Nova York para fazer publicidade e para uma apresentação de surpresa como parte do Seminário da Nova Música. Na noite da véspera do show, Kurt reuniu-se com Jon Savage, autor de *England's Dreaming*, para dar uma entrevista. Talvez devido à sua admiração pelo livro de Savage, Kurt estava particularmente aberto quanto a falar sobre sua família, descrevendo o divórcio dos pais como algo que o fazia sentir-se "envergonhado" e ansiando pelo que ele havia perdido: "Eu queria desesperadamente a família clássica, sabe, a família típica. Mãe, pai. Eu queria aquela segurança". E quando Savage perguntou se Kurt conseguia entender o modo como o grande distanciamento emocional poderia levar à violência, ele respondeu afirmativamente: "Sim, definitivamente eu posso perceber como o estado mental de uma pessoa pode deteriorar-se a ponto de ela fazer isso. Cheguei a um ponto em que eu fantasiava sobre isso, mas estou certo de que optaria por me matar primeiro". Praticamente toda entrevista que Kurt deu em 1993 fazia alguma referência a suicídio.

Quando lhe foi feita a inevitável pergunta sobre heroína, Kurt contou a inevitável mentira: falou usando verbos no passado, disse que tomara heroína "por cerca de um ano, de vez em quando", e afirmou que apenas o fez por causa dos seus problemas de estômago. Quando Savage continuou, perguntando sobre as dores de estômago, Kurt declarou que elas haviam terminado: "Eu acho que é uma coisa psicossomática". Savage achou Kurt particularmente jovial nessa noite. "Eu não me sinto otimista assim desde pouco antes do divórcio de meus pais", explicou ele.

Doze horas depois, Kurt jazia no chão do banheiro do seu hotel, tendo novamente tomado uma overdose. "Seus lábios estavam azuis e os olhos haviam rolado inteiramente para dentro", recorda o publicitário Anton Brookes, uma das pessoas que acudiram Kurt. "Ele estava desfalecido. Ainda havia uma seringa cravada em seu braço." Brookes ficou chocado quando viu Courtney e Cali entrarem em ação como tarimbados auxiliares médicos – foram tão metódicos que ele ficou com a impressão de que faziam aquilo regularmente. Enquanto Courtney checava os sinais vitais de Kurt, Cali o erguia e o esmurrava violentamente no plexo solar. "Ele bateu uma vez e não obteve muita reação e, por isso, bateu novamente. Então Kurt começou a voltar a si." Isso, mais água fria no rosto, devolveu-lhe a respiração. Quando os seguranças do hotel chegaram, atraídos pelo barulho, Brookes teve de suborná-los para que não chamassem a polícia. Brookes, Courtney e Cali arrastaram o ainda grogue Kurt para fora do hotel. "Começamos a fazê-lo andar", lembra Brookes, "mas a princípio suas pernas não obedeciam." Quando Kurt finalmente conseguiu falar, insistiu que não queria ir para o hospital.

Depois de comida e café, Kurt pareceu totalmente ressuscitado, embora ainda muito intoxicado. Ele voltou ao hotel, onde havia marcado hora para massagem em seu quarto. Enquanto Kurt recebia a massagem, Brookes apanhou saquinhos de heroína que estavam no chão e os despejou na privada. Ironicamente, menos de três horas depois de estar inconsciente no banheiro, Kurt voltava a dar entrevistas negando que usava drogas. Na passagem de som daquela noite, ele ainda estava muito intoxicado – talvez devido a um papelote não encontrado por seus auxiliares. "Ele quase morreu pouco antes daquele show", lembra o técnico de som Craig Montgomery. Quando David Yow, da banda Jesus Lizard, que abriria o show, foi conversar com ele, "Kurt não conseguiu falar. Ele só conseguia resmungar. Eu disse: 'Como você está?', e ele respondeu: 'buzzcolloddbed'". Em um padrão que estava se tornando muito conhecido – apesar de pouco antes estar imprestável, no palco Kurt parecia ótimo e o show em si foi uma maravilha. A banda havia acrescentado Lori Goldston ao violoncelo e foi a primeira vez que apresentou uma introdução acústica em seus números.

*

O Nirvana voltou a Seattle na semana seguinte e fez um show beneficente no dia 6 de agosto para levantar fundos para a investigação do assassinato da cantora local Mia Zapata. Naquela semana, Kurt, Courtney, Krist e Dave passaram juntos uma rara noite fora assistindo ao Aerosmith no Coliseum. Nos bastidores, Steven Tyler do Aerosmith chamou Kurt para o lado e lhe falou sobre sua experiência com grupos de recuperação dos 12 Passos. "Ele não estava pregando", lembra Krist, "só estava falando sobre experiências similares por que havia passado. Ele tentou encorajá-lo." Dessa vez, Kurt pareceu ouvir, embora pouco dissesse em resposta.

Naquela mesma semana, também no Seattle Center, Kurt deu uma entrevista ao *New York Times*, realizada no topo da Space Needle. Kurt escolheu o local porque nunca havia estado no marco mais famoso de Seattle. Ele agora estava insistindo que um representante do departamento de publicidade da DGC gravasse toda entrevista – ele achava que isso reduziria as citações errôneas. A conversa com Jon Pareles, como aconteceu com todas as entrevistas de Kurt em 1993, pareceu uma sessão de terapia, já que Kurt falava sobre os pais, a esposa e o significado de suas letras. Ele se abriu o bastante para que Pareles notasse judiciosamente as contradições: "Cobain resvala entre opostos. Ele é precavido e descuidado, sincero e sarcástico, tem pele fina e é insensível, é consciente de sua popularidade e tenta ignorá-la".

Na primeira semana de setembro, Kurt e Courtney regressaram a Los Angeles para uma permanência de duas semanas, sua primeira visita prolongada antes de se mudarem. Eles compareceram ao Video Music Awards de 1993 da MTV e o Nirvana ganhou o prêmio de Melhor Vídeo Alternativo por "In Bloom". A banda não tocou nessa noite e houve poucas das simulações da premiação do ano anterior. Muita coisa havia mudado no ramo da música durante o último ano e o Nirvana estivera perdendo a maior parte dessas mudanças. Embora *In Utero* fosse aguardado com extrema expectativa, a banda já não era mais a maior banda de rock do mundo, pelo menos comercialmente: Pearl Jam agora detinha essa honra.

Naquela semana, Kurt e Courtney participaram de um show em benefício do "Rock Contra o Estupro" no Clube Lingerie de Hollywood. Courtney estava programada para uma apresentação solo, mas depois de tocar "Doll Parts" e "Miss World", ela chamou "seu marido Yoko" e Kurt subiu no palco. Juntos eles fizeram duetos de "Pennyroyal Tea" e a música do Leadbelly "Where Did You Sleep Last Night?". Essa seria a única vez que se apresentariam juntos em público.

In Utero foi finalmente lançado no dia 14 de setembro no Reino Unido e em 21 de setembro nos Estados Unidos, onde entrou nas paradas no primeiro lugar, vendendo 180 mil cópias só na primeira semana. O disco alcançou essas cifras de venda apesar de não estar no estoque do Wal-Mart ou do Kmart: ambas as cadeias haviam rejeitado o título da canção "Rape Me" e a colagem de fetos de bonecas feita por Kurt para o verso da capa. Quando seu empresário ligou para informá-lo a respeito, Kurt concordou em fazer alterações para que o disco chegasse às lojas. "Quando eu era criança, eu só podia ir ao Wal-Mart", explicou Kurt a Danny Goldberg. "Eu quero que as crianças possam comprar esse disco. Farei o que eles quiserem." Goldberg ficou surpreso, mas preferiu aceitar a palavra de Kurt: "Naquela altura, ninguém sonharia em dizer não a ele. Ninguém o obrigava a fazer nada".

No entanto, Kurt de fato bateu de frente com seus empresários quanto às datas de concertos. Ele começou 1993 garantindo que não pretendia excursionar. Embora sem deixar de ser ouvida, essa decisão certamente teria reduzido as chances do novo disco chegar ao topo das paradas. Nessa questão, Kurt enfrentou um trator de oposição: todos que trabalhavam com ele — dos empresários até a equipe e os parceiros de banda — ganhavam o grosso de seu dinheiro com as turnês e insistiram para que ele reconsiderasse. Quando discutiu a questão com sua advogada, Rosemary Carroll, ele pareceu inflexível. "Ele disse que não queria ir", lembra ela. "E, francamente, ele foi pressionado a ir."

A maior parte da pressão era da administração, mas uma parte derivava de seu próprio medo da pobreza. Embora estivesse mais rico do que jamais imaginara ser possível, uma excursão o deixaria ainda mais rico. Um memorando que Danny Goldberg enviou a Kurt em fevereiro de 1993 definia detalhes de sua renda projetada para os próximos dezoito meses. "Até aqui, o Nirvana recebeu pouco mais de 1,5 milhão de dólares", declara o memorando sobre o item de receita derivada das composições. "Acredito que mais 3 milhões de dólares estejam em via de serem pagos no curso dos próximos dois anos." Goldberg calculava que a renda de Kurt em 1993, após os impostos, incluiria 1,4 milhão de dólares em direitos autorais de composição, 200 mil dólares de venda esperada de 2 milhões de cópias do novo disco e, caso o Nirvana excursionasse, outros 600 mil dólares de merchandising e bilheteria dos concertos. Mesmo essas cifras, escrevia Goldberg, eram conservadoras: "Pessoalmente acredito que a [sua] renda para os próximos dezoito meses será o dobro dessa quantia ou mais, mas para o planejamento familiar racional penso que seja seguro estimar 2 milhões de dólares, o que presumivelmente lhe dá margem para mobiliar muito bem sua casa e saber que você terá um substancial pé de meia". Apesar de seus protestos anteriores, Kurt concordou em excursionar.

No dia 25 de setembro, o Nirvana estava de volta a Nova York para se apresentar novamente no *Saturday Night Live*. Eles tocaram "Heart-Shaped Box" e "Rape Me", e embora o desempenho fosse vacilante, estava livre da tensão de sua primeira participação. Além do violoncelista Goldston, haviam acrescentado o ex-guitarrista do Germs, Georg Ruthenberg, conhecido pelo nome artístico de Pat Smear. Smear era oito anos mais velho que Kurt e já havia passado por um longo drama de drogas com Darby Crash, seu parceiro de banda no Germs. Ele dava a impressão de que havia pouca coisa capaz de irritá-lo; seu senso de humor estranho iluminava a banda e sua execução segura ajudava Kurt a se afligir menos no palco.

Uma semana antes de começar a excursão de *In Utero*, Kurt voou para Atlanta para visitar Courtney, que estava gravando o disco do Hole. Quando passou pelo estúdio, os produtores Sean Slade e Paul Kolderie lhe mostraram as canções do disco que estavam prontas. Kurt parecia orgulhoso com o trabalho de Courtney e elogiou suas habilidades de letrista.

Mais tarde, naquele dia, Courtney pediu a Kurt que fizesse os backing vocals para algumas músicas que faltavam. A princípio ele protestou, mas depois concordou. Ficou evidente para Slade e Kolderie que Kurt não estava familiarizado com grande parte do material. "Ela dizia coisas como: 'Vamos lá, cante esta aqui'", lembra Kolderie. "Ele continuava a dizer: 'Bem, deixa eu ouvir primeiro. Como posso cantar se não ouvi?'. E ela dizia: 'É só improvisar'." Os resultados deixaram a desejar e os vocais de Kurt foram usados apenas em uma canção na mixagem final. Mas Kurt se animou bastante quando a sessão oficial terminou e seguiu-se uma jam. Sentou-se à bateria, Eric Erlandson e Courtney apanharam as guitarras e Slade, um baixo. "Foi uma explosão", lembra Slade.

Kurt voltou a Seattle, só partindo uma semana depois para Phoenix para ensaiar para a próxima excursão do Nirvana. Em um voo com escala em Los Angeles, a banda Truly estava no avião e Kurt teve um reencontro caloroso com seus velhos amigos Robert Roth e Mark Pickerel. Pickerel acabou se sentando na poltrona ao lado de Kurt e Krist – Grohl estava sentado defronte à cabine – e Pickerel se sentiu constrangido por estar com um exemplar da *Details* com o Nirvana na capa. Kurt a apanhou e devorou o artigo. "Ele passou a ficar agitado enquanto lia", lembra Pickerel. Kurt ficou descontente com as declarações de Grohl. "Ele ficou falando naquilo sem parar", disse Pickerel. Após alguns minutos nessa ladainha, Kurt anunciou que para seu próximo disco, "eu quero trazer outras pessoas só para criar um tipo diferente de disco". Ele retornaria ao assunto diversas vezes naquele outono, ameaçando demitir seus parceiros de banda.

A excursão de *In Utero* começou em Phoenix num auditório com 15 mil lugares, onde Billy Ray Cyrus havia se apresentado na noite anterior. Era a excursão de maior escala que o Nirvana empreendia e incluía um repertório elaborado. Quando a MTV perguntou a Kurt por que a banda estava agora tocando apenas em grandes arenas, Kurt foi pragmático, citando os maiores custos de produção do show: "Se fôssemos tocar em clubes pequenos, estaríamos totalmente no buraco. Não somos tão ricos como todo mundo pensa que somos". Quando o *USA Today* publicou uma resenha negativa da estreia ("A anarquia criativa degenerou em arte performática ruim", escrevia

Edna Gunderson), Smear desarmou um acesso de Kurt comentando: "Isso é maluquice – eles nos pegaram direitinho. Essa é a coisa mais engraçada que eu já li em minha vida". Até Kurt teve de rir.

Courtney pedia a Kurt para que ele não lesse as resenhas, mas ele as procurava obsessivamente, chegando a consultar jornais de fora da cidade. Ele se tornava cada vez mais paranoico em relação à mídia e agora exigia examinar as matérias anteriores de um jornalista antes de aceitar conceder-lhe uma entrevista. Entretanto, em Davenport, Iowa, ao voltar para casa após um show, Kurt acabou num carro com o relações-públicas Jim Merlis e um redator da *Rolling Stone*. Kurt não estava sabendo que havia um jornalista entre eles quando indicou a Merlis uma espelunca de tipo Taco Bell. O restaurante fast-food estava apinhado de garotos que haviam saído do concerto e todos arregalaram os olhos quando viram Kurt Cobain na fila para comprar um taco. "Dia de Taco era o meu dia favorito na escola", disse ele a todos ao alcance de sua voz. É claro que a história foi parar na imprensa.

Durante essa primeira semana da excursão, Alex MacLeod levou Kurt de carro até Lawrence, Kansas, para conhecer William S. Burroughs. No ano anterior, Kurt havia produzido um single com Burroughs intitulado "The Priest They Called Him" ["Eles o Chamavam de O Pregador"], na T/K Records, mas eles haviam realizado a gravação simplesmente enviando e recebendo de volta as fitas. "Conhecer William foi uma coisa sensacional para ele", lembra MacLeod. "Era algo que ele jamais imaginou que aconteceria." Eles conversaram durante várias horas, mas Burroughs depois afirmou que o assunto das drogas não foi aventado. Quando Kurt partiu no carro, Burroughs comentou com seu assistente: "Tem alguma coisa errada com aquele menino; ele fica emburrado sem motivo nenhum".

Em Chicago, três dias depois, a banda encerrou um show sem tocar "Smells Like Teen Spirit" e houve vaias. Naquela noite, Kurt se sentou com David Fricke da *Rolling Stone* e começou: "Estou contente por você ter conseguido vir ao show mais nojento da excursão". A entrevista que Kurt deu a Fricke foi tão cheia de referências a sua perturbação emocional que poderia igualmente ter sido publicada em *Psychology Today*. Ele falou sobre sua depressão, sua família, sua fama e seus problemas de estômago. "Depois que se experimenta uma dor crônica durante cinco anos", disse ele a Fricke, "no momento em que esse quinto ano termina, você está literalmente maluco. [...] Eu estava esquizofrênico como um gato molhado que foi ludibriado." Informou que seu estômago agora estava muito melhor e confessou ter comido uma pizza inteira na noite anterior. Kurt declarou que durante a pior de suas crises estomacais, "Todo dia eu queria me matar. Muitas vezes cheguei bem perto". Quando falou de suas esperanças em relação à filha, Kurt argumentou: "Eu não acho que Courtney e eu estejamos tão ferrados assim. Sofremos falta de amor durante a vida toda e precisamos tanto disso que, se temos alguma meta, esta é dar a Frances o máximo de amor que pudermos, o máximo de apoio que pudermos".

Depois de Chicago, os shows melhoraram e, com isso, o humor de Kurt. "Estávamos na ascendente", lembra Novoselic. Todos gostavam de tocar o material de *In Utero* e haviam acrescentado "Where Did You Sleep Last Night?" e um número gospel intitulado "Jesus Wants Me for a Sunbeam". Durante parte da excursão, Frances, com catorze meses de vida, viajou com o pai, e Kurt se mostrava mais feliz quando ela estava por perto. Ao final do mês de outubro, os Meat Puppets abriram sete shows, unindo Kurt a seus ídolos Curt e Cris Kirkwood.

Por algum tempo, o Nirvana estivera em negociações com a MTV para fazer um programa *Unplugged*. Foi ao excursionar com os Meat Puppets que Kurt finalmente aderiu à ideia, convidando os Kirkwood para se juntar ao show, imaginando que a presença adicional na banda iria ajudar. A ideia de fazer um show despojado deixava Kurt nervoso, e ele se preocupou mais na expectativa dessa apresentação em particular do que na de qualquer outra desde a estreia da banda na cervejada de Raymond. "Kurt estava muito nervoso, muito", lembra Novoselic. Outros são mais diretos: "Ele estava apavorado", observa o gerente de produção Jeff Mason.

Chegaram a Nova York na segunda semana de novembro e começaram a ensaiar em um estúdio de som de Nova Jersey. Mas, como aconteceu com todas as interações que a banda teve com a MTV, mais tempo foi gasto nas negociações do que nos ensaios. Os Kirkwood se viram passando a maior parte dos dias sentados, esperando; além disso, foram advertidos pela administração do Nirvana para evitar fumar maconha perto de Kurt. Eles acharam isto particularmente irritante, já que Kurt constantemente chegava atrasado para os ensaios e visivelmente drogado. "Ele surgia como se fosse uma aparição de Jacob Marley", observa Curt Kirkwood, "todo enrolado em flanela, com um boné de lenhador. Parecia um velhote do meio rural. Ele achava que *esse* disfarce o deixaria entrosado com os habitantes de Nova York."

Embora Kurt tivesse concordado em fazer o show, ele não queria o seu *Unplugged* parecido com os outros da série; a MTV tinha a intenção oposta e os debates se tornaram litigiosos. Na véspera da gravação, Kurt anunciou que não iria tocar. Mas a MTV estava acostumada a esse truque. "Ele fazia isso só para nos provocar", disse Amy Finnerty. "Ele desfrutava desse poder."

Na tarde do show, Kurt chegou, apesar de ameaças em contrário, mas estava nervoso e em abstinência. "Não havia nenhuma brincadeira, nenhum sorriso, nenhuma graça por parte dele", admite Jeff Mason. "Consequentemente, todos estavam muito preocupados com a apresentação." Curt Kirkwood estava preocupado porque eles não haviam ensaiado um conjunto inteiro de músicas: "Nós tocamos as canções inteiras algumas vezes, mas nunca um conjunto ensaiado. Não chegou a haver um exercício harmonizado". Finnerty estava preocupada porque Kurt estava deitado num sofá reclamando do quanto estava se sentindo mal. Quando ele disse que queria frango do Kentucky Fried Chicken, ela imediatamente mandou alguém buscar alguns pedaços.

Mas, na verdade, ele desejava mais do que frango frito. Um membro da equipe do Nirvana contou a Finnerty que Kurt estava vomitando e perguntou se ela poderia "conseguir algo" para ajudá-lo. "Eles me disseram", lembra Finnerty, "que 'ele não vai conseguir fazer o show se nós não *o ajudarmos*'. E eu estava tipo 'eu nunca tomei heroína e não sei onde encontrar'." Sugeriu-se que Valium ajudaria Kurt a vencer sua abstinência e Finnerty pediu a outro empregado da MTV que comprasse um estoque de um farmacêutico corrupto. Quando Finnerty os entregou a Alex MacLeod, ele voltou para informar: "Estes são muito fortes – ele precisa de um Valium 5 miligramas". Por fim, um outro mensageiro apareceu com uma entrega que o próprio Kurt havia encomendado.

Kurt finalmente se sentou e fez um breve ensaio de verificação do som e da disposição da banda no palco. Ele estava tateante no formato acústico e cheio de receios. Seu maior temor era o de que entrasse em pânico durante o show e arruinasse a gravação. "Você pode se certificar", perguntou ele a Finnerty, "de que todas as pessoas que gostam de mim estejam sentadas na frente?" Finnerty remanejou a plateia de forma que Janet Billig e alguns dos outros colegas de Kurt estivessem na fileira da frente. Mas nem isso foi suficiente para acalmá-lo; ele interrompeu mais uma vez a verificação do som e disse a Finnerty: "Eu estou assustado". Perguntou se a plateia iria bater palmas mesmo que ele não tocasse bem. "Claro que sim, nós vamos bater palmas para você", disse Finnerty. Kurt insistiu que ela se sentasse para que ele pudesse vê-la. Pediu também para uma pessoa da produção trazer um pouco de lubrificante de trastes; ele nunca o usara anteriormente, mas disse que tinha visto sua tia Mari aplicá-lo em seu violão quando ele era garoto.

Nos bastidores, esperando o show começar, Kurt ainda parecia transtornado. Para melhorar seu humor, Curt Kirkwood contou uma piada que havia sido corrente entre eles: Kirkwood raspava goma de mascar de sob os tampos das mesas dos restaurantes e as mascava de novo. "Cara, você é muito esquisito", declarou Kurt. Enquanto se preparavam para entrar no palco, Kirkwood puxou uma bola de chiclete da boca e ofereceu metade para Kurt – essa brincadeira despertou o primeiro sorriso de Kurt naquele dia.

Quando as câmeras começaram a filmar, fazia tempo que aquele sorriso se fora. Kurt tinha a expressão de um papa-defuntos, um ar apropriado já que o palco estava montado para uma macabra missa negra. Kurt havia sugerido lírios roxos, velas pretas e um candelabro de cristal. Quando Alex Coletti, produtor do *Unplugged*, perguntou: "Você quer dizer... como num funeral?". Kurt disse que era exatamente isso o que ele queria dizer. Ele tinha selecionado um conjunto de catorze músicas que incluíam seis covers; cinco das seis canções covers falavam em morte.

Embora com a expressão abatida e os olhos ligeiramente vermelhos, mesmo assim Kurt parecia bonito. Usava seu suéter Mister Rogers e ainda que seus cabelos não tivessem sido lavados fazia uma semana, ele transmitia um ar juvenil. Começou com "About a Girl", que foi apresentada com um arranjo sensivelmente diferente, reduzindo seu volume para enfatizar a melodia e a letra básicas da música. Não era exatamente "unplugged", já que o Nirvana usava amplificadores e bateria, embora com abafadores e escovas. Um título mais preciso foi sugerido por Jeff Mason: "Eles deveriam ter chamado o programa de 'Nirvana em tom menor'".

Mas o desempenho emocional de Kurt estava em tom maior. A música seguinte foi "Come as You Are" e, depois, uma interpretação assombrada de "Jesus Wants Me for a Sunbeam", com Novoselic no acordeom. Só depois dessa terceira canção foi que Kurt falou com a plateia. "Garanto que vou estragar esta canção", anunciou ele antes de interpretar "The Man Who Sold the World", de David Bowie. Ele não estragou e se sentiu aliviado o bastante durante o intervalo seguinte para brincar que, se ele tivesse estragado, "Bem, esse pessoal vai ter de esperar". Quase dá para ouvir o suspiro coletivo de alívio da plateia. Pela primeira vez naquela noite ele parecia presente, embora ainda tratasse a plateia na terceira pessoa.

A tensão de Kurt se refletiu na plateia: ela estava reservada, antinatural e à espera de que ele desse uma deixa para relaxar completamente. Essa deixa não veio, mas a tensão no ambiente – como a de um jogo de final de campeonato – serviu para tornar o show mais memorável. Quando chegou o momento de tocar "Pennyroyal Tea", Kurt perguntou ao resto da banda: "Eu vou fazer esta sozinho ou o quê?". A banda não conseguira terminar nenhum ensaio da canção. "Faz você sozinho", sugeriu Grohl. E Kurt fez, embora na metade da canção ele parecesse empacar. Ele tomou um fôlego muito curto e, quando o exalou, deixou a voz rachar no verso "warm milk and laxatives", e foi nessa decisão – de deixar a voz rachar – que ele encontrou a força para avançar rapidamente. O efeito foi notável: era como assistir a um grande cantor de ópera, em luta com uma doença, completar uma ária deixando que a emoção, e não a precisão das notas, vendesse a canção. Por diversas vezes, era como se o peso da asa de um anjo pudesse fazê-lo fracassar, mas as canções o ajudavam: as palavras e frases musicais eram parte tão integrante dele que Kurt as poderia cantar semimorto e elas ainda seriam potentes. Foi o maior momento isolado de Kurt no palco e, como todos os pontos altos de sua carreira, vinha numa hora em que ele parecia fadado a fracassar.

Depois de "Pennyroyal Tea", o resto das canções importava pouco, mas ele se tornava mais confiante após cada uma. Ele chegou até a sorrir em determinado ponto, depois de um pedido da plateia para que tocasse "Rape Me", gracejando: "Ah, eu acho que a MTV não nos deixaria tocar essa". Depois de dez músicas, ele chamou os Kirkwood, apresentou-os como os "Brothers Meat", que o acompanharam enquanto ele interpretava três músicas deles. Os Kirkwood eram veneráveis desajustados, mas sua esquisitice se casava perfeitamente à estética de Cobain.

Para o bis do final, Kurt escolheu "Where Did You Sleep Last Night?" do Leadbelly. Antes de interpretar a canção, ele contou o caso de como havia cogitado de comprar a guitarra do Leadbelly, embora nessa versão o preço fosse inflado para 500 mil dólares, dez vezes o que ele havia dito três meses antes. Embora Kurt fosse propenso ao exagero ao contar um caso, sua interpretação da canção era moderada, amortecida, etérea. Ele cantou a música com os olhos fechados e quando dessa vez sua voz se tornou dissonante, ele converteu o lamento em um grito primal que pareceu prosseguir durante dias. Foi fascinante.

Quando ele saiu do palco, houve ainda outra discussão com os produtores da MTV – eles queriam um bis. Kurt sabia que não conseguiria superar o que havia feito. "Quando você vê o suspiro em sua expressão antes da última nota", observa Finnerty, "é quase como se fosse o último suspiro de sua vida." Nos bastidores, o resto da banda estava empolgado com a apresentação, embora Kurt ainda parecesse inseguro. Krist disse a ele: "Você fez um ótimo trabalho lá em cima, cara", e Janet Billig estava tão comovida que chorou. "Eu disse a ele que era o seu bar mitzvah, um momento de definição da carreira, tornando-se o homem de sua carreira", lembra Billig. Kurt gostou dessa metáfora, mas quando ela elogiou sua execução na guitarra, isto pareceu ser uma extrapolação: ele a desancou, declarando que era um "péssimo guitarrista" e pedindo que ela nunca o elogiasse novamente.

Kurt saiu com Finnerty, evitando uma festa após o show. No entanto, mesmo depois de um desempenho sublime, sua confiança não parecia nem um pouco mais alta. Ele se queixou: "Ninguém gostou". Quando Finnerty lhe falou que tinha sido incrível e que todos adoraram, Kurt protestou que a plateia normalmente ficava dando pulos em seus shows. "Eles só ficaram lá sentados, em silêncio", murmurou ele. Finnerty já havia ouvido bastante: "Kurt, eles acham que você é Jesus Cristo", declarou ela. "A maioria dessas pessoas nunca teve a oportunidade de ver você tão de perto. Elas estavam totalmente tomadas por você." Diante disso, ele amoleceu e disse que queria ligar para Courtney. Enquanto entravam num dos elevadores do hotel, ele cutucou Finnerty e se vangloriou: "Eu realmente estive demais esta noite, não estive?". Foi a única vez que ela o ouviu admitir seu próprio talento.

Entretanto, um acontecimento que ocorrera dois dias antes da gravação do *Unplugged* era mais significativo do íntimo de Kurt do que tudo o mais na MTV. Na tarde de 17 de novembro, a banda se preparava para deixar seu hotel em Nova York rumo ao ensaio para o *Unplugged*. Enquanto Kurt caminhava pelo saguão do hotel, foi abordado por três fãs do sexo masculino trazendo CDs e pedindo autógrafos. Ele ignorou seus pedidos, caminhando até a van que o aguardava com as mãos sobre o rosto, do modo como fazem inúmeros criminosos para não serem fotografados ao sair do tribunal. O trio parecia surpreso por ele ser tão indelicado, mas, como lembra o violoncelista Lori Goldston, "havia algo na expressão deles que não parecia ser inteiramente de desprazer. Embora eles não tivessem conseguido um autógrafo, haviam tido uma conexão com Kurt, que era o que realmente queriam". Até um "vai se foder" de seu herói enigmático era motivo para celebração.

Enquanto a van se enchia com o resto do grupo, um membro da equipe estava ligeiramente atrasado e, por isso, esperaram. Era evidente que se a van tivesse de ficar ali parada por dias, esses fãs continuariam esperando, simplesmente para olhar para Kurt, que não lhes devolveria o olhar. Enquanto estavam esperando, Krist comentou com Kurt: "Ei, aquele cara o chamou de panaca". Muito provavelmente Novoselic disse isso de gozação – nenhum dos presentes se lembra de ter ouvido nada ofensivo. O membro da equipe que estava faltando finalmente saltou para dentro da van e o motorista acionou o carro.

Mas, no momento em que o veículo se pôs em movimento, Kurt gritou "Pare!", com a mesma força que um homem gritaria "Fogo!" à primeira visão de chamas. O motorista pisou no freio e Kurt baixou o vidro do lado do passageiro. Os fãs na calçada estavam admirados por ele estar reconhecendo sua presença e pensando, talvez, que finalmente ele ia lhes conceder um precioso autógrafo. Em lugar de estender a mão pela janela, Kurt estirou seu corpo comprido e magro para fora, mas não como Leonardo DiCaprio em *Titanic*. Uma vez completamente estendido, ele arqueou o tronco para trás e lançou uma enorme placa de catarro do fundo de seus pulmões. O catarro subiu e foi parando no ar, quase como em câmera lenta, até que aterrissou chapado na testa de um homem que tinha nas mãos uma das 8 milhões de cópias vendidas de *Nevermind*.

22

A DOENÇA DE COBAIN

SEATTLE, WASHINGTON,
NOVEMBRO DE 1993-MARÇO DE 1994

E o título de nosso álbum duplo é "A doença de Cobain". Uma ópera-rock sobre vomitar suco gástrico.
De um registro de diário.

NO DIA DO UNPLUGGED, Kurt tinha um segredo que influenciava seu humor: seus problemas de estômago estavam de volta e ele estava vomitando bílis e sangue. Ele tinha voltado à roleta médica, consultando múltiplos especialistas na Costa Leste e na Costa Oeste, ou onde quer que a excursão parasse. Embora Kurt recebesse muitas opiniões diferentes sobre seus males – alguns achavam que era síndrome de intestino irritado, mas o diagnóstico era vago e ele fizera exames para a doença de Crohn obtendo resultados negativos –, nenhum dos tratamentos lhe dava alívio. Kurt ainda jurava que a heroína ajudava, mas era discutível se ele se absteve da heroína por tempo suficiente para saber se ela era o problema ou a cura.

Na manhã do *Unplugged*, Kurt passou uma hora preenchendo o questionário de um médico sobre seus hábitos alimentares. No questionário ele contou a história de toda uma existência de privação, tanto física como espiritual. Escreveu que seu sabor predileto era "framboesa-chocolate", e que o menos preferido era "brócolis, espinafre e cogumelo". À pergunta de qual prato sua mãe fazia que ele gostava mais, respondeu "carne assada, batatas, cenouras, pizza". À pergunta "Qual comida você dava para o cachorro debaixo da mesa?", ele respondeu: "comida da madrasta". Descreveu suas maiores preferências de comida para viagem como a da Taco Bell e pizza de pimentão de crosta fina. A única cozinha que ele confessava odiar era a indiana. Quando o questionário perguntava sobre sua saúde geral, ele não mencionou seu vício na droga e simplesmente escreveu "dores de estômago". Em termos de exercícios, a única atividade física que informou foi "apresentação artística". E à pergunta "Você gosta muito de vida ao ar livre?", ele deu uma resposta de três palavras: "Ah, me poupe!".

Ele registrava a evolução de seus problemas gastrointestinais em seu diário, gastando páginas sobre detalhes mínimos como a descrição de uma endoscopia (procedimento por meio do qual uma câmera de vídeo minúscula é inserida pelo tubo intestinal, algo que ele havia feito três vezes). Seu estômago o atormentava e, ao mesmo tempo e até certo ponto, o entretia. "Por favor, meu Deus", rogava ele num desses registros, "que se danem os discos de sucesso, apenas permita que minha doença rara e inexplicável de estômago receba o meu nome, como 'Doença de Cobain'. E o título de nosso álbum duplo é 'Doença de Cobain'. Uma ópera-rock sobre vomitar suco gástrico e ser um anoréxico terminal, grunge-boy de Auschwitz, acompanhada de vídeo caseiro de endoscopia!"

Embora *Unplugged* tivesse sido um ponto alto emocional, dez dias depois, em Atlanta, ele chegou a uma baixa física, deitado no chão de um camarim e comprimindo a barriga. O serviço de bufê da excursão havia desconsiderado seu pedido de Kraft Macaroni and Cheese – em lugar disso, prepararam um prato de macarrão de conchinhas, queijo e chilli. Courtney levou o prato de macarrão para o empresário John Silva e exigiu: "Que droga este chilli e este queijo vagabundo estão fazendo neste macarrão?". Enquanto segurava o prato no ar como uma garçonete, exibia a comanda de Kurt onde estava escrito em negrito: "*apenas* Kraft Macaroni and Cheese". Para enfatizar o que dizia, atirou a comida no lixo. "Ela não se importava com o que Silva pensasse dela, só queria se certificar de que Kurt conseguisse a comida que ele podia comer", lembra Jim Barber, que estava na sala. "Ela disse a John: 'Por que você simplesmente não deixa que Kurt seja quem ele é?'." Para deixar ainda mais claro o que ela queria dizer, Courtney obrigou Silva a examinar o vômito de Kurt, que continha sangue. Depois que Courtney saiu da sala, Silva virou-se para Barber e disse: "*Vê com o que eu tenho de lidar?*".

A relação entre Kurt e seus empresários havia se deteriorado até chegar ao ponto em que a organização do Nirvana se assemelhava a uma família desajustada – na verdade, ela exibia certa semelhança com a própria família de Kurt, com seus parceiros de banda fazendo o papel de meio-irmãos, enquanto os empresários eram os pais. "Kurt odiava John", lembra um ex-funcionário da Gold Mountain, talvez porque Silva lembrasse um pouco seu pai. Ao final de 1993, a desconfiança de Kurt em relação à Gold Mountain era tão grande que ele contratou Dylan Carlson para examinar rotineiramente seus extratos financeiros, porque achava que estava sendo enganado, e Kurt tinha a maioria de seus contatos com Michael Meisel, assistente de Silva. Por seu lado, Silva descrevia abertamente seu cliente mais famoso como "um drogado", o que era exato, ainda que, para aqueles que ouviam, isso parecesse desleal. Também era verdade que Silva – como todos na vida de Kurt, inclusive Courtney – simplesmente não sabia o que fazer quanto ao vício de Kurt. O amor exigente era melhor do que a aceitação? Era melhor envergonhá-lo ou capacitá-lo?

O outro empresário de Kurt, Danny Goldberg, tinha trabalhado como assessor de imprensa para o Led Zeppelin durante o auge da dissipação daquela banda; por conseguinte, tarefas como localizar especialistas em reabilitação de drogados geralmente cabiam a ele. Kurt passou a tratar Danny como uma figura paterna, mesmo quando achava que a empresa de Danny – a Gold Mountain – o estava sacaneando. A relação pessoal entre eles era complicada por sua relação profissional: a esposa de Goldberg, Rosemary Carroll, era advogada de Kurt e Courtney. Era uma situação incestuosa que deixava as pessoas intrigadas. "Eu não acho que isso fosse no melhor interesse de Kurt, e não estou questionando as habilidades [de Carroll] como advogada", observa Alan Mintz, o advogado anterior dos Cobain.

No entanto, não havia como negar que Kurt confiava em Rosemary e Danny. Pouco tempo depois que Frances nasceu, ele escreveu uma minuta de "Últimos desejos e testamento" (que nunca foi assinado), declarando que se Courtney morresse, seu desejo era que Danny e Rosemary fossem tutores de sua filha. Depois deles, ele concedia o encargo a sua irmã Kim e, depois dela, ele relacionava os tutores subsequentes: Janet Billig; Eric Erlandson, do Hole; Jackie Farry, a ex-babá, e Nikki McClure, a velha vizinha de Kurt, com quem ele não falava havia mais de um ano. O nono na sucessão – que só se tornaria responsável por Frances se Courtney, Rosemary, Danny, Kim, Janet, Eric, Jackie e Nikki estivessem mortos – era Wendy O'Connor, mãe de Kurt. Ele escreveu que sob absolutamente nenhuma circunstância – nem mesmo se cada um dos outros parentes de sua família estivessem mortos – Frances seria deixada aos cuidados de seu pai ou de qualquer pessoa da família de Courtney.

A etapa americana da excursão *In Utero* se arrastou por mais um mês depois do *Unplugged*, chegando a St. Paul, Minnesota, no dia 10 de dezembro. O Nirvana tinha outra filmagem na MTV ao final daquela semana e Kurt decidiu fazer as pazes com a rede: convidou Finnerty e Kurt Loder para entrevistá-lo. Na gravação, os integrantes da banda se embebedaram, montaram um sobre o outro até que derrubaram a câmera. "Nunca foi para o ar", lembra Finnerty, "porque todos, inclusive Kurt Loder, estavam tão embriagados de vinho tinto que o vídeo ficou inutilizável." Depois, Loder e Novoselic destruíram um quarto de hotel, despedaçando o televisor e arrastando peças da mobília para o saguão de entrada. Mais tarde, o hotel moveu sem sucesso uma ação judicial para cobrar o que eles alegavam ter sido 11.799 dólares em danos.

Três dias depois, a banda gravou o *Live and Loud* da MTV em Seattle. A rede filmou a apresentação do Nirvana diante de uma plateia pequena, usando objetos de cena para fazer parecer que era véspera de Ano-Novo, quando o programa seria transmitido. Depois da apresentação, Kurt convidou a fotógrafa Alice Wheeler para ir até o hotel Four Seasons para conversar. Ele encomendou bife do serviço de quarto, explicando que "a MTV está pagando". Ele insistiu para que Wheeler fosse visitá-lo na casa nova que ele e Courtney estavam comprando, mas não conseguiu se lembrar do endereço. Disse a ela, como agora dizia para a maioria de seus amigos, para contatá-lo através da Gold Mountain. Distribuir o número de sua administração teve o resultado imprevisto de isolar Kurt ainda mais: muitos amigos antigos afirmam ter ligado para a Gold Mountain sem nunca obter resposta, e acabaram perdendo contato.

Uma semana depois, quando a excursão chegou a Denver, Kurt se reuniu com John Robinson do Fluid. Quando Robinson revelou que a banda havia se separado, Kurt quis saber todos os detalhes; ele deu a impressão de estar procurando deixas. Robinson mencionou que havia começado a compor canções no piano e queria fazer um álbum de luxo usando cordas e metais. "Uau!", disse Kurt. "É exatamente o que eu quero fazer!" Ele declarou que estivera discutindo uma ideia parecida com Mark Lanegan e convidou Robinson para colaborar com os dois depois que terminasse a prolongada excursão. Ele também estivera conversando sobre um trabalho com Michael Stipe do R.E.M.

A excursão finalmente fez uma pausa no Natal e Kurt e Courtney voaram para o Arizona para passar quatro dias no spa exclusivo Canyon Ranch, nas proximidades de Tucson. Como presente de Natal, ela lhe deu uma cópia em vídeo da série de Ken Burns, *The Civil War*, que fascinava Kurt. Ainda no spa, Kurt tentou sua própria desintoxicação autopoliciada, e todo dia visitava o dr. Daniel Baker, o conselheiro residente no local. O terapeuta apresentou um parecer que acompanhou Kurt bem depois do fim de semana prolongado: ele o advertiu de que seu vício tinha chegado a um ponto em que tinha de ficar sóbrio; caso contrário, morreria. Muitos outros haviam lhe dado o mesmo conselho, mas naquele dia Kurt pareceu ouvir.

A diferença entre sobriedade e intoxicação nunca foi tão bem ilustrada quanto no dia 30 de dezembro, quando o Nirvana fez um show no Great Western Forum, perto de Los Angeles. O cineasta Dave Markey estava gravando em vídeo naquela noite, e observou uma exibição de embriaguez tão extrema que desligou a câmera por piedade. E não era Kurt quem estava drogado – era Eddie Van Halen. O famoso guitarrista estava nos bastidores, bêbado e de joelhos, suplicando a Krist que o deixasse participar da jam session. Kurt chegou e ficou surpreso ao ver seu outrora herói desmoronando em sua direção com os lábios enrugados, como um Dean Martin tostado em um esquete malfeito de uma gangue de transviados. "Não, você não pode tocar conosco", anunciou Kurt, categórico. "Nós não temos guitarras extras."

Van Halen não engoliu essa óbvia mentira e apontou para Pat Smear, gritando: "Bem, então me deixe tocar a guitarra do mexicano. O que ele é, ele é mexicano? Ele é negro?". Kurt não conseguia acreditar no que ouvia. "Eddie entrou naquela troça típica racista, homofóbica, reacionária", observa Dave Markey. "Foi surrealista." Kurt estava furioso, mas finalmente formulou uma resposta verbal válida: "Na verdade, você *pode* tocar", prometeu ele. "Você pode entrar no palco *depois* do nosso bis. Simplesmente vá até lá e toque sozinho!" E saiu dali com raiva.

Quando terminava o ano de 1993, Kurt escreveu várias reflexões sobre o significado do ano que transcorrera. Ele redigiu uma carta para a *Advocate* agradecendo a revista por publicar sua entrevista e listar suas realizações: "Foi um ano frutífero. O Nirvana concluiu outro disco (do qual estamos bastante orgulhosos, embora aguentássemos a besteira de gente que proclamava – antes de seu lançamento – que iríamos cometer 'suicídio comercial'). Minha filha, Frances, uma alegria querúbica, me ensinou a ser mais tolerante com toda a humanidade".

Ele também redigiu uma carta não enviada para Tobi Vail. Tobi ainda estava esperando para concluir o projeto de gravação sobre o qual tanto haviam conversado e isso convenceu Kurt – ainda magoado pela frieza com que ela o tratara – de que ela só estava interessada nele para avançar em sua carreira. Ele lhe escreveu uma carta amarga: "Faça-os pagar enquanto você ainda é bonita, enquanto assistem a sua ruína e queimam você". Referindo-se a *In Utero*, ele declarou: "Nenhuma canção nesse disco é sobre você. Não, eu não sou seu namorado. Não, eu não componho canções sobre você, com exceção de 'Lounge Act', que eu não toco, exceto quando minha esposa não está presente". Por trás de sua ira estava a terrível mágoa que ele ainda sentia por sua rejeição. Essas não foram as únicas palavras mordazes que ele dirigia a Tobi: em outra ladainha não enviada, ele arrasava com ela, Calvin e Olympia:

Eu ganhei cerca de 5 milhões de dólares no ano passado e não darei nem um tostão furado àquele elitista e pentelho do Calvin Johnson. De jeito nenhum! Eu colaborei com um de meus ídolos, William Burroughs, e não poderia me sentir melhor. Eu me mudei para Los Angeles por um ano e voltei para descobrir que três de meus melhores amigos se tornaram totalmente viciados em heroína. Aprendi a odiar o riot grrrl, um movimento do qual fui testemunha desde o seu incipiente começo porque transei com a garota que publicou o primeiro fanzine estilo grrrl e agora ela está explorando o fato de que transei com ela. Não de um modo ostensivo, mas o bastante para que me sinta explorado. Mas tudo bem porque decidi deixar os brancos incorporados me explorarem alguns anos atrás e eu adoro isso. É legal. E não vou doar um puto para porra nenhuma de regime fascista independente necessitado. Eles que passem fome. Eles que comam vinil. Cada canalha que se vire sozinho. Eu conseguirei vender meu rabo sem talento e sem criatividade durante anos com base em meu status cult.

No início de janeiro, Kurt e Courtney se mudaram para sua nova casa em Lake Washington Boulevard, 171, leste, no elegante Denny-Blaine, um dos bairros mais antigos e exclusivos de Seattle. A casa ficava logo no começo da colina à beira do lago, em uma área de propriedades luxuosas e mansões imponentes da virada do século. A casa em frente tinha uma placa em francês de "proibido estacionar", enquanto o vizinho da casa ao lado era Howard Schultz, diretor executivo da Starbucks. Embora Peter Buck do R.E.M. possuísse uma casa na quadra seguinte, ele e os Cobain eram exceções no bairro, que era ocupado por herdeiros da classe alta, matronas da sociedade e o tipo de pessoas com cujos nomes são batizados os edifícios públicos.

A casa havia sido construída em 1902 por Elbert Blaine – a partir de cujo sobrenome o bairro fora batizado –, e este reservara para si a melhor e maior faixa de terra. Ela tinha quase 3 mil metros quadrados e era luxuriosamente ajardinada com rododendros, bordos japoneses, cornisos, cicutas e magnólias. Era uma propriedade deslumbrante, embora tivesse a estranha característica de estar diretamente ao lado de um pequeno parque municipal, o que lhe conferia menos privacidade do que muitas das casas do distrito.

A casa em si era um monolito de 725 metros quadrados, três andares, cinco lareiras e cinco quartos. Com frontões e telhado de cavacos em tom cinzento, parecia mais bem adaptada à costa do Maine, onde poderia ter servido de residência de férias para um ex-presidente. Tal como a maioria das casas grandes e antigas, ela tinha muitas correntes de ar, embora a cozinha certamente fosse confortável – havia sido totalmente remodelada e era dotada de um refrigerador de aço inox Traulson, um forno Thermador e piso de carvalho. O andar principal continha uma sala de estar, sala de jantar, cozinha e uma biblioteca que se tornou quarto para o babá Cali. O segundo andar tinha um quarto para Frances, dois quartos para hóspedes e uma suíte principal, com seu próprio banheiro privativo dando vista para o lago. O andar superior consistia em um grande sótão sem calefação, enquanto o porão tinha outro quarto e várias despensas fundas, fracamente iluminadas. Os Cobain pagaram 1 milhão e 130 mil dólares pela casa; sua hipoteca com o Chase Manhattan era de 1 milhão de dólares, com pagamentos mensais de 7 mil dólares e taxas de 10 mil dólares por ano. Na parte traseira da casa havia uma estrutura independente, abrigando uma estufa e uma garagem. O Valiant de Kurt – que já fora sua casa – logo encontrou um lugar na garagem.

Cada membro da família descobriu um pequeno canto da casa para chamar de seu: o quintal norte se tornou o playground de Frances, com direito a trepa-trepa; a coleção de xícaras de Courtney entrou em exibição na cozinha, ao passo que seu sortimento de lingerie encheu um closet inteiro no quarto; o porão se tornou o depósito de todos os prêmios de discos de ouro de Kurt – que não eram exibidos, apenas empilhados. Em um canto no andar principal havia um manequim completamente vestido, como um estranho sentinela cadavérico. Kurt não gostava de espaços amplos e sua parte favorita da casa era o closet do lado de fora do quarto principal, que ele usava para tocar guitarra.

Logo Kurt descobriu outros lugares para se esconder. Ele tinha um mês de folga antes da excursão *In Utero* seguir para a Europa e pareceu tomar uma decisão consciente de passar o máximo desse tempo de descanso como possibilidade para tomar drogas com Dylan. O relacionamento entre os dois se aprofundou mais do que seus vícios mútuos: Kurt realmente amava Dylan e foi mais íntimo dele do que de qualquer outro amigo em sua vida, à exceção de Jesse Reed. Dylan também era um dos poucos amigos de Kurt a serem bem-vindos à casa do lago Washington – Courtney não tinha muito como expulsá-lo, já que quando ela ocasionalmente tinha uma recaída, Dylan era sua principal conexão com as drogas. Havia cenas quase cômicas quando Dylan fazia avião para marido e mulher: Kurt ligava atrás de drogas, enquanto Courtney esperava na outra linha, em busca de seus próprios tóxicos, e cada um pedia a ele que não contasse para o outro cônjuge.

Em 1994, Cali também estava pegando pesado em cocaína. Eles o mantinham na folha de pagamento, já que àquela altura ele basicamente fazia parte da família, mas passaram a maior parte dos cuidados com Frances à supervisão de outros e falaram com Jackie Farry sobre sua volta. Cali ainda fazia a maioria das compras – minipizzas congeladas da Totino para Kurt e tortas Marie Callender para Courtney –, já que, nas raras ocasiões em que os Cobain iam pessoalmente ao supermercado, sofriam com essa tarefa. Larry Reid teve a oportunidade de estar atrás de Kurt e Courtney na Rogers Thriftway naquele mês de janeiro: "Eles iam jogando as coisas para dentro da cesta, mas não havia lógica nenhuma no que eles estavam comprando. Eram bobagens, tipo tempero, catchup e coisas assim. Era como se um cego fosse até a mercearia e ficasse apenas jogando coisas na sua cesta".

Quando Courtney tentou impedir que os traficantes aparecessem, Kurt contratou amigos para esconder as entregas nos arbustos. O uso de drogas por Kurt havia se expandido no curso de seu vício: se ele não conseguia encontrar heroína, injetava-se com cocaína ou metanfetamina, ou usava narcóticos com receita, como Percodan, comprados na rua. Se todas as outras fontes secavam, ele tomava doses maciças de benzodiazepina, na forma de Valium ou de outros tranquilizantes – eles atenuavam seus sintomas de abstinência da heroína. Toda tentativa de impedir que as drogas entrassem na Lake Washington Boulevard, 171, teria tanto sucesso quanto um encanador que tenta consertar um cano que está sendo crivado de balas: assim que um vazamento é consertado, surge outro.

E em meio a esses traumas cotidianos, o Nirvana seguia em frente, planejando a próxima excursão e programando ensaios, ainda que Kurt poucas vezes aparecesse. A banda havia sido convidada para ser a atração principal do Festival de Lollapalooza de 1994. Todos ao redor de Kurt, desde os seus empresários até os integrantes da banda, achavam que o Nirvana deveria aceitar a oportunidade, mas Kurt hesitou diante de mais excursões. Sua reticência enfureceu Courtney, que achava que ele devia fazer a excursão para garantir o futuro financeiro deles. A maioria das discussões sobre esta ou outras oportunidades resultava em torneios de gritos e berros entre os dois.

Wendy ligou para Kurt na última semana de janeiro para anunciar que seu próprio torneio de dez anos de gritaria com Pat O'Connor estava finalmente encerrado – eles tinham se divorciado. Kurt, embora triste por saber da aflição da mãe, regozijou-se ao ouvir que seu ex-concorrente na atenção de sua mãe havia sido finalmente desalojado. Mas também ouviu notícias que o entristeceram: sua adorada avó Iris vinha sofrendo de problemas cardíacos e estava sendo internada no hospital em Seattle para exames e tratamento.

Leland ligou para Kurt assim que Iris se internou no hospital em Seattle. Kurt comprou cem dólares em orquídeas e apreensivamente se aventurou a entrar no hospital sueco. Foi difícil para ele ver Iris tão frágil; ela tinha sido uma das únicas forças estáveis ao longo de sua infância e a ideia de sua morte o assustou mais do que a de sua própria morte. Ele ficou horas a fio sentado junto dela. Enquanto ele estava ali, o telefone ao lado da cama tocou – era seu pai. Ao ouvir a voz de Don, Kurt sinalizou que ia sair do quarto. Mas Iris, mesmo em seu estado delicado, segurou-lhe o braço e passou-lhe o telefone. Por mais que ele quisesse evitar o pai, não poderia recusar-se a atender ao pedido de uma mulher agonizante.

Era a primeira vez que Kurt e Don conversavam desde seu terrível encontro no concerto de Seattle. A maior parte da conversa foi sobre Iris – os médicos previam que conseguiria superar a crise atual, mas ela tinha um problema cardíaco irreversível. No entanto, alguma coisa em sua breve troca de palavras pareceu derrubar uma barreira – talvez porque Kurt pressentisse na voz de Don parte do mesmo medo que ele sentia. Antes de desligar, Kurt deu ao pai o número do telefone de sua casa e pediu para que ele ligasse. "Teremos de nos encontrar em breve", disse Kurt ao desligar o telefone e olhou para a avó, que estava sorrindo. "Eu sei que grande parte dessa coisa vem da minha mãe", disse Kurt a Iris e Leland. "Agora sei que grande parte disso era besteira."

Em janeiro de 1994, a personalidade de Leland estava radicalmente mudada – Kurt sofria ao ver Leland tão humilde e assustado. Embora Leland tivesse passado por muitas perdas – que remontavam à morte prematura de seu pai e aos suicídios de seus irmãos –, a doença de sua esposa após 49 anos de casados parecia ser a mais difícil de suportar. Kurt convidou seu avô para passar a noite em sua casa, e, quando os dois Cobain chegaram, Courtney estava vestida apenas com uma combinação. Esse era o traje habitual para uma artista que fazia das roupas íntimas uma afirmação de estilo, mas o antiquado Leland achou aquilo constrangedor: "Ela não estava de calcinha; por certo, isso não era nada apropriado a uma dama". Leland trombou com Cali na sala de estar e ficou chocado quando Kurt o informou que esse jovem cabeludo com ar de bêbado era um dos que cuidavam de Frances.

Courtney saiu para uma reunião e Kurt levou o avô a seu restaurante favorito: a Internacional House of Pancakes. Kurt recomendou o rosbife I-Hop, que ambos pediram. Enquanto comiam, Kurt examinou o itinerário para sua próxima turnê europeia. A banda estava programada para realizar 38 shows em dezesseis países em menos de dois meses. Embora não fosse tão estafante como a excursão "Heavier than Heaven" com o Tad, para Kurt parecia mais cansativa. Ele intencionalmente pedira uma pausa no meio do caminho, durante a qual esperava visitar a Europa como turista com Courtney e Frances. Kurt disse a Leland que quando voltasse queria planejar uma viagem de pescaria. Durante o jantar, Kurt foi interrompido três vezes por outros fregueses que pediam autógrafos. "Ele os concedia e perguntava o que eles queriam que ele escrevesse", observa Leland. "Mas ele me disse que não gostava de fazer isso."

No caminho de volta para casa, Kurt pediu para dirigir o furgão Ford de Leland e disse ao avô que queria comprar um modelo semelhante. Naquele mês ele já estivera procurando carros e comprara um Lexus preto. Jennifer Adamson, uma das namoradas de Cali, lembra-se de Kurt ter passado por seu apartamento para exibi-lo: "Courtney quis comprá-lo, mas Kurt achou que era muito extravagante e não gostou da cor. Eles acabaram devolvendo-o". Mais tarde, Courtney explicou em uma mensagem pela internet: "Saímos outro dia e compramos um carro preto muito dispendioso, demos uma volta com ele, olhavam para nós o tempo todo e nos sentimos mortificados como se fôssemos traidores – por isso o devolvemos dezoito horas depois de comprá-lo".

*

Na última semana de janeiro, o Nirvana tinha uma sessão de gravação no Robert Lang Studios, ao norte de Seattle. No primeiro dia, apesar de repetidos telefonemas, Kurt não apareceu. Courtney já havia partido para o exterior com o Hole e ninguém atendia o telefone na casa dos Cobain. Novoselic e Grohl usaram o tempo para trabalhar em canções que Dave havia composto. Kurt também não apareceu no segundo dia, mas, no terceiro, um domingo, ele chegou, sem mencionar nada sobre o motivo por que não havia ido para as sessões anteriores. Ninguém o questionou – fazia muito que o grupo perdera a democracia e Krist e Dave tinham se conformado em esperar, achando que seria um milagre ter alguma participação de Kurt.

Naquele terceiro dia eles trabalharam durante dez horas e, apesar das baixas expectativas, definiram trilhas para onze canções. Durante a manhã, um gatinho preto entrou no estúdio. O recém-chegado, que se parecia um pouco com Puff, o gatinho de estimação da infância de Kurt, deixou-o consideravelmente mais leve. A banda gravou várias canções compostas por Grohl (que mais tarde acabariam sendo regravadas pelo Foo Fighters) e, nestas, Kurt tocou bateria. Uma canção de Kurt que eles gravaram era intitulada "Skid-marcs", uma referência a manchas na cueca; Kurt jamais se livrou de sua obsessão por matéria fecal. Outra delas se chamava "Butterfly", mas, como a maioria das canções novas, não tinha letra e não estava completamente estruturada.

Uma composição singular de Kurt foi completada com vocais e representa um dos pontos altos de toda a sua obra. Mais tarde ele a intitulou "You Know You're Right" ["Você Sabe que Tem Razão"], mas, na única vez em que foi tocada ao vivo – em Chicago, no dia 23 de outubro de 1993 –, ele a chamou de "On the Mountain" ["Na Montanha"]. Musicalmente, ela se caracterizava pela mesma dinâmica suave/pesada de "Heart-Shaped Box", com versos tranquilos seguidos por um estribilho barulhento dos gritos de Kurt. "Nós a bombardeamos juntos rapidamente", lembra Novoselic. "Kurt tinha o tema e o introduziu e nós o definimos. Nós o nirvanizamos."

Em termos da letra, os versos foram rigidamente elaborados, com um estribilho obsessivo e atormentado de "You Know You're Right". O primeiro verso era uma lista de declarações que começavam por "I would never bother you/ I would never promise to/ If I say that word again/ I would move away from here" ["Eu nunca te aborreceria/ eu nunca prometeria/ Se eu disser essa palavra novamente/ eu me mudarei para longe daqui"]. Um dístico – que só poderia vir de Kurt Cobain – era: "I am walking in the piss/ Always knew it would come to this" ["Estou andando no mijo/ Sempre soube que acabaria nisso"]. O segundo verso se desvia para declarações sobre uma mulher – "She just wants to love herself" ["Ela só quer amar a si mesma"] – e se encerra com dois versos que têm de ser sarcásticos: "Things have never been so swell/ And I have never been so well" ["As coisas nunca estiveram tão legais/ E eu nunca me senti tão bem"]. A lamúria queixosa no estribilho não podia ser mais clara: "Pain" ["Dor"], gritava ele, esticando a palavra por quase dez segundos, dando-lhe quatro sílabas e deixando uma impressão de tormento inevitável.

Próximo ao final da sessão, Kurt procurou o gato preto, mas ele havia desaparecido. Começava a anoitecer quando terminaram e a banda comemorou saindo para jantar. Kurt parecia animado e disse a Robert Lang que queria agendar mais tempo no estúdio quando voltassem da Europa.

No dia seguinte, Kurt ligou para seu pai. Conversaram por mais de uma hora, a conversa mais longa entre os dois Cobain em toda uma década. Falaram sobre Iris e seu prognóstico – os médicos a haviam mandado de volta para Montesano – e sobre suas respectivas famílias. Don disse que queria ver Frances e Kurt recitou com orgulho todas as coisas mais recentes que ela conseguia dizer e fazer. Quanto à relação estressada entre os dois, evitaram tocar novamente em seus desapontamentos recíprocos, mas Don conseguiu proferir as palavras que tantas vezes lhe haviam fugido anteriormente. "Eu amo você, Kurt", disse ele ao filho. "Eu também amo você, papai", respondeu Kurt. Ao término da conversa, Kurt convidou o pai para ir conhecer sua casa nova quando ele voltasse da excursão. Quando Don desligou, foi uma das poucas vezes que Jenny Cobain viu seu marido, normalmente estoico, chorar.

Dois dias depois, Kurt voou para a França. No primeiro show, o Nirvana estava programado para apresentar um espetáculo de variedades. Kurt propôs uma solução que lhe permitia livrar a cara: compraram ternos pretos listrados – Kurt os chamou de seus "trajes engenhosos". Quando o espetáculo começou, executaram versões bem-comportadas de três canções, mas, vestidos em seus trajes, isso produziu o mesmo efeito de uma esquete cômica. Em Paris, a banda participou de uma sessão de fotos com o fotógrafo Youri Lenquette – uma das fotos mostrava Kurt apontando jocosamente uma arma para sua cabeça. Já nesse início de excursão, os que lhe estavam próximos notaram uma mudança em Kurt. "Naquele momento, ele estava um caco", lembra Shelli Novoselic. "Foi triste. Ele estava tão desgastado." Kurt viajou num ônibus de excursão separado de Novoselic e Grohl, mas Shelli achou que a relação entre eles parecia melhor: "Não estava tão tensa quanto na excursão anterior, mas talvez tudo tivesse apenas ficado normal".

Os shows seguintes foram em Portugal e Madri. Na Espanha – apenas três compromissos de uma excursão de 38 –, Kurt já estava falando em cancelamento. Ele telefonou para Courtney furioso. "Ele odiava tudo, todo mundo", disse Courtney a David Fricke. "Odiava, odiava, odiava. [...] Ele estava em Madri e havia caminhado pela plateia. Os garotos estavam fumando heroína em folha de alumínio e dizendo: 'Kurt! Dá um tapinha!' e erguiam os polegares para ele. Ele ligou para mim chorando. [...] Ele não queria ser um ícone de drogados."

Ele também não queria se separar de Courtney, mas suas brigas cada vez mais constantes ao telefone – principalmente por causa de seu consumo de drogas –, mais a separação provocada pela excursão, o faziam recear pelos resultados. Ele queria que Courtney estivesse na estrada com ele, mas ela estava terminando a pós-produção de seu disco. Kurt procurou Jeff Mason e lhe perguntou o que aconteceria se ele cancelasse a excursão: Mason lhe disse que, por causa dos cancelamentos passados, eles seriam responsabilizados pelos prejuízos dos shows cancelados, exceto em caso de doença. Kurt se fixou nesse ponto e, no dia seguinte, no ônibus da excursão, ficou brincando que, uma vez que o seguro apenas cobria doença, se ele estivesse morto, eles ainda teriam de tocar.

Embora Kurt estivesse arrasado por ver os adolescentes europeus o associarem ao abuso de drogas, a ansiedade que o abateu brotava de fato de seu vício. Em Seattle, ele sabia onde e como encontrar heroína. Na Europa, mesmo que ele encontrasse uma conexão para a droga, ficava apavorado com a ideia de ser preso num posto de fronteira. Por isso, Kurt contratou os serviços de um médico de Londres bem conhecido por sua prática liberal de receitar narcóticos legais mas poderosos. Kurt obteve receitas de tranquilizantes e morfina e usou ambos para aliviar as dores da abstinência. Quando ele sentia dificuldades na excursão, tudo o que precisava fazer era dar um telefonema a esse médico, que imediatamente escrevia as receitas sem questionar e as enviava por serviços de encomendas internacionais para Kurt.

No dia 20 de fevereiro, um dia de viagem, Kurt completou 27 anos. John Silva, de brincadeira, deu a ele de presente um pacote de maços de cigarros. Quatro dias depois, em Milão, Kurt e Courtney comemoraram seu segundo aniversário, mas o fizeram separados: ela ainda estava em Londres fazendo a divulgação de seu disco. Conversaram ao telefone e planejaram comemorar quando se encontrassem uma semana depois.

No dia 25 de fevereiro, na segunda das duas noites em Milão, algo havia mudado em Kurt. Ele não parecia apenas deprimido – havia derrotismo nele. Ele procurou Krist naquele dia e disse que queria cancelar a excursão. "Ele me apresentou uma razão besta, absurda, pela qual queria pular fora", lembra Novoselic. Kurt se queixou do estômago, embora Krist agora já tivesse ouvido centenas de vezes esse protesto. Krist perguntou por que, em primeiro lugar, ele havia concordado com a excursão, e lembrou Kurt que um cancelamento custaria centenas de milhares de dólares. "Havia algo se passando com ele em sua vida pessoal que realmente o estava aborrecendo", observa Krist. "Havia algum tipo de problema." Mas Kurt não revelou nada específico a Krist – havia muito que ele deixara de ser íntimo de seu velho amigo.

Kurt não cancelou a excursão naquela noite, mas o único motivo para não tê-lo feito, segundo Novoselic, foi porque o próximo compromisso era na Eslovênia, onde muitos parentes de Krist estariam presentes. "Ele esperou até lá por mim", lembra Krist. "Mas eu acho que já havia tomado a decisão."

Durante seus três dias na Eslovênia, o resto da banda visitou a zona rural, mas Kurt ficou em seu quarto. Novoselic estava lendo *Um dia na vida de Ivan Denissovitch*, de Aleksandr Soljenitsin, e explicou o enredo a Kurt, achando que isso o distrairia: "É sobre um sujeito num gulag que ainda tira o máximo de seu dia". A única resposta de Kurt foi: "Meu Deus, e ele quer viver! Por que alguém tentaria viver?".

Quando a banda chegou a Munique para dois shows marcados para o Terminal Einz, começando no dia 1º de março, Kurt se queixou de que se sentia mal. Extraordinariamente, ligou para Aberdeen para falar com seu primo Art Cobain, de 52 anos, acordando-o no meio da noite. Art não via Kurt durante quase duas décadas e não tinham intimidade, mas ele ficou contente ao ouvir Kurt. "Ele realmente estava ficando de saco cheio do seu modo de vida", contou Art à revista *People*. Art convidou Kurt para ir à próxima reunião da família Cobain quando voltasse da Europa.

Todos que viram Kurt naquele dia relatam uma sensação de desespero e pavor em cada uma de suas ações. Para agravar suas aflições, havia o local em que estavam tocando: era um terminal de aeroporto abandonado que fora transformado em clube e tinha uma acústica péssima. Na verificação do som, Kurt pediu a Jeff Mason um adiantamento por conta de suas diárias e anunciou: "Eu estarei de volta para o show". Mason ficou surpreso por Kurt estar saindo, considerando o quanto ele havia se queixado de estar doente e perguntou para onde ele ia. "Eu vou até a estação de trem", respondeu Kurt. Todos na excursão sabiam o que isto significava; Kurt poderia ter igualmente anunciado: "Eu vou comprar drogas".

Quando voltou, várias horas depois, o humor de Kurt não havia melhorado em nada. Nos bastidores, ele telefonou para Courtney e a conversa terminou em briga, como acontecera com todas as conversas entre os dois nessa última semana. Kurt ligou então para Rosemary Carroll e disse a ela que queria o divórcio. Quando desligou o telefone, ficou em pé na lateral do palco e assistiu ao show de abertura. Kurt assistia a todas as bandas que faziam a abertura para o Nirvana e para esta etapa da excursão ele havia escolhido os Melvins. "Era isso que eu estava procurando", havia escrito em seu diário já em 1983, quando viu a banda pela primeira vez e ela transformara sua vida.

Em diversos sentidos, ele amava os Melvins mais do que amava o Nirvana – aquela banda havia significado a salvação numa época em que ele precisava ser salvo. Fazia apenas onze anos desde aquele dia fatídico no estacionamento do Montesano Thriftway, mas muita coisa havia mudado em sua vida. Entretanto, em Munique, o show da banda apenas o fez sentir-se nostálgico.

Quando os Melvins terminaram, Kurt caminhou para o seu camarim e relacionou uma longa lista de problemas para Buzz Osborne. Buzz jamais o vira tão atormentado, nem mesmo quando Kurt havia sido expulso da casa de Wendy nos tempos do colégio. Kurt anunciou que ia se separar da banda, demitir sua administração e divorciar-se de Courtney. Antes de entrar no palco, Kurt anunciou a Buzz: "Eu deveria estar fazendo isso sozinho". "Em retrospecto", observa Buzz, "ele estava falando sobre sua vida inteira."

Setenta minutos depois, o show do Nirvana estava encerrado, prematuramente concluído por Kurt. Tinha sido uma apresentação-padrão, mas, curiosamente, incluíra dois covers do Cars – "My Best Friend's Girl" e "Moving in Stereo". Depois de apresentar essa última música, Kurt saiu do palco. Nos bastidores, agarrou seu agente, Don Muller, que por acaso estava no show, e anunciou: "Isso é tudo. Cancele a próxima apresentação". Havia apenas dois espetáculos até a pausa programada, para os quais Muller organizou o adiamento.

Kurt consultou um médico na manhã seguinte, que assinou um atestado – exigido pelo seguro – declarando que ele estava muito doente para se apresentar. O médico recomendou que tirasse dois meses de licença. Apesar do diagnóstico, Novoselic acha que era tudo encenação: "Ele só estava esgotado demais". Krist e vários membros da equipe voaram de volta para Seattle, planejando retornar para a próxima etapa da excursão no dia 11 de março. Kurt foi para Roma, onde devia se encontrar com Courtney e Frances.

No dia 3 de março, em Roma, Kurt se registrou no quarto 541 do hotel cinco estrelas Excelsior. Courtney e Frances estavam com reserva para chegar mais tarde naquela noite. Durante o dia, Kurt explorou a cidade com Pat Smear visitando pontos turísticos, mas, principalmente, coletando suportes para o que ele imaginava ser um encontro romântico – ele e Courtney estavam separados havia 26 dias, o intervalo mais longo em sua relação. "Ele tinha ido até o Vaticano e roubado alguns castiçais, dos grandes", lembra Courtney. "Ele também chutou uma peça do Coliseu por mim." Além disso, ele havia comprado uma dúzia de rosas vermelhas, lingerie, um rosário do Vaticano e um par de brincos de diamantes de três quilates. Enviara também um mensageiro do hotel para aviar uma receita de Rohypnol, um tranquilizante que pode ajudar na abstinência de heroína.

Courtney não chegou senão muito depois do esperado – ela havia passado o dia em Londres fazendo publicidade para o lançamento de seu novo disco. Numa dessas entrevistas, havia tomado um Rohypnol na frente do jornalista. "Eu sei que esta é uma substância controlada", contou ela à *Select*. "Eu a consegui com meu médico; é como Valium." Courtney estava indo ao mesmo médico de Londres que Kurt consultara. Quando ela e Frances finalmente chegaram a Roma, a família, suas babás e Smear tiveram um encontro afetuoso e pediram champanhe para comemorar – Kurt não bebeu. Depois de algum tempo, Cali e uma segunda babá levaram Frances para o quarto e Smear saiu. Finalmente a sós, Courtney e Kurt se entenderam, mas ela estava exausta da viagem e o Rohypnol a fez dormir. Kurt tinha desejado fazer amor, contou Courtney mais tarde, mas ela estava muito cansada. "Mesmo que eu não estivesse no clima", contou ela a David Fricke, "eu deveria simplesmente ter ficado deitada ali para ele. Tudo o que ele precisava era transar."

Às seis da manhã ela despertou e o encontrou no chão, pálido como um fantasma, com sangue saindo de uma narina. Ele estava completamente vestido, usando seu casaco de veludo marrom, e havia um maço de notas de mil em sua mão direita. Courtney tinha visto Kurt perto da morte por overdose de heroína em mais de uma dúzia de ocasiões, mas dessa vez não era uma overdose de heroína. Em vez disso, ela encontrou um bilhete de três páginas amassado na concha rígida e fria da sua mão esquerda.

23

COMO HAMLET

SEATTLE, WASHINGTON,
MARÇO DE 1994

[...] *como Hamlet, eu tenho de escolher entre a vida e a morte.*
Do bilhete de suicídio em Roma.

QUANDO KURT SE SENTOU PARA REDIGIR o bilhete de suicídio no hotel Excelsior, ele pensou em Shakespeare e no príncipe da Dinamarca. Dois meses antes, durante a tentativa de recuperar-se do vício em Canyon Ranch, seu médico o advertiu de que ele tinha de decidir se continuava com o vício – que, em última instância, significaria a morte – ou se procurava ficar sóbrio, e que sua resposta determinaria sua própria existência. Kurt respondeu: "Você quer dizer, como Hamlet?".

No bilhete de suicídio, Kurt citou o personagem mais famoso de Shakespeare: "O dr. Baker diz que, como Hamlet, eu tenho de escolher entre a vida e a morte. Estou escolhendo a morte". O resto do bilhete mencionava o quanto ele estava enjoado de viajar e que Courtney "não o amava mais". Esse argumento final era reforçado acusando a esposa de dormir com Billy Corgan, de quem ele sempre tivera ciúme. Em uma das suas conversas naquela semana, ela havia mencionado que Corgan a convidara para sair de férias com ele. Ela se recusou, mas Kurt ouviu isso como uma ameaça e sua imaginação fértil enlouqueceu. "Eu prefiro morrer do que passar por outro divórcio", escreveu ele, referindo-se à separação de seus pais.

Ao descobrir o corpo inanimado de Kurt, Courtney chamou a portaria e Kurt foi levado às pressas para o Hospital Policlínicas Umberto I. Courtney havia encontrado duas cartelas vazias de Rohypnol ao lado de Kurt – ele tinha ingerido sessenta pílulas do tamanho de uma aspirina, retirando cada uma de seu invólucro individual nas cartelas. O Rohypnol tem dez vezes a potência de um Valium, e o efeito conjugado era suficiente para deixá-lo bem próximo da morte. "Ele *estava* morto, legalmente morto", informou Courtney depois. Entretanto, depois que seu estômago foi drenado, Kurt tinha uma leve pulsação, mas estava em coma. Os médicos disseram a Courtney que era uma questão de probabilidade: ele poderia se recuperar ileso, poderia ter uma lesão cerebral ou poderia morrer. Durante um intervalo em sua vigília, ela tomou um táxi para o Vaticano, comprou mais rosários, ajoelhou-se e rezou. Ela ligou para a família dele em Grays Harbor e eles também rezaram por ele, embora sua meia-irmã Brianne, com oito anos de idade, não conseguisse entender por que Kurt estava "em Tacoma".

Mais tarde naquele dia, a Cable News Network interrompia uma transmissão para informar que Kurt havia morrido de uma overdose. Krist e Shelli atenderam o telefone e ouviram um representante da Golden Mountain com a mesma triste notícia. A maioria das reportagens iniciais sobre a morte de Kurt havia partido do escritório de David Geffen – uma mulher que se identificou como Courtney havia deixado uma mensagem na gravadora dizendo que Kurt estava morto. Depois de uma hora de pânico e aflição, descobriu-se que o telefonema havia sido dado por uma impostora.

Enquanto seus amigos nos Estados Unidos eram informados de que ele estava morto, Kurt mostrava os primeiros sinais de vida em vinte horas. Havia tubos em sua boca e por isso Courtney lhe deu um lápis e um bloco de anotações e ele rabiscou rapidamente: "Vai se danar", seguido de "Tire essas porras de tubos do meu nariz". Quando finalmente pôde falar, ele pediu um milkshake de morango. Assim que seu estado tinha sido considerado estável, Courtney havia feito com que ele fosse transferido para o American Hospital, onde julgou que ele seria mais bem cuidado.

No dia seguinte, o dr. Osvaldo Galletta concedeu uma entrevista coletiva e anunciou: "Kurt Cobain está melhorando de modo claro e rápido. Ontem, ele foi hospitalizado no American Hospital de Roma em estado de coma e falência respiratória. Hoje, ele está se recuperando de um coma farmacológico, não devido a narcóticos, mas do efeito combinado de álcool e tranquilizantes que haviam sido receitados por um médico". Courtney disse aos repórteres que Kurt não ia "escapar" dela assim tão facilmente. "Eu o seguirei até o inferno", disse ela.

Quando Kurt despertou, estava de volta a seu pequeno pedaço de inferno. Em sua cabeça, nada havia mudado: todos os seus problemas ainda estavam com ele, mas agora eram acentuados pelo embaraço de uma extrema publicidade à sua má conduta. Ele sempre receara ser preso, mas o fato de ter sido declarado morto pela CNN após aquela overdose era quase a única coisa que poderia ser pior.

E apesar de uma experiência de proximidade com a morte, e de vinte horas em coma, ele ainda ansiava por opiatos. Mais tarde, ele se gabaria de que um traficante o visitara em seu quarto no hospital e bombeara heroína pelo frasco da intravenosa; ele também ligara para Seattle e tomara providências para que um grama de heroína fosse deixado nos arbustos de sua casa.

Em Aberdeen, Wendy ficou muito aliviada ao saber que Kurt estava melhor. Wendy disse ao *Aberdeen Daily World* que seu filho estava "numa profissão na qual não tinha energia para estar". Ela contou ao repórter Claude Iosso que havia suportado bem a notícia até que olhou para a parede: "Dei uma olhada no retrato de meu filho e vi os olhos dele, e não aguentei. Eu não queria meu filho morto". Wendy estava às voltas com sua própria saúde naquele ano: ela estava lutando com um câncer de mama.

Kurt saiu do hospital no dia 8 de março e quatro dias depois tomava um voo para Seattle. No avião, ele pediu a Courtney um Rohypnol, em voz tão alta que os outros passageiros o ouviram. Ela lhe disse que o medicamento tinha acabado. Quando chegaram ao aeroporto de Sea-Tac, Kurt foi tirado do avião numa cadeira de rodas, "com um aspecto horrível", de acordo com

Travis Myers, agente da alfândega. Entretanto, quando Myers pediu um autógrafo, Kurt o concedeu, escrevendo: "Ei, Travis, sem cannabis". Nos Estados Unidos, a inquirição que ele receava, em sua maior parte, não aconteceu, porque a declaração oficial da Golden Mountain era de uma overdose acidental em Roma – poucos sabiam que ele havia tomado sessenta pílulas ou que deixara um bilhete. Kurt não contou nem a seu melhor amigo, Dylan. "Eu pensei que fosse uma overdose acidental, que já era o tradicional e digno de crédito", lembra Dylan. Mesmo Novoselic e Grohl haviam sido informados de que era uma overdose acidental. Todos na organização já haviam visto antes as overdoses de Kurt; muitos já haviam se conformado com a ideia de que seu consumo de drogas um dia iria lhe custar a vida.

A turnê europeia tinha sido adiada, mas a banda e a equipe haviam recebido instruções para que se preparassem para Lollapalooza. Kurt jamais quisera tocar no festival e ainda tinha de assinar o contrato, mas a administração supunha que ele concordaria. "O Nirvana havia confirmado que compareceria ao Festival Lollapalooza de 1994", disse Marc Geiger, promotor do evento. "Naquele momento não havia nada por escrito, mas eles estavam totalmente confirmados e estávamos trabalhando para finalizar os contratos." A renda do Nirvana com a bilheteria seria em torno de 8 milhões de dólares.

Kurt achava que a oferta não era justa; ele não queria tocar em um ambiente de festival e simplesmente não queria viajar. Courtney achava que ele deveria aceitar o dinheiro, argumentando que o Nirvana precisava daquele impulso na carreira. "Ele estava sendo ameaçado de ser processado pelos shows que não realizou na Europa", lembra Dylan. "E eu penso que ele achava que iria ficar arruinado financeiramente." Rosemary Carroll se lembra de Kurt ter anunciado enfaticamente que não queria tocar no festival. "Todos ao seu redor, tanto em sua vida pessoal como na profissional, basicamente lhe diziam que ele tinha de tocar no festival", disse ela. Kurt lidou com essa situação como lidava com a maioria dos conflitos: ele a evitou e, ao ser evasivo, matou a transação. "Ele estava se abstendo, não das drogas, mas de lidar com as pessoas", lembra Carroll. "Foi um momento tão difícil que eu acho que as pessoas exageravam e culpavam o seu uso de drogas quando não estavam conseguindo dele o que queriam."

No entanto, as drogas estavam presentes, em quantidades maiores do que nunca. Courtney tinha esperança de que Roma assustasse Kurt – ela ficara apavorada – assim como seu descuidado abuso a alarmara. "Eu pirei", contou ela a David Fricke. Ela decidiu estabelecer uma regra de ferro que, segundo esperava, manteria Kurt, Cali e ela mesma longe das drogas: ela insistiu que não se tomaria nenhuma droga dentro da casa. A resposta de Kurt foi simples e típica: ele deixaria sua mansão de 1 milhão e 130 mil dólares e iria para motéis de dezoito dólares o pernoite na decadente avenida Aurora. Ao longo dos piores períodos de vício, frequentemente ele tinha se retirado para esses locais sinistros, sem sequer se dar ao trabalho, na maioria dos casos, de se registrar sob um nome falso. Ele frequentava o Seattle Inn, o Crest, o Close-In, o A-1 e o Marco Polo, sempre pagando em dinheiro – e, na privacidade do seu quarto, ele apagava durante horas. Ele preferia estabelecimentos ao norte de Seattle: embora fossem menos convenientes em relação a sua casa, ficavam perto de um de seus traficantes favoritos. Nas noites em que não voltava para casa, Courtney entrava em pânico, receando que ele tivesse tomado uma overdose. Ela rapidamente desistiu de sua política. "Eu gostaria de apenas poder ficar do jeito que sempre era, apenas tolerando aquilo", contou ela depois a Fricke.

Mas não foi apenas Courtney que desanimou de controlar Kurt – algo estava diferente nele depois de Roma. Novoselic se perguntava se o coma realmente não o havia deixado com uma lesão cerebral. "Ele não escutava *ninguém*", lembra Krist. "Ele estava *tão* ferrado." Dylan também notava uma mudança: "Ele não parecia muito vivo. Antes, ele tinha mais energia; depois, parecia monocromático".

Uma semana depois de Roma, o pai de Kurt ligou e eles tiveram uma conversa agradável, porém curta. Ele convidou o pai para uma visita, mas ninguém estava em casa quando Don chegou. Kurt se desculpou no dia seguinte pelo telefone, alegando que estivera muito ocupado. No entanto, quando seu pai voltou, dois dias depois, Cali o informou de que Kurt novamente tinha saído. A verdade era que Kurt estava em casa, mas estava drogado e não queria que o pai o visse nesse estado. Na próxima vez que se falaram, Kurt prometeu ligar assim que conseguisse uma folga em sua agitada carreira.

Aquela carreira – pelo menos quando se tratava do Nirvana – estava basicamente encerrada por volta da segunda semana de março. A decisão de Kurt de cancelar a excursão, desistir de Lollapalooza e se recusar a ensaiar finalmente confirmava o que Novoselic e Grohl vinham suspeitando havia algum tempo. "A banda estava dissolvida", lembra Krist. O único projeto musical que Kurt planejava era com Michael Stipe, do R.E.M. Stipe chegou a enviar passagens de avião para Kurt ir até Atlanta para uma sessão de gravação que eles haviam programado em meados de março. No último minuto, Kurt cancelou.

No dia 12 de março, a polícia de Seattle foi despachada para a casa do lago Washington depois que alguém ligou para o 911, mas desligou. Courtney atendeu à porta, desculpou-se pela chamada e explicou que tinha havido uma briga, mas que agora estava tudo sob controle. Kurt disse ao policial que "havia muita tensão" em seu casamento. Disse que eles deveriam "fazer terapia".

No dia 18 de março, Kurt mais uma vez ameaçou suicidar-se, trancando-se no quarto. Courtney chutou a porta, mas foi incapaz de arrombá-la. Ele acabou abrindo-a voluntariamente e ela viu diversas armas no chão. Ela apanhou um revólver calibre .38 e o apontou para sua própria cabeça. "Eu vou puxar [o gatilho] agora mesmo", ameaçou ela. "Eu não posso ver você morrer novamente." Era o mesmo jogo de roleta-russa que eles haviam jogado no hospital Cedars-Sinai em 1992. Kurt gritou: "Está sem trava de segurança! Você não entende, não tem trava de segurança. Ele vai detonar!". Ele tirou a arma dela. Mas, minutos depois, ele a trancou do lado de fora novamente e voltava a ameaçar suicidar-se. Courtney ligou para o 911 e dois policiais chegaram em questão de minutos.

O policial Edwards escreveu em seu relatório que Kurt afirmava que "não [era] suicida e não queria se ferir. [...] Ele declarou que tinha se trancado no quarto para se afastar de Courtney". Depois que a polícia chegou, Courtney tentou minimizar o episódio para que Kurt não fosse detido. Só para se garantir, ela apontou para as armas dele e a polícia apreendeu três pistolas e o rifle semiautomático de assalto AR-15 do incidente no verão anterior

– as armas haviam sido devolvidas a Kurt um mês depois da prisão original por violência doméstica. A polícia também recolheu 25 caixas de munição e um frasco de "pílulas brancas" – mais tarde verificou-se serem de Klonopin, uma benzodiazepina usada principalmente para controle de convulsões. Kurt estava tomando grandes quantidades desse tranquilizante, achando que isso o ajudaria com a abstinência. O Klonopin o deixava paranoico, maníaco e delirante. O remédio não tinha sido receitado – ele o estava comprando na rua. Os policiais levaram Kurt para a delegacia mas não o ficharam formalmente.

Ian Dickson estava passando pela rua Pine naquela noite e deparou com Kurt numa esquina. Quando Dickson perguntou o que o amigo estava aprontando, Kurt disse: "Courtney mandou me prender. Eu acabei de sair da cadeia". Ele descreveu a briga, minimizando a questão das armas. "Ele disse que era uma rusga entre namorados", lembra Dickson, "e que ele estava deprimido porque realmente amava Courtney." Eles caminharam até a pizzaria Piecora, onde Kurt se queixou de que estava duro. "Ele me pediu cem dólares emprestados e me perguntou se podia ficar na minha casa", lembra Dickson. "Ele estava falando que ia pedir para sua mãe lhe enviar algum dinheiro." Subitamente Kurt saiu dizendo que tinha de dar um telefonema.

Quatro dias depois, Kurt e Courtney estavam brigando quando tomaram um táxi até o pátio de venda de carros American Dream. Courtney insistia que Kurt considerasse outro Lexus, mas ele tinha outras ideias: comprou um Dodge Dart 1965 azul-celeste por 2,5 mil dólares. Depois colocou uma placa de "vende-se" em seu fiel Valiant.

Na verdade, ele não precisava do carro, porque passara a maior parte daquele mês de março drogado demais para dirigir. À medida que seu abuso das drogas aumentava, seus fornecedores habituais se recusavam a vender para ele: ninguém queria o problema de ter um drogado famoso morrendo na escada do prédio. Ele descobriu uma nova traficante chamada Caitlin Moore, que morava no cruzamento da Décima Primeira com a Denny Way; e ela lhe vendeu umas "speedballs", uma mistura de heroína e cocaína. Essa não era a preferência de Kurt, mas Moore permitia que seus clientes roqueiros tomassem a droga em seu apartamento, o que era essencial – Kurt já não se sentia bem-vindo em casa.

Quando não estava na casa de Moore ou no Taco Time na Madison – seu lugar favorito para comprar um taco –, muitas vezes ele podia ser encontrado no Granada Apartments, na casa de Jennifer Adamson, namorada de Cali. Jennifer se viu aterrorizada, observando o astro do rock mais famoso do mundo sentado em seu sofá, na maioria das vezes tomando drogas, em outras ocasiões, só matando tempo. "Ele se sentava em minha sala de estar com o boné de orelheiras e lia revistas", disse ela. "As pessoas chegavam e saíam; sempre havia muita coisa acontecendo. Ninguém sabia que ele estava ali ou não o reconheciam." No mundo da cultura junkie, Kurt encontrava certo anonimato que lhe fazia falta em outros lugares. No entanto, quando Jennifer passou a conhecê-lo melhor, ficou intrigada pelo quanto ele parecia solitário. Ele disse a Jennifer e Cali: "Caras, vocês são meus únicos amigos".

Courtney estava incerta sobre o que fazer para segurá-lo em casa e a maioria das discussões se transformava em brigas. "Eles começaram a brigar muito", observa Jennifer. "Era evidente que Kurt não a estava procurando no momento em que mais desesperadamente ele necessitava, como, aliás, não estava procurando ninguém mais." À medida que Kurt se afastou de Courtney, passou a preferir Dylan, no mínimo porque Dylan jamais lhe fazia sermões para que ele melhorasse sua conduta. Certa noite, naquela primavera, os dois cimentaram sua relação fazendo ligação direta num carro e o abandonando na propriedade de Kurt em Carnation. "Eu tinha aquele marido milionário", lembra Courtney, "e ele saía roubando carros."

Depois de Roma, até os parceiros de droga de Kurt notaram um desespero crescente em seu consumo. "A maioria das pessoas, quando está tomando um pico de heroína, presta atenção à quantidade", observa Jennifer. "Elas pensam: 'vamos ter certeza de que isto não é muito'. Kurt nunca pensava nisso; nunca havia nenhuma hesitação nele. Ele realmente não se preocupava se aquilo o matasse; as coisas eram tratadas dessa maneira." Jennifer começou a temer que Kurt tivesse uma overdose em seu apartamento: "Eu me espantava com quanto uma pessoa tão pequena e tão magra como ele podia tomar. Não havia quantidade suficiente que você pudesse colocar na seringa para ele". Na terceira semana de março, ela o criticou severamente pelo modo como ele estava colocando sua vida em perigo, mas a resposta de Kurt a deixou ainda mais assustada: "Ele me disse que ia dar um tiro na cabeça. Ele disse, meio em tom de brincadeira: 'É *assim* que eu vou morrer'".

Na terceira semana de março, como seu adorado Hamlet no quinto ato, Kurt era um homem mudado e estava num frenesi que não evidenciava nenhum sinal de que iria diminuir. As drogas, combinadas com o que muitos ao seu redor descreviam como uma depressão não diagnosticada de uma vida inteira, o envolveram na loucura. Até mesmo a heroína o havia traído; ele dizia que ela não era mais tão eficaz como analgésico; seu estômago ainda doía. Courtney e os empresários de Kurt decidiram obrigá-lo a um tratamento. No caso de Kurt, todos sabiam que este, na melhor das hipóteses, era um recurso final, com poucas chances de mudá-lo – ele havia passado anteriormente por várias intervenções e não era provável que se surpreendesse com esta. Ele já havia estado em meia dúzia de unidades de tratamento de drogas e nenhuma havia funcionado por mais do que umas poucas semanas. Mas, no modo de ver de Courtney, pelo menos uma intervenção era *algo* que eles podiam fazer, uma ação física. Tal como acontece com muitas famílias onde há um viciado ativo, os que estavam ao redor de Kurt cada vez mais nutriam menos esperanças.

Danny Goldberg contatou Steven Chatoff, do centro de recuperação Steps. "Comecei a manter conversas telefônicas com Kurt, nas quais ele se mostrava muito, mas muito carregado", lembra Chatoff. "Ele estava usando muita heroína, ou alguns outros analgésicos. Mas também discutimos, durante alguns de seus momentos mais coerentes, quando ele não estava seriamente afetado, sobre alguns de seus problemas de infância e alguns problemas de sua família original não resolvidos, e sobre a dor que ele sentia. Ele tinha muita dor de estômago e a estava medicando com os opiatos." Chatoff percebeu que sob o vício de Kurt havia "uma forma de distúrbio por tensão pós-traumática ou alguma forma de distúrbio depressivo". Ele recomendou um programa de tratamento por internação. Chatoff descreveu os tratamentos de reabilitação anteriores de Kurt como "desintoxicação, limpeza e polimento", sugerindo que eles se destinavam a deixar Kurt sóbrio, mas não lidavam com os problemas subjacentes.

Chatoff achou Kurt surpreendentemente cooperativo, pelo menos no princípio: "Ele concordou que precisava [do tratamento como paciente internado]; que ele precisava trabalhar sua 'dor psíquica', conforme ele disse". Mas uma coisa que Kurt não admitia – e na época a administração não contara a Chatoff – era que o episódio em Roma havia sido uma tentativa de suicídio: Chatoff acreditava naquilo que havia lido nos jornais, que havia sido uma overdose acidental.

Kurt manifestou sérias dúvidas a Dylan se a reabilitação o ajudaria. Tendo tentado tratamento antes em meia dúzia de ocasiões, Kurt sabia que as chances eram menores para pacientes que estavam repetindo o tratamento. Embora houvesse breves momentos nos quais ele afirmaria estar disposto a passar pela dor da abstinência, a maior parte do tempo ele simplesmente não queria parar: Jackie Farry se lembra de ter apanhado Kurt de carro numa clínica de reabilitação de 2 mil dólares por dia, só para levá-lo até uma casa que ela desconfiava fosse a de seu traficante. Suas outras viagens até clínicas de reabilitação haviam sido todas decorrentes de ultimatos de seus empresários, esposa ou tribunal, e todas tiveram o mesmo resultado final: ele voltava a usar drogas novamente.

Chatoff marcou a internação para terça-feira, 21 de março, mas antes que os envolvidos pudessem ao menos se reunir, Kurt recebeu uma deixa para pular fora e a intervenção foi cancelada. Novoselic confessou que havia dado a deixa para Kurt, achando que a ideia sairia pela culatra e que Kurt fugiria. "Eu me sentia tão mal por ele", lembra Krist. "Ele parecia tão desnorteado. Eu sabia que ele não daria atenção àquilo." Krist viu Kurt pela primeira vez depois de Roma naquela semana no motel Marco Polo, na avenida Aurora. "Ele estava acampado lá. Estava delirante. Foi tão esquisito. Ele dizia coisas do tipo: 'Krist, onde é que eu posso comprar uma moto?'. E eu dizia: 'Porra, do que é que você está falando? Você não quer comprar uma moto. Você precisa é dar o fora daqui'." Krist convidou Kurt para sair de férias, só os dois, conversar sobre as coisas, mas Kurt se recusou. "Ele estava realmente calado. Simplesmente estava alheio a todas as suas relações. Não estava se conectando com ninguém."

Kurt se queixou de que estava com fome; Krist se ofereceu para lhe pagar um jantar num restaurante fino; Kurt insistiu que queria comer um hambúrguer no Jack in the Box. Quando Novoselic dirigiu o carro para a lanchonete próxima ao distrito universitário, Kurt protestou: "Esses hambúrgueres são gordurosos demais. Vamos para aquele de Capitol Hill – a comida de lá é melhor". Só quando chegaram a Capitol Hill foi que Novoselic percebeu que Kurt não queria hambúrguer nenhum: ele estava usando seu velho amigo simplesmente para pegar uma carona para transar drogas. "O traficante dele estava logo ali. Ele só queria se drogar até se esquecer. Não havia nada a conversar com ele. Ele só queria fugir. Queria morrer, era isso o que ele queria fazer." Os dois começaram a gritar um com o outro e Kurt saiu correndo do carro.

Um novo conselheiro chamado David Burr foi contratado e mais uma intervenção foi marcada para outro dia naquela semana. Danny Goldberg se lembra de Courtney pedindo ao telefone: "Você precisa vir. Eu tenho medo de que ele se mate ou machuque alguém". A intervenção de Burr aconteceu na sexta-feira, 25 de março. Só para garantir que Kurt não fugisse, Courtney furou os pneus da Volvo e do Dart – os pneus do Valiant estavam tão carecas que ela imaginou que Kurt não se arriscaria a dirigi-lo.

Essa intervenção pegou Kurt de surpresa, embora sua oportunidade, em última análise, fosse infeliz: Kurt e Dylan haviam acabado de se drogar. "Eu e Kurt tínhamos passado toda a noite zoando", explica Dylan. "E tanto eu como ele tínhamos acabado de acordar e tomado um pico de despertar e descemos a escada e aquele mar de pessoas estava lá para enfrentá-lo." Kurt ficou furioso, mostrando a raiva de uma fera recém-enjaulada. Sua primeira reação foi agarrar uma lixeira e atirá-la em Dylan, por achar que ele o havia enganado. Dylan disse a Kurt que não tinha nada a ver com aquilo e insistiu para que Kurt fosse embora. Mas Kurt ficou e enfrentou uma sala cheia de empresários, amigos e parceiros de banda. Era como se ele estivesse sendo julgado e, como um criminoso arrependido em um processo de pena capital, manteve os olhos baixos durante toda ação.

Na sala estavam, junto com Courtney, Danny Goldberg, John Silva e Janet Billig, da Gold Mountain; Mark Kates e Gary Gersh, da gravadora; Pat Smear, da banda, e Cali, o babá, além do conselheiro David Burr. A mãe de Kurt não estava presente porque estava em Aberdeen cuidando de Frances. Muitos dos participantes haviam tomado voos noturnos para chegar a Seattle em cima da hora. Uma a uma, cada pessoa relatou uma lista de motivos por que Kurt deveria entrar em tratamento. Cada orador terminava com uma ameaça, a consequência que Kurt podia esperar caso não consentisse no tratamento. Danny, John e Janet disseram que não trabalhariam mais com ele; Gary Gersh disse que Geffen largaria o Nirvana; Smear disse que o Nirvana seria dissolvido e Courtney disse que se divorciaria dele. Kurt ficou calado durante essas advertências: ele já tinha previsto essas conclusões e, em cada um dos casos, já havia se aventurado a cortar ele mesmo essas ligações.

Embora Burr dissesse a todos que eles "tinham de se contrapor a Kurt", poucos dos presentes foram capazes disso. "Todos estavam muito assustados com Kurt", observa Goldberg. "Ele tinha uma aura ao seu redor, onde mesmo eu me sentia como se estivesse pisando em ovos, e eu não queria dizer a coisa errada. Ele era uma energia tão forte que as outras pessoas, com todo o respeito, literalmente não falaram com ele. Apenas meio que se reuniram e ficaram espreitando dos bastidores." Quem falou mais foi Burr, que estava tentando dirigir profissionalmente uma intervenção, mas, nesse caso, o paciente era Kurt Cobain, que não estava ouvindo: seu vício era um escudo excessivamente forte e arraigado para que esses golpes o quebrassem.

O verdadeiro drama começou quando Courtney falou. Sem dúvida, ela foi, de longe, a mais direta dos que estavam na sala, embora fosse ela quem mais tivesse a perder. Courtney pediu para que Kurt fizesse o tratamento, implorando: "Isso tem que terminar! [...] Você precisa ser um bom pai!". E então ela lançou a ameaça que sabia que mais o feriria: se eles se divorciassem, e ele continuasse com o vício, seu acesso a Frances seria limitado.

Depois que todos, exceto Kurt, haviam falado, houve um breve momento de silêncio, como aquele que precede uma batalha maior num filme de

John Wayne. Os olhos de Kurt lentamente se ergueram e, carregados de hostilidade, passaram de uma pessoa a outra, até que ele venceu cada uma das disputas de olhar. Quando finalmente falou, cuspiu palavras de fúria. "Que *merda* são vocês para me dizer isso?", berrou ele. E fez seu próprio inventário de todos que estavam na sala, descrevendo, com detalhes explícitos, exemplos de uso de drogas que ele havia testemunhado sobre os presentes. Danny Goldberg respondeu dizendo a Kurt que era com a saúde dele que todos estavam preocupados, não com a de ninguém mais. "Como podemos ao menos ter uma conversa se você está drogado?", implorou Goldberg. "Portanto, fique um pouco de cara limpa e então você poderá conversar sobre isso." Kurt ficou mais e mais furioso e, como o habilidoso manobrista verbal que era, começou a dissecar todos na sala, desferindo em cada um uma agressão que ele sabia que atingiria sua fraqueza central. Chamou Janet Billig de "porca gorda" e chamou a todos na sala de hipócritas. Ele apanhou freneticamente um exemplar das Páginas Amarelas e abriu na seção de psiquiatras. "Eu não confio em ninguém que está aqui", declarou ele. "Eu vou achar um psiquiatra das Páginas Amarelas em quem eu possa confiar."

Sua maior raiva estava reservada para Courtney. "Seu grande trunfo era que Courtney estava mais doente do que ele", lembra Goldberg. O ataque de Kurt a Courtney se esvaziou quando lhe foi dito que ela estava viajando de avião para Los Angeles para se tratar. Insistiram para que ele a acompanhasse. Ele se recusou e continuou a discar para psiquiatras, conseguindo apenas respostas de secretárias eletrônicas. Courtney estava arrasada – a intervenção e as últimas três semanas em que diariamente ela ficava à espera de ouvir notícias de que ele tivera uma overdose haviam cobrado seu preço. Tiveram de ajudá-la a entrar num carro e ofereceram a Kurt mais uma chance para que ele a acompanhasse. Kurt se recusou, e enquanto o carro dela se afastava, ele ficou folheando freneticamente as Páginas Amarelas. "Eu nem sequer dei um beijo nem consegui me despedir do meu marido", disse Courtney mais tarde a David Fricke.

Kurt insistiu que ninguém na sala tinha direito algum de julgá-lo. Ele se retirou para o porão com Smear, dizendo que tudo o que queria fazer era tocar um pouco de guitarra. Os presentes começaram lentamente a sair; a maioria tinha de pegar voos de volta para Los Angeles ou Nova York. Quando a noite chegou, até Burr e Smear haviam partido, e Kurt foi deixado com o mesmo vazio que sentia na maioria dos dias. Ele passou o resto da noite na casa de sua traficante reclamando da intervenção. A traficante mais tarde contou a um jornal que Kurt havia lhe perguntado: "Onde estão meus amigos quando eu preciso deles? Por que meus amigos estão contra mim?".

No dia seguinte, Jackie Farry voltou a trabalhar para os Cobain e levou Frances para Los Angeles, para ficar perto de Courtney. A mãe e a irmã de Kurt se dirigiram para Seattle, por insistência de Courtney, para tentar conversar com ele. O confronto não foi nada melhor do que a intervenção e deixou todos os participantes com uma sensação maior ainda de preocupação e perda. Kurt obviamente estava drogado e Wendy e Kim ficaram angustiadas por vê-lo em tamanho sofrimento emocional. Ele não lhes daria ouvidos: havia chegado um ponto em que não se podia conversar sobre nada. Quando a mãe e a irmã estavam partindo – ambas aos prantos –, Kim, sendo a mais direta da família, fez ao irmão mais uma pergunta enquanto estava parada na porta: "Você realmente nos odeia tanto assim?". Ao dizer isso ela estava chorando, o que deve ter parecido extraordinário a Kurt: Kim era sempre a durona, a que nunca chorava. E ali estava ela, na porta da casa dele, e era ele quem a estava fazendo chorar. "Ah, sim", replicou ele, soando mais sarcástico do que ela jamais ouvira. "Ah, sim", disse ele. "Eu *realmente* odeio vocês. Eu *odeio* vocês." Kim não conseguiu dizer mais nada – teve de partir.

Em Los Angeles, Courtney se registrou no hotel Peninsula para começar um controvertido plano de tratamento chamado "desintoxicação em hotel". Ela deveria se entrevistar várias vezes por dia com um conselheiro sobre drogas em uma suíte do hotel, evitando a exposição de um centro de tratamento mais público. Ela tentou ligar para a casa de Seattle, mas não obteve nenhuma resposta.

Kurt, conforme ela suspeitou, estava fora tomando drogas. Ele agora ficava sozinho na casa, apenas com Cali. Mais tarde, naquele dia, Kurt apareceu na casa de um traficante local, mas tinha comprado e tomado tanta heroína que o traficante se recusou a lhe vender mais: eles faziam isso tanto por uma fingida preocupação com a saúde dele como por recearem que uma overdose poderia trazer a polícia até suas casas. "Ele estava totalmente intoxicado", relata Rob Morfitt, que conhecia várias pessoas que encontraram Kurt naquele fim de semana. "Ele estava perambulando e extremamente confuso." A falta de cuidado normal de Kurt foi substituída por um desejo de morte que assustava até os drogados mais maduros e cínicos. Nos últimos meses, ele vinha temerariamente compartilhando agulhas com outros usuários, ignorando as advertências da saúde pública sobre o HIV e a hepatite. A heroína preta frequentemente provocava abscessos pelas impurezas utilizadas para diluí-la. Em março, os braços de Kurt tinham crostas e abscessos que eram um risco potencial à saúde.

Ainda naquele dia, Kurt subornou outros usuários para transarem heroína para ele, prometendo dar-lhes droga em troca. Quando a droga foi repartida e cozida no apartamento deles, Kurt preparou uma seringa com a heroína preta como carvão – ele não havia usado água suficiente para diluí-la. Seus companheiros olharam horrorizados quando ele, ao se injetar, começou imediatamente a sofrer as consequências de uma overdose. O pânico tomou conta do apartamento quando Kurt começou a bufar para inspirar ar: se ele morresse ali, a polícia seria inevitavelmente envolvida. Os moradores do apartamento ordenaram que Kurt fosse embora, e quando ele se sentiu incapaz de se locomover, eles o arrastaram para fora. Seu Valiant estava estacionado na rua e eles o colocaram no assento traseiro. Uma pessoa se ofereceu para chamar o 911, mas Kurt estava consciente o bastante para ouvir e meneou a cabeça. Deixaram-no a sós, imaginando que, se ele queria morrer, ia fazer isso no seu próprio tempo.

Era esse o resultado de tudo: o mais famoso astro do rock de sua geração estava deitado no assento traseiro de um carro, incapaz de falar, incapaz de se mover e mais uma vez chegando a poucos centímetros da morte. Ele tinha passado muitas noites nesse carro – era um lar tão seguro e confortável quanto todos que ele já tivera – e era um lugar tão bom para morrer como qualquer outro. A placa "vende-se" na janela de trás, escrita em um pedaço de papelão, tinha o número do telefone de sua casa.

Kurt não morreu naquele fim de semana. Em mais uma proeza que desafiava a ciência, sua constituição sobreviveu a mais uma dose de heroína que teria matado a maioria das pessoas. Quando ele acordou no carro no dia seguinte, sua dor emocional e física estava de volta: o que ele mais queria, acima de qualquer outra coisa, era ficar livre de todas as dores. Nem mesmo a heroína o estava ajudando agora.

Quando voltou para casa, havia diversas mensagens de Courtney, além de mensagens de um novo psiquiatra chamado Steven Scappa, que Buddy Arnold havia recomendado. Kurt retornou a ligação de Scappa e começou a manter longas conversas com ele. Ele parecia estar relaxando e se relacionando com Scappa de uma forma que não ocorria com alguns dos outros médicos. Naquela segunda-feira, ele recebeu também um telefonema de Rosemary Carroll tentando convencê-lo a fazer tratamento. "Você está facilitando", disse-lhe ela, "para muitas pessoas que você deseja que parem de controlar sua vida, que elas pintem um retrato completamente negativo a seu respeito; para que elas basicamente mantenham o controle, por causa do problema da droga. Se você fizer o tratamento, você os deixará menos armados, reduzirá radicalmente a munição deles. Pode não fazer nenhum sentido e pode não estar fundado na lógica, mas é assim que as coisas são. Por isso, vá e lide com isso. Ficará mais fácil a solução desses problemas quando você sair. Isso nos dará uma base em que nos apoiar." A resposta de Kurt foi: "Eu sei". Ele disse a Carroll que tentaria o tratamento mais uma vez.

Naquela terça-feira, foram feitas reservas para Kurt num voo para Los Angeles, e Krist foi convocado para levá-lo ao aeroporto. Quando Kurt chegou à casa de Krist, era óbvio que ele não queria ir. Enquanto faziam o percurso de 25 minutos, Kurt chorou e gritou e berrou. Na Interestadual 5, próximo à saída para Tukwila, Kurt tentou abrir a porta e saltar do carro em movimento. Krist não conseguia acreditar que isso estivesse acontecendo – com seus longos braços, conseguiu agarrar Kurt enquanto dirigia, mesmo com o carro dando uma guinada. Depois de alguns minutos, chegaram ao aeroporto, mas Kurt não havia melhorado: Krist teve de arrastá-lo pelo colarinho, do modo como um professor escoltaria um delinquente até o gabinete do diretor. No terminal principal, Kurt deu um murro no rosto de Krist e tentou fugir. Krist o agarrou e seguiu-se uma luta corporal. Os dois velhos amigos brigaram no chão do abarrotado terminal, xingando-se e esmurrando-se como dois bêbados em uma rixa de bar em Aberdeen. Kurt se livrou do controle do amigo e correu pelo prédio gritando: "Vai se foder!", enquanto os passageiros olhavam assustados. A última coisa que Krist viu de Kurt foi seu esfregão louro virando num corredor do terminal.

Krist voltou sozinho para Seattle, chorando. "Krist tinha um amor muito grande por Kurt", lembra Shelli. "Nós dois tínhamos. Ele fazia parte da nossa família. Eu o havia conhecido durante quase metade da sua vida." Quando adolescente, Shelli passava Big Macs gratuitos para Kurt por trás do balcão do McDonald's de Aberdeen. Durante duas semanas em 1989, Kurt, Tracy, Krist e Shelli haviam compartilhado a mesma cama de casal, dormindo em rodízio. Kurt em certa época havia morado atrás da casa deles, e Shelli lhe trazia cobertores para se certificar de que ele não morreria congelado. Krist e Kurt haviam dirigido juntos alguma coisa em torno de 1 milhão e meio de quilômetros e haviam dito um para o outro coisas que nunca haviam contado a ninguém. Naquela noite de terça-feira, Krist contou a Shelli que ele sabia, em seu coração, que não veria novamente Kurt vivo, e ele tinha razão.

Mais tarde, naquela noite, Kurt falou diversas vezes ao telefone com Scappa e também teve uma conversa com Courtney, da qual ela se lembra como uma conversa agradável. Ele apagou durante a conversa, mas, a despeito de suas ações mais cedo com Krist, estava concordando novamente com o tratamento. Foram feitos arranjos para que ele tomasse um voo no dia seguinte.

Tendo resignadamente concordado em ir, Kurt fez o que a maioria dos viciados ativos fazem antes de se dirigir para o tratamento: tentou tomar tanta heroína que um pouco permaneceria em seu sistema durante aqueles primeiros dias horríveis de abstinência. Na tarde seguinte, Kurt dirigiu até a casa de Dylan para pedir um favor: ele queria comprar uma arma "para proteção e por causa dos gatunos", já que a polícia havia lhe tomado todas as outras armas, e ele perguntou se Dylan poderia comprar uma para ele. Dylan aceitou essa lógica, embora não houvesse registro para porte de rifles no estado de Washington. Eles foram de carro até a Stan Baker's Sports na Lake City Way, 10.000. "Se Kurt era suicida", lembrou mais tarde Dylan, "certamente ele escondia isso de mim." Dentro da loja, Kurt apontou para uma espingarda Remington M-11, calibre .20. Dylan comprou a espingarda e uma caixa de cartuchos, pagando 308,37 dólares em dinheiro – dinheiro que Kurt lhe pôs nas mãos. Tendo comprado a espingarda, Kurt foi para casa.

À noite, conforme o programado, Harvey Ottinger, motorista de um serviço de limusines de Seattle, chegou à casa do lago Washington. Esperou durante uma hora e Kurt finalmente desceu carregando uma pequena bolsa. A caminho do aeroporto, Kurt percebeu que havia deixado a caixa dos cartuchos de espingarda dentro de sua bolsa e perguntou se Ottinger poderia jogá-la fora. O motorista disse que sim e, enquanto estacionavam no Sea-Tac, Kurt saiu do carro e se apressou para pegar o voo para Los Angeles.

24

CABELO DE ANJO

LOS ANGELES, CALIFÓRNIA / SEATTLE, WASHINGTON,
30 DE MARÇO A 6 DE ABRIL DE 1994

> *Cut myself on angel's hair and baby's breath.*
> [Dou a mim mesmo cabelo de anjo e hálito de bebê.]
> De "Heart-Shaped Box".

PAT SMEAR E MICHAEL MEISEL, da Gold Mountain, apanharam Kurt no aeroporto de Los Angeles na noite de quarta-feira e o levaram para o Centro de Recuperação Exodus, uma seção do hospital Daniel Freeman Marina, em Marina Del Rey. Era a mesma instituição que Kurt havia frequentado em setembro de 1992. Era um centro de reabilitação preferido por astros do rock – Joe Walsh, do Eagles, havia saído no dia anterior e Gibby Haynes, do Butthole Surfers, estava lá quando ele chegou. Kurt se registrou para o que estava previsto para ser um programa de 28 dias.

Estava reservado para ele o quarto 206, na instalação de vinte leitos. Naquela primeira noite ele passou por uma entrevista de admissão de quarenta minutos realizada por uma enfermeira. Depois, desceu ao espaço comum e se sentou próximo a Haynes, que havia sido um de seus ídolos quando adolescente. "Todos estavam se dirigindo para um encontro de cocainômanos anônimos, mas Kurt disse que ficaria no Exodus, porque havia acabado de chegar", lembra Haynes. "Ele parecia doente e cansado de estar doente e cansado."

Na quinta-feira pela manhã, Kurt começou o tratamento, que consistia em terapia em grupo, reuniões e terapia individual com seu conselheiro de abuso de substâncias, Nial Stimson. "Ele negava totalmente que tivesse um problema com heroína", disse Stimson. "Eu perguntei a ele se entendia a gravidade do que lhe acontecera na Itália: 'Cara, você quase morreu! Você precisa levar isso a sério. Abusar da droga levou você a um ponto em que quase perdeu a vida. Você percebe o quanto isso é sério?'." A resposta de Kurt foi: "Eu entendo. Eu só quero me desintoxicar e sair daqui". Stimson não fora informado que o incidente em Roma havia sido uma tentativa de suicídio. Em consequência disso, Kurt estava num quarto normal no Exodus, embora a uma curta distância ficasse a unidade psiquiátrica fechada do hospital.

Courtney ligou diversas vezes para o Exodus naquele dia e discutiu com os funcionários quando lhe disseram que Kurt não estava disponível. Em suas sessões com Stimson, Kurt raramente mencionava suas brigas com Courtney. Em lugar disso, disse que a preocupação com uma possível perda de um processo judicial para o diretor Kevin Kerslake do vídeo "Heart-Shaped Box" era o que mais o assustava. Kerslake havia entrado com uma ação no dia 9 de março, afirmando que ele, e não Kurt, era o autor de muitas das ideias contidas no vídeo. Kurt disse a seu conselheiro que quase não conseguira pensar em mais nada desde que a ação de Kerslake havia sido encaminhada e receava que o caso o arrasasse financeiramente. "Ele me disse que seu maior medo era que, se perdesse aquele processo, perderia sua casa", disse Stimson.

Na tarde de quinta-feira, Kurt recebeu a visita de Jackie Farry e Frances – Courtney não foi porque seu médico a aconselhara a não ir nas primeiras etapas de sobriedade de Kurt. Na época, Frances estava com um ano e sete meses de vida; Kurt brincou com ela, mas Farry notou que ele parecia ausente e supôs que isso se devia às drogas que o centro havia lhe administrado para ajudar na abstinência. Ao falar com Farry, Kurt não mencionou o processo de Kerslake, mas evocou a briga com Courtney acerca de Lollapalooza. Jackie e Frances ficaram pouco tempo, mas Jackie prometeu voltar no dia seguinte.

Elas voltaram na manhã de sexta-feira às onze horas e Jackie achou Kurt surpreendentemente descansado. "Ele estava com um humor incrivelmente feliz, o que não entendi", lembra Farry. "Eu pensava: 'Meu Deus, por um segundo, tomara que ele esteja levando a sério desta vez'. Ele estava exagerando naquilo, dizendo todas aquelas coisas incrivelmente animadoras para mim e sendo realmente positivo. E aquele não era o seu jeito – sentar-se e tentar fazer o mundo parecer sensacional. Normalmente ele era meio rabugento. Mas eu tomei aquilo como um sinal de que era uma reviravolta positiva em 24 horas." Farry contou a Kurt sobre seus planos para um programa de televisão e Kurt foi excepcionalmente encorajador, dizendo-lhe que ela daria uma "pessoa famosa genial" porque "não estava toda estragada".

A mudança no humor de Kurt não alarmou Farry – ela simplesmente supôs que ele estava tomando pílulas fornecidas pelo centro. Em comparação com a primeira visita, ele teve mais contato físico com Frances e a jogava para o ar para fazê-la rir. Farry saiu para o corredor por um instante, pensando em dar aos dois algum tempo a sós. Quando ela regressou, Kurt estava segurando Frances junto ao seu ombro, dando-lhe tapinhas nas costas e falando ternamente em seu ouvido. Farry arrumou Frances e disse a Kurt que voltariam para vê-lo no dia seguinte. Ele as acompanhou até a porta, olhou sua filha nos olhos e disse: "Até logo".

No começo da tarde, Kurt se sentou na área de fumantes atrás do Exodus para conversar com Gibby. A maioria dos pacientes que repetiam o programa de reabilitação – entre os quais Kurt e Gibby – abordava o tratamento com humor negro, e os dois fofocavam sobre aqueles que tinham problemas piores do que os deles. Um baterista havia desenvolvido abscessos tão graves que seu braço havia sido amputado. Gibby brincou que estava contente por ser apenas o vocalista e Kurt soltou uma grande gargalhada. Deram risos contidos por causa de um conhecido comum que havia fugido do Exodus pulando o muro dos fundos: isso era completamente desnecessário, já que as portas da frente não eram trancadas. "Eu e Kurt estávamos rindo do idiota que ele era por escapar por cima do muro", lembra Haynes.

Naquela tarde, Kurt recebeu a visita de Pat Smear e de Joe "Mama" Nitzburg. Mama era um dos amigos artistas de Courtney que havia passado pelo tratamento de drogas antes de Kurt. No ano anterior, em um gesto de altruísmo jamais divulgado, Kurt pagou a anuidade da escola de arte de Mama quando lhe foi negada ajuda financeira. Courtney havia enviado Mama para o Exodus com uma carta para Kurt, bombons e um fanzine que ela achou que ele gostaria de ler. Mama ficou surpreso com a lucidez que Kurt apresentava com apenas um dia de sobriedade. "Você está ótimo; como se sente?", perguntou ele a Kurt. "Não me sinto tão mal", foi a resposta indiferente de Kurt.

Os três foram para o pátio dos fundos para que Kurt pudesse fumar. Gibby ainda estava lá, fazendo as mesmas piadas sobre pular o muro. Conversaram por cerca de uma hora, mas a maior parte da conversa foram banalidades. Kurt sempre quisera ir para uma escola de arte e disse a Mama que estava com inveja. Mama saiu com a impressão de que Kurt estava sereno: "Seja o que for que o havia perturbado, ele parecia ter feito as pazes com aquilo". Pat e Joe saíram por volta das cinco da tarde e, ao partirem, Mama disse a Kurt que viriam vê-lo novamente. "Ele dava a mostra", observa Mama, "de que é preciso um viciado em drogas em recuperação para nos dar o sentimento de 'eu-não-posso-fazer-isso-nunca-mais-eu-desisto'."

Naquela tarde de sexta-feira, Courtney tentou diversas vezes falar com Kurt pelo telefone público dos pacientes. Ela finalmente ligou quando ele estava perto do telefone e tiveram uma breve conversa. "Não importa o que aconteça", disse-lhe ele, "eu quero que saiba que você fez um disco muito bom." Ela achou estranho ele mencionar isso, já que o lançamento do disco fora adiado por mais uma semana. "O que você quer dizer?", perguntou ela, confusa diante do tom melodramático de sua voz. "Apenas se lembre, não importa o que aconteça, eu amo você." Com isso, ele desligou.

Às 7h23 daquela noite, o companheiro de quarto de Michael Meisel atendeu o telefone. Era Kurt. "Michael vai estar fora esta noite", anunciou o companheiro, "você quer que eu peça que ele ligue para você?" Kurt disse que não iria estar perto de um telefone. Dois minutos depois, ele saiu pela porta dos fundos do Exodus e escalou o muro de pouco menos de dois metros de altura, sobre o qual ele e Gibby haviam feito troça pouco antes naquele dia.

Ele saiu do Exodus apenas com as roupas do corpo. Em seu quarto, ele deixou um par de camisas e um diário recém-começado contendo quatro canções embrionárias. Ao longo de seus 27 anos ele havia enchido duas dúzias de cadernos diferentes que serviam como seus diários, mas em 1994 ele raramente escrevia seus pensamentos. No entanto, em algum momento durante sua estada no Exodus, ele completou uma tarefa de tipo Rorschach, na qual lhe era pedido que ilustrasse uma dúzia de palavras; os resultados pareciam algo saído de seus diários. Era o tipo de exercício no qual Kurt havia primado em toda a sua vida, desde que seu avô o desafiara a desenhar o Mickey.

Quando solicitado a ilustrar "ressentimento", ele desenhou dois olhos furiosos com chamas vermelhas em volta. Para "ciúme", desenhou um símbolo nazista com pernas. Para expressar "solitário", esboçou uma rua estreita com dois arranha-céus gigantescos que faziam os prédios vizinhos parecer anões. Para "ferimento", desenhou uma coluna vertebral com um cérebro e um coração anexados a ela: parecia um pouco com o verso da capa de *In Utero*. Para "seguro", retratou um círculo de amigos. Para "entrega", fez um homem irradiando uma luz brilhante. Para "deprimido", colocou um guarda-chuva cercado por gravatas. Para "determinado", desenhou um pé pisando em uma seringa. E para a página final do exercício, para expressar "abandono", ele desenhou uma figura humana em garatuja do tamanho de uma formiga em uma imensa paisagem.

Duas horas depois de pular o muro, Kurt usou seu cartão de crédito para comprar uma passagem de primeira classe para Seattle no voo 788 da Delta. Antes de embarcar, ligou para a Seattle Limusine e marcou para ser apanhado no aeroporto – pediu explicitamente para que não enviassem uma limusine. Tentou falar também com Courtney, mas ela não estava – ele deixou uma mensagem dizendo que havia ligado.

Courtney já o estava procurando em Los Angeles. Assim que soube que Kurt saíra do Exodus, ficou convencida de que ele iria comprar drogas e provavelmente ter uma overdose. "Ela estava histérica", lembra Joe Mama. Courtney começou a ligar para traficantes de drogas e perguntar se Kurt estava lá; mas não confiava no que eles diziam e ia verificar pessoalmente. Decidiu também espalhar o boato que ela mesma tinha tido uma overdose, supondo que esse artifício levaria Kurt a contatá-la. Quando uma tresloucada Courtney – com três dias de sobriedade – se viu de volta a conhecidas caçadas a traficantes, deixou de lado a abstinência.

Enquanto isso, Kurt estava no avião. De repente, ele se viu sentado próximo a Duff McKagan, do Guns N' Roses. McKagan começara sua carreira em várias bandas punk do noroeste e, apesar de toda animosidade entre o Nirvana e o Guns, Kurt parecia feliz por ver Duff. Kurt confessou que havia deixado a reabilitação; Duff disse que entendia, já que ele mesmo estava se recuperando do vício de heroína. McKagan conseguiu perceber que as coisas haviam saído errado. "Todos os meus reflexos me diziam que alguma coisa estava errada." Os dois conversaram sobre amigos comuns, mas também havia uma melancolia na conversa – ambos estavam saindo de Los Angeles e voltando para o noroeste. "Estávamos falando sobre como é estar voltando para casa", lembra McKagan. "Foi o que ele disse que estava fazendo, 'indo para casa'." Kurt anunciou isto como alguém que havia ficado fora durante anos, e não três dias. Quando o avião chegou em Seattle, McKagan ia perguntar se Kurt precisava de uma carona, mas quando se virou, Kurt já havia desaparecido.

Kurt chegou em casa à 1h45 da manhã do sábado, 2 de abril. Se ele dormiu, não foi por muito tempo – por volta de seis da manhã, quando rompia a aurora, ele apareceu no quarto de Cali, no primeiro andar da casa. Cali estava ali com a namorada, Jessica Hopper, no recesso de primavera do internato em que estudava. Cali estava namorando Jessica e Jennifer Adamson simultaneamente (anteriormente, ele estivera envolvido com a atriz indicada para o Oscar, Juliette Lewis). Embora Jessica fosse mais nova e mais certinha do que Cali (ela não tomava drogas nem álcool), ela o adorava.

Cali havia desmaiado na manhã de sábado depois de cheirar cocaína. Na noite anterior, numa tentativa de aquecer a gigantesca casa depois que o óleo do aquecedor acabara, Cali, chapado, acendeu um Presto Log do lado de fora antes de tentar levá-lo para o seu quarto; acabou derrubando-o no chão da sala de estar. Quando seus problemas com drogas aumentaram e seus deveres de babá se reduziram, Cali tinha se tornado o Kato Kaelin da casa dos Cobain. "Àquela altura, Cali não estava a cargo de coisa alguma", observa Jessica, "a não ser ajudar a conseguir drogas ou se certificar de que Kurt não morrera."

Naquela manhã, Kurt entrou no quarto de Cali e se sentou na beirada da cama. Jessica acordou, mas Cali não. "Oi, menina da cabeça raspada", cantarolou Kurt para Jessica, parodiando a letra de uma canção punk. Jessica implorou a Kurt: "Ligue para Courtney! Você precisa ligar para Courtney; ela está ficando doida". Ela apanhou um número numa mesa, entregou a ele e observou enquanto Kurt discava para o Peninsula. A telefonista do hotel informou que Courtney não estava recebendo ligações. "Aqui é o marido dela. Me liga com ela", exigiu Kurt. Ele havia se esquecido do codinome que era necessário para falar com sua esposa. Ficou repetindo: "Aqui é o marido dela", mas a telefonista do hotel não completava a ligação. Frustrado, ele desligou. Cali acordou por um momento e, ao ver Kurt, disse a ele que ligasse para Courtney.

Quando Cali voltou a cair no sono, Jessica e Kurt ficaram sentados em silêncio durante alguns minutos, assistindo à programação da MTV. Kurt sorriu quando surgiu um vídeo dos Meat Puppets. Cinco minutos depois, ele ligou para o hotel novamente, mas ainda não completaram sua chamada. Jessica caiu no sono observando Kurt folhear um exemplar da revista *Puncture*.

Vinte minutos depois, Kurt chamou um táxi da Graytop. Disse ao motorista que havia "sido roubado recentemente e precisava de munição". Dirigiram-se para o centro da cidade, mas considerando que eram sete e meia de uma manhã de sábado, as lojas de material esportivo estavam fechadas. Kurt pediu ao motorista que o levasse até a esquina da 145 com a Aurora, dizendo que estava com fome. O mais provável foi que Kurt se hospedou no motel Crest ou no Quest, lugares em que ele havia ficado antes – e que ficavam próximos de um de seus traficantes. Naquele dia ele também foi até a Seattle Guns e comprou uma caixa de cartuchos de espingarda calibre .20.

Na casa dos Cobain, o telefone principal tocava a cada dez minutos, mas Cali tinha medo de atender pensando que fosse Courtney. Quando ele finalmente atendeu, disse a ela que não tinha visto Kurt. Ainda sob efeito de drogas, Cali achou que a visita de Kurt no lado da cama havia sido apenas um sonho. Cali e Jessica estavam brigando por causa de seu consumo de drogas e, em um acesso de raiva, ele sugeriu que ela pegasse um voo de volta logo cedo. Ele tentou usar o Mastercard com limite até 100 mil dólares que Kurt lhe havia dado para comprar uma passagem aérea, mas o cartão não foi aceito. Ele ligou para Courtney para reclamar e ela lhe disse que cancelara os cartões de Kurt achando que isso ajudaria a determinar o paradeiro dele. Sentindo-se mal, Jessica foi para a cama e passou a maior parte dos dois dias seguintes dormindo e tentando ignorar o telefone da casa, que tocava sem parar.

Nos dois dias que se seguiram, houve notícias dispersas de que Kurt havia sido visto. Na noite de domingo ele foi visto no restaurante Cactus, jantando com uma mulher magra, provavelmente sua traficante Caitlin Moore, e um homem não identificado. Depois de terminar sua refeição, Kurt lambeu o prato, o que chamou a atenção dos outros fregueses. Quando a conta foi apresentada, seu cartão de crédito não tinha validade. "Ele parecia traumatizado ao saber que seu cartão fora recusado", lembra Ginny Heller, que estava no restaurante. "Ele estava em pé diante do balcão, tentando preencher um cheque, mas parecia um processo doloroso para ele." Kurt inventou uma história sobre seu cartão de crédito ter sido roubado.

Naquele domingo, Courtney ligou para detetives particulares das Páginas Amarelas de Los Angeles, até que encontrou um que estava trabalhando no fim de semana. Tom Grant e seu assistente Ben Klugman a visitaram no Peninsula naquela tarde. Ela disse a eles que seu marido havia saído do centro de reabilitação, que estava preocupada com a saúde dele e pediu a Grant que vigiasse o apartamento da traficante Caitlin Moore, onde ela imaginava que Kurt poderia estar. Grant subcontratou um detetive de Seattle, dando-lhe ordens para observar a casa de Dylan Carlson e o apartamento de Caitlin Moore. A vigilância foi montada tarde da noite no domingo. Entretanto, os detetives não montaram guarda imediatamente na casa do lago Washington ou na casa que os Cobain possuíam em Carnation, onde a irmã de Kurt estava morando na ocasião. Courtney supôs que Cali a informaria se Kurt aparecesse na casa deles.

Na manhã de segunda-feira, Cali e Jessica estavam no meio de mais uma discussão quando o telefone tocou e Cali rosnou: "Não atenda. É só Courtney e nós não sabemos nada de Kurt". Jessica perguntou a Cali se ele havia falado com Kurt depois que eles o viram. "O que você quer dizer com 'depois que eu o vi?'", indagou Cali, os olhos se arregalando. Jessica relatou os acontecimentos de sábado. Cali finalmente contou a Courtney que de fato Kurt havia estado em casa no sábado.

Em Los Angeles, Courtney estava tentando fazer publicidade para o disco, apesar do fato de estar novamente passando por uma desintoxicação em hotel. Na segunda-feira, ela se encontrou com Robert Hilburn do *Los Angeles Times* para falar sobre o novo disco do Hole, *Live Through This*. Ela não parava de chorar durante a entrevista e um manual da Narcóticos Anônimos estava sobre a mesa de centro do quarto. A matéria de Hilburn começava com o subtítulo: "Exatamente quando Courtney Love deveria estar se concentrando no Hole e em sua carreira, ela não consegue deixar de se preocupar com seu marido". "Eu sei que este deveria ser o momento mais feliz de minha vida", disse Courtney, "e houve momentos em que eu senti essa felicidade. Mas não agora. Eu achei que havia enfrentado muitos momentos de dificuldade ao longo dos anos, mas este tem sido o mais difícil."

Naquele mesmo dia ficou ainda mais difícil. Depois da entrevista, Courtney ligou para Dylan, que informou não ter tido notícias de Kurt. Courtney achou que Dylan estava mentindo e continuou a questioná-lo. Mas sua atitude não pareceu mudar o comportamento dele, que disse, categórico: "A última vez que o vi foi quando ele estava saindo para Los Angeles e nós compramos a espingarda". Era a primeira vez que Courtney ouvia falar de uma espingarda e ficou histérica. Ela ligou para a polícia de Seattle e deu parte de uma pessoa desaparecida, afirmando ser a mãe de Kurt. O relatório dizia: "O sr. Cobain fugiu de uma instituição da Califórnia e voou de volta para Seattle. Ele comprou também uma espingarda e pode ser suicida. O sr. Cobain pode estar em [endereço de Caitlin Moore], local para compra de narcóticos". O relatório descrevia Kurt como "não perigoso" mas "armado com uma espingarda". Courtney pediu à polícia que verificasse a casa do lago Washington e os policiais passaram por lá várias vezes, mas não viram nenhum movimento. Courtney se encontrou novamente com Tom Grant na segunda-feira e lhe disse que procurasse alguns motéis que Kurt frequentava. Os detetives de Seattle verificaram esses locais, mas não localizaram Kurt.

Na segunda-feira à noite Cali saiu de casa, deixando Jessica sozinha no quarto dele. Por volta da meia-noite ela ouviu ruídos. "Ouvi passos no andar de cima e no corredor", lembra ela. "Eles estavam caminhando com um objetivo, entende, não na ponta dos pés, e por isso supus que fosse Kurt." No escuro do corredor ela gritou "oi", mas não ouviu nenhuma resposta e voltou para o quarto de Cali. Jessica e Cali haviam sido instruídos por Courtney de que, como "empregados", deveriam se limitar ao quarto de Cali. Cali só voltou depois das três da manhã, e ele e Jessica dormiram até tarde da manhã seguinte.

Na tarde da terça-feira, Courtney mandou Eric Erlandson do Hole ir até a casa do lago Washington procurar Kurt. "Ele invadiu a casa como um relâmpago, e estava furioso com Cali", lembra Jessica. "Vocês dois precisam me ajudar a procurar", ordenou ele. Erlandson lhes disse que procurassem em todo vão e fenda, porque Kurt havia escondido uma espingarda: ele insistiu especificamente que eles procurassem em um compartimento secreto da parte de trás do closet do quarto principal, que Courtney lhe dissera que Kurt usava. Eles encontraram o compartimento mas nenhuma arma. Examinaram também um colchão em busca de um buraco que Kurt havia feito nele para guardar drogas – estava vazio. Ninguém pensou em procurar na garagem ou na estufa, e Erlandson saiu apressado rumo à casa em Carnation.

Courtney estava agendada para dar uma entrevista por telefone a *The Rocket* na terça-feira pela manhã. Erlandson ligou para a revista e disse que a entrevista teria de ser adiada, tal como todas as outras entrevistas de Courtney para o resto da semana. Ela certamente não teria tempo: estava ao telefone a todo instante tentando encontrar alguém que tivesse visto Kurt depois de sábado. Ela acossou Dylan, pois ainda estava convencida de que ele estava escondendo algo, mas ele parecia tão intrigado com o paradeiro de Kurt quanto ela.

Na quarta-feira pela manhã, 6 de abril, Jessica Hopper chamou um táxi para levá-la para o aeroporto. Ela ainda se sentia doente: durante sua estada não havia nenhuma comida na casa dos Cobain além de bananas e refrigerantes, e fizera tanto frio que ela quase não saíra da cama de Cali. Enquanto caminhava pela longa entrada de carro até o táxi, ela vomitou.

Courtney continuava a ligar para a casa, mas suas ligações continuavam sem resposta. Na manhã da quarta-feira, ela disse a Grant que achava que Cali poderia estar escondendo Kurt. Grant voou até Seattle naquela noite, apanhou Dylan e foram juntos até o apartamento de Caitlin Moore, o Marco Polo, o Seattle Inn e o Crest, mas não encontraram nenhum sinal de Kurt. Às 2h15 da manhã de quinta-feira, vasculharam a casa do lago Washington, entrando por uma janela da cozinha. A temperatura do lado de fora havia caído para sete graus centígrados, mas lá dentro parecia estar ainda mais frio. Eles foram de quarto em quarto e encontraram a cama desfeita no quarto principal, mas fria ao toque. A televisão estava ligada na MTV, mas sem som. Não vendo nenhum sinal de Kurt, saíram às três da manhã, sem procurar nos pátios nem na garagem.

Na tarde de quinta-feira, Courtney conseguiu falar com Cali no apartamento de Jennifer Adamson – ele havia ficando lá porque tinha medo de ficar na casa dos Cobain. Courtney ficou furiosa e exigiu que ele voltasse para procurar Kurt. Cali e Jennifer foram juntos de carro, levando uma amiga, Bonnie Dillard, que queria ver onde moravam os famosos astros do rock. Estava começando a anoitecer quando eles chegaram e Cali se queixou do quanto a casa escura era fantasmagórica. Ele disse a Jennifer que não queria voltar lá para dentro, mas sabia que Courtney ficaria furiosa se não o fizesse.

Eles entraram e mais uma vez começaram a procurar, acendendo as luzes à medida que passavam. Cali e Jennifer davam-se as mãos ao entrar em cada um dos aposentos. "Francamente", lembra Jennifer, "a cada minuto esperávamos encontrá-lo morto." Embora a casa fosse ostensivamente o local de residência de Cali na época, ele saltava a cada rangido do assoalho, do modo como um personagem num filme de Vincent Price saltaria quando um morcego voasse de um campanário. Eles procuraram em todos os pisos, inclusive no sótão do terceiro andar.

Jennifer e Dillard insistiram com Cali para que fossem embora no instante em que tivessem inspecionado todos os aposentos. A noite estava caindo e a velha casa de frontões – que era sinistra mesmo num dia ensolarado – se encheu de longas sombras no crepúsculo. Cali hesitou para rabiscar um bilhete: "Kurt: eu não posso acreditar que você conseguiu estar nesta casa sem que eu notasse. Você é um grande imbecil por não ligar para Courtney e pelo menos informá-la de que está bem. Ela está sofrendo muito, Kurt, e esta manhã ela teve outro acidente e agora está novamente no hospital. Ela é sua esposa e o ama e vocês têm uma filha. Vê se dá um jeito de pelo menos dizer a ela que você está bem ou ela vai *morrer*. Isso não é justo, cara. Faça alguma coisa, já!". Ele deixou a mensagem na escada principal.

Foi com um grande suspiro de alívio que o trio entrou no carro e começou a se dirigir para a longa rampa de entrada, Cali e Jennifer na frente, Dillard atrás. Quando entravam no Lake Washington Boulevard e aceleravam rumo à cidade, Dillard mansamente se manifestou: "Vocês sabem, hã, eu odeio dizer isto, mas quando estávamos descendo a rampa da entrada, pensei ter visto algo acima da garagem". Jennifer trocou um olhar desesperado de terror com Cali. "Sei lá", continuou Dillard. "Eu só vi uma sombra lá em cima." "Por que você não disse nada?", retrucou Jennifer. "Ora, eu não sei", explicou Dillard. "Eu não pensei que fosse real." Jennifer sabia quanto Dillard era supersticiosa e manteve o carro no rumo da cidade. "Bem, para mim já chega", declarou Jennifer. "Eu não vou voltar."

Dois dias antes, nas horas que antecediam a alvorada de terça-feira, 5 de abril, Kurt Cobain havia despertado em sua cama, os travesseiros ainda com o cheiro do perfume de Courtney. Ele havia inalado pela primeira vez essa fragrância quando ela lhe enviara a caixa de seda e renda em forma de coração, apenas três anos antes: ele ficara cheirando a caixa durante horas, imaginando que ela a havia tocado com as partes íntimas de seu corpo. No quarto, naquela terça-feira, o aroma dela se misturou com o cheiro ligeiramente picante de heroína cozida – esse também era um cheiro que o despertava.

Fazia frio na casa, e por isso ele tinha dormido com as roupas do corpo, inclusive seu casaco de veludo marrom. Em comparação com as noites que ele havia passado dormindo ao relento em caixas de papelão, até que não estava tão ruim. Ele estava usando sua confortável camiseta "Half Japanese" (fazendo propaganda de uma banda punk de Baltimore), suas calças Levi's favoritas e, quando se sentou na beirada da cama, amarrou os cadarços do único par de calçados que possuía – um par de tênis Converse.

A televisão estava ligada, sintonizada na MTV, mas o som estava desligado. Ele caminhou até o aparelho de som e colocou para tocar o disco do R.E.M., *Automatic for the People*, reduzindo o volume para que a voz de Stipe soasse como um sussurro agradável ao fundo – mais tarde, Courtney encontraria o aparelho ainda ligado e este CV na bandeja. Ele acendeu um Camel Light e caiu de costas na cama com um bloco tamanho ofício apoiado em seu peito e uma caneta vermelha de ponta fina. O pedaço de papel em branco o deixou num breve transe, mas não devido a um bloqueio de escritor: ele havia imaginado essas palavras durante semanas, meses, anos, décadas. Ele parou apenas porque até uma folha tamanho ofício parecia muito pequena, muito finita.

Ele já havia escrito uma longa carta pessoal à sua esposa e filha, rapidamente rabiscada no papel enquanto estava no Exodus; ele havia trazido essa carta até Seattle e a havia enfiado sob um dos travesseiros impregnados de perfume. "Você sabe, eu amo você", escreveu ele naquela carta. "Eu amo Frances. Eu sinto muitíssimo. Por favor, não venha atrás de mim. Eu sinto muito, muito, muito." Ele havia escrito repetidamente "eu sinto muito", enchendo uma página inteira com esse pedido de perdão. "Eu estarei lá", continuou ele. "Eu protegerei você. Não sei para onde estou indo. Simplesmente não posso mais ficar aqui."

Tinha sido muito difícil escrever aquele bilhete, mas ele sabia que essa segunda carta seria igualmente importante e ele precisava ter cuidado com as palavras. Ele a endereçava "Para Boddah", o nome de seu amigo de infância imaginário. Ele usava caracteres minúsculos, deliberadamente, e escrevia em linha reta sem a ajuda de pautas. Ele compunha as palavras muito sistematicamente, certificando-se de que cada uma fosse clara e fácil de ler.

Enquanto escrevia, a iluminação da MTV fornecia a maior parte da luz, já que o sol ainda estava nascendo.

> Falando a língua de um simplório experiente que obviamente seria antes um queixoso castrado, infantil. Este bilhete deve ser muito fácil de entender. Todas as advertências feitas nas aulas de punk rock 101 ao longo dos anos, desde minha primeira introdução à, digamos assim, ética envolvida na independência e o abraçar de sua comunidade, se mostraram muito verdadeiras. Faz muitos anos agora que não sinto entusiasmo ao ouvir ou fazer música, bem como ao ler e escrever. Minha culpa por isso é indescritível em palavras. Por exemplo, quando estamos nos bastidores e as luzes se apagam e o rugido maníaco da multidão começa, isto não me afeta do modo como afetava Freddie Mercury, que parecia amar, saborear o amor e a adoração da multidão. Algo que eu totalmente admiro e invejo. O fato é que eu não posso enganar vocês, nenhum de vocês. Simplesmente não é justo para vocês nem para mim. O pior crime que eu posso imaginar seria enganar as pessoas, sendo falso e fingindo que estou me divertindo cem por cento. Às vezes sinto como se eu devesse marcar o cartão de ponto antes de sair para o palco. Eu tentei tudo que estava em meu poder para gostar disto, e eu gosto, Deus, acredite-me, eu gosto, mas não é o bastante. Me agrada o fato de que eu e nós influímos e distraímos muita gente. Devo ser um desses narcisistas que só gostam das coisas quando elas se acabam. Eu sou sensível demais. Preciso ficar ligeiramente entorpecido para recuperar o entusiasmo que eu tive uma vez quando criança. Em nossas últimas três excursões, tive uma avaliação muito melhor sobre todas as pessoas que conheço pessoalmente e como fãs de nossa música, mas ainda não consigo superar a frustração, a culpa e a empatia que sinto por todos. Existe o bom em todos nós e acho que simplesmente amo demais as pessoas. Tanto que isto me faz sentir também terrivelmente triste. O triste, sensível, insatisfeito, pisciano, pequeno homem de Jesus! Por que você simplesmente não aproveita? Eu não sei. Eu tenho uma esposa que é uma deusa, que transpira ambição e empatia e uma filha que me lembra demais de como eu costumava ser, cheia de amor e alegria, beijando cada pessoa que ela encontra porque todo mundo é bom e não vai fazer nenhum mal a ela. E isso me apavora a tal ponto que eu mal consigo funcionar. Não posso suportar a ideia de Frances se tornando o triste, o autodestrutivo e mórbido roqueiro que me tornei. Eu tive muito, muito mesmo, e sou grato por isso, mas desde os sete anos de idade passei a odiar todos os seres humanos em geral. Apenas porque parece tão fácil às pessoas conviver e sentir empatia. Empatia! Só porque eu amo e sinto demais por todas as pessoas, eu acho. Obrigado a todos do fundo do poço do meu nauseado e ardente estômago por suas cartas e preocupação nos últimos anos. Eu me pareço muito com um bebê errático e mal-humorado! Não tenho mais a paixão e, portanto, lembrem-se, é melhor queimar do que se apagar aos poucos.

Quando soltou a caneta, havia enchido a página inteira, exceto por cinco centímetros. Ele fumara três cigarros redigindo o bilhete. As palavras não tinham saído com facilidade e havia erros de grafia e sentenças pela metade.

Ele não tinha tempo para reescrever vinte vezes esta carta, como fazia com muitas das cartas de seus diários: estava ficando mais claro lá fora e ele precisava agir antes que o resto do mundo despertasse. Ele assinou o bilhete dizendo: "paz, amor, empatia. Kurt Cobain", preferindo grafar seu nome em letra de fôrma do que usar uma assinatura. Sublinhou com dois traços a palavra "empatia"; ele a empregara cinco vezes. Escreveu ainda mais uma linha – "Frances e Courtney, eu estarei em seu altar" – e enfiou o papel e a caneta no bolso esquerdo do casaco. No aparelho de som, Stipe estava cantando sobre o "Man on the Moon" ["Homem na Lua"]. Kurt sempre adorara Andy Kaufman – seus amigos rachavam de rir nos tempos do colégio em Montesano quando ele fazia a imitação de Latka em *Taxi*.

Ele se levantou da cama e entrou no closet, onde retirou uma tábua da parede. Neste cubículo secreto havia uma arma dentro de uma capa de náilon bege, uma caixa de cartuchos de espingarda e uma caixa de charutos Tom Moore. Ele repôs a tábua, enfiou os cartuchos no bolso, agarrou a caixa de charutos e aninhou a pesada espingarda sobre seu antebraço esquerdo. Em um closet do corredor, ele apanhou duas toalhas; ele não precisava delas, mas alguém precisaria. Empatia. Desceu silenciosamente os dezenove degraus da larga escadaria. Estava a cerca de um metro do quarto de Cali e não queria que ninguém o visse. Ele havia refletido sobre tudo isso, traçado um mapa com a mesma premeditação que dedicava às capas de seus discos e a seus vídeos. Haveria sangue, muito sangue e uma bagunça que ele não queria em sua casa. Principalmente, ele não queria assombrar este lar, deixar sua filha com o tipo de pesadelos com que ele havia sofrido.

Quando se dirigia para a cozinha, passou pela soleira da porta onde ele e Courtney haviam começado a acompanhar o quanto Frances havia crescido. Apenas uma linha estava ali agora, uma pequena marca de lápis com o nome dela a cerca de 79 centímetros acima do chão. Kurt nunca mais veria outras marcas mais altas naquela parede, mas estava convencido de que a vida de sua filha seria melhor sem ele.

Na cozinha, ele abriu a porta de sua geladeira Traulson de aço inoxidável de 10 mil dólares e apanhou uma lata de cerveja de raízes da Barq, tomando cuidado para não soltar a espingarda. Levando essa carga impensável – cerveja de raízes, toalhas, uma caixa de heroína e uma espingarda, tudo o que mais tarde seria encontrado num arranjo bizarro –, ele abriu a porta para o quintal e atravessou o pequeno pátio. A aurora estava rompendo e a neblina pairava próximo ao chão. A maioria das manhãs em Aberdeen eram exatamente assim: nevoentas, orvalhadas, úmidas. Ele jamais veria Aberdeen novamente; jamais escalaria efetivamente até o topo da caixa d'água no "Morro do Think of Me"; jamais compraria a fazenda que ele sonhava em Grays Harbor; jamais acordaria novamente numa sala de espera de hospital tendo fingido ser um visitante enlutado só para encontrar um lugar quente para dormir; jamais veria novamente sua mãe, ou irmã, ou pai, ou mulher, ou filha. Ele trilhou os vinte passos até a estufa, galgou os degraus de madeira e abriu o conjunto de portas francesas dos fundos. O piso era de linóleo: seria fácil de limpar. Empatia.

Ele se sentou no chão da estrutura de cômodo único, olhando para as portas da frente. Ninguém poderia vê-lo ali, a menos que estivesse trepado nas árvores atrás de sua propriedade, e isto não era provável. A última coisa que ele desejava era o tipo de cagada que poderia deixá-lo como um vegetal, e deixá-lo com mais dor ainda. Seus dois tios e bisavô haviam seguido essa mesma pavorosa trilha e se eles a haviam vencido, ele sabia que também conseguiria. Ele tinha os "genes de suicídio", como costumava dizer brincando com seus amigos em Grays Harbor. Não queria nunca mais ver o interior de um hospital novamente, não queria um médico de jaleco branco apalpando-o, não queria ter um endoscópio em seu estômago dolorido. Ele estava acabado para aquilo tudo, acabado para o seu estômago; ele não poderia estar mais acabado. Como um grande diretor de filmes, ele havia planejado este momento até os mínimos detalhes, ensaiando esta cena ao mesmo tempo como diretor e como ator. No curso dos anos, tinha havido muitos ensaios finais, passagens de raspão que quase seguiam este caminho, fosse por acidente ou, às vezes, por querer, como em Roma. Fora sempre isto que ele guardara vagamente em sua cabeça, como um unguento precioso, como a única cura para uma dor que não passaria. Ele não se importava com a libertação do desejo: ele desejava a libertação da dor.

Ficou sentado pensando nessas coisas por vários minutos. Fumou cinco Camel Light. Sorveu vários goles de sua cerveja de raízes.

Tirou o bilhete do bolso. Ainda havia um pequeno espaço nele. Ele o estendeu no chão de linóleo. Tinha de escrever em letras maiores, que não saíram tão perfeitas, por causa da superfície em que ele estava. Conseguiu rabiscar mais algumas palavras: "Por favor, vá em frente, Courtney, por Frances, pela vida dela que será muito mais feliz sem mim. Eu te amo. Eu te amo". Essas últimas palavras, escritas mais espaçadas do que todo o resto, haviam completado a folha. Depositou o bilhete no alto de um monte de terra para vasos e fincou a caneta no meio, para que, como uma estaca, segurasse o papel no alto, sobre a terra.

Tirou a espingarda da capa de náilon macia. Dobrou cuidadosamente a capa, como um garotinho separando suas melhores roupas de domingo depois da missa. Tirou a jaqueta, estendeu-a sobre a capa e colocou as duas toalhas no alto desse monte. Ah, empatia, um presente delicado. Ele foi até a pia e apanhou uma pequena quantidade de água para o seu fogareiro de droga e sentou-se novamente. Abriu a caixa com 25 cartuchos de espingarda e tirou três, enfiando-os na câmara da arma. Moveu o mecanismo da Remington para que um único cartucho estivesse na câmara. Retirou a trava de segurança da arma.

Fumou seu último Camel Light. Tomou mais um gole da Barq. Lá fora, estava começando um dia nublado – era um dia como aquele em que ele chegara a este mundo, 27 anos, um mês e dezesseis dias antes. Certa vez, em seu diário, ele havia tentado contar a história desse seu primeiro momento de vida: "Minha primeira lembrança era um ladrilho verde-água do piso e uma mão muito forte me segurando pelos tornozelos. Esta força deixou claro para mim que eu não estava mais na água e não podia voltar. Tentei chutar e me contorcer, de volta ao buraco, mas ele apenas me manteve ali, suspenso da vagina de minha mãe. Era como se ele estivesse me provocando e pude sentir o líquido e o sangue se evaporando e retesando minha pele. A realidade era o oxigênio me consumindo e o cheiro estéril de jamais voltar para o buraco, um terror que nunca mais se repetiria de novo. Saber disso era reconfortante e, por isso, comecei meu primeiro ritual de lidar com as coisas. Não chorei".

Ele agarrou a caixa de charutos e tirou um pequeno saco plástico que continha cem dólares de heroína preta mexicana – era um bocado de heroína. Ele pegou metade, um chumaço do tamanho de uma borracha de lápis e o colocou na colher. Sistemática e habilmente, preparou a heroína e a seringa, injetando-a logo acima do cotovelo, não muito longe de seu "K" tatuado. Devolveu os instrumentos para a caixa e se sentiu uma nuvem, rapidamente flutuando para longe deste lugar. O jainismo pregava que havia trinta céus e sete infernos, todos dispostos em camadas ao longo de nossas vidas; se ele tivesse sorte, este seria seu sétimo e último inferno. Afastou para o lado seus instrumentos, flutuando cada vez mais rápido, sentindo sua respiração se reduzir. Ele tinha de se apressar agora: tudo estava se tornando nebuloso e um matiz verde-água enquadrava cada objeto. Agarrou a pesada espingarda, encostou o cano contra o céu de sua boca. Faria barulho; ele tinha certeza disso. E então ele se foi.

Epílogo

Um além Leonard Cohen

Seattle, Washington,
abril de 1994-maio de 1999

Give me a Leonard Cohen afterworld, so I can sigh eternally.
[Deem-me um além Leonard Cohen para que eu possa suspirar eternamente.]
De "Pennyroyal Tea".

NA MANHÃ DE SEXTA-FEIRA, 8 de abril, o eletricista Gary Smith chegou ao número 171 do Lake Washington Boulevard. Smith e vários outros vinham trabalhando na casa desde quinta-feira, instalando um novo sistema de segurança. A polícia passara duas vezes por lá e pedira aos trabalhadores que a avisasse caso Kurt aparecesse. Às 8h40 da sexta-feira, Smith estava perto da estufa e olhou para dentro dela. "Eu vi um corpo estendido lá no chão", contou ele depois a um jornal. "Pensei que fosse um manequim. Depois notei que havia sangue na orelha direita. Vi uma espingarda estendida ao longo de seu peito, apontando para o seu queixo." Smith ligou para a polícia e, em seguida, para sua empresa. Um amigo do plantonista da empresa incumbiu-se de avisar a emissora de rádio KXRX. "Ei, caras, vocês vão ficar me devendo uns bons ingressos para o Pink Floyd por isso", disse ele ao DJ Marty Riemer. A polícia confirmou que o corpo de um jovem havia sido encontrado na casa dos Cobain e a KXRX divulgou a notícia. Embora a polícia ainda não o tivesse identificado, os primeiros boletins noticiosos especulavam que se tratava de Kurt. Após vinte minutos, a KXRX recebeu um telefonema choroso de Kim Cobain, que se identificou como irmã de Kurt, e perguntou, furiosa, por que eles estavam transmitindo um boato tão falacioso. Disseram a ela que ligasse para a polícia.

Kim ligou e, depois de ouvir a notícia, ligou para sua mãe. Um repórter do *Aberdeen Daily World* logo apareceu na porta da casa de Wendy. Sua declaração seria passada para a Associated Press e reproduzida no mundo inteiro: "Agora ele se foi e entrou para aquele clube estúpido. Eu disse a ele para que não entrasse para aquele clube estúpido". Ela estava se referindo à coincidência de que Jimi Hendrix, Janis Joplin, Jim Morrison e Kurt haviam morrido aos 27 anos de idade. Mas uma outra coisa que sua mãe havia dito não era noticiada em nenhum outro jornal – embora nenhum pai que tenha ouvido a notícia da morte de Kurt precisasse lê-la para saber da perda que ela sofrera. Ao final da entrevista, Wendy disse sobre seu único filho homem: "Eu nunca mais vou abraçá-lo novamente. Não sei o que fazer. Não sei para onde ir".

Don ficou sabendo da morte do filho pelo rádio – ele estava arrasado demais para conversar com repórteres. Leland e Iris souberam pela televisão. Iris teve de se deitar depois da notícia – ela não sabia se o seu coração debilitado poderia suportar aquilo.

Enquanto isso, em Los Angeles, Courtney havia se tornado paciente do Exodus, depois de ter se internado na quinta-feira à noite. Na mesma quinta-feira ela havia sido detida no hotel Peninsula depois que a polícia chegou ao seu "quarto sujo de vômito e sangue" e encontrou uma seringa, um bloco de receituário em branco e um pequeno pacote que eles acreditaram tratar-se de heroína (verificou-se que a substância eram cinzas de incenso hindu). Depois de ser libertada mediante uma fiança de 10 mil dólares, ela se registrou para um tratamento como paciente internada, desistindo da desintoxicação em hotel.

Na manhã da sexta-feira, Rosemary Carroll chegou ao Exodus. Quando Courtney viu a expressão no rosto de Rosemary, soube da notícia antes mesmo de ouvi-la. As duas mulheres finalmente se entreolharam durante vários minutos em total silêncio até que Courtney proferiu uma única pergunta: "Como?".

Courtney saiu de Los Angeles num Learjet com Frances, Rosemary, Eric Erlandson e a babá Jackie Farry. Quando chegaram à casa do lago Washington, ela estava cercada por equipes dos telejornais. Courtney imediatamente contratou guardas de segurança particular, que colocaram lonas sobre a estufa para que a mídia não ficasse espiando o que havia lá dentro. Antes que os toldos fossem armados, o fotógrafo Tom Reese do *Seattle Times* tirou algumas fotos da estufa através de um buraco no muro. "Eu achei que poderia não ser ele", lembra Reese, "pois podia ser qualquer um. Mas quando vi o tênis, eu soube." A foto de Reese, que saiu na primeira página do *Seattle Times* de sábado, mostrava o que se via pelas portas francesas, ou seja, metade do corpo de Kurt – sua perna direita, o tênis e seu punho cerrado junto a uma caixa de charutos.

Naquela tarde, o legista de King County emitiu uma declaração confirmando o que todos já sabiam: "A autópsia demonstrou que Cobain morreu de um ferimento de tiro de espingarda em sua cabeça e neste momento o ferimento parece ter sido autoinfligido". O dr. Nikolas Hartshorne fora quem realizara a autópsia – a tarefa foi particularmente comovente porque outrora ele havia promovido uma apresentação do Nirvana na faculdade. "Na época relatamos ferimento de tiro de espingarda 'aparentemente' autoinfligido porque ainda queríamos colocar todos os pingos nos is", lembra Hartshorne. "Não havia absolutamente nada que indicasse que se tratava de alguma coisa diferente de um suicídio." No entanto, devido à atenção da mídia e da celebridade de Kurt, a polícia de Seattle apenas concluiu a investigação depois de quarenta dias e passou mais de duzentas horas entrevistando os amigos e a família de Kurt.

Apesar de rumores em contrário, foi possível identificar o cadáver como sendo de Kurt, embora seu aspecto fosse macabro: as centenas de bolinhas de chumbo do cartucho de espingarda haviam expandido sua cabeça e o haviam desfigurado. A polícia retirou digitais do corpo e as impressões correspondiam àquelas já arquivadas no caso da prisão por violência doméstica.

Embora uma análise posterior da espingarda concluísse que "quatro fichas de impressões latentes levantadas não contêm nenhuma impressão legível", Hartshorne disse que as impressões na arma não eram legíveis porque esta teve de ser retirada à força da mão de Kurt depois que se instalara o *rigor mortis*. "Eu sei que suas impressões digitais estão lá, porque ele estava com a arma na mão", explica Hartshorne. Determinou-se que a data da morte foi o dia 5 de abril, embora possa ter sido 24 horas antes ou depois disso. Muito provavelmente, Kurt já estava morto na estufa enquanto várias buscas ocorriam no prédio principal da residência.

A autópsia encontrou traços de benzodiazepinas (tranquilizantes) e heroína no sangue de Kurt. O nível de heroína encontrado era tão alto que mesmo Kurt – famoso pela enorme quantidade que tomava – não poderia ter sobrevivido por muito mais tempo do que o que levou para disparar a arma. Ele havia lavrado um feito bastante notável, embora portasse semelhanças com os de seu tio Burle (tiros na cabeça e no abdome) e os de seu bisavô James Irving (que se esfaqueara no abdome e depois rasgara os pontos): Kurt conseguira se matar duas vezes, usando dois métodos igualmente fatais.

Courtney estava inconsolável. Insistiu para que a polícia lhe desse o casaco de veludo manchado de sangue de Kurt, que ela vestiu. Quando os policiais finalmente deixaram o local, e com apenas um guarda de segurança como testemunha, ela reconstituiu os últimos passos de Kurt, entrou na estufa – que ainda tinha de ser limpa – e mergulhou as mãos em seu sangue. No chão, ajoelhada, ela rezou, uivou e gemeu de dor, ergueu as mãos cobertas de sangue para o céu e gritou: "Por quê?". Ela encontrou um pequeno fragmento do crânio de Kurt com cabelo preso a ele. Ela lavou e passou xampu nesse horripilante suvenir. E depois começou a apagar sua dor com drogas.

Naquela noite, ela vestiu várias camadas de roupas de Kurt – elas ainda tinham o seu cheiro. Wendy chegou, e mãe e nora dormiram na mesma cama, agarrando-se uma à outra durante a noite.

No sábado, 9 de abril, Jeff Mason foi incumbido de levar Courtney até a agência funerária para ver o corpo de Kurt antes de ser cremado – ela já tinha solicitado que fossem feitos moldes de gesso de suas mãos. Grohl também foi convidado e declinou do convite, mas Krist compareceu, chegando antes de Courtney. Ele passou alguns momentos a sós com seu velho amigo e desatou a chorar. Quando ele saía, Courtney e Mason foram introduzidos na sala de inspeção. Kurt estava sobre uma mesa, vestido com suas roupas mais elegantes, mas seus olhos tinham sido costurados. Era a primeira vez em dez dias que Courtney viu o marido e foi a última vez que seus corpos físicos ficaram juntos. Ela acariciou seu rosto, falou com ele e cortou uma mecha de seus cabelos. Depois, baixou as calças dele e cortou uma mecha de seus pelos púbicos – seus adorados púbicos, os pelos que ele esperara por tanto tempo quando adolescente, de algum modo precisavam ser preservados. Finalmente, ela subiu em cima de seu corpo, abraçando-o com as pernas e recostou a cabeça em seu peito e lamentou: "Por quê? Por quê? Por quê?".

Naquele dia, os amigos tinham começado a chegar para confortar Courtney e muitos trouxeram drogas, que ela ingeria indiscriminadamente. Entre as drogas e seu pesar, ela estava uma calamidade. Os repórteres telefonavam a cada cinco minutos e, embora ela não estivesse muito em condições de falar, de vez em quando atendia às ligações para fazer perguntas, não para respondê-las: "*Por que* Kurt fez isso? *Onde* ele esteve na semana passada?". Como muitos amantes enlutados, ela se concentrava nos detalhes minúsculos para se desviar de sua perda. Ela passou duas horas ao telefone falando com Gene Stout, do *Seattle Post-Intelligencer*, ponderando essas cismas e declarando: "Eu sou durona e posso aguentar tudo. Mas não posso aguentar isso". A morte de Kurt ganhou a primeira página do *New York Times* e dezenas de repórteres de televisão e jornais desembarcaram em Seattle, tentando cobrir uma matéria em que poucas fontes falariam com a mídia. A maioria deles enviava artigos opinativos sobre o que Kurt significava para uma geração. O que mais se poderia dizer?

Era preciso organizar um funeral. Susan Silver da Soundgarden tomou a iniciativa e marcou um culto reservado em uma igreja e, simultaneamente, uma vigília pública à luz de velas no Seattle Center. Naquele fim de semana, uma lenta procissão de amigos chegou à casa do lago Washington – todos pareciam com neurose de guerra, tentando encontrar explicações para o inexplicável. Para aumentar o seu pesar havia o desconforto físico: na sexta-feira, quando Jeff Mason chegou, encontrou o tanque de óleo completamente seco. Para aquecer a enorme residência, ele começou a enviar limusines para comprar lenha da Safeway. "Eu estava quebrando cadeiras porque a lareira era o único meio de aquecer a casa", lembra ele. Courtney estava no quarto do casal no andar de cima, embrulhada em camadas de roupas de Kurt, gravando uma mensagem para ser apresentada na celebração pública.

Na tarde de domingo, a vigília pública foi realizada no Pavilhão da Bandeira do Seattle Center e 7 mil pessoas participaram, levando velas, flores, cartazes feitos em casa e algumas camisas de flanela em chamas. Um conselheiro de suicídio discursou e incentivou os jovens em dificuldades a pedirem ajuda, enquanto os DJs locais trocavam recordações. Uma mensagem curta de Krist foi divulgada:

> Lembramo-nos de Kurt pelo que ele foi: afetuoso, generoso e terno. Guardemos a música conosco. Nós a teremos para sempre. Kurt tinha uma moral em relação aos seus fãs que estava enraizada no seu modo punk rock de pensar: nenhuma banda é especial; nenhum músico é rei. Se você tem uma guitarra e muita emoção, apenas bata alguma coisa com força e com vontade – você é o superastro. Plugue os tons e ritmos que são universalmente humanos. Música. Que diabo, use sua guitarra como um tambor. Capte um canal legal e deixe-o fluir de seu coração. Era desse nível que Kurt falava conosco: em nossos corações. É aí que a música sempre estará, para sempre.

A fita de Courtney foi reproduzida em seguida. Ela a havia gravado tarde da noite anterior na cama do casal. Ela começava dizendo:

> Eu não sei o que dizer. Estou me sentindo do mesmo jeito que vocês. Caras, se vocês não sentirem isso para sentar-se neste quarto onde ele tocava guitarra e cantava, e não se sentirem honrados por estarem perto dele, você estão loucos. Seja como for, ele deixou um bilhete. Parece mais uma carta ao maldito editor. Eu não sei o que aconteceu. Quer dizer, isto ia acontecer, mas poderia ter acontecido quando ele tivesse quarenta anos. Ele sempre disse que iria sobreviver a todos e chegar aos 120 anos de idade. Eu não vou ler todo o bilhete para vocês, porque o resto não é da conta de nenhum de vocês. Mas parte do bilhete é para vocês. Eu realmente não acho que ler isto tire a dignidade dele, considerando que é dirigido à maioria de vocês. Ele é um tremendo imbecil. Eu quero que vocês digam "imbecil" bem alto.

A multidão gritou "imbecil". E então Courtney leu o bilhete de suicídio. No curso dos dez minutos seguintes, ela mesclou as palavras finais de Kurt com seus próprios comentários. Quando leu a parte em que Kurt mencionava Freddie Mercury, ela gritou: "Ora, Kurt, porra! E daí? Então não seja um astro do rock, seu imbecil". Onde ele escrevia sobre ter "amor demais", ela perguntou: "Então, por que você simplesmente não *ficou*?". E quando citou a passagem que dizia "o sensível, insatisfeito, pisciano, pequeno homem de Jesus", ela lastimou: "Cale a boca! Safado! Por que você simplesmente não aproveitou?". Embora ela estivesse lendo o bilhete para a multidão – e para a mídia –, ela falava como se Kurt fosse seu único ouvinte. Perto do final, antes de ler a frase de Neil Young citada por Kurt, ela advertiu: "E *não* se lembrem disso porque é uma mentira *sacana*: 'É melhor queimar do que se apagar aos poucos'. Meu Deus, você é um *imbecil!*". Ela terminou o bilhete e então acrescentou:

> Lembrem-se, isto é tudo besteira! Mas eu quero que vocês saibam de uma coisa: aquela asneira de "amor exigente" dos anos 1980 não funciona. Não é real. Não funciona. Eu deveria ter deixado, todos nós deveríamos ter deixado que ele se entorpecesse. Deveríamos ter deixado que ele tivesse aquilo que o fazia sentir-se melhor, que fazia seu estômago se sentir melhor, deveríamos ter deixado ele ter aquilo em vez de tentar arrancar-lhe a pele. Vão para casa e digam a seus pais: "Nem pensem em vir com essa asneira de amor exigente para cima de mim, porque essa porra não funciona". É o que eu penso. Estou me deitando em nossa cama e estou realmente triste, e me sinto do mesmo jeito que vocês se sentem. Eu realmente sinto muito, caras. Eu não sei o que eu poderia ter feito. Eu gostaria de poder ter estado aqui. Eu gostaria que eu não tivesse ouvido as outras pessoas. Mas eu ouvi. Tenho dormido toda noite com a mãe dele e acordo de manhã e acho que é ele porque os corpos deles são do mesmo tipo. Agora eu tenho que ir. Apenas digam a ele que ele é um sacana, está bem? Apenas digam, "*Sacana*, você é um *sacana*". E que eu o amo.

Enquanto a extraordinária fita de Courtney estava sendo reproduzida no Seattle Center, do outro lado da cidade, setenta pessoas se reuniam na Unity Church of Truth para a celebração reservada. "Não havia tempo para um programa ou convites", lembrou o reverendo Stephen Towles, que presidiu a cerimônia. A maioria dos presentes fora convidada por telefone na noite anterior. Vários dos amigos mais íntimos de Kurt – inclusive Jesse Reed – foram esquecidos ou não conseguiram chegar a tempo por terem sido avisados muito em cima da hora. A multidão incluiu um contingente da Gold Mountain e carradas de amigos de Olympia. Bob Hunter, o velho professor de arte de Kurt, era um dos poucos de Aberdeen. Mesmo a ex-namorada de Kurt, Mary Lou Lord, compareceu e se sentou nos fundos da igreja. Courtney e Frances estavam na frente, ladeadas por Wendy e Kim; as mulheres Cobain pareciam ser a única coisa que impedia Courtney de desmontar. Don e Jenny e Leland estavam presentes; Iris estava muito doente. Tracy Marander estava lá e com certeza tão desolada quanto a família – ela havia sido tão íntima de Kurt quanto seus parentes sanguíneos.

Dentro da igreja, os pranteadores encontraram fotos de Kurt aos seis anos de idade, expostas nos bancos. O reverendo começou com o Salmo 23 e então disse: "Como um vento que chora pelo universo, o tempo leva consigo os nomes e feitos dos conquistadores e dos cidadãos comuns. E tudo aquilo que fomos e tudo que permanece, está nas memórias daqueles que se importaram por que passamos por esse caminho, mas apenas por um breve momento. Estamos aqui para lembrar e libertar Kurt Cobain, que viveu uma vida curta, mas que foi longa em realizações". Towles recitou a história do Buda Dourado, que passou anos escondido sob uma camada de barro antes de seu verdadeiro valor ser conhecido e concluiu com um poema intitulado "O Viajante". Depois, pediu à plateia para considerar uma série de perguntas, destinadas a fazê-los pensar sobre Kurt. Ele perguntou: "Havia assuntos inacabados entre vocês?". Se Towles tivesse pedido para que levantassem as mãos em resposta, a sala estaria cheia de braços erguidos.

Em seguida, Towles pediu que se aproximassem e compartilhassem suas recordações. Bruce Pavitt da Sub Pop falou primeiro e disse: "Eu o amo, eu o respeito. É claro que estou alguns dias atrasado para expressar isto". Dylan Carlson leu um texto budista. Krist leu anotações preparadas, semelhantes à sua mensagem gravada.

Danny Goldberg falou das contradições em Kurt, de como ele dizia que odiava a fama e, no entanto, se queixava quando seus vídeos não eram exibidos. Goldberg disse que o amor de Kurt por Courtney "foi uma das coisas que o mantiveram seguindo", apesar de sua constante depressão. E Goldberg falou de Aberdeen, embora na perspectiva de um nova-iorquino: "Kurt veio de uma cidade da qual ninguém ainda tinha ouvido falar e seguiu em frente para mudar o mundo".

E então Courtney se levantou e leu o bilhete de suicídio que estava em suas mãos. Ela bradou, chorou, lamentou e mesclou o bilhete de Kurt com trechos bíblicos do Livro de Jó. Encerrou falando de Boddah e de como esse amigo imaginário era importante para Kurt. Quase ninguém no salão sabia de quem ela estava falando, mas a menção do amigo imaginário da infância de Kurt foi o bastante para fazer Wendy, Don, Kim, Jenny e Leland soluçarem em silêncio. O reverendo Towles encerrou a cerimônia com uma leitura de Mateus 5:43.

Quando o culto terminou, as velhas rixas voltaram. Mary Lou Lord saiu, receando por sua vida. Don e Wendy mal se falaram. E um dos amigos de Kurt de Olympia ficou tão ofendido pelos comentários de Danny Goldberg que, no dia seguinte, fez circular uma paródia por meio de fax. Mas em parte alguma a divisão foi mais evidente do que na programação de duas vigílias em competição depois do culto. Uma delas foi realizada por Krist e Shelli e a outra por Courtney, e só uns poucos enlutados compareceram a ambas. Courtney se atrasou para a vigília em sua casa, já que depois da cerimônia ela se aventurara até a vigília à luz de velas. Lá ela distribuiu algumas roupas de Kurt para fãs que ficaram surpresos ao vê-la agarrada ao bilhete de suicídio. "Foi incrível", lembrou o segurança James Kirk. "Ele não estava num envelope de plástico, nem nada. Ela o mostrava aos garotos e dizia, 'Eu sinto muito'." No caminho de volta para casa, Courtney parou na emissora de rádio KNDD e exigiu tempo no ar. "Eu quero entrar no ar e mandá-los parar de tocar Billy Corgan e só tocarem Kurt", anunciou ela. A emissora educadamente a mandou embora.

Uma semana depois, Courtney recebeu a urna com as cinzas de Kurt. Ela pegou um punhado e o enterrou sob um salgueiro na frente da casa. Em maio, colocou o resto em uma mochila de ursinho e viajou até o mosteiro budista Namgyal, perto de Ítaca, estado de Nova York, onde procurou consagração para as cinzas e absolvição para si mesma. Os monges abençoaram os restos e usaram um punhado para fazer uma escultura comemorativa *tsatsa*.

A maior parte dos restos mortais de Kurt ficou depositada em uma urna no endereço do Lake Washington Boulevard, 171, até 1997, quando Courtney vendeu a casa. Ela se mudou para Beverly Hills com Frances e a urna de Kurt. Antes de vender a casa, ela insistiu em um acordo que lhe permite voltar um dia e remover o salgueiro.

Cinco anos depois do suicídio de Kurt, no dia 31 de maio de 1999, o Memorial Day, Wendy organizou um culto final para seu filho. O plano era que Frances espalharia as cinzas de Kurt em um riacho atrás da casa de Wendy enquanto um monge budista recitaria uma oração. Naquela semana, Courtney e Frances já estavam de férias no noroeste. Depois da morte de Kurt, Courtney se tornara íntima de Wendy e havia comprado para ela uma casa de 400 mil dólares, com um grande terreno, nos arredores de Olympia. Era nos fundos dessa casa que se planejava celebrar o culto e um punhado de parentes e amigos haviam sido convidados. Embora Wendy não convidasse pessoalmente Don, os empresários de Courtney o convidaram e ele compareceu. Mas algumas rixas de família ainda continuavam: Leland, que estava a apenas meia hora de distância – e passava a maioria de seus dias sozinho em seu trailer depois que Iris morreu em 1997 –, não foi chamado. Courtney convidou Tracy Marander e ela compareceu, desejando dar um último adeus a Kurt. Quando Tracy chegou e viu Frances, ficou confusa com a beleza da menina – descalça, usando um vestido púrpura, os olhos marcadamente parecidos com os de um menino que ela outrora amara. Esse era um pensamento que ocorreria a Courtney todos os dias de sua vida.

No curso dos anos após a morte de Kurt, muitos haviam sugerido que fosse erguido um memorial em Aberdeen, e o lugar em que ele nasceu também poderia ter servido como um local apropriado para espalhar suas cinzas. Espalhar Kurt debaixo de sua ponte mitificadora teria sido uma espécie de justiça cruel e ironia literal – pela primeira vez, ele dormiria lá.

Mas, em lugar disso, enquanto o monge entoava as orações, Frances Bean Cobain, com seis anos de idade, espalhou as cinzas do pai no riacho McLane – elas se dissolveram e flutuaram na corrente. Em diversos sentidos, este era, também, um local adequado para o descanso. Kurt havia encontrado sua verdadeira musa artística em Olympia e, menos de oito quilômetros adiante, ele se sentava num apartamento insignificante, que cheirava a mijo de coelho, e compunha canções o dia inteiro. Essas canções sobreviveriam a Kurt e até a seus demônios mais tenebrosos. Como certa vez observou seu pai adotivo temporário Dave Reed, numa das melhores sínteses já feitas sobre a vida de Kurt: "Ele tinha o desespero, não a coragem, para ser ele mesmo. Uma vez que você tem isso, você não pode dar errado, porque você não pode cometer nenhum erro quando as pessoas o amam por você ser você mesmo. Mas, para Kurt, não importava que as outras pessoas o amassem; ele simplesmente não se amava o bastante".

Havia ainda outra peça maior do destino, e uma gema de história antiga que vinculava esse pedaço particular de água e terra e ar a esses restos mortais; logo acima do morro, a cerca de quinze quilômetros dali, na nascente do riacho McLane e de todos os córregos da área, estava a pequena cadeia de montanhas de Washington conhecida como as Black Hills. Era lá que, anos antes, uma jovem família ia andar de trenó depois da primeira onda de frio. O Camaro da família ia pela estrada de duas faixas, passava pela minúscula cidade madeireira de Porter, subia uma pequena colina engraçada chamada Fuzzy Top Mountain. No carro estava mamãe, papai, uma filha bebê e um garotinho de seis anos, com os mesmos olhos azuis etéreos de Frances Cobain. Não havia nada no mundo que o garoto gostasse mais do que andar de trenó com sua família e, durante o trajeto desde Aberdeen, ele implorava ao pai que dirigisse mais depressa porque não conseguia aguentar a espera. Quando o Camaro chegava a uma parada perto do cume da Fuzzy Top, o menino saía correndo, agarrava seu trenó Flexible Flyer, ocupava um ponto de partida para descer a montanha e disparava como se o seu voo por si só pudesse de algum modo parar o tempo. No pé da colina, ele acenaria com a mão enluvada para sua família e um sorriso largo e morno lhe assomaria ao rosto, os olhos azuis brilhando ao sol de inverno.

Notas sobre as fontes

Escrever este livro acarretou a realização de mais de quatrocentas entrevistas ao longo de quatro anos. A maioria das sessões de entrevista foi realizada pessoalmente e com gravador, embora algumas fossem feitas por telefone ou por e-mail, e ainda uma porção delas através de vidros protetores de presídios. Para evitar cinquenta páginas de notas de rodapé dizendo "de uma entrevista concedida ao autor", cada capítulo começa com uma lista de meus entrevistados pela ordem em que são citados no texto para aquela seção específica. A maioria de meus entrevistados é citada no texto: muitas outras fontes forneceram pano de fundo e seus nomes não aparecem no livro, mas, apesar disso, sua ajuda e memórias foram essenciais na montagem desta história. A primeira vez que um entrevistado é relacionado, o ano de minha entrevista encontra-se anotado. Além das muitas pessoas listadas aqui, muitos colegas me ajudaram fornecendo recursos ou apoio. Espero ter incluído todos na seção seguinte, os *Agradecimentos*.

Prólogo. Mais pesado que o céu

Página 14 – "Eu acordei às sete horas da manhã": um e-mail de Courtney Love a Charles R. Cross, 1999.

Página 16 – "Não era que ele tinha tomado overdose": Ibid.

Capítulo 1: Gritando alto no começo

Entrevistas concedidas ao autor por Don Cobain, 1999; Mari (Fradenburg) Earl, 1998, 1999, 2000; Rod e Dres Herling, 1999; Brandon Ford, 2000; Tony Hirschman, 1999; Leland Cobain, 1998, 1999, 2000; Shirley De-Renzo, 1999; Colleen Vekich, 1999; Dorothy Vekich, 1999; Michael Vilt, 1999; James Ultican, 1999; Norma Ultican, 1999; Kendall Williams, 1999; e Kim Cobain, 2000. Hilary Richrod da Biblioteca Aberdeen Timberland e Leland Cobain forneceram antecedentes essenciais sobre a história de Grays Harbor e sou grato a ambos por sua prolongada assistência.

Capítulo 2: Odeio mamãe, odeio papai

Entrevistas concedidas ao autor por Don Cobain; Leland Cobain; Kim Cobain; Gary Cobain, 1999; Mari Earl; Stan Targus, 1999; Steve Shillinger, 1999; Jenny Cobain, 1999; Lisa Rock, 1999; Darrin Neathery, 1999; Courtney Love, 1998, 1999, 2000, 2001; John Fields, 1999; Roni Toyra, 1998; John Briskow, 1999; Lois Stopsen, 2000; Rod Marsh, 2001; Miro Jungum, 1998; e James Westby, 2000.

Página 32 – "Tive uma infância realmente boa": "Family Values", Jonathan Poneman, *Spin*, dezembro de 1992.

Página 39 – Iris Cobain certa vez descreveu 1976: Christopher Sandford, *Kurt Cobain* (Carroll & Graf, 1996), página 30.

Capítulo 3: Almôndega do mês

Entrevistas concedidas ao autor por Don Cobain; Tim Nelson, 1999; Bill Burghardt, 1999; Leland Cobain; Rod Marsh; Roni Toyra; Jenny Cobain; Kim Cobain; John Fields; James Westby; Mike Bartlett, 1999; Scott Cokely, 1999; Teri Zillyett, 1999; Beverly Cobain, 1999; Trevor Briggs, 1999; Mari Earl; e Jim Cobain, 1998.

Página 46 – O artigo tinha como cabeçalho: *Puppy Press*, cortesia de Scott Cokely.

Página 48 – [...] o trabalho de Kurt era "sempre muito bom": Entrevista dada por Nikki Clark a Hilary Richrod, 1998.

Página 52 – Fields não foi o único amigo de Kurt: Bill Burghardt, Mike Bartlett, Rod Marsh, Trevor Briggs, Darrin Neathery e outros contam casos parecidos.

Página 55 – Conforme Kurt mais tarde o descreveu: Michael Azerrad, *Come As You Are: The Story of Nirvana* (Doubleday, 1993), página 21.

Capítulo 4: O salsicheiro de Prairie Belt

Entrevistas concedidas ao autor por Don Cobain; Leland Cobain; Jim Cobain; Warren Mason, 1999; Dan McKinstry, 1999; Rick Gates, 1999; Bob Hunter, 1999; Theresa Van Camp, 1999; Mike Medak, 1999; John Fields; Kathy Utter, 2000; Shayne Lester, 2000; Mike Bartlett;

Trevor Briggs; Mari Earl; Darrin Neathery; Brendan McCarroll, 1999; Kevin Hottinger, 1999; Evan Archie, 2000; Buzz Osborne, 1999; Bill Burghardt; Steve Shillinger; Andrea Vance, 1999; Jackie Hagara, 1999; Jesse Reed, 1999, 2000; Kurt Vanderhoof, 1998; Greg Hokanson, 1999; e Kim Cobain.

Capítulo 5: A vontade do instinto

Entrevistas concedidas ao autor por Jackie Hagara; Buzz Osborne; Krist Novoselic, 1997, 1998, 1999; Kim Cobain; Greg Hokanson; Paul White, 1999; Justine Howland, 1999; Jenny Cobain; James Westby; Beverly Cobain; Don Cobain; Jesse Reed; Dave Reed, 1999; Ethel Reed, 1999; Det. John Green, 2000; Det. Mike Haymon, 2000; Shee-la Wieland, 2000; Bob Hunter; Theresa Ziniewicz, 1999; Mike Poitras, 1999; Stan Forman, 1999; Kevin Shillinger, 1999; Det. Michael Bens, 2000; Trevor Briggs; Lamont Shillinger, 1999; Steve Shillinger; Mari Earl; Shelli Novoselic, 2000; e Hilary Richrod, 1998, 1999, 2000.

Capítulo 6: Não o amava bastante

Entrevistas concedidas ao autor por Kim Cobain; Matt Lukin, 1998; Jesse Reed; Shelli Novoselic; Tracy Marander, 1998, 1999, 2000; Steve Shillinger; Kurt Flansburg, 1999; Mark Eckert, 1999; Krist Novoselic; Ryan Aigner, 1999; Aaron Burckhard, 1999; e Dylan Carlson, 1996, 1998, 1999, 2000.

Capítulo 7: Um pastelão na minha braguilha

Entrevistas concedidas ao autor por Kim Cobain; Krist Novoselic; Shelli Novoselic; Aaron Burckhard; Tracy Marander; Jeff Franks, 1999; Michelle Franks, 1999; Vail Stephens, 1999; Kim Maden, 1999; e Tony Poukkula, 1999. Agradecimentos especiais a Jeff Franks por sua assistência de pesquisa.

Capítulo 8: No colégio, de novo

Entrevistas concedidas ao autor por Tracy Marander; Steve Lemons, 2000; Slim Moon, 1998, 1999; Jim May, 1999; John Purkey, 1999; Krist Novoselic; Ryan Aigner; Krissy Proctor, 1999; Buzz Osborne; Jack Endino, 1997, 1999; Chris Hanszek, 1998; Dave Foster, 2000; Kim Cobain; Bob Whittaker, 1999; Bradley Sweek, 1999; Argon Steel, 1999; Win Vidor, 1998; Costos Delyanis, 1999; Dawn Anderson, 1999; Shirley Carlson, 1998; Veronika Kalmar, 1999;

Greg Ginn, 1998; Jason Finn, 1998; Scott Giampino, 1998; Kurt Danielson, 1999; e Rich Hansen, 1999.

Página 120 – "PROCURA-SE BATERISTA SÉRIO": *The Rocket*, outubro de 1987.

Página 127 – "The Seattle Scene is gearing up": artigo de Bruce Pavitt, *The Rocket*, dezembro de 1987.

CAPÍTULO 9: SERES HUMANOS DEMAIS

Entrevistas concedidas ao autor por Tracy Marander; Steve Shillinger; Krist Novoselic; Dave Foster; Chad Charming, 1997; Gilly Hanner, 1998; Ryan Aigner; Jan Gregor, 2000; Debbie Letterman, 1997; Chris Knab, 1998; Jack Endino; Alice Wheeler, 1997, 1999, 2000; Dawn Anderson; King Coffey, 2000; Slim Moon; John Purkey; Daniel House, 1997; Tam Orhmund, 1999; Damon Romero, 1998; Hilary Richrod; e Kim Cobain.

Página 139 – "Eu assisti a centenas de ensaios dos Melvins": "It May Be the Devil", Dawn Anderson, *Backlash*, setembro de 1988.

Página 144 – "O Nirvana se situa como que à margem": Grant Alden, *The Rocket*, dezembro de 1988.

CAPÍTULO 10: ILEGAL PARA O ROCK AND ROLL

Entrevistas concedidas ao autor por Tracy Marander; Amy Moon, 1999; Krist Novoselic; Dylan Carlson; Joe Preston, 1999; Jason Everman, 1999; Rob Kader, 1998; Chad Charming; John Robinson, 1998; J. J. Gonson, 1998; Sluggo, 1999; Michelle Vlasimsky, 1999; Slim Moon; Steve Fisk, 1999; Mark Pickerel, 1999; e Kelly Canary, 1997.

Página 158 – "a última onda do rock": "Hair Swinging Neanderthals", Phil West, *The Daily*, 5 de maio de 1989.

Página 160 – "Estamos falando de quatro sujeitos": "Sub Pop", Everett True, *Melody Maker*, 18 de março de 1989.

Página 160 – "O Nirvana derrapa de uma extremidade": Gillian Gaar, *The Rocket*, julho de 1989.

Página 162 – "Acho que cheguei ao fim do que eu tinha a fazer": "Nirvana", Al the Big Cheese, *Flipside*, junho de 1989.

Página 169 – Bob Dylan classificou "Polly": Chuck Crisafulli, *Teen Spirit* (Fireside, 1996), página 45.

Capítulo 11: Doces, cachorrinhos, amor

Entrevistas concedidas ao autor por Tracy Marander; Kurt Danielson; Chad Channing; Alex MacLeod, 1999; Nikki McClure, 1999; Garth Reeves, 1998; Mark Arm, 1998; Carrie Montgomery, 2000; Steve Turner, 1998; Matt Lukin; Krist Novoselic; Pleasant Gehman, 1997; Jennifer Finch, 1999; Jesse Reed; Slim Moon, Damon Romero; Stuart Hallerman, 2000; Jon Snyder, 1998; Alex Kostelnik, 1998; Maria Braganza, 1998; Greg Babior, 1998; Sluggo; e J. J. Gonson.

Página 175 – "Eu acho que temos sido rotulados": "Berlin Is Just a State of Mind", Nils Bernstein, *The Rocket*, dezembro de 1989.

Página 179 – [...] até propusera o termo "grunge": Mark Arm, *Desperate Times*.

Página 183 – [...] gravaram oito músicas: Charles R. Cross e Jim Berkenstadt, *Nevermind: Nirvana* (Schirmer Books, 1998), página 32.

Capítulo 12: Te amo tanto

Entrevistas concedidas ao autor por Tracy Marander; Dylan Carlson; Slim Moon; Alice Wheeler; John Goodmanson, 1998; Tam Orhmund; George Smith, 1999; Krist Novoselic; Susan Silver, 2000; Don Muller, 1998; Alan Mintz, 2000; Brett Hartman, 1998; Kim Cobain; Sally Barry, 1999; Paul Atkinson, 1998; Kevin Kennedy, 2000; Bettina Richards, 1999; Alex Kostelnik; Gordon Raphael, 1999; Ken Goes, 1998; Angee Jenkins, 1999; Nikki McClure; Jennifer Finch; Ian Dickson, 1999; e Mikey Nelson, 1998.
Página 193 – "Provavelmente é a canção mais direta": "Heaven Can't Wait", Everett True, *Melody Maker*, 15 de dezembro de 1990.

Página 201 – "parte das minhas experiências pessoais": "The Year's Hottest New Band Can't Stand Still", Chris Morris, *Musician*, janeiro de 1992.

Capítulo 13: A biblioteca Richard Nixon

Entrevistas concedidas ao autor por Jesse Reed; Krist Novoselic; Dylan Carlson; Tracy Marander; Kaz Utsunomiya, 1999; Mikey Nelson; Joe Preston; Nikki McClure; Lisa Fancher, 1997; Damon Stewart, 1997; Susan Silver; Kim Thayil, 1997; Jeff Fenster, 1997; Alan Mintz;

Dave Downey, 1999; John Purkey; Kathy Hughes, 1999; Craig Montgomery, 1999; Don Cobain; Michael Vilt; Lou Ziniewicz-Fisher, 2000; Susie Tennant, 1997; Bob Whittaker; Shivaun O'Brien, 1996; e Barrett Jones, 2000.

Página 214 – "Havia grafites": Cross e Berkenstadt, *Nevermind: Nirvana*, página 58.

Capítulo 14: Queimar bandeiras americanas

Entrevistas concedidas ao autor por Krist Novoselic; Ian Dickson; Danny Goldberg, 2000; Michael Lavine, 1997; Carrie Montgomery; Courtney Love; Dylan Carlson; Slim Moon; John Troutman, 1997; John Rosenfelder, 2000; Mark Kates, 1999; John Gannon, 1999; Dave Markey, 1999; e Alex MacLeod.

Página 219 – "Achei-a parecida com Nancy Spungen": Azerrad, *Come As You Are*, página 169.

Página 222 – "Uniformemente", lembra Wallace: Cross e Berkenstadt, *Nevermind: Nirvana*, página 97.

Página 230 – "O período mais excitante para uma banda": Azerrad, *Come As You Are*, página 187.

Capítulo 15: Toda vez que eu engolia

Entrevistas concedidas ao autor por Krist Novoselic; Lisa Glatfelter-Bell, 1997; Patrick MacDonald, 1997; Susie Tennant; Jeff Ross, 1997; Bill Reid, 1997; Robert Roth, 1998; Jeff Gilbert, 1998; Kim Warnick, 1998; Jamie Brown, 1997; Scott Cokely; Mary Lou Lord, 1998; Mark Kates; Courtney Love; Marco Collins, 1997; Amy Finnerty, 1999; Peter Davis, 1999; Lori Weinstein, 1998; Rai Sandow, 1998; Tim Devon, 1998; Ashleigh Rafflower, 1999; Craig Montgomery; Carrie Montgomery; Danny Goldberg; Alison Hamamura, 1999; Jim Fouratt, 2000; Jeff Liles, 1999; Gigi Lee, 2000; Darrell Westmoreland, 1997; Kim Cobain; e Steve Shillinger.

Página 249 – A revista *The Rocket* comentou: Charles R. Cross, *The Rocket*, novembro de 1991.

Capítulo 16: Escove seus dentes

Entrevistas concedidas ao autor por Courtney Love; Krist Novoselic; Mary Lou Lord; Alex MacLeod; Carolyn Rue, 1988; Came Montgomery; Ian Dickson; Nikki McClure; Jerry

McCully, 1997; Bill Holdship, 1997; Jeremy Wilson, 1998; Rob Kader; Amy Finnerty; Danny Goldberg; Bob Zimmerman, 1998; Michael Lavine; Mark Kates; e Kurt St. Thomas, 1999.

Página 250 – "Foi quando começamos realmente a nos apaixonar": Azerrad, *Come As You Are*, página 205.

Página 256 – "Esta carta é dirigida mais": *Aberdeen Daily World*, 11 de novembro de 1991.

Página 258 – "Eles eram como clones, colados": "The Power of Love", Dana Kennedy, *Entertainment Weekly*, 12 de agosto de 1994.

Página 259 – "de vez em quando apagava no meio das frases": "Spontaneous Combustion", Jerry McCully, *BAM*, 10 de janeiro de 1992.

Página 259 – "Vou me casar": Ibid.

Página 266 – "Minha atitude mudou drasticamente": "Ain't Love Grand", Christina Kelly, *Sassy*, abril de 1992.

Página 266 – "Eu só quero estar bem situado e seguro": Ibid.

Capítulo 17: Um monstrinho interior

Entrevistas concedidas ao autor por Rosemary Carroll, 2000; Courtney Love; Danny Goldberg; John Gannon; Kim Cobain; Kaz Utsunomiya; Naoko Yamano, 1998; Michie Nakatani, 1998; Atsuko Yamano, 1998; Dylan Carlson; Krist Novoselic; Shelli Novoselic; Barrett Jones; Craig Montgomery; Jennifer Finch; Carolyn Rue; Bob Timmins, 2000; Buddy Arnold, 2000; Sean Tessier, 1998; Tim Appelo, 1998; Mari Earl; Michael Azerrad, 2000; Jackie Farry, 2001; Robert Cruger, 2000; Alan Mintz; Jesse Reed; Alex MacLeod; e Anton Brookes, 2000.

Página 268 – "Sabíamos que realmente não era o melhor": Azerrad, *Come As You Are*, página 245.

Página 271 – "Minha fama. Ha! Ha! É uma arma": Poppy Z. Brite, *Courtney Love, the Real Story* (Simon & Schuster, 1997), página 131.

Página 271 – "não estava muito alto. Eu só tomei um pouquinho": Azerrad, *Come As You Are*, página 251.

Página 272 – "se eu parasse na época, acabaria tomando de novo": Ibid., página 255.

Página 279 – "Eu nem sequer bebo mais": "Inside the Heart and Mind of Kurt Cobain", Michael Azerrad, *Rolling Stone*, 16 de março de 1992.

Página 280 – "O comportamento retraído [do Nirvana] reacendeu": Steve Hochman, *Los Angeles Times*, 17 de maio de 1992.

Página 283 – "do anonimato para o estrelato e pôr tudo a perder": "Love Will Tear Us Apart", Keith Cameron, *NME*, 29 de agosto de 1992.

Capítulo 18: Água de rosas, cheiro de fralda

Entrevistas concedidas ao autor por Rosemary Carroll; Courtney Love; Danny Goldberg; Kim Cobain; Neal Hersh, 2000; Anton Brookes; J. J. Gonson; Jackie Farry; Krist Novoselic; Alex MacLeod; Craig Montgomery; Buddy Arnold; Marc Fremont; Amy Finnerty; e Duff McKagan, 2000.

Página 287 – "Saia já desta cama": Azerrad, *Come As You Are*, página 269.

Página 287 – "Eu estava tendo o bebê": Ibid.

Página 287 – "Eu estava apavorado pra cacete": Ibid.

Página 287 – "Eu segurei aquela coisa em minha mão": "Life After Death", David Fricke, *Rolling Stone*, 15 de dezembro de 1994.

Página 288 – "Ele quase morreu": Ibid.

Página 301 – "Eu não quero que minha filha": "Nirvana's Kurt Cobain", Robert Hilburn, *Los Angeles Times*, 21 de setembro de 1992.

Página 302 – "Pode ser que não façamos mais nenhuma excursão longa": Ibid.

Capítulo 19: Esse divórcio homérico

Entrevistas concedidas ao autor por Alex MacLeod; Kim Cobain; Anthony Rhodes, 1999; Mikey Nelson; Don Cobain; Courtney Love; Jeff Mason, 2000; Krist Novoselic; Jim Crotty, 1998; Michael Lane, 1998; Victoria Clarke, 1998; Jackie Farry; Danny Goldberg; Mar' Earl; Neal Hersh; Rosemary Carroll; Jesse Reed; Karen Mason-Blair, 1998; Inger Lorre, 1999; Buddy Arnold; Jack Endino; Michael Azerrad; Charlie Hoselton, 1998; Greg Sage, 1999; Jeff Holmes, 1997; Tim Silbaugh, 1998; Jamie Crunchbird, 1999; Earnie Bailey, 1998; Danny Mangold e Barrett Jones.

Página 306 – "Eles me perseguiram até o Castelo": Jim Crotty, *Monk* nº 14, January 1993.

Página 308 – "Se algum dia eu me vir pobre": Azerrad, *Come As You Are*, página 287.

Página 310 – "O conceito todo de que o homem": "Love in the Afternoon", Gillian Gaar, *The Rocket*, novembro de 1992.

Página 310 – "Sabíamos que poderíamos dar": Poneman, *Spin*, dezembro de 1992.

Página 312 – "É simplesmente espantoso que neste momento": "The Dark Side of Kurt Cobain", Kevin Allman, *The Advocate*, 9 de fevereiro de 1993.

Página 316 – "dos quais 380 mil foram para impostos": Ibid.

Capítulo 20: Caixão em forma de coração

Entrevistas concedidas ao autor por Krist Novoselic; Alex MacLeod; Courtney Love; Pat Whalen, 1999; Neal Hersh; Jackie Farry; Rosemary Carroll; Ingrid Bernstein, 1998; Kim Cobain; Dylan Carlson; Jessica Hopper, 1998, 1999; Nils Bernstein, 1999; Pare Bernstein, 1999; Neal Karlen, 1998; e Michelle Underwood, 1997.

Página 326 – "Geffen e a administração do Nirvana": Greg Kot, *Chicago Tribune*, abril de 1993.

Página 327 – "sintomas associados a uma overdose": Esta e todas as anotações policiais seguintes são de relatórios oficiais do Departamento de Polícia de Seattle.

Página 332 – "um dervixe rodopiante de emoção": "Heaven Can Wait", Gavin Edwards, *Details*, novembro de 1993.

Página 335 – "Se Freud pudesse ouvir isto, molharia as calças": "Domicile on Cobain St"., Brian Willis, *NME*, 24 de julho de 1993.

Capítulo 21: Uma razão para sorrir

Entrevistas concedidas ao autor por Courtney Love; Krist Novoselic; Alex MacLeod; Dylan Carlson; Anton Brookes; Craig Montgomery; Jackie Farry; David Yow, 1998; Lori Goldston, 1998; Bob Timmins; Mark Kates; Danny Goldberg; Rosemary Carroll; Sean Slade, 1999; Paul Kolderie, 1999; Robert Roth; Mark Pickerel; Kristie Garner, 1999; Jim Merlis, 2000; Kim Neely, 1998; Thor Lindsey, 1998; Curt Kirkwood, 1999; Derrick Bostrom, 1999; Amy Finnerty; Jeff Mason; e Janet Billig, 2000.

Página 339 – [...] o filho de Fremont, Marc, afirmasse que foi suicídio: Marc Fremont, *The Doctor Is Out*, original inédito.

Página 340 – "Eu queria desesperadamente a família clássica": "Howl", Jon Savage, *The Guardian*, 22 de julho de 1993.

Página 342 – "Cobain resvala entre opostos": "The Band That Hates to Be Loved", Jon Pareles, *New York Times*, 14 de novembro de 1993.

Página 346 – "Estou contente por você ter conseguido": "Kurt Cobain", David Fricke, *Rolling Stone*, 27 de janeiro de 1994.

Capítulo 22: A doença de Cobain

Entrevistas concedidas ao autor por Courtney Love; Krist Novoselic; Jackie Farry; Alex MacLeod; Jim Barber, 2000; Dylan Carlson; Alan Mintz; Danny Goldberg; Amy Finnerty; Alice Wheeler; John Robinson; Dave Markey; Larry Reid, 1998; Rosemary Carroll; Leland Cobain; Don Cobain; Jennifer Adamson, 1999; Jenny Cobain; Shelli Novoselic; Danny Sugerman, 2000; Lexi Robbins, 1999; Bill Baillargeon, 1998; Don Muller; e Buzz Osborne.
Página 359 – "Foi um ano frutífero. O Nirvana concluiu outro disco": Carta a *The Advocate*, 25 de janeiro de 1994.

Página 367 – "Ele odiava tudo, todo mundo": Fricke, *Rolling Stone*, 15 de dezembro de 1994.

Página 369 – "Ele realmente estava ficando de saco cheio": "Kurt Cobain", Steve Dougherty, *People*, 25 de abril de 1994.

Página 371 – "Eu sei que esta é uma substância controlada": "Love and Death", Andrew Harrison, *Select*, abril de 1994.

Página 371 – "Mesmo que eu não estivesse no clima": Fricke, *Rolling Stone*, 15 de dezembro de 1994.

Capítulo 23: Como Hamlet

Entrevistas concedidas ao autor por Courtney Love; Jackie Farry; Krist Novoselic; Alex MacLeod; Kim Cobain; Shelli Novoselic; Leland Cobain; Travis Myers, 2000; Dylan Carlson; Rosemary Carroll; Marc Geiger, 1998; Ian Dickson; Jennifer Adamson; Danny Goldberg; Steven Chatoff, 2000; dr. Louis Cox, 2000; Rob Morfitt, 1999; Karen Mason-Blair; Buddy Arnold; Mark Kates; e Anton Brookes.

Página 373 – "Ele *estava* morto, legalmente morto": "The Trials of Love", Robert Hilburn, *Los Angeles Times*, 10 de abril de 1994.

Página 374 – "numa profissão na qual não tinha energia para estar": Claude Iosso, *Aberdeen Daily World*, 11 de abril de 1994.

Página 376 – "Eu pirei": Fricke, *Rolling Stone*, 15 de dezembro de 1994.

Página 376 – "Eu gostaria de apenas poder ficar do jeito": Ibid.

Página 384 – "Eu nem sequer dei um beijo nem consegui me despedir": Ibid.

CAPÍTULO 24: CABELO DE ANJO

Entrevistas concedidas ao autor por Courtney Love; Krist Novoselic; Dylan Carlson; Jackie Farry; Alex MacLeod; Michael Meisel, 1999; Gibby Haynes, 2000; Bob Timmins; Harold Owens, 2000; Buddy Arnold; Nial Stimson, 2000; Harold Owens, 1999; Joe "Mama" Nitzburg, 2000; Duff McKagan; Jessica Hopper; Ginny Heller, 1999; Bret Chatalas, 1999; Jennifer Adamson; Rosemary Carroll; e Danny Goldberg. Os acontecimentos das horas finais de Kurt são reconstituídos a partir de relatórios policiais, relatórios médico-legistas e fotos do local.

Página 398 – "Eu sei que este deveria ser o momento mais feliz": Hilburn, *Los Angeles Times*, 10 de abril de 1994.

EPÍLOGO: UM ALÉM LEONARD COHEN

Entrevistas concedidas ao autor por Courtney Love; Marty Riemer, 1998; Mike West, 1998; Kim Cobain; Don Cobain; Leland Cobain; Jenny Cobain; Jackie Farry; Rosemary Carroll; Tom Reese, 1998; Nikolas Hartshorne, 1999; Dave Sterling, 1998; Sharon Seldon, 1999; James Kirk, 1994; Jeff Mason; Alan Mitchel, 1999; Gene Stout, 1998; Dan Raley, 1998; Cynthia Land, 1998; Krist Novoselic; Susan Silver; Rev. Stephen Towles, 2000; Bob Hunter; Alice Wheeler; Tracy Marander; Dylan Carlson; Danny Goldberg; Janet Billig; e Leland Cobain.

Página 408 – "Eu vi um corpo estendido lá no chão": *The Seattle Post-Intelligencer*, 9 de abril de 1994.

Agradecimentos

ESCREVER UM LIVRO DESTA MAGNITUDE é uma tarefa que, por sua natureza, é uma iniciativa solitária, ainda que não possa ser realizada sem a ajuda e a assistência das pessoas entrevistadas, amigos e família. Minha maior gratidão vai para os amigos e a família de Kurt Cobain, que dedicaram tempo de suas vidas para múltiplas entrevistas que, em diversas ocasiões, consumiam dias inteiros. Um livro com este alcance não teria sido possível sem sua confiança e envolvimento com esta história e este autor. Além disso, dezenas de pessoas me forneceram documentos, gravações, fotografias, autorizações, assistência de pesquisa e conselhos, e seus nomes não figuram no corpo do livro. Estas são algumas das muitas pessoas que ajudaram neste processo e que tornaram este livro possível: Joe Adkins, Shannon Aldrich, Joel Amsterdam, Joris Baas, Stephanie Ballasiotes, Paula Balzer, Jim Barber, Jennifer Barth, Ryan Teague Beckwith, Jenny Bendel, Jim Berkenstadt, Peter Blecha, Janet Billig, Jeff Burlingame, Rose Burnett, Tom Butterworth, Blaine Cartwright, John Chandler, Maura Cronin, Bettie Cross, Cathy Cross, Herb Cross, Nick Cua, Dennee Dekay, Adam DeLoach, David Desantis, Don Desantis, Dwayne DeWitt, Gail Fine, Rick Friel, Deborah Frost, Gillian Gaar, Cam Garrett, Kennedy Grey, Fred Goodman, Nancy Guppy, Joe Hadlock, Manny Hadlock, Heather Hansen, Daniel Harris, Teresa Heacock, Louise Helton, Angela Herlihy, Bill Holdship, Rasmus Holmen, Pete Howard, Josh Jacobson, Larry Jacobson, Miro Jungum, John Keister, Sharon Knolle, John Kohl, Mary Kohl, Ed Kosinski, Thirza Krohn, Robin Laananen, Michael Lavine, Lauren Lazin, Brandon Lieberman, James Lindley, Amy Lombardi, Ben London, Courtney Love, Alison Lowenstein, Cathy Maesk, Tracy Marander, Benoit Martigny, Cindy May, Jeannie McGuire, Carmen Medal, Michael Meisel, Lauren Mills, Richard Milne, Sandy Milne, Curtis Minato, Teresa Parks, Nina Pearlman, Peter Philbin, Marietta Phillips, Rebecca Polinsky, Jonathan Pont, Holly Cara Price, Bernie Ranellone, Rozz Rezabek-Wright, Patrick Robinson, o pessoal da revista *The Rocket* (1979-2000), Phil Rose, Melissa Rossi, Rex Rystedt, Gihan Salem, Robert Santelli, Kristin Schroter, Mary Schuh, Arlen Schumer, Jill Seipel, Deborah Semer, Clint Shinkle, Eric Shinkle, Martha Shinkle, Neal Shinkle, Neal Skok, Matt Smith, Kurt St. Thomas, Denise Sullivan, Sharrin Summers, Carrie Svingen, Susie Tennant, Alison Thorne, Brad Tolinski, Mitch Tuefel, Jaan Uhelszki, Andrew Uhlemann, Josh Van Camp, Alice Wheeler, Drew Whittemore, David Wilkins, Kendall Williams, Mike Ziegler e Bob Zimmerman.

Também houve dezenas de fãs do Nirvana que generosamente me emprestaram materiais e gravações que ainda não faziam parte da minha coleção. Meu e-mail de contato para quaisquer fontes com informações adicionais é charlesrcross@aol.com, e todos os eventuais acréscimos a este livro serão introduzidos em www.charlesrcross.com.

Eu gostaria de agradecer a Pam Wilson-Ehrbar por sua ajuda na transcrição de muitas das entrevistas realizadas para este livro. Sarah Lazin foi essencial para que o livro fosse terminado, no curso de vários anos, desde a concepção até a conclusão. Peternelle van Arsdale foi além do que era sua obrigação ao trabalhar neste projeto e ser um advogado para mim. Diversos colegas dedicaram seu tempo a ler ou ouvir o andamento do livro e por isso devo agradecimentos especiais a Carla Desantis, Joe Ehrbar, Erik Flannigan, Joe Guppy, John Keister, Carl Miller, Chris Phillips, Christina Shinkle, Adem Tepedelen, e a meu filho Ashland.

Desejo agradecer particularmente aos músicos que fizeram os discos que ouvi quando adolescente – em especial aqueles que possibilitaram que a Columbia Record and Tape Club liberasse seus discos –, e àqueles que criam a música que continua a me fazer sentir mais uma vez esse espírito adolescente.

CHARLES R. CROSS
Abril de 2001

ÍNDICE REMISSIVO

Abba, 291
Aberdeen Daily World, 39, 96, 256-7, 374, 409
Aberdeen, Washington, 21-2, 259
   andando de trenó em, 28, 418
   barraco de Kurt em, 97-8, 100, 107
   colégio alternativo em, 84
   colégio Weatherwax em, 59-60, 62, 84, 87, 134, 228
   espaço de ensaio em, 149
   família Cobain em, 19-20, 24-5, 134
   nascimento de Kurt em, 19
   pessoas da rua de, 69, 78, 80, 306
   programa de salvamento de pássaros silvestres em, 95
   vídeo na RadioShack de, 123
"About a Girl", 147, 160, 169, 349
AC/DC, 59, 148
ACM, Montesano, 87-8
Acossado (filme), 93
Adamson, Jennifer, 364, 379, 395, 400
Advocate, The (revista), 312, 316, 359
"Aero Zeppelin", 109, 121
Aerosmith, 342
Aigner, Ryan, 100, 103, 107, 109, 141
"Ain't It a Shame", 170
Air Supply, 65-6, 80
Albini, Steve, 321, 326
Alden, Grant, 144
Alex, 349
"All Apologies", 210, 292, 321, 327, 336

Allman, Kevin, 312
Almoço nu (Burroughs), 231
Altman, Robert, 284
America Online, 288-9
Anderson, Dawn, 125-6, 138-9
"Aneurysm", 188, 200, 208, 210
Apoteose, Praça da, Rio, 318
Appelo, Tim, 258
Argentina, excursão à, 309-10
Arm, Mark, 126, 179-80, 224, 337
Arnold, Buddy, 309, 387
Atkinson, Paul, 194, 196
Austrália, excursão à, 269
Automatic for the People, 402
Axis, Boston, 239
Azerrad, Michael, 55, 219, 230, 250, 268, 271-2, 279, 287, 308, 311

"Baba O'Riley", 259
Babes in Toyland, 333
"Back in Black", 59
Backlash, 125, 129, 138-9
Bailey, Earnie, 317
Baker, Daniel, 358, 372
BAM, 259
"Bambi Slaughter", 92
bandas grunge
   cunhagem do termo, 179
   marketing das, 159, 179
   na televisão, 14, 264-5

resenhas sobre, 160
Video Music Awards para, 295-9
Bangs, Lester, 215, 238
Barber, Jim, 356
Barry, Sally, 194
Bartlett, Mike, 63
Bay City Rollers, 148
Bayer, Sam, 228
Beach Boys, 103
Beachcombers, 24, 83, 85
Beacon, Escola Elementar, Montesano, 40
Beastie Boys, 109
Beat Happening, 178, 190, 207
"Beautiful Son", 326
Beatles
    canções dos, 24, 28, 59, 147, 212
    filmes dos, 237
    influências dos, 147-8, 252, 322
    pôster dos, 115
Beavis and Butt-Head (TV), 333
Beckett, Samuel, 248
Beehive Records, Seattle, 236, 238, 249
"Been a Son", 168-9
"Beeswax", 121
Belmondo, Jean-Paul, 93
Bens, Michael, 88
Bernstein, Ingrid, 326
Bernstein, Nils, 175, 326, 330
Bernstein, Steven Jesse, 152
Big Black, 321
"Big Cheese", 137, 182
Bikini Kill, 188, 198, 213, 248
Billboard, anúncios na, 327
Billboard, paradas da, 14-5, 240, 257, 263, 316, 340, 343
Billig, Janet, 166, 265, 349, 351, 357, 383-4
Bjorn Again, 291
Black Flag, 65-6, 83, 126
Black Sabbath, 110
Blaine, Elbert, 360
"Blandest", 137
Bleach, 152, 159-60, 170, 175, 191-2, 196, 235, 309
Bleeder, 118
"Blew", 151, 161

Blondie, 148
Blue Moon Tavern, Seattle, 236
Boddah (amigo imaginário), 24, 402, 416
Bonet, Lisa, 250
Bonham, John, 265
Bonzo Dog Band, 64
Boston, 53, 292
Bowie, David, 350
Brady Bunch, The (TV), 67
Brasil
    megashows no, 316, 318
"Breaking the Law", 111
"Breed", 183, 215, 292
Briggs, Trevor, 53, 55, 63, 67, 70, 91
Brontë, Emily, 255
Brookes, Anton, 282, 291-2, 341
Brown Cow, 100, 103, 124
Brown, Jamie, 237
Brown, Mary, 325
Buck, Peter, 360
Buda Dourado, 415
Burckhard, Aaron, 102
    e a primeira apresentação, 107, 109-10, 112
    e o Nirvana, 119, 133, 156
Burghardt, Bill, 48, 52
Burns, Ken (*The Civil War*), 358
Burr, David, 382, 383, 385
Burroughs, William S., 231, 324, 339, 346, 360
"butt rock", 64
Butterfly", 365
Butthole Surfers, 141, 390

Cable News Network (CNN), 373-4
Caddyshack, Olympia, 124
calvinistas, 190, 224, 232
Cameron, Keith, 283
Capitol Records, 85
Carlson, Dylan, 170, 183, 198, 399
    amizade de, 103, 205, 236, 271, 308, 361, 379
    e a morte de Kurt, 415
    e administração, 356, 375

e armas, 209, 388, 398
e o uso de bebidas alcoólicas, 122
e o uso de drogas, 205, 271, 329, 338, 361, 375-6, 381-2, 397
e turnês, 156, 170
Carlson, Shirley, 125, 126, 127
Carroll, Rosemary, 268, 280, 289-90, 343, 356, 369, 375, 387, 409
Cars, 370
carta cartas escritas e não enviadas por, 278
Cat Butt, 161
Cedars-Sinai, hospital, 275, 284, 286-8, 377
Center Coliseum, Seattle, 64
120 Minutos (TV), 241
Central Tavern, 136
Channing, Chad
  aparência física de, 181
  como baterista, 133-5, 137, 140, 156, 158, 185
  e as canções de Kurt, 147
  e o Nirvana, 149, 156, 163, 165, 170, 181, 185
  em turnê, 174, 176, 181
Charisma Records, 208
Chatoff, Steven, 380
Cheap Trick, 128
Cher, 140
"Cherry Pie", 215
Chicago Tribune, 326
Chim-Chim, 124, 219, 223, 270
Cicciolina, 174, 189
Clapton, Eric, 299
Clark, Dick, 53
Clark, Nikki, 48
Clarke, Victoria, 307
Clash, 66, 206, 317
"Class of 85, The", 90
"Cling-Ons", 66, 89, 98, 150, 249
Club Lingerie, Hollywood, 343
Cobain, Art (primo), 369
Cobain, Burle (tio-avô), 52, 411
Cobain, Chad (meio-irmão), 42, 50, 304, 305
Cobain, Donald (pai)
  aparência física de, 29
  canções de Kurt sobre, 169, 313, 320

casas de, 22, 24, 42
e a infância de Kurt, 23-45, 55-6
e a morte de Kurt, 409, 415, 417
e a paternidade, 37, 40, 45, 48-9
e Frances, 305, 356, 366
e o nascimento de Kurt, 20-1
e os anos adultos de Kurt, 211, 304-5, 363, 366, 376
e os anos da adolescência de Kurt, 49, 51, 53-4
empregos de, 22, 31, 160, 211
esposas de, *ver* Cobain, Jenny Westby; Cobain, Wendy
interesse por esportes de, 25, 35, 37, 40, 48, 55
Kurt morando com, 39-45, 80-1, 212
pressões financeiras sobre, 28, 31, 32, 42
Cobain, Ernest (tio-avô), 52
Cobain, Frances Bean (filha), 297, 304, 359
  cartas de Kurt para, 402-3
  descrição física de, 336
  e a morte de Kurt, 410, 415, 417
  e a música de Kurt, 292, 309, 320
  infância de, 361, 366, 391-2, 417, 418
  nascimento de, 286-7, 316
  nome de, 274
  pajens para, 287, 291, 310, 325-6, 332, 347, 357, 361-2, 364, 371, 383, 385
  ultrassom de, 274, 282
  vídeos de, 336, 337
Cobain, Gary (tio), 35
Cobain, Iris (avó), 150
  doença de, 363, 366, 415
  e a adolescência de Kurt, 57
  e a infância de Kurt, 27, 33-4, 39
  e a morte de Kurt, 409
  infância de, 34
  morte de, 417
Cobain, Jenny Westby (madrasta)
  casamento de Don e, 41
  e a adolescência de Kurt, 49, 51, 53-4, 80
  e a infância de Kurt, 41, 43-4, 47
  e a morte de Kurt, 415-6
  e os anos adultos de Kurt, 366
Cobain, Jim (tio), 58

Cobain, Kenneth (tio-avô), 80
Cobain, Kimberly (irmã)
  aparência física de, 29
  como gay, 276, 278
  e a morte de Kurt, 409, 415-6
  e a música de Kurt, 150, 193
  e as bebidas, 123
  e Don, 304, 305
  e Frances, 304, 357
  e o uso de drogas, 277, 328, 385
  lembranças de Kurt, 27, 34-5, 73, 78
  nascimento e infância de, 25, 28, 33, 42
Cobain, Kurt Donald
  ameaças de morte a, 303
  animais de estimação de, 39, 42, 104-5, 167, 189, 225, 365
  anos de adolescência de, 49, 98
  anos de pré-adolescência, 46, 49
  aparência física de, 15, 21, 29, 46, 67, 69, 117-8, 124-5, 128, 133, 138, 181, 264, 283
  armas de, 209, 284, 287, 331, 377, 378, 389, 396, 404, 406-8, 410
  autodesprezo, 15, 90, 112, 128, 200, 202, 319, 418
  autodestrutividade de, 100, 122, 246, 262
  autoestima, 87, 93, 104, 141, 177, 190, 193, 279, 352
  bonecas de, 155, 182, 220, 312, 324, 343
  cartas escritas e não enviadas por, 129, 133, 140, 153, 169, 216, 232, 307, 314, 359
  casamento de, 270, 271; *ver também* Love, Courtney
  como antiastro, 15, 107, 130, 145, 223, 234-7, 244, 249, 296, 414
  como compositor, 85, 90, 101, 108, 133, 146-7, 151, 173, 178, 181, 183, 193, 200-1, 212-3, 215, 266, 320, 344, 365
  como estranho, 60, 77, 113, 124-5, 339
  como Kurdt, 130, 139-40, 143, 190, 233, 237, 288, 305, 315
  como sem-teto, 57, 69, 77, 95, 216, 232, 248, 279, 306
  consumo de drogas de, 16, 53, 70, 82, 86, 88, 100, 162, 181, 203-5, 209, 216, 224, 239, 242, 246, 255, 257, 259, 261-2, 264, 266-9, 271-4, 276, 277-8, 280-1, 283-4, 287, 293-5, 299-301, 308, 311-2, 318, 328-9, 338-9, 341-2, 348, 355-6, 361-2, 368, 372, 375, 378, 391, 407, 411
  controle da banda por, 165-6, 279, 331, 343, 345, 365, 375, 377
  diários de, 73, 116, 139-40, 146, 177, 183, 190, 197, 202-3, 213, 215, 246-7, 269, 293-4, 300-1, 319, 327, 338, 355, 394, 406
  dormindo no carro, 91, 95, 146, 226-7, 231-2, 249, 257, 386
  e a abstinência de drogas, 82, 264, 275, 318, 329, 338, 348, 362, 368, 371, 378, 381, 388, 391, 395
  e a paternidade, 266-9, 286, 287-91, 293, 304, 306, 310, 313-4, 325, 336-7, 347, 359, 383; *ver também* Cobain, Frances Bean
  e a religião, 81, 115, 163, 239, 407
  e autobiografia, 213, 306, 313
  e Boddah, 24, 402, 416
  e falta de dinheiro, 173, 187, 205, 209, 225-6, 233, 265
  e o alcoolismo, 67, 69, 86, 99-100, 122, 177, 181, 204, 210, 216, 231, 235, 306, 317-8
  e o divórcio, 369-70, 373, 383
  e o divórcio dos pais, 36, 38-41, 43, 45, 49, 77, 139, 314, 340
  e o incidente das "armas no rio", 72, 175, 266, 311
  e o suicídio, 13, 17, 51, 53, 67, 100, 202, 247, 282, 284, 287-8, 317, 323, 340, 347, 372, 377, 381, 389, 405, 411
  e Tobi, *ver* Vail, Tobi
  e Tracy, *ver* Marander, Tracy
  empregos experimentados por, 84, 81, 87, 98, 101, 103, 115, 181
  entreveros com a lei, 88-9, 93, 104, 313, 377-8, 410
  escolarização de, 26, 40, 46, 53-4, 59, 60, 68, 84

evitação de confrontos por, 133, 166, 184, 277
exageros de, 56, 60, 70, 76, 78, 84, 93-4, 130, 150, 176, 244, 312, 351
falta de dinheiro, 157
filmes em super-8 de, 51, 93, 182, 265
fugas adotadas por, 67, 72-3, 77, 134, 205, 225, 284, 300, 329, 358, 361, 372, 375, 379, 386, 394, 401, 405, 407
guitarras e execução do instrumento por, 54, 59, 62, 64, 72, 77, 80, 83, 85, 99, 101, 116, 118, 142, 164, 167, 194, 351
habilidade artística de, 26-7, 48, 51, 60-1, 68, 84, 88, 116, 153, 155, 313, 281
infância de, 22-44, 63, 175, 238, 243, 332, 380, 418
influências musicais sobre, 147-9, 175, 190, 206, 209
intervenções para tratamento de drogas com, 274-5, 284, 380, 382-5
letargia de, 58, 82, 100, 115, 153, 187
mitologia em entrevistas dadas por, 78, 158, 234, 235, 278, 299-300, 306, 312, 340
morte de, 406-8, 418
mulheres atraídas por, 242, 244
na equipe de luta romana, 48, 55, 56, 219
na televisão, 14, 251-2, 263; *ver também* MTV
nascimento e antecedentes familiares de, 19-21, 35
overdose de drogas de, 13, 16, 247, 266, 287-8, 327, 329, 331, 340, 371, 373-4, 381, 386
personalidade no palco de, 142, 175, 194, 249, 256, 264, 292-3, 305, 326, 341, 350-1
pesadelos de, 177, 268, 324
pornografia divergente como interesse de, 174
primeira apresentação pública de, 99, 124, 229
primeira banda de, 92
primeiro concerto assistido por, 64-5, 83, 305
primeiro single de, 143, 145, 150, 152
primeiros encontros sexuais de, 67-8, 74-6
problemas de identidade de, 41, 43-4, 61, 123, 160, 165, 190, 305
problemas estomacais de, 39, 164, 168, 173, 205, 210, 239, 246-7, 269, 282, 284, 294-5, 320, 322, 340, 346, 354, 355, 380
renda de, 121, 170, 180, 206, 209, 270, 280-1, 284, 316, 344
residências de, 97-8, 100, 107, 155, 168, 187, 189, 206, 209, 225-6, 268, 281, 284, 307, 310, 316, 324-5, 332, 357, 360
rotina diária de, 116-7, 146, 153
sessões de desintoxicação de, 269, 284, 287, 290, 293-5, 297, 338, 358, 380, 391-3
sonhos de carreira musical, 85, 90, 99, 101, 123, 132, 144, 190, 237
sucesso de, 14-5, 224, 229, 235, 237-8, 244, 248-9, 252-3, 261-2, 271, 291, 296, 300-1, 306, 327
talento musical de, 24, 27, 46, 101, 118
tatuagens de, 198, 200
traços de personalidade de, 15, 40, 47, 49, 51, 53, 60, 80, 165, 194, 215, 228, 235, 253, 342, 413, 418
transições de, 103-4, 124, 143, 160, 177, 200, 232, 262
últimos dias de, 394-407
Cobain, Leland (avô), 20
  anos de velhice de, 363-4
  apoio financeiro de, 32
  e a adolescência de Kurt, 50, 55, 57, 58
  e a morte de Kurt, 409, 415-7
  e projetos de marcenaria, 27, 58
  infância de, 34
  passeios na infância com, 33, 35, 39
  suicídios na família de, 52, 80, 363
Cobain, Michael (tio), 34, 80
Cobain, Wendy (mãe), 22-3, 25
  alcoolismo, 43, 62, 63, 70
  aparência física de, 29, 63
  casa de, 22

casamento de O'Connor e, 86, 363
casas de, 22, 24, 37
divórcio de Don e, 36-7, 39-43, 45, 49, 77, 139, 304, 314, 340
e a adolescência de Kurt, 49, 62, 64, 70-1, 73-4, 77, 86, 97
e a infância de Kurt, 23, 25-8, 30, 32-3, 35, 37, 39, 42
e a maternidade, 23, 26, 28
e a morte de Kurt, 409, 411, 415-7
e Frances, 304, 383
e o nascimento de Kurt, 20, 22
e os anos adultos de Kurt, 151-2, 211, 256-8, 261, 269, 328, 330-1, 374, 385
empregos ocupados por, 43, 49
gravidezes de, 22, 25, 86
problemas de saúde de, 374
problemas financeiros de, 37, 43, 63
Coffin Break, 149
Cokely, Scott, 237
Collins, Marco, 240
Columbia Records, 10, 190, 207, 212
"Come As You Are", 216, 269, 350
Community World Theater (CWT), Tacoma, 117-8, 121, 127, 261
Confederacy of Dunces, A (de John K. Toole), 70
Contatos imediatos do terceiro grau (filme), 51
Corbijn, Anton, 324
Corgan, Billy, 221, 242-3, 372, 416
Cosby Show (TV), 250
Costello, Elvis, 182
Cow Palace, San Francisco, 260, 326
Cox, Alex, 182
Crane, Paul, 316
Crash, Darby, 344
Creedence Clearwater Revival, 102
Creem, 66, 158
Croce, Jim, 212
Crotty, Jim, 306
Crover, Dale, 79, 95, 126, 139
e o Nirvana, 121, 123, 129, 152, 156, 193, 194
jam session com, 66, 92, 98-9, 120
"Curmudgeon", 276
"Cyanide Bath", 173

Cyclods, 141
Cyrus, Billy Ray, 345

"D7", 213
Daily, jornal estudantil, 158
Dain Bramage, 194
Damn the Torpedoes, 214-5
Dangerous, 263
Danielson, Kurt, 173, 175, 176
David Geffen Company, *ver* DGC
Denver, John, 70
Details, 332, 345
Devo, 213
DeWitt, Michael "Cali", 326, 341, 361-2, 371, 376, 379, 383, 385, 395, 397-400
DGC, 197, 208, 213, 222, 226-7, 235-6, 240, 271, 327, 342
Dharma Bums, 260
"Diamond Dave", 85
diários de, 273
Dickson, Ian, 199, 222, 225, 229, 231, 248, 378
Dillard, Bonnie, 400
Dilly, Shelli, 95, 117, 119, 206, 272
e a morte de Kurt, 416
e a primeira apresentação, 107, 109-11
e Krist, 98, 141, 146, 162, 176
e o consumo de drogas de Kurt, 367, 388
Dinosaur Jr., 223
"Dive", 220
"Do You Love Me?", 161
"Doll Parts", 343
Donny e Marie, Osmond, 182
"Downer", 92, 108, 121, 173
Doyle, Tad, 13, 172-4, 183
"Drain You", 200
"Dumb", 323
Duran Duran, 317
Dwyer, R. Budd, 282
Dylan, Bob, 169

E.L.O, 47
Eagles, 390

Earth, 170
Ecstasy, 231
Edge Shaving Gel, 88, 100, 162, 204
Edwards, Gavin, 332
Endino, Jack, 120, 125-6, 133, 137, 140, 145, 152, 170, 309
"Endless, Nameless", 215
Erlandson, Eric, 221, 287, 345, 357, 399, 410
    uso de drogas na, 367
Eslovênia, excursão à, 368
Eugenius, 291
Europa
    excursões à, 172, 174, 176-7, 229, 230-2, 235, 246, 250, 252, 282-3, 361, 366, 368-71, 375
    roqueiros punk na, 175, 291
    uso de drogas na, 368-9
"Even in His Youth", 168-9, 210
Evergreen State College (Universidade Estadual de Evergreen), 113
    concerto K-Dorm no, 141, 144, 149
Everman, Jason, 151, 158, 165-6, 168
Evolution, 53
Excelsior, hotel, Roma, 370
Exodus, Centro de Recuperação, Marina Del Rey, 293-5, 297, 299, 390-3, 409

Family Affair (TV), 92
Fancher, Lisa, 207
Farmer, Frances, 44, 271
Farry, Jackie
    como babá, 291, 297-8, 303, 310, 313, 325, 357, 362, 385, 391-2, 410
    outras obrigações de, 326, 381
Fecal Matter, 92, 95
Fenster, Jeff, 208
Fields, John, 41, 51, 63, 67
Finch, Jennifer, 181, 197, 202, 220, 247, 273
Finnerty, Amy, 241, 263, 265, 296-7, 299, 348-9, 351, 357
Fisk, Steve, 168-9
Fitz of Depression, 199, 213, 216, 304
Fleetwood Mac, 214
Flipside, 162

Fluid, 157, 163, 358
"Floyd the Barber", 121, 126, 146, 161
Foo Fighters, 365
"Formula", 200
Foster, Dave, 121, 141
    aparência física de, 124, 128
    como baterista, 123-4, 127, 156
    demissão do Nirvana, 133, 165
Four Season Olympic, hotel, Seattle, 310
Fradenburg , Chuck (tio), 24, 27, 43, 54, 59, 83, 84
Fradenburg, Charles (avô), 32, 44
Fradenburg, Delbert (tio-avô), 24, 211
Fradenburg, família, 20-1, 24, 28, 35, 45, 58, 64, 211, 276
Fradenburg, Janis (tia), 37
Fradenburg, Mari (tia)
    e a adolescência de Kurt, 64, 82, 85
    e a música de Kurt, 92, 212, 308
    habilidade musical de, 24, 28, 84, 349
Fradenburg, Patrick, 211
Fradenburg, Peggy Irving (avó), 44
Franich, Frank, 38, 43, 49, 62, 63, 71
Franks, Jeff, 112
Fremont, Robert, 295, 316, 339
Fricke, David, 287, 346, 367, 371, 376, 384
"Fuck the Pope", 175
Fuzzy Top Mountain, 28

Gaar, Gillian, 160, 310
Galletta, Osvaldo, 374
Gannon, John, 228
Garcia, Jerry, 228, 279
Gates, Rick, 60
Geffen Records, 197, 208, 226-7, 326, 383
Geffen, David, 227, 373
Gehman, Pleasant, 181
Geiger, Marc, 375
Gerald Katz Antiques, Nova Orleans, 220
Germs, 344
Gersh, Gary, 208, 222, 315, 383
Gessco, Olympia, 100, 124
Get the Knack, 148, 209
Ginn, Greg, 126

Girl Trouble, 157
Glatfelter-Bell, Lisa, 234
Globe, The, 289
"Gloria", 140
Go Team, 189
Goes, Ken, 195
Gold Mountain Management, 194, 197, 207-8, 222, 229, 262, 280, 284, 291, 297, 311, 322, 330, 356, 358, 373, 375, 383, 414
Goldberg
  sobre Kurt e Courtney, 243
Goldberg, Danny, 296, 307
  e a administração do Nirvana, 207, 222, 308, 343, 356
  sobre Kurt e Courtney, 415
  sobre o consumo de drogas por Kurt, 262, 380, 382-4
  sobre o cuidado com Frances, 291, 357
Goldston, Lori, 341, 344, 352
Gonson, J. J., 164, 292
Goo, 227
Good Vibrations, 212
Goodmanson, John, 190
Gordo, O, e Bobby, 69, 98, 175
Gordon, Kim, 193, 194, 220
Grand Funk Railroad, 53
Grant, Tom, 397, 399-400
Grateful Dead, 58, 228
Gray, Escola Elementar Robert (pré-escola), Aberdeen, 26
"Gray Goose", 170
Grays Harbor, Hospital Comunitário de, 79
Grays Harbor, Washington, 57, 83, 91, 150, 190
Great Western Forum, Los Angeles, 358
"Greatest Gift, The", 136
Greatest Hits (Lynyrd Skynyrd), 98
Green River, 131
Green, John, 93
Gregor, Jan, 136
Grohl, Dave, 224, 342, 375, 411
  como baterista, 194-8, 265, 309
  como companheiro de casa, 196-8, 205, 309
  como compositor, 365

e o Nirvana, 212-3, 252, 279-80, 298, 309, 345, 350, 365, 377
em turnê, 227, 245, 252, 293, 367
Finch e, 202, 220
trabalho promocional de, 235, 240, 324
Guerra dos mundos, Orson Welles, 51
Gunderson, Edna, 346
Guns N' Roses, 226, 289, 299, 395
Guthrie, Arlo, 24

H. R. Pufnstuf (TV), 64
Hagar, Sammy, 64-5, 190, 305
Hagara, Jackie, 68, 74, 75, 76
"Hairspray Queen", 110-1, 121
"Half Japanese", 402
Hammer of the Gods, 85
Hanna, Kathleen, 188, 198, 214
Hanner, Gilly, 136
Hansen, Rich, 128, 130
Hanszek, Chris, 120
Harborview, hospital, Seattle, 328
"Harden My Heart", 64
Hartman, Bret, 192, 194, 196
Hartshorne, Nikolas, 410
Haynes, Gibby, 141, 390, 392, 393
Heart, 123
"Heartbreaker", 110
"Heart-Shaped Box", 318, 320, 323-4, 327, 344, 365, 391
"Heavier Than Heaven", turnê, 172, 364
Heavy Metal, (filme), 51
Heller, Ginny, 397
"Hello Kitty", 270
Helltrout, 141
Hendrix, Jimi, 52, 409
Hepp, sr. (professor), 47
"Here She Comes Now", 183, 208
Herling, Rod, 25, 26
Herling, Dres, 25
Hersh, Neal, 290, 325
"Hey Jude", 24
Hi-Infidelity, 64
Hilburn, Robert, 299, 301, 306, 311, 398
Hirschberg, Lynn, 315

Hirschman, Tony, 26
"Hitchhiker", 169
Hochman, Steve, 280
Hokanson, Greg, 66, 69-70, 91, 92, 117
Hole, 220, 229, 250, 252-3, 256, 271, 274, 276, 288, 310, 318, 326, 334, 344, 365, 398
Holiday, Billie, 309
Holmes, Jeff, 315
Hopper, Jessica, 395, 397-9
Hoquiam Eagles, auditório, Grays Harbor, 150
Horowitz, Michael, 316
Hoselton, Charlie, 311
House, Daniel, 143
"How Many More Times", 110
Hullabaloo, 164
Hunter, Bob, 60-1, 84, 415
"Hunting Tigers Out in Indiah", 64

I Claudius, 323
I Hate Myself and Want to Die, 313, 319-20, 327
"If You Must", 121
Iggy Pop, 115, 185, 216
Igreja Batista Central Park, 81, 83
iluminado, O (Stephen King), 114
"Immigrant Song", 150
"Imodium", 173, 183
"In Bloom", 183, 283, 342
In Utero, 320, 323-4, 326-7, 335, 342-3, 345, 347, 357, 359, 361
Incesticide, 311, 316
Inglaterra
 drogas na, 231, 282
 excursões do Nirvana na, 172, 195, 231, 251, 291, 292, 293
 Festival de Reading na, 229, 232, 291-3, 306
 Museu de Cera do Rock and Roll na, 292
 publicidade na, 175, 231, 282, 291
 venda de discos na, 171, 175, 251
International Pop Underground (IPU), Olympia, 231
Iommi, Tony, 110

Iosso, Claude, 374
Iron Butterfly, 155
Iron Maiden, 65, 73
Irving, James, 44, 411

Jabberjaw, Los Angeles, 216
Jacks, Terry, 28, 317
Jackson, Michael, 14, 61, 263, 299
jainismo, 239, 407
Jefferson Airplane, 148
Jenkins, Angee, 196
Jesus Lizard, 223, 341
"Jesus Wants Me for a Sunbeam", 347, 350
"Jimmy, the Prairie Belt Sausage Boy", 61
John, Elton, 53
Johnson, Calvin, 189, 198, 207, 232, 359
Johnston, Daniel, 238
Jones, Barrett, 276
Joplin, Janis, 409
Jornada nas estrelas, 66
José (traficante de drogas), 205
Journey, 53
"Jumbo's Clown Room", 244
Judas Priest, 66
Jury, The, 170

K Records, 190, 198
Kader, Rob, 161, 261
Kanno, Kinichi, 48, 61
KAOS (rádio), 117, 124, 178, 190, 232
Karate, Scotty, 91
Karlen, Neal, 332, 333
Kates, Mark, 208, 227, 240, 266, 383
Kaufman, Andy, 47, 404
KCMU (rádio), 125, 129, 137, 143
Keller, Helen, 202
Kelly, Christina, 266
Kelly, Eugene, 198, 229, 232
Kerouac, Jack, 319
Kerslake, Kevin, 324, 391
"Kids in America", 317
Kincaid, Reuben, 131
King, Stephen, 114

Kirk, James, 416
Kirkwood, Cris, 347, 351
Kirkwood, Curt, 315, 347-9, 351
Kiss, 110, 161
KISW (rádio), 64, 93
Kitty (rato de estimação), 104, 105
Klugman, Ben, 397
Knab, Chris, 137
Knack, 148, 209
KNDD (rádio), 240, 416
Knievel, Evel, 155, 206, 215
Kolderie, Paul, 344
Kostelnik, Alex, 182
Kot, Greg, 326
Kravitz, Lenny, 250
KXLU (rádio), 227
KXRX (rádio), 234, 292

L7, 181, 220, 291
"La, La, La... La", 321
"Laminated Effect", 92
Lamplighter, restaurante, Grayland, 84
Lane, Michael, 306
Lanegan, Mark, 140, 170, 337, 358
Lang, Robert, 365-6
Lavine, Michael, 223, 264
Leadbelly, 170, 333, 343, 351
Lee, Harper, 53
Legends, Tacoma, 179
Lemons Janitorial Service, 115
Lennon, John, 252
Lenquette, Youri, 367
Leonardo da Vinci, 323
Leppard, Def, 65, 108
Les Paul (guitarra), 65, 68, 96
Lethal Dose, 118-9
Lewis, Juliette, 395
Lie, 209
Liga Aberdeen Timber, 39
Liga Mirim, 35, 48, 67
Liles, Jeff, 245
Lista de Schindler, A (filme), 287
Litt, Scott, 327
"Lithium", 201, 208, 215, 223, 274, 297, 299

Live and Loud (MTV), 357
Live Through This, 398
Living Color, 157
Loder, Kurt, 288, 357
Lollapalooza, festival, 362, 375, 377, 391
Lord, Mary Lou, 238, 241-2, 244, 251-2, 334, 415, 416
Los Angeles Times, 280, 299-300, 398
"Louie, Louie", 46, 59, 140
"Lounge Act", 200-1, 359
Love, Courtney, 218-21, 299
  colaboração entre Kurt e, 318, 320, 322
  como compositora, 320, 322, 326, 344
  consumo de drogas de, 16, 244-5, 247, 255, 268, 273-4, 288-90, 313, 361, 371, 375, 384, 394, 409, 412
  diários de, 271, 320
  discussões de Kurt com, 317, 331, 334, 363, 367, 369, 377-9
  duetos com Kurt, 343
  e a maternidade, 286-91, 310, 313, 325-6, 333, 347; *ver também* Cobain, Frances Bean
  e a morte de Kurt, 409, 411, 413-4, 416, 417
  e o artigo da *Vanity Fair*, 285, 287-9, 310, 315
  e o consumo de drogas de Kurt, 14, 266, 280, 284, 287-8, 297, 308, 312, 328, 332, 341, 356, 367, 371, 373, 376, 379-80, 382-4
  e o divórcio, 369-70, 372, 383
  e o Hole, *ver* Hole
  e os últimos dias de Kurt, 394, 406
  em apresentação solo, 343
  em turnê, 229, 231, 243, 255, 258, 260, 270, 303, 364, 368
  gravidez de, 266-9, 274, 283-5, 288, 290
  luta romana com, 219, 332
  noivado e casamento com Kurt, 260, 266, 271, 276, 288, 368
  participação em filme, 182
  presentes para Kurt de, 220, 320, 358
  relacionamento entre Kurt e, 242-4, 250, 255, 258, 260, 262, 266, 272-3, 275-6, 298, 320, 332, 337, 362, 364, 367, 369-72, 377, 385

sessões de desintoxicação de, 269, 273, 290, 295, 385, 398, 409
traços pessoais de, 253, 298
"Love Buzz", 118, 128, 132, 136-9, 142-5, 147, 149, 160
Lukin, Matt, 67, 83, 98, 102, 179, 180, 249

MacDonald, Patrick, 235
MacLeod, Alex, 174, 176, 230-1, 253, 293, 303, 308, 317, 346, 348
Maden, Kim, 108
Madonna, 222
Mágico de Oz, O (filme), 323
Make-A-Wish, fundação, 309
"Man on the Moon", 404
"Man Who Sold the World, The", 350
Manson, Charles, 209
Marander, Tracy, 100, 104, 143, 417
   amizade de, 205, 219, 225, 226, 237, 244
   apoio financeiro de, 114, 119, 145, 153, 158, 166, 171, 177, 192
   atenção dedicada por, 116, 178, 188
   e a primeira apresentação, 107, 111
   e a Sub Pop, 136
   e o Nirvana, 117, 127, 157
   Kurt morando com, 114, 119, 145-6, 152, 158, 166-8, 176, 188
   rompimento com Kurt e, 177
   rompimento entre Kurt e, 182-5, 187, 189, 192
   separações de, 162, 164, 171
Markey, Dave, 229, 230, 358
Marquee Club, Nova York, 241
Marsh, Rod, 47, 52
Martin, Dean, 140, 359
Martin, Steve, 29, 47
Mason, Jeff, 305, 308, 317-8, 347, 350, 367, 369, 411, 413
Mason, Warren, 59
May, Jim, 117, 119, 121
Mayberry R.F.D. (TV), 146
Mayr Brothers, 31
MCA, 192, 194, 196
McCartney, Paul, 115
McClure, Nikki, 178, 197, 248, 357
McCully, Jerry, 259, 260
McFadden, Bob, 101
McKagan, Duff, 299, 395
McKee, Frances, 274
McLaughlin, Mark (Mark Arm), 126, 179, 180
McQueen, Steve, 305
Meat Puppets, 315, 347, 396
Meatloaf, 47
Medak, Mike, 62
Meet the Beatles, 147
Meisel, Michael, 356, 390, 393
Mellencamp, John Cougar, 80
Melody Maker, 160, 193
Melvins, 94, 148
   "Cling-Ons" dos, 66, 89, 98, 150, 228
   apresentações dos, 102, 121, 291
   concerto no estacionamento, 65, 83, 370
   dificuldades financeiras dos, 157
   e o Nirvana, 123, 157, 178-9, 216, 369, 370
   em entrevista à *Backlash*, 138, 139
   início e primeiros anos dos, 66
   na Califórnia, 102, 123, 157
Mercury, Freddie, 403, 414
Merlis, Jim, 346
Metallica, 108, 148
Metro, clube, Chicago, 242
"Mexican Seafood", 110, 121
1991: The Year Punk Broke (filme), 229
"Milk It", 320, 323
Miller, Rick, 237
Mintz, Alan, 192, 208, 280, 356
"Miss World", 343
MIT, apresentação em festa do grêmio, 164
"Moist Vagina", 321
"Molly's Lips", 198, 212, 229
MOMA (Museu de Arte Moderna), 263
Monk, 306, 311
Monkees, The (TV), 24
Montesano, Colégio (Junior High School), 46, 54
Montesano, Washington
   ACM em, 87, 88
   desemprego em, 81
   família Cobain em, 42, 46, 57, 80

Montgomery, Carrie, 180, 224, 243, 248, 257-8, 261
Montgomery, Craig, 210, 242, 264, 341
Moon, Amy, 154, 157
Moon, Matthew "Slim", 122, 141, 145, 167, 182, 188
Moore Theater, Seattle, 159
Moore, Caitlin, 378, 397, 398, 400
Moore, Thurston, 193, 194, 207
"More Than a Feeling", 292
Morfitt, Rob, 386
Morris, Chris, 201
Morrison, Jim, 52, 265, 409
Morrissey (The Smiths), 252
Morrow, Rob, 264
Mother Love Bone, 120, 205
"Motorcycle Song", 24
Motown, 131
"Moving in Stereo", 370
"Mr. Sunshine Commits Suicide", 156
MTV
   casos negativos sobre a, 288
   e os megashows, 345
   Live and Loud, 357
   sonhos sobre a, 123
   Unplugged, 347-9, 352, 355
   Video Music Awards, 295-9, 312, 342
   vídeos do Nirvana na, 15, 239, 241, 244, 263, 296, 357
Mudhoney, 120, 126, 149, 159, 179-80, 193, 219, 229, 291-2
Muller, Don, 192
Music Source Studio, 168
Musician, 201
Músicos, Programa de Ajuda a, 309
Muzak Corporation, 126
"My Best Friend's Girl", 370
Myers, Travis, 375
"My Generation", 259
"My Sharona", 148

Namgyal, mosteiro budista, Ítaca, 416
Narcóticos Anônimos, 330
Neathery, Darrin, 40, 64, 67

Negativland, 275
Nels Nelson, Mickey, 216
Nelson, Mickey, 199, 206, 209, 213, 216
Nelson, Tim, 46
Nevermind, 14, 183, 223, 226-7, 229, 234-5, 237-9, 241, 247-8, 252, 257, 260, 263, 273, 279, 291, 299, 313, 316, 320-2, 340, 353
New Music Seminar, 165, 340
New York Dolls, 147
New York Times, The, 307, 332-3, 342, 412
Newbury Comics, Boston, 240
Newman, Steve "Instant", 101
"Nine Month Media Blackout", 321
Nirvana
   administração do, 148, 162, 177, 180, 191, 194, 196, 207, 209, 222, 226, 229, 278, 284, 326, 343, 356, 358, 375; *ver também* DGC; Gold Mountain; Sub Pop
   apresentações do, 106, 112, 133, 136, 141, 150, 152, 156-7, 159, 161, 178-9, 195, 207, 210, 228, 239, 245, 303-5
   ateando fogo às calças, 322
   atenção da imprensa ao, 160, 175, 248-9, 279, 283, 346; *ver também mídia específica*
   aumento da plateia do, 178-81, 192, 194, 229, 237
   biografias falsas do, 184
   campanhas promocionais do, 227, 235, 240, 248
   cancelamentos pelo, 367-8, 370, 377
   contratos de gravação do, 129, 208
   desenvolvimento do, 102, 117, 119, 124, 163, 226, 229
   divisão no, 262, 272, 279, 300, 308, 367
   e a MTV, *ver* MTV
   e o consumo de drogas de Kurt, 262, 331
   e o Video Music Awards, 342; *ver também membros específicos da banda*
   e os Melvins, 123, 157, 178-9, 216, 369-70
   ensaios do, 295, 317
   excursões do, 157, 161-3, 165-6, 168, 170, 172-5, 181, 183-5, 193, 194-6,

213, 223, 226, 229-32, 235, 245, 248, 250-1, 256, 258, 260, 269-70, 282-3, 316, 318, 343-6, 357-8, 361-4, 366-8, 370, 375
expansão do, 160
falta de dinheiro do, 163, 194, 229
fitas do, 190, 309
instrumentos destruídos pelo, 142, 164, 167, 174, 185, 243, 245, 265, 293, 299, 317
lançamento de discos do, 159, 235, 238, 326, 327
megaconcertos do, 309, 316, 318, 345
nome do, 125, 129
o fim do, 292, 293, 377, 383
primeira demo do, 120-1, 126, 129, 140, 183
primeiro LP do, *ver Bleach*
primeiro single do, *ver* "Love Buzz"
problemas com bateristas do, 119-20, 123, 133, 156, 191, 193
renda do, 170, 177, 207-8, 223, 279, 309, 344, 375
segunda formação do, 119
sessões de fotos do, 128, 137, 223, 264, 266, 367
sessões de gravação do, 136, 138-40, 144, 149, 151-2, 168-9, 178, 182-3, 192, 210-1, 214, 216, 222, 276, 318, 321-2, 365-6
shows beneficentes do, 213, 303, 326, 342
som do, 108, 136, 144, 149, 158-60, 170, 172, 195, 222, 326, 365
sucesso do, 14, 78, 160, 224, 226, 229, 236, 240, 244, 249, 256, 261-2, 271, 316, 342-3
tempo no ar para o, 126, 232, 251, 263, 296, 299
tocando de graça, 119, 121, 144
Unplugged, 347-9, 352, 355
vendas de camisetas do, 161, 163, 170, 194
vídeos caseiros do, 182, 336
vídeos musicais do, 228, 283, 324

Novoselic, Shelli, *ver* Dilly, Shelli
Nisqually Delta Podunk Nightmare, 141
Nitzburg, Joe "Mama", 392-4
NME, 283, 334
Noroeste, cenário musical do, 158-9, 180, 194
North Shore Surf, clube, Olympia, 195
Nothing to Fear, 64
Novoselic, Krist, 78, 83
aparência física de, 83, 128, 137, 150, 181, 265
conhecimento musical de, 148
consumo de bebidas alcoólicas de, 122, 330
distanciamento entre Kurt e, 237, 245, 272, 308, 367, 387
e a banda descendente, 170
e a MCA, 196
e a morte de Kurt, 411, 413, 415-6
e a música, 320
e a primeira apresentação, 107, 111
e a Sub Pop, 132, 136, 137
e administração, 162, 191
e o consumo de drogas de Kurt, 100, 166, 205, 247, 293, 330, 342, 370, 373, 375-6, 381, 387
e o Nirvana, 119-20, 137, 140-1, 143, 146, 149-51, 165, 170, 190, 223, 238, 252, 257, 272, 280, 298-9, 308, 326, 322, 347, 350, 365, 368, 370, 377
e Shelli, 98, 141, 146, 162, 176
em turnê, 176, 194, 252, 292-3, 317, 347, 357, 367-8, 370
formando uma banda, 95, 101
sobre a música, 214, 322, 365
trabalho promocional de, 235, 240, 324

O'Connor, Brianne, 92, 258, 304, 305, 373
O'Connor, Pat, 71, 73, 77, 86, 257, 330, 363
"Ode to Beau", 85
Off-Ramp, Seattle, 334
"Oh, the Guilt", 276
Oily Bloodmen, 218
Oingo Boingo, 64
O.K., hotel, Seattle, 213

Olympia, Washington
  apresentaçãoes em, 99
  apresentações em, 123, 178, 195
  cenário musical em, 189, 198
  International Pop Underground em, 231
  Kurt e Tracy em, 113, 119
Omni, hotel, Nova York, 13
"On a Plain", 216
"On the Mountain", 365
Orhmund, Tam, 148, 191
Orlando, Tony e Dawn, 212
Orpheum Records, Seattle, 275
Osborne, Roger "Buzz", 119, 160, 180
  e a adolescência de Kurt, 65-6, 77, 83, 90, 147
  e os Melvins, 65-6, 99, 102, 370
  influência de, 147, 190, 195, 232
  jam session com, 98, 119
Osbourne, Ozzy, 148
Ottinger, Harvey, 389

Pachyderm Studios, 322, 336
Page, Jimmy, 84, 110
Paglia, Camille, 312, 323
Palladium, Los Angeles, 220
Palmese, Richard, 197
Panic, 118
"Paper Cuts", 121
Pareles, Jon, 342
Parker, Charlie, 309
Partridge Family, The (TV), 131, 140
Passman, Donald, 149
Pastels, 238
Paterno, Peter, 192
Paul Revere e os Raiders, 130
Pavitt, Bruce
  e a morte de Kurt, 415
  e a primeira demo, 126
  e a Sub Pop, 131, 159, 180
  e as apresentações do Nirvana, 127, 129
  e as excursões do Nirvana, 176
  e as gravações do Nirvana, 129, 144
  e os contratos do Nirvana, 149, 180, 192
  e os problemas financeiros, 136-7

"Pay to Play", 183
Pearl Jam, 259-60, 342
Peel, John, 175, 231
"Pen Cap Chew", 110, 120-1
"Pennyroyal Tea", 320, 322, 343, 350
Peters, Dan, 193, 194
Peterson, Charles, 128
Petty, Tom, 215
Pickerel, Mark, 170, 345
Pine Tree Janitorial, 181
Pink Floyd, 63, 408
Pirner, Dave, 218
Pitt, Brad, 47
Pixies, 149, 175, 195, 220, 257
Poitras, Mike, 84
"Polly", 168-9, 215
Polynesian Condominium Resort (estância litorânea), 98
Poneman, Jonathan
  como empresário do Nirvana, 129
  e a primeira demo, 125
  e a Sub Pop, 131-2, 138, 141, 159, 180
  e as apresentações do Nirvana, 129, 136
  e as excursões do Nirvana, 176
  e as gravações, 129, 144, 145
  e os contratos do Nirvana, 128, 129, 192
  perfil escrito por, 310
Portland, apresentações em, 194, 210, 218
Poukkula, Tony, 109
Preston, Joe, 157, 206
Pretty on the Inside, 220
"Priest They Called Him, The", 346
Pryor, Richard, 193
Psychedelic Furs, 148
Puff (gatinho), 39, 42, 365
Pukkelpop, festival (Bélgica), 230
Puncture (revista), 396
punk rock, 65, 67, 83
  a Sub Pop e o, 132
  cobertura do, pelos fanzines, 162, 229
  como influência sobre Kurt, 136, 147, 180
  como liberdade, 189, 228, 232, 259
  Courtney e o, 333
  feminismo e, 188, 189
  na Europa, 175, 291

no noroeste, 132, 188, 190, 198
  padrões do, 90, 125, 147, 190, 253, 310, 413
Purkey, John, 118, 142, 145, 209
"Purple Peanuts", 85
Pyramid Club, Nova York, 165, 185

Quarterflash, 64, 305
Queen, 148, 206
Quisp (gato), 225

R.E.M., 90, 358, 360, 377, 402
"Radio Friendly Unit Shifter", 321, 323
rádio universitária, 160, 170, 178, 192, 227
Raji's, Hollywood, 181
"Rape Me", 296-9, 309, 343-4, 351
Raymond, Washington, primeira apresentação em, 106, 112, 347
Rayonier, fábrica de celulose, 34
RCA Record, 207, 226
Reading, festival de, Inglaterra, 229, 232, 291-2, 293, 306
Reagan, Ronald, 61
Re-bar, Seattle, 235
Reciprocal, estúdio, 120, 137
Red Hot Chili Peppers, 259
Redd Kross, 148
Reed, Dave, 81-2, 84, 86, 92, 418
Reed, Ethel, 81-2, 86
Reed, Jesse, 81, 91, 361
  anos de adolescência de, 66, 69-70, 81, 87
  cartas de Kurt para, 141, 166
  e o consumo de drogas, 204, 280, 281
  reencontros com, 181, 210
  telefonemas de Kurt para, 308
Reefer Madness (TV), 82
Reese, Tom, 410
Reeves, Garth, 178-9
Reeves, Keanu, 260
Reid, Larry, 362
Reilly, Ignatius J., 70
Reis do iê-iê-iê, Os (A Hard Day's Night), filme, 237

REO Speedwagon, 64
"Return of the Rat", 276
Reynolds, Burt, 47
Rhino Records, Los Angeles, 162
Richards, Keith, 269
Richrod, Hilary, 95
Riemer, Marty, 408
"Rio", 317
riot grrrl, 188-9, 360
Ritalin, 36
Robert Lang Studios, Seattle, 365-6
Robinson, John, 163, 358
Rock, Lisa, 39, 40
"Rock Contra Against Rape", show beneficente, 343
Rock and Roll, Museu de Cera do, Londres, 292
rock and roll, na televisão, 14
Rocket, The, 83, 120, 125, 127, 132-3, 144, 160, 175, 249, 310, 399
"Rockin' in the Free World", 179
Rockwell, Norman, 27, 85, 333
Rodriguez, Jamie, 290, 291, 303, 313, 325
Roger Smith, hotel, Nova York, 241
Rolling Stone, 216, 263, 278, 346
Roma
  família Cobain em, 370, 371
  overdose de Kurt em, 371, 373-4, 376, 379, 381, 391
Romero, Damon, 148, 167, 182
Ronco, 212
Rose, Axl, 289, 298, 310, 312, 315
Rosenfelder, John, 227
Roterdã, excursão a, 230-1, 235
Roth, Robert, 345
Roxy, Los Angeles, 227
Rue, Carolyn, 253, 274
Rumours, 214
Ruthenberg, Georg, 344

Saccharine Trust, 148
"Safer Than Heaven", 140
"Samurai Sabotage", 85
Sandinista!, 206
sangue frio, A (Truman Capote), 169

"Sappy", 178, 216
Sassy, 263, 266
Satsop, usina nuclear, Montesino, 81
Saturday Evening Post, 27
Saturday Night Live (TV), 14-5, 47, 261, 344
Satyricon, Portland, 210, 218
Savage, Jon (*England's Dreaming*), 340
Scappa, Steven, 387-8
"Scentless Apprentice", 318
Schemel, Patti, 318
"School", 161, 182
Schultz, Howard, 360
Scratch Acid, 136, 147
Scream, 194
Screaming Trees, 170, 291
"Seasons in the Sun", 28, 317, 337
Seattle
    cenário dos clubes noturnos em, 127, 157
    cenário musical do noroeste em, 159, 160
    homenagens fúnebres para Kurt em, 412, 414, 416
    Nevermind lançado em, 234-5, 237
    o Nirvana em, 125-7, 129, 130
    punk rock em, 179
    tarde de autógrafos em, 236-7, 249
    Universidade de Washington, 157
Seattle Center, 412, 414
Seattle Guns (loja de armas), 396
Seattle Post-Intelligencer, The, 412
Seattle Times, 235, 334, 410
Select, 371
Sellouts, 102
"Serve the Servants", 56, 313
Sex Pistols, 66, 256
Seymour, Stephanie, 298
Sheep, 184, 223
Shepard, Sam, 287
Shillinger, Eric, 69, 94
Shillinger, Kevin, 87, 94
Shillinger, Lamont, 92, 94
Shillinger, Steve, 69, 89-90, 100, 147, 249
Shocking Blue, 118
Shonen Knife, 175, 270
"Should I Stay or Should I Go", 317
Show de Arte Colegial Regional (1985), 84

"Sifting", 160
Silva, John, 207, 214, 222, 229, 270, 355-6, 368, 383
Silver, Susan, 191-2, 208, 315, 412
"Skid-marcs", 365
Skid Row, 118
Skin Yard, 126, 157
Skynyrd, Lynyrd, 98, 179
Slade, Sean, 344
slam-dance, 157
Slash Records, 207
Slayer, 222
"Sliver", 195, 216, 219, 237
Sluggo, 164
Smart Studios, 183, 190, 215
Smashing Pumpkins, 221, 239
Smear, Pat, 344, 346, 359, 370-1, 383-4, 390, 392
"Smells Like Teen Spirit", 14, 201, 213, 223, 228, 233, 237, 240-1, 251-2, 260, 263, 309, 333, 346
Smith, G. E., 264
Smith, Gary, 408
Smith, Patti, 147, 236
Smithereens, 90
Snyder, Jon, 182
sol é para todos, O (*To Kill a Mockingbird*), Harper Lee, 53
Soljenitsin, Aleksandr, 369
"Something in the Way", 78-9, 216, 279
Sonic Youth, 166, 193-4, 197, 207-8, 220-1, 227, 229-30, 246
Sony, 208
Sorrento, hotel, Seattle, 307
Soul Asylum, 218
Sound City Studios, 213-4, 216
Soundgarden, 120, 131, 148, 191, 208, 315
"Sound of Dentage", 92
"Spam", 90
"Spank Thru", 92, 95, 111, 121, 137, 144
Spin (revista), 32
Spungen, Nancy, 219
SST, 126
St. Thomas, Kurt, 266
"Stain", 168, 169

"Stairway to Heaven", 59
Stan Baker's Sports, 389
Stax, 131
Stephens, Vail, 107, 111
Steps, centro de recuperação, 380
Stew (coelho), 114, 167, 225
Stewart, Damon, 208
Stiff Woodies, 102
Stimson, Nial, 391
Stipe, Michael, 358, 377, 402, 404
Stout, Gene, 412
Straight to Hell (filme), 182, 217
Strummer, Joe, 182, 315
Sub Pop 200, 144, 152
Sub Pop Records, 183
  desilusão com a, 176, 190, 192
  e a administração do Nirvana, 148, 184, 192
  e as apresentações do Nirvana, 129, 156, 159
  e as excursões do Nirvana, 171-3, 175, 304
  e as gravações do Nirvana, 132, 140, 144, 178, 184, 212
  e marketing, 159
  e os contratos do Nirvana, 130, 149, 190, 192, 208
  fita demo para a, 126
  fundação da, 131-2
  o "Lamefest" da, 159, 161
  o "Singles Club" da, 138, 144
  problemas financeiros da, 136, 141, 144, 152, 159, 180
  singles independentes produzidos pela, 132, 143
Sub Pop Sunday, 126, 129
Subterranean Pop (*Sub Pop*), fanzine, 131-2
Sugarcubes, 149
"Suicide Samurai", 92
Supersuckers, 315
Suskind, Patrick, 312
Sweet, 148
"Sweet Home Alabama", 179
Swingers, curtindo a noite, 221

T/K Records, 346
Tacoma Dome, 66

Tad (banda), 13, 149, 159, 172-3, 175, 180-1, 193, 364
Tadpoles (da Bonzo Dog Band), 64
Tape Club (Columbia Records), 10
Targus, Stan, 37
Taxi (TV), 47, 404
"Tears in Heaven", 299
Teenage Fanclub, 238
"Teen Spirit", *ver* "Smells Like Teen Spirit"
Tennant, Susie, 213, 235-6, 240
"Tequila", 46
Terminal Einz, Munique, 369
"Territorial Pissings", 263, 265, 293
Thayil, Kim, 208
"Think of Me, Morro do", 24, 70, 276, 405
This Is Spinal Tap (filme), 80
Thompson, Charles, 196, 230
"Tie a Yellow Ribbon", 212
"Time in a Bottle", 212
Timmins, Bob, 274-5
"Token Eastern Song", 168-9
Too Many Humans, 152
Toole, John Kennedy, 70
Top of the Pops (TV), 252
Touch and Go, 126, 140, 149, 190
Tower Records, Nova York, 241, 263
Towles, Rev. Stephen, 414, 416
Townshend, Pete, 259
Toy Story (filme), 182
Toyra, Roni, 41, 48
"Traveler, The", 415
Troggs, 213
Troutman, John, 226
True, Everett, 160
Truly, 345
"Turnaround", 213
Turner, Steve, 180
Tyler, Steven, 342

U2, 90
Underground, Seattle, 152
Underwood, Michelle, 334
Union Station, Seattle, 141
Unity Church of Truth, Seattle, 414

Unplugged (MTV), 347, 352, 355
USA Today, 345
Utsunomiya, Kaz, 206, 270

Vail, Tobi, 192, 216, 320, 359
   amizade entre Kurt e, 224, 237, 248, 249
   e o riot grrrl, 188-9, 360
   relacionamento entre Kurt e, 187-90, 197-8, 221, 239, 244
   rompimento entre Kurt e, 199, 201, 205, 232, 359
Van Blarcum, Turner, 245
Van Camp, Theresa, 61
Van Halen, Eddie, 358
Vance, Andrea, 67, 69
Vanity Fair, 285, 287-9, 291, 297, 299, 307, 310, 315, 321
Vaselines, 175, 198, 212, 232, 238, 244, 274
Vaselines Vaselines, 229
Vedder, Eddie, 260, 299, 315, 322
Velvet Underground, 148, 163, 183, 208, 261
Venom, 148
Verse, Chorus, Verse, 320, 327
"Very Ape", 323
Vicious, Sid, 307, 312
Video Music Awards (VMA), 295-9, 312, 342
Vig, Butch, 183-4, 213-4
Virgin Publishing, 206, 270
Vlasimsky, Michelle, 167, 191
Vogue, Seattle, 126-7, 129, 133, 136, 138-9

Wall, The, 63
Wallace, Andy, 222
Walsh, Joe, 390
Warner Brothers, 190
Warrant, 215

"Wattage in the Cottage", 85
West, Phil, 158
Westby, James, 41, 50-1, 80
Westby, Jenny, *ver* Cobain, Jenny Westby
Westby, Mindy, 41-2, 50
Westmoreland, Darrell, 249
"We Will Rock You", 317
Whalen, Pat, 322
Wheeler, Alice, 137, 188, 357
"Wheelie, The", 85
"Where Did You Sleep Last Night?", 170, 343, 347, 351
White, Paul, 79
Who, The, 259
Wilde, Kim, 317
Wilde, Oscar, 255
"Wild Thing", 213
Willis, Brian, 334
Wilson, Jeremy, 260
Wipers, 276
Wood, Andy, 205
Wood, Ed, 178
WOZQ, 191

Yamano, Naoko, 270
Yankovic, "Weird Al", 15, 264
Yesterday and Today (Beatles), 28
"You Know You're Right", 365
Young, Neil, 179, 211, 306, 414
Yow, David, 341

Zander, Robin, 128
Zapata, Mia, 342
Zappa, Frank, 140
Zeppelin, Led, 58, 85, 107, 110, 115, 140, 150, 356
Zimmerman, Bob, 263

Este livro, composto na fonte Fairfield,
foi impresso no papel Ivory Slim 65g/m² na gráfica Vozes.
Rio de Janeiro, Brasil, novembro de 2024.